FINANZMANAGEMENT
BEITRÄGE ZU THEORIE UND PRAXIS
BAND I

Prof. Dr. Rudolf Volkart

6., erweiterte, neu überarbeitete Auflage

Versus · Zürich

Von diesem Buch erscheint eine Teilauflage als Band 73a der
Schriftenreihe der Schweizerischen Treuhand-Kammer, 8001 Zürich.

> Die Deutsche Bibliothek – CIP-Einheitsaufnahme
> **Volkart, Rudolf:**
> Finanzmanagement : Beiträge zu Theorie und Praxis /
> Rudolf Volkart. Ill. von Max Volkart.
> – Zürich : Versus-Verl., 1995
> Auch als: Schriftenreihe der Treuhand-Kammer, Bd. 73a
>
> Bd. I. – 6. Aufl. – 1995
> ISBN 3-908143-33-0

Das Werk einschliesslich aller seiner Teile ist urheberrechtlich geschützt. Jede Verwertung ist ohne Zustimmung des Verlags unzulässig. Dies gilt insbesondere für Vervielfältigungen, Übersetzungen, Mikroverfilmungen und die Einspeicherung und Verarbeitung in elektronischen Systemen.

© Versus Verlag AG, Zürich 1994

Umschlag und Bilder: Max Volkart
Herstellung: Versus Verlag · Zürich
Druck: Fotorotar AG · Egg/ZH
Printed in Switzerland

ISBN 3 908 143 33 0

Vorwort
zur 6., erweiterten, neu überarbeiteten Auflage

Die vor bald zehn Jahren erschienene erste Auflage dieses Buches wurde als Konzentrat verschiedener Teile meiner Habilitation zum Finanzmanagement publiziert. Ich freue mich, mit der vorliegenden sechsten Auflage wiederum eine erweiterte, formell stark überarbeitete Fassung präsentieren zu können. Bereits in der Erstauflage wurde auf die hohe Bedeutung finanzwirtschaftlicher Aspekte im Rahmen der modernen Unternehmensführung hingewiesen:

«Die finanzielle Führung ist zu einem der wichtigsten Aufgabenbereiche der Unternehmenssteuerung herangewachsen. Im Grossbetrieb verkörpert die langfristige Finanz- und Investitionspolitik einen Schlüsselfaktor der Unternehmensstrategie. Das Pflichtenheft des Finanzmanagers hat sich von der früher vornehmlich auf die Kapitalbeschaffung ausgerichteten Versorgungsfunktion auf die gesamte Planung, Gestaltung und Überwachung der finanzwirtschaftlichen Belange im Unternehmen ausgeweitet.» Das auf die Steigerung des Shareholder Value bzw. der Stakeholder-Anteile ausgerichtete Wertmanagement der neunziger Jahre ist Ausdruck einer konsequenten Weiterentwicklung dieses Standpunktes und findet auch in diesem Buch angemessene Berücksichtigung.

«Die steigende Bedeutung des Finanzmanagements widerspiegelt sich in einer entsprechend grossen Flut von Literaturbeiträgen. Vor allem im angelsächsischen Sprachbereich ist die täglich zunehmende Publikationsfülle kaum mehr überblickbar. Neben vielen grösseren Standardwerken reicht die Spannweite vom ausgeprägt praxisbezogenen Gedankengut bis zur rein theoretischen, mathematisch abgestützten Modellkonzeption. Der Brückenschlag zwischen Theorie und Praxis ist dabei zu einem immer dringlicheren Anliegen geworden. Die im Jahre 1970 gegründete, nordamerikanische Financial Management Association (FMA) beispielsweise wurde unmittelbar aus diesem Bedürfnis heraus ins Leben gerufen.» In der jüngsten Vergangenheit nun war ein zunehmendes Zusammenwachsen von Theorie und Anwendungsseite zu beobachten, und viele theoretische Ansätze sind gelebte Finanzpraxis geworden. Als besonders eindrückliches Beispiel dafür stehen die aus dem modernen Corporate Finance nicht mehr wegzudenkenden Optionspreismodelle, aber auch das Gedankengut der agencytheoretischen Konzeptionen.

Diese und ähnliche Entwicklungen haben übrigens die oben erwähnte, amerikanische FMA im Jahre 1995 bewogen, ihre Zielsetzungen zu überdenken und den Schwerpunkt mehr auf eine den generellen Globalisierungstendenzen entsprechende, stärkere Internationalisierung zu legen. Zu diesem Zweck wurde ein internationales «Globalization Committee» gebildet, dem Spezialisten verschiedener Nationen angehören und in dessen Reihen auch der Autor aktiv mitwirkt.

«In den nachfolgend behandelten Problemkreisen werden verschiedene, grossenteils strategisch bedeutsame Kernfragen der finanziellen Unternehmensführung angegangen. Besonderes Gewicht kommt dabei der Investitions- und Kapitalstrukturentscheidung zu.» Zudem stehen in zunehmendem Masse Aspekte eines umfassenden Wertmanagements im Zentrum, und immer wichtiger wird eine konsequente, auch realwirtschaftlich orientierte Umsetzung der neueren kapitalmarkttheoretischen Konzepte, dabei allen voran der Optionspreistheorie. Besondere Aufmerksamkeit wird dem Cash-flow-Phänomen geschenkt, das in Form des sogenannten «Free Cash-flow» die Basis für fortschrittliche DCF-basierte Wertherleitungen bildet.

«Dabei sollen neben den Gegebenheiten des Grossbetriebes zugleich die Führungsprobleme der kleinen und mittleren Unternehmungen berücksichtigt werden. Auch im Klein- und Mittelbetrieb kommt der finanziellen Sphäre immer existentiellere Bedeutung zu. Das erfolgreiche Überleben mancher Betriebe wird in Zukunft vermehrt vom finanzpolitischen Geschick abhängig sein.» Neuere und immer mächtigere PC-taugliche Informatikanwendungen vervielfachen die praktischen Anwendungsmöglichkeiten, wobei hier die Zukunft erst richtig begonnen hat. Dazu kommt ein ungestüm wachsendes Informationsangebot weltumspannender Datenbanken, wie sie zum Beispiel das Finanz- und Wirtschaftsinformationssystem von «Bloomberg» verfügbar macht. Zusammen mit ungeahnten Fortschritten in weiteren, insbesondere mathematisch-modelltheoretischen Anwendungsbereichen steht die Finanzwirtschaft von morgen vor fast unbegrenzten neuen Möglichkeiten.

Das Zustandekommen dieser neuen, formell völlig überarbeiteten Buchauflage wurde durch das Engagement eines Assistententeams des Instituts für schweizerisches Bankwesen ermöglicht. Ohne den beherzten Einsatz von Beat Bühlmann, lic. oec. publ., und Peter Labhart, lic. oec. publ., die zusammen mit Peter Lautenschlager, lic. oec. publ., und weiteren Mitarbeiterinnen und Mitarbeitern die Hauptarbeit bewältigten, würde das nun auf zwei handliche Bände aufgeteilte Werk in neuem Gewand nicht vorliegen. Was die grafisch-künstlerische Gestaltung der im Versus Verlag

Vorwort

Zürich parallel zur Ausgabe in der Treuhand-Kammer erscheinenden Auflage betrifft, haben mich andere in diesem Fachverlag erschienene Werke dazu inspiriert. Damit wurde es mir möglich, meinem künstlerisch begabten, viel zu früh verstorbenen Vater ein Andenken zu schenken.

Herzlich danken möchte ich auch allen weiteren direkt und indirekt Beteiligten, die zur Entstehung der verschiedenen Aufsätze beigetragen haben. Besonders erwähnen will ich meinen lieben Kollegen und Lehrer Prof. Dr. Ernst Kilgus mit dem von ihm seit 1968 geleiteten Institut für schweizerisches Bankwesen, dann die Kantonalzürcherische Kommission zur Förderung des akademischen Nachwuchses mit der damaligen Vorsitzenden, Frau alt Rektorin Prof. Dr. Verena Meyer, sowie die Business School der University of Washington in Seattle/USA mit Herrn Prof. Dr. Gerhard G. Mueller und schliesslich die vielen Freunde, Fachkollegen und Führungsleute von Banken, Treuhandgesellschaften, Handel und Industrie, die mir zahllose unerlässliche Kontakte und Erfahrungen ermöglicht haben. Danken möchte ich aber auch meiner lieben Frau Rosmarie und unseren Söhnen Daniel und Michael, deren Unterstützung mir immer wieder viel geholfen hat.

Ich hoffe, dass die in neuem Gewand erscheinende sechste Auflage meiner Beiträge zum Finanzmanagement eine gute Aufnahme findet und wertvolle Impulse für die Aus- und Weiterbildung im finanzwirtschaftlichen Bereich vermittelt.

Zürich, im Oktober 1995   Rudolf Volkart

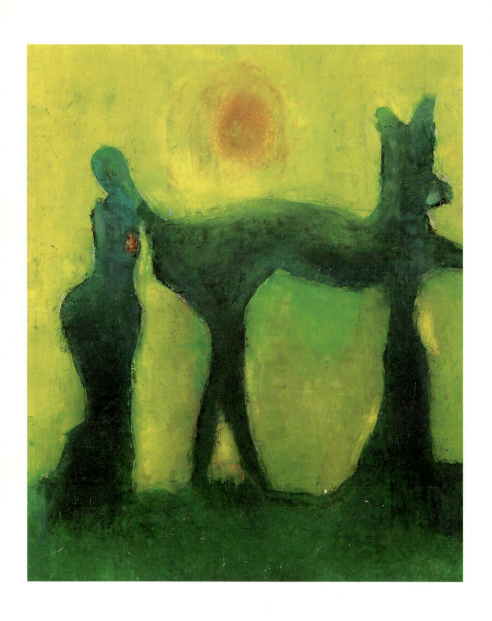

Inhaltsübersicht

Band I

1. Dynamische Investitionsrechnungen in Theorie und Praxis 17
2. Zeitgemässe Investitionsanalyse aus der Sicht
   amerikanischer Grossbetriebe 41
3. Zur Bestimmung der Verschuldungspolitik 61
4. Kapitalkostenansätze:
   Kritische Analyse der amerikanischen «Cost of Capital»-Konzeption 79
5. Gedanken zur Gestaltung der Kapitalstruktur 113
6. Finanzierungs-Leasing: Quantitative und qualitative Beurteilung
   von Leasing-Engagements in der betrieblichen Praxis 141
7. Analytische Betrachtungen zum Leasing-Entscheid 167
8. Zur optimalen Ausgestaltung von Mittelflussrechnungen 199
9. Finanzplanung im Klein- und Mittelbetrieb 217
10. Theorie und Politik der Unternehmungsfinanzierung:
    Eine Standortbestimmung aus schweizerischer Sicht 245
11. Rechnungswesen und Controlling zwischen mechanistischer
    und intuitiver Unternehmensführung 283
12. Investitionsentscheidung und Investitionsrechnung
    in schweizerischen Grossunternehmen 297

Band II	
13.	Unternehmenswert und Kapitalstruktur 17
14.	Überlegungen zur Dividendenpolitik: Dargestellt am Beispiel der COTO ... 35
15.	Bilanz- und Cash-flow-Analyse: Unter besonderer Berücksichtigung der Kreditfähigkeitsprüfung durch Banken 47
16.	Erfolgsanalyse – Probleme der Profitabilitätsbeurteilung aus strategischer Sicht 77
17.	Bonitätsbeurteilung und Kreditentscheidung aus bewertungstheoretischer und kreditpolitischer Sicht 87
18.	Unternehmensbewertung, Strategieevaluation und Discounted Cash-flow 103
19.	Finanzpolitische Aspekte von Management-Buyouts 117
20.	Unternehmen im Strukturwandel: Neue Anforderungen an die finanzielle Führung 141
21.	Integrierte Projektevaluation: Investitionsanalyse als Instrument der finanziellen Führung und der Unternehmenswertsteuerung 155
22.	Begriff und Informationsgehalt des Cash-flow: Kritische Überlegungen zu Cash-flow-Grössen und zur Verwendung Cash-flow-orientierter Analyseinstrumente 177
23.	Entwicklungstendenzen im Bereich der betrieblichen Investitionsanalyse 197
24.	Fallstudie «Vepac AG» zur Unternehmensbewertung 205
25.	Wertorientierte Unternehmensführung und Shareholder Value Management: Neue Herausforderungen für das Management aller Stufen 225
26.	Free Cash-flow: Lebensnerv der strategischen Finanzführung 237
27.	Marktzinsmethode und betriebliche Investitionsrechnung: Kritische Überlegungen zur Verwendung von Spotzinssätzen im Rahmen realwirtschaftlicher DCF-Analysen 247

Inhaltsverzeichnis
Band I

1. Dynamische Investitionsrechnungen in Theorie und Praxis **17**
    1.1   Theorie und Praxis heute 19
    1.2   Dynamische kontra statische Analysetechnik 21
            1.2.1   Kostenvergleich 21
            1.2.2   Gewinnrechnung 21
            1.2.3   Renditenrechnung 22
            1.2.4   Payback-Methode 22
            1.2.5   Nutzwertanalyse 22
            1.2.6   MAPI-Verfahren 22
            1.2.7   Kapitalwertverfahren 23
            1.2.8   Annuitätenmethode 24
            1.2.9   Interner Ertragssatz 24
            1.2.10   Dynamisierte Payback-Methode (NPV-bezogen) 25
            1.2.11   Dynamisierte Payback-Methode (IRR-bezogen) 25
            1.2.12   Beurteilung im Quervergleich 26
    1.3   Kapitalwert kontra interner Ertragssatz 28
    1.4   Investitionsrisiko und Kapitalkostenbildung 32
    1.5   Berücksichtigung von Inflation und Steuern 36
    1.6   Zusammenfassung und Folgerungen 38

2. Zeitgemässe Investitionsanalyse aus der Sicht amerikanischer Grossbetriebe ... 41
2.1 Einleitung ... 43
2.2 Unternehmerische Erfolgszielkriterien ... 43
2.3 Einsatz von Investitionsrechnungsverfahren ... 44
2.4 Limitierte Kapitalaufnahme, Alternativentscheidungen und problematische IRR-Berechnung ... 47
2.5 Berücksichtigung von Risikoaspekten ... 49
2.6 Cash-flow- und Kapitalkostenbestimmung ... 52
2.7 Zusammenfassung und Folgerungen ... 56

3. Zur Bestimmung der Verschuldungspolitik ... 61
3.1 Problemstellung ... 63
3.2 Tendenzen der Theoriebildung ... 63
3.3 Handfeste Finanzierungspraxis ... 64
3.4 Bedürfnisse des Finanz- und Kreditmanagements ... 66
3.5 Zukünftige Forschungsresultate ... 66
3.6 Fundiertere Kapitalstrukturpolitik ... 67
    3.6.1 Finanzwirtschaftlicher Zielkatalog ... 68
    3.6.2 Ausbau des Rechnungswesens ... 70
    3.6.3 Risikopolitik ... 71
3.7 Schlussfolgerungen ... 76

4. Kapitalkostenansätze: Kritische Analyse der amerikanischen «Cost of Capital»-Konzeption ... 79
4.1 Problemstellung ... 81
4.2 Modelle zur Kapitalstrukturgestaltung ... 83
    4.2.1 Vorbemerkungen ... 83
    4.2.2 Einfaches Erklärungsmodell ... 83
    4.2.3 Kapitalkostenansätze als Entscheidungsmodelle ... 85
    4.2.4 Kapitalkostenverläufe ... 88
4.3 Kritische Würdigung des Kapitalkostenkonzeptes und Alternativvorschlag ... 91
    4.3.1 Fragen zur Modellkonzeption ... 91
    4.3.2 Methodische Fehler ... 91
    4.3.3 Zielrelevanz und Alternative ... 92
    4.3.4 Unternehmenswert und Eigenkapitalrendite ... 96
    4.3.5 Kapitalkosten und Investitionsentscheidung ... 96
4.4 Rechenbeispiel zur Kapitalstrukturoptimierung ... 100
    4.4.1 Ausgangslage ... 100
    4.4.2 Allgemeine Optimumsbestimmung ... 101
        4.4.2.1 Einfache Kapitalkosten ... 102
        4.4.2.2 Kapitalkosten-(Unternehmenswert-)Ansatz ... 102

		4.4.2.3	Nettorendite des Eigenkapitals	103
		4.4.2.4	Bruttorendite des Eigenkapitals	103
		4.4.2.5	Vergleich der Optimallösungen	103
	4.4.3		Rechenresultate	105
	4.4.4		Weitere Folgerungen	108
4.5			Zusammenfassung und Konsequenzen	109

5. Gedanken zur Gestaltung der Kapitalstruktur 113
- 5.1 Zum Problem der Eigenkapitalbeschaffung 115
- 5.2 Bedeutung des betrieblichen Fremdkapitaleinsatzes 117
- 5.3 Kapitalstrukturentwicklungen in der Praxis 122
- 5.4 Zur Theorie einer optimalen Kapitalstrukturpolitik 128
- 5.5 Einsatz von Eigen- und Fremdkapital als Abstimmungsproblem zwischen Rentabilität und Risiko 133
- 5.6 Folgerungen und Ausblick 136

6. Finanzierungs-Leasing: Quantitative und qualitative Beurteilung von Leasing-Engagements in der betrieblichen Praxis 141
- 6.1 Einleitung 143
- 6.2 Theoretische kontra praktische Beurteilung 144
- 6.3 Verschiedene Rahmenbedingungen für Financial Leasing 145
  - 6.3.1 Uneingeschränkte Finanzierungsmöglichkeiten 145
  - 6.3.2 Limitierte Kapitalzufuhr und Kapitalstrukturpolitik 145
  - 6.3.3 Limitierte Kapitalzufuhr und Investitionspolitik 147
- 6.4 Rechenbeispiel zur Leasing-Evaluation 148
- 6.5 Auswertung der quantitativen Analyse 152
  - 6.5.1 Financial Leasing als Fremdkapitalersatz 152
  - 6.5.2 Financial Leasing und Leverage-Effekt 152
  - 6.5.3 Financial Leasing als Instrument der Investitionspolitik ... 154
  - 6.5.4 Fazit 154
- 6.6 Einbezug qualitativer Gesichtspunkte 155
  - 6.6.1 Volle Fremdfinanzierung 156
  - 6.6.2 Eigenkapitalschonung 157
  - 6.6.3 Liquiditätsvorteil 158
  - 6.6.4 Fristenkongruenz 159
  - 6.6.5 Rascher Vertragsabschluss 159
  - 6.6.6 Bilanzoptische Auswirkungen 160
  - 6.6.7 Fester Zinssatz 161
  - 6.6.8 Flexibilität 162
  - 6.6.9 Leasing-Kosten 162
  - 6.6.10 Ganzheitliche Beurteilung 163
- 6.7 Schlussfolgerungen 164

7. Analytische Betrachtungen zum Leasing-Entscheid ... 167
- 7.1 Typen und Wesen des Leasing ... 169
- 7.2 Finanzwirtschaftliche Charakterisierung des Financial Leasing ... 171
  - 7.2.1 Erfolgsstreben, Wachstum ... 172
  - 7.2.2 Liquidität ... 173
  - 7.2.3 Risikoaspekte ... 173
  - 7.2.4 Anpassungsfähigkeit ... 173
  - 7.2.5 Unabhängigkeit ... 174
  - 7.2.6 Finanzielles Image ... 174
- 7.3 Stellenwert des Financial Leasing ... 176
- 7.4 Problematik der Leasing-Evaluation ... 177
- 7.5 Theoretische Analyse der Financial Leasing-Entscheidung ... 178
  - 7.5.1 Finanzierungsentscheidung unter der Annahme vollkommener Finanzmärkte ... 178
  - 7.5.2 Finanzierungsentscheidung unter der Annahme von Kapitalbeschaffungsrestriktionen ... 184
  - 7.5.3 Financial Leasing als Finanzierungs- und Investitionsentscheid ... 186
- 7.6 Folgerungen zur Leasing-Evaluation ... 190
- 7.7 Rechenbeispiel zur Leasing-Entscheidung ... 191
  - 7.7.1 Daten des Zahlenbeispiels zur Leasing-Evaluation ... 192
  - 7.7.2 Falsche Lösung des Zahlenbeispiels zur Leasing-Evaluation ... 192
  - 7.7.3 Richtiger Lösungsansatz ... 193
    - 7.7.3.1 Klärung der Entscheidungssituation ... 193
    - 7.7.3.2 Kapitalkosten unter Einschluss des Risikos ... 193
    - 7.7.3.3 Folgerungen ... 194

8. Zur optimalen Ausgestaltung von Mittelflussrechnungen ... 199
- 8.1 Vorbemerkungen ... 201
- 8.2 Informationsziele, Mittelflussrechnungen und Fondswahl ... 204
- 8.3 Kapitalflussrechnung und Nettoumlaufvermögens-Nachweis ... 206
- 8.4 Geldflussrechnung und Geldmittelnachweis ... 208
- 8.5 Finanzierungsbegriffe und Finanzflussrechnung ... 211
- 8.6 Zusatzinformationen und Feingestaltung von Mittelflussrechnungen ... 213
- 8.7 Konsequenzen ... 214

9. Finanzplanung im Klein- und Mittelbetrieb ... 217
- 9.1 Wesen und Zweck der Finanzplanung ... 219
- 9.2 Probleme mangelnder Planung im Klein- und Mittelbetrieb ... 222
- 9.3 Rentabilität, Liquidität und Sicherheit als zentrale Zielgrössen ... 224
- 9.4 Die Jahresbudgetierung als Ausgangspunkt ... 225
- 9.5 Liquiditätsplanung als kurzfristiges Finanzbudget ... 229

9.6	Finanzplanung und Bilanzanalyse	232
9.7	Wesen und Bedeutung des Cash-flow	232
9.8	Langfristige Finanzplanung und strategische Finanzpolitik	234
9.9	Planungsgrundsätze	240
9.10	Praktische Massnahmen zur Liquiditätssicherung	241

10. Theorie und Politik der Unternehmungsfinanzierung: Eine Standortbestimmung aus schweizerischer Sicht ... 245

10.1	Zielsetzung		247
10.2	Entwicklungen in Theorie und Lehre		247
10.3	Entscheidungsbereiche der strategischen Finanzpolitik		250
10.4	Zur Investitionspolitik		253
	10.4.1	Investitionsrechnungen als Entscheidungshilfen	253
	10.4.2	Rahmenbedingungen	255
	10.4.3	Weiterentwicklung der Investitionsrechnung	256
	10.4.4	Bedeutung des Capital Asset Pricing Model	259
	10.4.5	Grenzen der investitionsseitigen Theoriekonzepte	261
10.5	Zur Kapitalstrukturpolitik		264
	10.5.1	Relevanz kontra Irrelevanz der Kapitalstruktur	264
	10.5.2	Zunehmende Unternehmensverschuldung	265
	10.5.3	Kapitalstruktur und Unternehmensrisiko	266
	10.5.4	Grenzen der Kapitalstrukturtheorie	269
	10.5.5	Dividendenpolitik und Leasing-Entscheid als kapitalseitige Sonderprobleme	270
10.6	Zur Liquiditätspolitik		270
	10.6.1	Bedeutung und Bereiche	270
	10.6.2	Stellenwert des Vorratsmanagements	272
	10.6.3	Beispiele zum Cash-Management	272
	10.6.4	Weitere Einsatzmöglichkeiten	274
	10.6.5	Liquiditätspolitik und theoretische Forschung	276
10.7	Schlussfolgerungen		277

11. Rechnungswesen und Controlling zwischen mechanistischer und intuitiver Unternehmensführung ... 283

11.1	Neue Anforderungen an die Führung aller Managementstufen	285
11.2	Zielorientierte Unternehmensführung mit Controlling	286
11.3	Bereiche und Instrumente von Controlling und Rechnungswesen	287
11.4	Schwachstellen in der schweizerischen Führungspraxis	288
11.5	Zur finanzwirtschaftlichen Steuerung im besonderen	290
11.6	Implementierung im Mittel- und Kleinbetrieb	293
11.7	Schlussfolgerungen	293

12. Investitionsentscheidung und Investitionsrechnung in schweizerischen Grossunternehmen ... **297**
- 12.1 Einleitung ... 299
- 12.2 Rahmen der empirischen Erhebung ... 300
- 12.3 Organisatorische Fragen im Investitionsbereich ... 300
- 12.4 Erfolgszielkriterien ... 302
- 12.5 Eingesetzte Verfahren der Investitionsrechnung ... 303
  - 12.5.1 Statische Investitionsrechnungen ... 303
  - 12.5.2 Dynamische Investitionsrechnungen ... 305
  - 12.5.3 Bedeutung der statischen und dynamischen Verfahren und Einsatz von Methodensets ... 306
  - 12.5.4 Stellenwert der Verfahren und Mehrfachkriterien ... 310
  - 12.5.5 Projektgrenzsummen, Rechenmodelle, OR-Ansätze und andere Analyseinstrumente ... 313
- 12.6 Berücksichtigung des Investitionsrisikos ... 314
- 12.7 Zur Bestimmung der Kapitalkosten ... 318
- 12.8 Qualitative Gesichtspunkte, Analyseprobleme ... 319
- 12.9 Zusammenfassung und Folgerungen ... 322

Literaturverzeichnis ... **327**
Stichwortverzeichnis ... **335**
Der Autor ... **343**

1. Dynamische Investitionsrechnungen in Theorie und Praxis

Inhaltsübersicht

1.1	Theorie und Praxis heute	19
1.2	Dynamische kontra statische Analysetechnik	21
1.3	Kapitalwert kontra interner Ertragssatz	28
1.4	Investitionsrisiko und Kapitalkostenbildung	32
1.5	Berücksichtigung von Inflation und Steuern	36
1.6	Zusammenfassung und Folgerungen	38
	Literatur	39

Quelle

Überarbeitete Fassung eines im Schweizer Treuhänder erschienenen Aufsatzes (vgl. Nr. 4, April 1982).

1.1 Theorie und Praxis heute

Die Investitionstätigkeit eines Landes ist nicht nur volkswirtschaftlich ausserordentlich bedeutsam – in der Schweiz macht sie 20–30% des Bruttosozialproduktes aus –, sondern sie bildet auch im unternehmerischen Bereich eines der zentralen Aktionsfelder. So verkörpert die *Investitionspolitik eines Unternehmens* einen der *Hauptpfeiler der langfristigen Unternehmenspolitik*. Dementsprechend gross ist das Bedürfnis der Praxis, geeignete *Führungs- und Recheninstrumente* verfügbar zu haben, um zu einer möglichst erfolgreichen und zielgerechten investitionspolitischen Marschrichtung zu gelangen.

Neben den prozessbezogenen (Führungsablauf) und institutionellen Aspekten (Führungsgremien) hat sich die betriebswirtschaftliche Forschung deshalb intensiv der Entwicklung *investitionspolitischer Führungsinstrumente* angenommen. Die daraus u.a. hervorgegangene breite Palette alternativer Rechenmöglichkeiten (▶ Abb. 1/1) findet heute grösstenteils breite Anwendung.

Während sich die kosten-, gewinn- und renditeorientierten *statischen Verfahren* direkt aus den Grundsätzen der betrieblichen Rechnungsführung ableiten und dementsprechend eine *periodisierte* Betrachtungsweise verfolgen, dehnt man die Rechenanalyse mit den *dynamischen Ansätzen* auf die gesamte Laufzeit (Lebensdauer) zu untersuchender Investitionsprojekte aus. Damit entfallen auch bestimmte Notwendigkeiten der buchhalterischen Abgrenzung (z.B. Abschreibungselement) – zumindest teilweise.

Die bisher entwickelten, allgemein-theoretisch gehaltenen *Entscheidungsmodelle*, mit denen umfassende Investitionsprogramme gesamtheitlich und über mehrere Zeitperioden formuliert werden sollen, führten bisher kaum zu fruchtbaren Anwendungen. Im Vordergrund stehen in der betrieblichen Praxis anwendungsorientierte, massgeschneiderte Rechenmodelle, wie sie einzelne, grössere Unternehmen zum Teil aufgebaut haben.[1] Dieser dritte, vor allem für kleinere und mittlere Betriebe kaum aktuelle Rechenzweig soll in der Folge vernachlässigt werden.

---

1 Vgl. z.B. Rychel 1977, S. 11–19.

▲ Abb. 1/1 Alternative Verfahren der Investitionsrechnung

	alternative Verfahren der Investitionsrechnung	
statische (buchhalterische) Verfahren	**dynamische (finanzmathematische) Verfahren**	**Modellansätze des Operations Research**
■ Kostenvergleich ■ Gewinnrechnung ■ Renditenrechnung (ARR) ■ Payback-Methode (PBK) ■ Nutzwertanalyse[a]	■ Kapitalwertverfahren (NPV) ■ Annuitätenmethode (A) ■ Interner Ertragssatz (IRR) ■ dynamisierte Payback-Methode (PBK)[c]	■ produktionsorientierte OR-Modelle ■ budgetorientierte OR-Modelle
	■ MAPI-Verfahren[b]	

a. Die auch dynamisierbare Nutzwertanalyse nimmt eine Sonderstellung ein. Sie hat aber nicht nur für reine Kosteninvestitionen, sondern auch für gewinnbringende, geschäftspolitische Anlageprojekte Bedeutung.
b. Das nur der Vollständigkeit halber erwähnte MAPI-Verfahren ist diskutabel, wird nur selten praktiziert und verkörpert einen statisch-dynamischen Ansatz.
c. Möglich durch dynamische Zinsberücksichtigung (NPV-verbunden) oder durch Rechenerweiterung (indirekte IRR-Ermittlung).

Beobachtet man nun die jüngsten *Entwicklungen* in in- und ausländischen Unternehmungen, so wird – z.B. anhand der zahlreich vorhandenen *nordamerikanischen Primärerhebungen* – der eindrückliche *Vormarsch der dynamischen Rechenverfahren* erkennbar (▶ Abb. 1/2). Damit wurde vielerorts einem Ruf der Theorie gefolgt, die seit Jahren die Überlegenheit der dynamischen Konzeptionen preist. Operierten Ende der fünfziger Jahre erst rund 20% der *grossen US-Gesellschaften* mit finanzmathematischen Entscheidungsrechnungen, so waren es zehn Jahre später fast 60% und Ende der siebziger Jahre über 85%. Dabei hat man nicht nur die Rechentechnik verbessert, sondern gleichzeitig auch die investitionspolitischen *Analysen ausgedehnt,* z.B. durch Anwendung von Mehrfachkriterien.

Diese Feststellungen gelten *nicht* in gleichem Masse für die *europäischen* Verhältnisse und insbesondere nicht für die meisten kleineren und mittleren Unternehmen. Die dynamischen Rechenansätze scheinen aufgrund der verfügbaren Informationen in der *Schweiz,* aber auch in der *Bundesrepublik*[2], weniger verbreitet zu sein. Selbst in grösseren und gut geführten Schweizer Konzernen gehören dynamische Investitionsrechnungen nicht unbedingt zum routinemässig eingesetzten Instrumentenarsenal.

Das heute verstärkte Bestreben der Praxis, die immer schicksalhaftere investitionspolitische Entscheidungsfindung zu verbessern, aber auch die an mittlere und kleinere Betriebe herantretenden Notwendigkeiten einer effizienteren Unternehmensführung

---

2 Vgl. z.B. Lüder 1976, S. 509–514.

▲ Abb. 1/2   Bedeutung und Kombination verschiedener Methoden der
             Investitionsrechnung[a]

Rechenverfahren	Häufigkeit generell	Häufigkeit isoliert	kombiniert mit ...
■ PBK (payback method)	74%	2%	diversen: 72%
■ ARR (accounting rate of return)	60%	4%	IRR/NPV: 48%
■ IRR (internal rate of return)	65%	6%	diversen: 59%
■ NPV (net present value)	57%	2%	IRR/ARR: 48%
■ nur Einfachkriterium	14%		
■ Zweifachkriterium	36%		
■ Dreifachkriterium	34%		
■ Vierfachkriterium	17%		
■ Dynamische Methoden	86%	39%	48%

a. Vgl. Bd. I, 2. Zeitgemässe Investitionsanalyse aus der Sicht amerikanischer Grossbetriebe, S. 41ff respektive Schall/Sundem/Geijsbeek 1978, S. 281–287.

legen es nahe, eine kleine *Standortbestimmung* vorzunehmen. Zu diesem Zweck sei zunächst ein Blick auf die grundsätzliche Funktionsweise und den Stellenwert der dynamischen Investitionsrechnung geworfen.

1.2 Dynamische kontra statische Analysetechnik

Anhand der Daten eines einfachen Zahlenbeispieles (▶ Abb. 1/3) ergeben sich die nachfolgend hergeleiteten Rechenresultate, zunächst *statisch* ermittelt:

▲ Abb. 1/3   Zahlenbeispiel zur Investitionsrechnung

■ Investitionsausgabe I_0 im heutigen Zeitpunkt t_0	400 000 Fr.
■ Projektlebensdauer n (von t_0 bis t_8)	8 Jahre
■ Jährliche Einnahmenüberschüsse $\bar{Z}_t$ aus der Investition	75 000 Fr./Jahr
■ Liquidationswert $\bar{L}$ in t_8	0 Fr.
■ Kapitalkostensatz (Kalkulationszinssatz) k_K	8%

1.2.1 Kostenvergleich

Dieses Verfahren entfällt hier, da es nur auf zu vergleichende Alternativprojekte (bei Wegfall bzw. Irrelevanz der Erlös- bzw. Nutzenseite) anwendbar ist.

1.2.2 Gewinnrechnung

Auszugehen ist von auf ein Jahr periodisierten Erfolgs-, und nicht Einnahmen- und Ausgabengrössen.

$$RG = \bar{Z}_{t_\emptyset} - Ab - \bar{Z}_{s_\emptyset} = \bar{Z}_{t_\emptyset} - \frac{I_0 - \bar{L}}{n} - \frac{(I_0 + \bar{L})k_K}{2}$$

$$RG = 75\,000 \text{ Fr.} - \frac{400\,000 \text{ Fr.}}{8} - \frac{400\,000 \text{ Fr.} \cdot 0.08}{2} = 9\,000 \text{ Fr.}$$

wobei: RG = Reingewinn nach Zinsen
Ab = Abschreibungen
Zs = Kapitalzinsen

1.2.3 Renditenrechnung

Zur Berechnung der einfachen, buchhalterischen Kapitalrendite wird der Reingewinn ins Verhältnis zum durchschnittlich investierten Kapital gesetzt.

$$r_{K_{netto}} = \frac{RG}{I_0/2}$$

$$r_{K_{netto}} = \frac{9\,000 \text{ Fr.}}{200\,000 \text{ Fr.}} = 4.5\,\%$$

1.2.4 Payback-Methode

Im Vordergrund steht die Frage, wann das Investitionskapital zurückgeflossen sein wird, also zunächst das Liquiditätskriterium. Die Zinsen werden zumeist vernachlässigt.

$$pd = \frac{I_0}{\bar{Z}_{t_\emptyset}}$$

$$pd = \frac{400\,000 \text{ Fr.}}{75\,000 \text{ Fr.}} = 5.33 \text{ Jahre}$$

wobei: pd = Payback-Dauer in Jahren

1.2.5 Nutzwertanalyse

Dieses eine ganze Palette auch qualitativer Zielkriterien berücksichtigende Verfahren kann hier nicht näher aufgezeigt werden.

1.2.6 MAPI-Verfahren

Diese zumeist auf Ersatzinvestitionen angewendete, in der Grundformel statisch aufgebaute Methode ermittelt unter Verwendung «dynamisierter» Abschreibungen annäherungsweise den internen Ertragssatz ($\approx$ IRR) des zusätzlich investierten Kapitals.

Aus verschiedenen Gründen erscheint dieses Verfahren nur unter grossen Vorbehalten zweckmässig.

Demgegenüber sehen die *dynamischen Analysewerte, die grundsätzlich auf Zahlungsströmen*, d.h. Einnahmen und Ausgaben[3], basieren, wie folgt aus:

1.2.7 Kapitalwertverfahren

Den Investitionsausgaben werden die späteren, auf t_0 abgezinsten Einnahmenüberschüsse gegenübergestellt (▶ Abb. 1/4).

▲ Abb. 1/4   Zahlenbeispiel zum Kapitalwertverfahren (Werte in Fr.)

Kontrolle	Ausgabensaldo	Zins	Rückfluss	neuer Saldo	Kontrolle
t_0	−400000	−32000	+75000	−357000	t_1
t_1	−357000	−28560	+75000	−310560	t_2
t_2	−310560	−24845	+75000	−260405	t_3
t_3	−260405	−20832	+75000	−206237	t_4
t_4	−206237	−16499	+75000	−147736	t_5
t_5	−147736	−11819	+75000	−84555	t_6
t_6	−84555	−6764	+75000	−16319	t_7
t_7	−16319	−1306	+75000	+57375	t_8

$$\text{Wert in } t_0 = NPV = 30\,998 = \frac{57\,375}{(1+0.08)^8}$$

Im Zeitpunkt t_0 beträgt der *Wert aller Rückflüsse* (inkl. Zinsen) über die Ausgaben für die Investition somit 30998 Fr.! Man beachte, dass die Technik der *formelmässigen* NPV-Herleitung den besonderen Einbezug der Zinsausgaben überflüssig macht.

$$NPV = \sum_{t=1}^{n} \frac{\bar{Z}_t}{(1+k_K)^t} - I_0 = \bar{Z}_t a_n - I_0$$

$NPV = (75\,000 \text{ Fr.} \cdot 5.74664) - 400\,000 \text{ Fr.}$

$\quad\quad = 430\,998 \text{ Fr.} - 400\,000 \text{ Fr.} = +30\,998 \text{ Fr.}$

wobei: a_n = sogenannter Rentenbarwertfaktor, der bei gleichbleibenden $\bar{Z}_t$ tabellarisch ermittelt und verwendet werden kann

---

[3] Unter Beachtung bestimmter Bedingungen (vor allem Verrechnung entsprechender kalkulatorischer Periodenzinsen) könnte man auch Erfolgsgrössen verwenden. Insbesondere die nordamerikanischen Beiträge sprechen sich tendenziell dagegen aus.

1.2.8 Annuitätenmethode

Gefragt wird hier nach einem über die Projektlaufzeit anfallenden, gleichbleibenden Jahresüberschuss, dessen Barwertbildung gerade dem ermittelten NPV entspricht.

$$NPV = \sum_{t=1}^{n} \frac{A}{(1+k_K)^t} = A \cdot \sum_{t=1}^{n} \frac{1}{(1+k_K)^t}$$

$$A = \frac{NPV}{\sum_{t=1}^{n} \frac{1}{(1+k_K)^t}} = \frac{NPV}{a_n}$$

Auch hier kann der Rentenbarfaktor a_n dann verwendet werden, wenn $\bar{Z}_t$ immer gleich ist.

$$A = \frac{30\,998 \text{ Fr.}}{5.74664} = +5\,394 \text{ Fr.}$$

Im Gegensatz zum NPV, der eine auf t_0 bewertete *Projektgewinnsumme* (hier über 8 Jahre!) verkörpert, stellt A eine finanzmathematisch berechnete *Jahresgewinngrösse* dar.

1.2.9 Interner Ertragssatz

Ausgehend vom Kapitalwertansatz wird nach demjenigen Zinssatz k_K gefragt, für welchen der NPV gerade Null wäre. Diesen kritischen Kapitalkostensatz nennt man die finanzmathematisch berechnete Bruttorendite, den sogenannten internen Ertragssatz des Projektes.

$$\text{IRR:} \sum_{t=1}^{n} \frac{\bar{Z}_t}{(1+IRR)^t} = I_0$$

$$\bar{Z}_t a_n = I_0$$

$$a_n \text{ (für IRR)} = \frac{I_0}{\bar{Z}_t}$$

(a_n findet wiederum für gleichbleibende $\bar{Z}_t$ Einsatz)

$$\text{IRR: } 75\,000 \text{ Fr.} \cdot a_n = 400\,000 \text{ Fr.}$$

$$a_n \text{ (für IRR)} = \frac{400\,000 \text{ Fr.}}{75\,000 \text{ Fr.}} = 5.333, \text{ d.h.}$$

$$IRR = 0.10 \rightarrow 10\%$$

Der IRR-Wert von 10% entspricht einer *Bruttorenditegrösse*. Mit der buchhalterischen Nettorendite zu vergleichen wäre der Nettowert ($IRR - k_K$), d.h. (10% − 8%) = 2%.

1.2.10 Dynamisierte Payback-Methode (NPV-bezogen)

Die Payback-Dauer *pd* wird hier zins- und zinseszinsgerecht ermittelt; anstelle der nominellen Rückflüsse $\bar{Z}_t$ setzt man deren Barwerte ein (▶ Abb. 1/5).

▲ Abb. 1/5   Zahlenbeispiel zur dynamisierten Payback-Methode

Kontrolle	Einnahmen/Ausgaben in Fr.	Barwertfaktoren	Barwerte Einnahmen/Ausgaben in Fr.	kumulierter Wert in Fr.
t_0	−400 000	1.0000	−400 000	−400 000
t_1	+75 000	0.9259	+69 444	−330 556
t_2	+75 000	0.8573	+64 300	−266 256
t_3	+75 000	0.7938	+59 537	−206 719
t_4	+75 000	0.7350	+55 127	−151 592
t_5	+75 000	0.6806	+51 043	−100 549
t_6	+75 000	0.6302	+47 263	−53 286
t_7	+75 000	0.5835	+43 762	−9 524
t_8	+75 000	0.5403	+40 520	**+30 996** (= **NPV**)

$$\text{Dynamische Payback-Dauer} = pd_{dyn.} = 7\,\text{J.} + \frac{9\,524}{40\,520}\text{J.} = 7.24 \text{ Jahre}$$

Die dynamische Payback-Ermittlung führt zu einer *NPV-Grenzüberlegung:* Nach 7.24 Jahren Projektlaufzeit hat man gerade einen NPV von 0 erzielt.

1.2.11 Dynamisierte Payback-Methode (IRR-bezogen)

Mittels einer rechnerischen Erweiterung um die *Rückflussanzahl z* lässt sich IRR annäherungsweise berechnen.[4]

$$pd = \frac{400\,000 \text{ Fr.}}{75\,000 \text{ Fr.}} = 5.33 \text{ Jahre}$$

$$z = \sum_{t=1}^{n} \frac{\bar{Z}_t}{I_0} = \frac{8 \cdot 75\,000 \text{ Fr.}}{400\,000 \text{ Fr.}} = 1.5$$

$$IRR \approx \frac{1 - 1/z^2}{pd} = \frac{1 - 1/1.5^2}{5.33} = 10.4\%$$

---

4 Vgl. Käfer 1974, S. 20. Diese Vorgehensweise findet in der Praxis nach wie vor Anwendung.

1.2.12 Beurteilung im Quervergleich

Beim Quervergleich der gezeigten Berechnungen fällt zunächst auf, dass offensichtlich sehr *unterschiedliche Zielkriterien* im Vordergrund stehen. Abgesehen von der Liquiditätsüberlegung innerhalb des statischen Payback ergibt sich der *Erfolgszielkatalog* gemäss ▶ Abb. 1/6.

Der Erfolgsüberschuss/Jahr vernachlässigt den immer wichtigeren Kapitaleinsatz wie auch den bei unterschiedlichen Projektlaufzeiten wesentlichen Gesamtüberschuss und findet deshalb nur begrenzte Anwendung. Sehr unterschiedliche Denkweisen liegen der im Zentrum stehenden *Kapitalwert-* bzw. *Renditekonzeption* zugrunde. Erstere geht von einer freien Kapitalzuführbarkeit zu k_K aus, während letztere das Kapital als Engpassfaktor behandelt.

Das demonstrierte Rechenbeispiel zeigt weiter die *höhere Rechengenauigkeit der dynamischen Ansätze* und die in der Regel zu optimistischen Gewinn- bzw. Renditewerte der statischen Herleitung. Die in der Praxis überwiegenden variierenden Projektrückflüsse lassen die Diskrepanzen noch grösser werden. Viel wichtiger als die rein rechnerische Überlegenheit, die man angesichts der Dateninputprobleme noch relativieren könnte, erscheint aber die *analytische Vertiefung der dynamischen Konzeptionen. Die hier zum vornherein gegebene Gesamtbetrachtung verhindert, dass bedeutsame Einflussfaktoren wie Konjunktur, Inflation, Währungs- und Zinsverschiebungen in einer globalen Durchschnittsbildung untergehen.*

▲ Abb. 1/6 Unterschiedliche Erfolgszielkriterien in der Investitionsrechnung

Erfolgszielgrösse	Buchhalterische Betrachtungsweise (periodisiert)	Finanzmathematische Betrachtungsweise (zeitgerecht)
■ Erfolgsüberschuss pro Jahr	Reingewinn nach (evtl. vor) Kapitalzinsen 9000 Fr.	Annuität A (Periodenüberschuss nach Zinsen) 5394 Fr.
■ Summe des Gesamtüberschusses	(Reingewinn · Anzahl Jahre) (8 · 9000 Fr. = 72000 Fr.)	Nettokapitalwert NPV (Barwert von A über die Projektlaufzeit) 30998 Fr.
■ Rendite (Erfolg/Kapitaleinsatz)	$r_{K_{netto}}$ (evtl. brutto) $r_{K_{netto}} = 4.5\,\%$ $r_{K_{brutto}} = 12.5\,\%$	Interner Ertragssatz IRR, evtl. IRR $- k_K$ $IRR = 10\,\%$ $IRR - k_K = 2\,\%$

Dynamische kontra statische Analysetechnik

Schön zum Ausdruck kommt schliesslich auch der oft übersehene direkte *Zusammenhang* zwischen Kapitalwert, internem Ertragssatz und Payback. Während die Ermittlung des IRR als einfache *Kapitalwert-Sensitivitätsanalyse* bezüglich der *Kapitalkosten* k_K aufgefasst werden kann, verkörpert die dynamische Payback-Herleitung eine solche bezüglich der *kritischen Projektlaufzeit*. Die vielerorts beliebte statische Payback-Betrachtung wiederum hängt mit der *IRR-Bestimmung* zusammen, indem sie bei gleichbleibenden Rückflüssen $\bar{Z}_t$ mit demselben Quotienten $I_0/\bar{Z}_t$ arbeitet. Dieser führt beim IRR-Ansatz über den Barwertfaktor a_n zum gesuchten IRR-Wert. Damit ergibt sich schematisch das Bild gemäss ▶ Abb. 1/7.

Die *einfache Payback-Betrachtung* ist damit nicht nur der Ausfluss einer Liquiditätsrisikoüberlegung, sondern genauso einer Risikoanalyse. Die in der Praxis häufige PBK-Rangierung kleiner Investitionsprojekte erscheint daher auch aus theoretischer Sicht – unter Beachtung bestimmter Einschränkungen – durchaus akzeptabel.

▲ Abb. 1/7   Zusammenhänge zwischen den wichtigsten Rechenverfahren

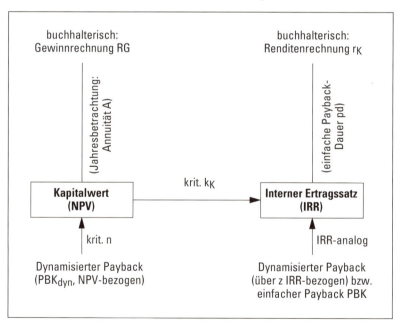

1.3 Kapitalwert kontra interner Ertragssatz

Die Beurteilung von *Einzelprojekten* anhand des NPV- bzw. IRR-Kriteriums ist normalerweise problemlos. Die Handlungsregel lautet: Projekt akzeptabel, wenn *NPV* ≥ 0 bzw. wenn *IRR* ≥ k_K. Beide Verfahren führen zu gleichen Ja/Nein-Entscheidungen. Möglich sind allerdings *rechnerische Schwierigkeiten* bei der IRR-Berechnung, und zwar dann, wenn das Projekt-Einnahmen-Ausgaben-Diagramm mehr als einen Vorzeichenwechsel enthält (z.B. grosse Ausgabe am Laufzeitende zur Beseitigung erschöpfter Produktionsanlagen). Hier hilft nur die Bestimmung – wenn möglich k_K-alternativer – projektentsprechender NPV-Werte weiter.

▲ Abb. 1/8   Beispiel zur Alternativentscheidung

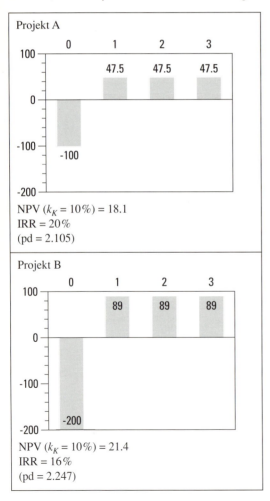

Häufig geht es aber nicht in erster Linie um reine Ja/Nein-Entscheide, sondern um die *Wahl der zielgerechtesten Projektalternative*. Dabei ist eine *Projektrangierung* notwendig, die leider nach den Hauptverfahren NPV und IRR nicht unbedingt homogen ausfallen muss. Im praktisch häufigsten Fall

- ungleicher Investitionssummen,
- divergierender Projekt-Laufzeiten oder
- unterschiedlicher Rückfluss-Charakteristika

kann der Kapitalwert die Realisierung der einen, der interne Ertragssatz jedoch die Durchführung der anderen Variante nahelegen. Dies sei am *Beispiel ungleicher Investitionssummen illustriert* (◄ Abb. 1/8).

Das *Kapitalwertdenken*, das vor allem in den USA vorherrscht, unterstellt vollkommene Finanzmärkte und frei zuführbares Unternehmenskapital. Projekt B müsste danach eindeutig vorgezogen werden.

Geht man aber von realistischeren Rahmenbedingungen knappen Kapitals aus (nur sehr wenige Schweizer Unternehmungen dürften einer Lehrbuchidylle entsprechen), so muss das eine *Engpassbetrachtung* verkörpernde *Renditekriterium* im Vordergrund stehen: Projekt A wäre danach als überlegen zu bezeichnen.

Eine etwas vertieftere *Differenzbetrachtung* führt zum Bild gemäss ► Abb. 1/9, das den Nutzen der zusätzlich in B investierten 100 widerspiegelt. Mit Hilfe der Resultate in ► Abb. 1/9 lässt sich die oben gemachte Aussage präzisieren. Die *Mehrinvestition in B* (100) erbringt offensichtlich einen positiven Kapitalwert (bei $k_K = 10\%$) von *+3.2;* der interne Ertragssatz (Bruttorendite) beträgt *12%*.

▲ Abb. 1/9 Vertiefter Vergleich der Investitionsprojekte A und B

Projekt	Einnahmen/Ausgaben					NPV (10%)	IRR
A	nominell	−100	+47.5	+47.5	+47.5		20%
	Barwert	−100	+43.1	+39.3	+35.7	+18.1	
B	nominell	−200	+89.0	+89.0	+89.0		16%
	Barwert	−200	+80.9	+73.6	+66.9	+21.4	
B − A	nominell	−100	+41.5	+41.5	+41.5		12%
	Barwert	−100	+37.7	+34.3	+31.2	+3.2	

Wenn die bei Projekt A eingesparten Investitionsmittel von 100 somit anderweitig zu mehr als 12% im Unternehmen investiert werden können, erscheint Projekt A überlegen. Je knapper die Finanzmittel eines Unternehmens sind, um so eher wird diese Alternativanlage-Bedingung erfüllt sein. Vereinfachend lassen sich die *Entscheidungsregeln* wie folgt umschreiben (▶ Abb. 1/10).

▲ Abb. 1/10   Vereinfachende investitionspolitische Entscheidungsregeln

Entscheidung	Unbeschränkte Kapitalseite	Limitierte Kapitalzuführbarkeit
■ Ja/Nein-Kriterium	NPV ≥ 0 oder IRR ≥ k_K	IRR ≥ k_K oder NPV ≥ 0
■ Alternativen mit ungleicher Investitionssumme	NPV	IRR bzw. IRR − k_K, evtl. NPV/I_0
■ Alternativen mit divergierender Laufzeit	NPV	IRR bzw. IRR − k_K, evtl. A
■ Alternativen mit unterschiedlicher Rückflusscharakteristik	NPV	IRR bzw. IRR − k_K, evtl. NPV/I_T

Die in der gängigen Literatur für die Gültigkeit des NPV- bzw. IRR-Verfahrens oft erwähnte Bedingung der Wiederanlage der Finanzmittel zu k_K (im Beispiel 10%) für NPV bzw. zu IRR (bei Projekt A zu 20%) für IRR erscheint somit nicht sehr sinnvoll. Im Falle unbeschränkten Kapitals entfällt diese sogenannte *Wiederanlageprämisse*, da es hier lediglich um eine mehr oder weniger hohe Mittelaufnahme zu k_K geht. Ist die Kapitalzufuhr spürbar limitiert, so genügt im gezeigten Beispiel das Vorhandensein einer über 12% liegenden Anlagechance für die Überlegenheit des Projektes A.

Fragwürdig ist wohl der Einsatz NPV-/IRR-gemischter Zwitterverfahren für die überwiegende «Normalpraxis», wie sie z. B. *Melzer* in Form des sogenannten Kapitalwertzinses als fruchtbare Praktikervariante sieht. Aus verschiedenen Gründen wird hier von derartigen, an dieser Stelle nicht weiter zu diskutierenden Konzeptionen abgeraten.[5]

Betrachtet man nun den *internen Ertragssatz IRR für B − A des gezeigten Beispieles* noch etwas genauer, so erkennt man, dass dieser Wert von 12% auch gerade denjenigen Kapitalkostenansatz k_K verkörpert, bei dem die beiden Projekte A und B den *gleichen Kapitalwert* aufweisen (sogenannte «Fisher-Rate»). ▶ Abb. 1/11 macht die dabei spielenden Zusammenhänge deutlich.

Die Rendite der in A investierten Mittel ist mit 20% höher als diejenige der B-Investition (16%). Solange aber (beliebiges) Kapital zu wenigstens 10% Anlage sucht, wäre B − kapitalwertgemessen − trotzdem vorzuziehen. Diese kapitalseitige Rahmenbedingung ist indessen in der Praxis häufig nicht erfüllt. ▶ Abb. 1/11 bringt auch die grössere k_K-Empfindlichkeit des Projektes B zum Ausdruck: ein weiterer *risikopolitischer* Grund, der Variante A den Vorzug zu geben.

---

5 Vgl. Melzer 1980, S. 39.

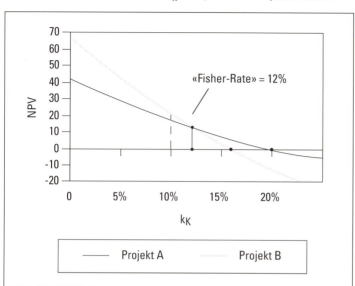

▲ Abb. 1/11   Vertiefte NPV- und k_K-Analyse für die Projekte A und B

Wesentlicher noch als die gezogenen Folgerungen erscheint die aus dem Beispiel hervorgehende Einsicht, dass die Berechnung punktueller NPV- oder IRR-Werte im Prinzip nicht sehr befriedigend ist. Viel zweckmässiger sind im Sinne der ◄ Abb. 1/11 aufgestellte, *«gleitende» Wertedarstellungen,* die gerade im Rahmen von Alternativ-Vergleichen erst *vertiefte Projekteinsichten* ermöglichen. Zudem wird damit die *NPV-Betrachtung mit der IRR-Grösse* in harmonischer und logischer Weise *verknüpft.*

Das gleiche gilt für den in der *Payback-Rechnung* vorgenommenen Laufzeitbezug.
► Abb. 1/12 verbindet in diesem Sinne den NPV-Ansatz mit der dynamischen Payback-Betrachtung.

Die im vorangegangenen Abschnitt[6] besprochenen Zusammenhänge zwischen den NPV-, IRR- und PBK-Konzeptionen sind damit nochmals bestätigt. *Das in Fachbeiträgen und empirischen Untersuchungen häufige Ausspielen der verschiedenen Rechenansätze «gegeneinander» sollte deshalb abgelöst werden durch eine vertiefte, umfassendere Analyseart in der oben demonstrierten Weise, welche die besprochenen Kriterien zusammenführt und so viel fundiertere Aussagen ermöglicht.* Mit Hilfe der elektronischen Datenverarbeitung, allenfalls unter Beanspruchung externer Beratungs- und Serviceleistungen, stellt der Rechen- und Informationsaufwand kein echtes Hindernis mehr dar. «Lotus 1-2-3» und andere Softwareprogramme ermöglichen schon auf dem PC derartige Auswertungen.

---

6   Vgl. Abschnitt 1.2.

▲ Abb. 1/12   Vertiefte NPV- und Laufzeitanalyse für die Projekte A und B

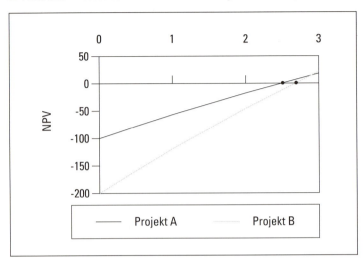

1.4 Investitionsrisiko und Kapitalkostenbildung

Investieren heisst in der Regel Hingabe von Finanzmitteln (also eines heutigen Nutzens) zugunsten *zukünftiger* höherer, aber *risikobehafteter* Einnahmen (eines zukünftigen Nutzens). Vor allem die in den bisherigen Berechnungen als punktuelle Plangrössen eingesetzten Rückflüsse $\bar{Z}_t$, aber auch der Liquidationswert L und nicht zuletzt die anfallenden Investitionsausgaben I_0, verkörpern daher fast nie sichere Grössen, umgekehrt aber auch nicht völlig ungewisse Zukunftswerte. Spätere Umsatzeinnahmen beispielsweise kann man vielmehr als *anhand objektiver oder subjektiver Erwartungen abschätzbare Zufallsvariablen* auffassen, die bestimmte *Wahrscheinlichkeitsverteilungen* bilden. Ist die mögliche *Streuung* solcher Grössen sehr *breit* (z. B. erwarteter Umsatz ø 2 500, mögliche Werte um 1 000 ... 4 000), so enthalten sie ein hohes Risiko; *kleine Streubereiche* (z. B. 2 000 ... 3 000) bedeuten entsprechend ein *geringeres Risiko*.

Da wirtschaftlich handelnde Menschen in der Regel *risikoscheu* sind, d. h. eine (mittlere) Rendite von 6 % lieber mit einer sicheren Anlage erzielen als mit einem Streubereich von 3 % ... 9 %, erwartet man für *risikobehaftetere Investitionen* eine entsprechend *grössere Anlagerendite*. Fügt man Investitionen (Anlagen) in ein schon *bestehendes* Programm ein (Unternehmung, Wertschriftenportefeuille), so lässt sich diese Erfolgsstreuung (Anlagerisiko für sich betrachtet) häufig *teilweise neutralisieren*. Verwendet man zur Risikomessung das statistische Mass der Rendite-Standardabweichung, so resultiert für die möglichen Anlagen X und Y und ihre Kombination das Bild, wie es aus ▶ Abb. 1/13 bis 1/16 hervorgeht.

Investitionsrisiko und Kapitalkostenbildung

▲ Abb. 1/13 Rendite- und Risikogehalt der Anlage X, isoliert betrachtet

$\tilde{r}$	w	$w \cdot r_i$	$(r_i - \tilde{r})$	$(r_i - \tilde{r})^2$	$(r_i - \tilde{r})^2 \cdot w$
8%	0.18	1.44	−2	4	0.72
10%	0.64	6.40	0	0	0.00
12%	0.18	2.16	+2	4	0.72
Summe		10.00			1.44

Rendite: $E(\tilde{r}) = \bar{r} = 10.00$

Risiko: $\sigma = \sqrt{1.44} = 1.20$

wobei: r = Rendite
w = Wahrscheinlichkeit

▲ Abb. 1/14 Rendite- und Risikogehalt der Anlage Y, isoliert betrachtet

$\tilde{r}$	w	$w \cdot r_i$	$(r_i - \tilde{r})$	$(r_i - \tilde{r})^2$	$(r_i - \tilde{r})^2 \cdot w$
5%	0.18	0.90	−5	25	4.50
10%	0.64	6.40	0	0	0.00
15%	0.18	2.70	+5	25	4.50
Summe		10.00			9.00

Rendite: $E(r) = \bar{r} = 10.00$

Risiko: $\sigma = \sqrt{9.00} = 3.00$

▲ Abb. 1/15 Rendite- und Risikogehalt der Anlagen X und Y, gemeinsam gehalten, wobei die Anlagen positiv renditekorreliert sind mit +1

$\tilde{r}$	w	$w \cdot r_i$	$(r_i - \tilde{r})$	$(r_i - \tilde{r})^2$	$(r_i - \tilde{r})^2 \cdot w$
6.5%	0.18	1.17	−3.5	12.25	2.205
10.0%	0.64	6.40	0.0	0.00	0.000
13.5%	0.18	2.43	+3.5	12.25	2.205
Summe		10.00			4.441

Rendite: $E(r) = \bar{r} = 10.00$

Risiko: $\sigma = \sqrt{4.441} = 2.10$

▲ Abb. 1/16 Rendite- und Risikogehalt der Anlagen X und Y, gemeinsam gehalten, wobei die Anlagen negativ renditekorreliert sind mit –1

	$\tilde{r}$	w	$w \cdot r_i$	$(r_i - \tilde{r})$	$(r_i - \tilde{r})^2$	$(r_i - \tilde{r})^2 \cdot w$
	6.5%	0.18	1.53	–1.5	2.25	0.405
	10.0%	0.64	6.40	0.0	0.00	0.000
	11.5%	0.18	2.07	+1.5	2.25	0.405
Summe			10.00			0.810

Rendite: $E(r) = \tilde{r} = 10.00$

Risiko: $\sigma = \sqrt{0.810} = 0.90$

Für die Investitionspolitik ergeben sich aus dem gezeigten Beispiel folgende Grundsätze:

- Anlagemöglichkeiten sind nicht nur anhand ihrer Rendite (brutto), sondern anhand ihrer *Rendite-Risiko-Kombination* $(r - R)$ zu beurteilen (Risiko R = Renditestreuung).
- Wesentlich ist dabei das sogenannte *nichtdiversifizierbare Risiko,* welches bei der Anlagenmischung nicht verschwindet.[7]
- Die *praktischen* Investitionsmöglichkeiten lassen zumeist *gewisse Diversifikationseffekte* zu.
- Die vor allem für grössere, international orientierte Konzerne wesentlichen Risiko-Rendite-Zusammenhänge können bei Missachtung zu *Fehlentscheidungen* führen.

Für die Investitionsrechnung ergibt sich als Folgerung aus dem Gesagten, dass Projekte mit (bei gleicher Renditeerwartung) geringerem Risiko vorzuziehen sind; ebenso solche mit (bei gleichem Risikogehalt) grösserer erwarteter Rendite.[8] Der für eine *Projektanalyse* zu verwendende *Kapitalkostenzusatz* k_K, der nichts anderes als die (minimale) *Renditeanforderung* verkörpert, sollte daher *entsprechend dem Projektrisiko festgelegt* werden. Die dabei mathematisch formulierbaren Zusammenhänge sind in der Praxis nur unter grössten Schwierigkeiten quantifizierbar, weshalb es oft um eine wenigstens grobe, subjektive Risikoeinschätzung gehen wird.

---

[7] Im verwendeten Beispiel liesse sich das Risiko bei entsprechender Anlagenmischung vollständig wegdiversifizieren. Darauf soll hier nicht weiter eingegangen werden.
[8] Auf eine ausführlichere Darstellung soll an dieser Stelle verzichtet werden.

Wie sieht nun die *Kapitalkostenermittlung* konkret aus? Zunächst kann man den Kapitalkostensatz für ein *Unternehmen global* festlegen, und zwar als gewichtete Grösse des Unternehmenskapitals:

$$k_K = \frac{k_{EK}EK + k_{FK}FK}{EK + FK}$$

(eventuelle Minderung des k_{FK}-Satzes um den Ertragssteueranteil)[9]

Ein Beispiel (vgl. ▶ Abb. 1/17) soll die Kapitalkostenberechnung demonstrieren:

▲ Abb. 1/17   Beispiel zur Ermittlung der Kapitalkosten

- durchschnittlich bezahlte Fremdkapitalzinsen in % = k_{FK} = 5 %
- entsprechend dem Unternehmensrisiko festgelegter Eigenkapitalkostensatz = k_{EK} = 12 %
- Verschuldungsgrad = 40 %

$$k_K = \frac{k_{EK}EK + k_{FK}FK}{EK + FK} = 12\% \cdot 0.6 + 5\% \cdot 0.4 = 9.2\%$$

Sehr *unterschiedlich risikobehaftete Sparten und Anlagetypen* (z.B. Erweiterungs- kontra Diversifikationsprojekte) sollte man nur *risikodifferenziert*[10] behandeln. Die Bedenken gewisser, vor allem deutschsprachiger Autoren[11], die damit eine «Überforderung» des Kapitalkostenzusatzes befürchten, erscheinen nicht unbedingt stichhaltig. Theoretisch wohl sauber definierbare, praktisch aber meist willkürlich vorgenommene Rückflussabschläge (Verminderung von $\bar{Z}_t$) sind häufig nicht von Gutem und zudem in der konkreten Handhabung wenig illustrativ. Zudem gewährleistet eine möglichst fundiert vorgenommene *Kapitalkostenherleitung für das ganze Unternehmen* (mit risikogerechten Eigenmittelkosten) und wenigstens grober Spartensatzdifferenzierung wohl eher einen *wirksamen Brückenschlag von der Finanzierungsseite zum investitionspolitischen Entscheid.*

---

9 Vgl. Abschnitt 1.5.
10 Das oben betrachtete Unternehmen besitze zwei Produktebereiche: einen konventionellen sowie eine neue, risikoreichere Produktsparte. Unter Berücksichtigung eines globalen Sicherheitszuschlages von 0.8 % könnte sich, subjektiv geschätzt und festgelegt, folgende Konstellation ergeben:
    Sparte 1: k_K = 8 %
    Sparte 2: k_K = 12 %
11 Vgl. z.B. Müller-Hedrich 1981, S. 132.

Die anzuwendenden Kapitalkosten k_K setzen sich insgesamt aus folgenden *Komponenten* zusammen (▶ Abb. 1/18):

▲ Abb. 1/18 Komponenten des Kapitalkostensatzes

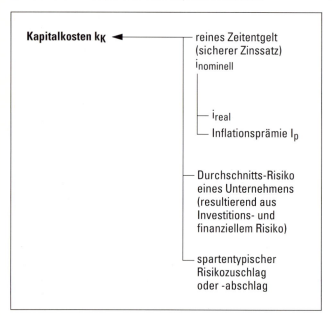

1.5 Berücksichtigung von Inflation und Steuern

Besondere Rechenprobleme ergeben sich im Zusammenhang mit den aus betrieblicher Sicht sehr wesentlichen, theoretisch häufig vernachlässigten Inflations- und Steuereinflüssen.

Was die *Inflationskomponente* betrifft, so ist es in Übereinstimmung mit dem oben Dargelegten zweckmässig, alle Grössen der Investitionsanalyse *nominell,* d.h. unter Einschluss der Inflationsauswirkungen, zu erheben und zu verrechnen. Für die einzelnen Rechenelemente bedeutet dies konkret:

- *laufende Betriebsausgaben:* Die zu erfassenden Planperioden sind entsprechend den auf der Faktorseite erwarteten Teuerungsimpulsen zu behandeln, z.B. vor allem hinsichtlich der Komponenten Löhne, Gehälter, Materialien, Betriebsstoffe, Ersatzbeschaffungen.
- *laufende Betriebs-(Umsatz-)einnahmen:* Der Einfluss der allgemeinen Teuerung wird auf der Umsatzseite häufig nicht gleich wie im Produktionsbereich aussehen. Auch hier empfehlen sich eingehende Analysen.

Berücksichtigung von Inflation und Steuern

- *Steuerausgaben:* Im Zusammenhang mit der Ertragssteuerermittlung ist zu beachten, dass lediglich historische Abschreibungswerte verrechnet werden können. Für die Steuerkomponente sind die Abschreibungen auch im Rahmen der dynamischen Investitionsrechnungen relevant.
- *Kapitalkostensatz:* Entsprechend dem weiter vorne Gesagten[12] sind die Kapitalzinsen in gleicher Weise inflationiert zu erfassen, was sich bei marktmässiger Herleitung ohne weiteres ergibt. Besonders wichtig erscheint in diesem Zusammenhang die Verwendung eines aktuellen und laufend, z.B. jährlich revidierten Satzes.

Zur Berücksichtigung *der Ertragssteuern* stehen im Rahmen der Investitionsrechnung zwei Hauptansatzpunkte im Vordergrund. *Eine Möglichkeit* besteht darin, ein zu evaluierendes Investitionsprojekt mit den *effektiv* zu erwartenden, durch dieses Vorhaben zusätzlich verursachten *Ertragssteuern* zu belasten.[13] Dieses eher seltene Vorgehen bereitet in der Praxis einige Mühe, da die zu entrichtenden Fiskalabgaben über den steuerbaren Gewinn nicht nur durch die steuerlichen Abschreibungen, sondern auch durch die steuerlich abzugsfähigen Fremdkapitalzinsen beeinflusst werden. Diese direkte Verknüpfung von investitions- und finanzpolitischen Elementen ist aber zumeist unerwünscht.

Viel häufiger empfiehlt es sich deshalb, die *Projekt-Ertragssteuern unabhängig vom Finanzierungsverhältnis* zu berechnen, d.h. für eine theoretische Eigenfinanzierung von 100%. Ausgehend von diesem pessimistischeren Nettorückfluss muss dann ein entsprechend *reduzierter Kapitalkostensatz* angewendet werden. Da die Fremdkapitalanteile, die auch in k_K als Durchschnittsgrösse eingehen, dank ihrer steuermindernden Wirkung nur noch Finanzkosten von $k_{FK}(1-s)$ verursachen (s = ø Ertragssteuersatz), lautet die Grundformel für den Kapitalkostensatz hier wie folgt:

$$k_{K_s} = \frac{k_{EK}\,EK + k_{FK}(1-s)\,FK}{EK + FK}$$

Beispiel (Zahlen gemäss vorangegangenem Beispiel)
ø Ertragssteuersatz $s = 0.5$

$$k_{K_s} = 12\,\% \cdot 0.6 + 5\,\% \cdot 0.5 \cdot 0.4 = 8.2\,\%$$

---

[12] Vgl. dazu Abschnitt 1.4.
[13] Vgl. dazu Bd. I, 4. Kapitalkostenansätze, Abschnitt 4.3.5 Kapitalkosten und Investitionsentscheidung, S. 96ff.

1.6 Zusammenfassung und Folgerungen

Für viele Unternehmungen repräsentiert die längerfristige Investitionspolitik heute *das* zentrale Element der strategischen Unternehmenspolitik. Die in den vergangenen Jahren in der Praxis der Investitionsrechnung erzielten Fortschritte sind Ausdruck dieses Tatbestandes. Neben den in Grossbetrieben entwickelten und angewendeten massgeschneiderten Simulations-, Sensitivitäts- und OR-Modellen, die hier ausgeklammert worden sind, sticht vor allem der *Einsatz der dynamischen Investitionsrechnungsverfahren* hervor.

In den grösseren US-Unternehmungen haben sich diese Führungsinstrumente innerhalb zweier Jahrzehnte vom eher seltenen zum gegenüber den statischen Betrachtungen *dominanten Hilfsmittel* entwickelt. Dabei ist die Anwendung *mehrerer Kriterien und Analyserechnungen* üblich, ebenso die *Kombination dynamischer und statischer Ermittlungen*. Der interne Ertragssatz wird dabei häufiger als die Kapitalwertbetrachtung benutzt.

Wenn heute zahlreiche Unternehmen vor der Frage stehen, ob sie ihre Investitionsanalyse «dynamisieren» sollen, so erscheinen verschiedene Punkte überdenkenswert. Einmal ist festzuhalten, dass die zweifellos *grössere Rechengenauigkeit* der dynamischen Konzeptionen in vielen Anwendungsfällen nicht ganz zum Tragen kommen kann. Dies zum einen wegen der häufig grossen Probleme innerhalb der Datenermittlung, zum andern wegen der nicht immer sauberen Handhabung und Interpretation. Noch wichtiger als der rechentechnische Fortschritt ist wohl die durch die dynamische Rechenweise ausgelöste *umfassendere Analyse* der einzelnen Investitionsprojekte.

In Modifikation des «klassischen», vor allem angelsächsischen Lehrbuchdenkens sollten hierzulande nicht unbedingt Kapitalwertdaten (NPV) als Einzelgrössen im Vordergrund stehen, sondern häufig eher der interne Ertragssatz (IRR, Rendite) bzw. eine Nettorenditegrösse (*IRR* $-k_K$ bzw. $r_K - k_K$). Entscheidet man sich aber für einen Einsatz finanzmathematischer Entscheidungsrechnungen, dann sollte man dies – vor allem für grössere Projektanalysen – besser zum vornherein auf *umfassende Weise* tun. *Kapitalwertprofile und -diagramme*, welche die Herleitung interner Rendite- und Payback-Grössen transparent aufzeigen und die *Projektsensibilität* gegenüber Laufzeit- und Zinsveränderungen nachvollziehbar machen, sind um ein Vielfaches *aussagekräftiger* als nur punktuell, eindimensional ermittelte NPV- und/oder IRR-Werte.

Besondere Aufmerksamkeit ist gerade im Zusammenhang mit den finanzmathematischen Rechenverfahren der sinnvollen Berücksichtigung des *Risikofaktors* zu schenken. Das heute zumeist als Projektrenditestreuung verstandene Erfolgsrisiko *muss* rechnerisch – sinnvollerweise mittels *risikogerechter Kapitalkostensätze* – erfasst werden, damit man eindeutige Verzerrungen der Resultate vermeiden kann. Ohne solche Korrekturen und ohne Risikoindikatoren hergeleitete Kapitalwertgrössen von unterschiedlich risikobehafteten Alternativprojekten könnten unter Umständen als Entscheidungshilfen mehr schaden als nützen. Die Abschätzung des nichtdiversifizierbaren und damit relevanten Projektrisikos wird allerdings auch in Zukunft eine heikle Sache bleiben.

Da die *Kapitalkostensätze* eine äusserst sensible Komponente im dynamischen Rechensystem darstellen, sollten sie entsprechend *sorgfältig bestimmt* werden. Ausgehend von einem für das Gesamtunternehmen zu fixierenden Durchschnittssatz müsste man für die wichtigsten, stark risikodifferierenden Investitionskategorien *individuelle, risikogerechte Kapitalkostenwerte* gewinnen. Die realistische Berechnung der Eigenkapitalkosten dürfte dabei – insbesondere für alle nicht börsengängigen Unternehmen – zumeist einen der problematischsten Faktoren verkörpern.

Selbstverständlich werden solche Rechenhilfen nie die notwendige Führungsentscheidung vorwegnehmen, die viele nicht zahlenmässig fassbare Faktoren zu berücksichtigen hat. Hingegen kann die Willensbildung wesentlich erleichtert und analytisch abgestützt werden.

Literatur

Käfer, K.: Investitionsrechnungen, 4. Auflage, Zürich 1974.
Lüder, K.: Zur Investitionsplanung und Investitionsrechnung in der betrieblichen Praxis, in: Wirtschaftsstudium, Heft 11, November 1976, S. 509–514.
Melzer, F.: Investitionsrechnung in deutschen Industriebetrieben, 4. Auflage, Ruhr Universität, Bochum 1980.
Müller-Hedrich, B.: Betriebliche Investitionswirtschaft, 2., überarbeitete Auflage, Stuttgart 1981.
Rychel, D.F.: Capital Budgeting with Mixed Integer Linear Programming: An Application, in: Financial Management, Vol. 6, Nr. 4, Winter 1977, S. 11–19.
Schall, L.D./Sundem, G.L./Geijsbeek, W.R.Jr.: Survey and Analysis of Capital Budgeting Methods, in: The Journal of Finance, Vol. 33, Nr. 1, March 1978, S. 281–287.

2. Zeitgemässe Investitionsanalyse aus der Sicht amerikanischer Grossbetriebe

Inhaltsübersicht

2.1	Einleitung	43
2.2	Unternehmerische Erfolgszielkriterien	43
2.3	Einsatz von Investitionsrechnungsverfahren	44
2.4	Limitierte Kapitalaufnahme, Alternativentscheidungen und problematische IRR-Berechnung	47
2.5	Berücksichtigung von Risikoaspekten	49
2.6	Cash-flow- und Kapitalkostenbestimmung	52
2.7	Zusammenfassung und Folgerungen	56
	Literatur	59

Quelle

Überarbeitete Fassung eines Aufsatzes, der in der Management-Zeitschrift io erschienen ist (vgl. Nr. 1, Januar 1981).

2.1 Einleitung

Die Festlegung der längerfristigen Investitionsstrategie einer Unternehmung stellt eines der zentralsten Entscheidungsfelder dar, das auf oberster Führungsebene, als Hauptelement der langfristigen Unternehmungspolitik, zu gestalten ist. Die im Bereiche der Investitionsrechnung festzustellende enge und fruchtbare Wechselwirkung zwischen Theorie und praktischer Anwendung ist deshalb besonders erfreulich. Wie die folgenden Ausführungen zeigen, sind aber verschiedene Teilprobleme noch nicht oder nur unvollkommen gelöst.

Ziel der nachstehenden Ausführungen ist es, die Hauptkomponenten einer modernen Investitionsrechnung aufzuzeigen und all jenen Unternehmungen eine Handhabe zu bieten, die ihre eigene Entscheidungstechnik mit einer sehr fortschrittlich geführten Gesamtheit von Unternehmungen vergleichen wollen. Zunächst wird ein Überblick über Stand und Entwicklungstendenzen der Investitionsentscheidung in grossen US-Gesellschaften gegeben, der auf zwischen 1969 und 1980 publizierten amerikanischen Primärerhebungen basiert.[1] Die grosse Anzahl analysierter Unternehmungen sowie die zahlreichen Untersuchungen ermöglichen interessante Schlussfolgerungen, wo die betriebliche Praxis heute steht, welches die zurzeit schwierigsten Teilprobleme sind und in welche Richtung Theorie und Praxis in den kommenden Jahren weiter vorstossen sollten.

2.2 Unternehmerische Erfolgszielkriterien

Der Gestaltung der Investitionsrechentechnik vorgelagert ist die Frage, welches bzw. welche *Erfolgszielkriterien* eine Unternehmung verfolgen will. Der aus theoretischer Sicht überwiegend postulierten Unternehmungswertmaximierung steht eine Realität gegenüber, die etwas anders aussieht (▶ Abb. 2/1). Offensichtlich bevorzugt die Pra-

---

[1] Der vorliegende Beitrag geht von verschiedensten Primärerhebungen aus, welche im groben Durchschnitt gesehen die Daten von 380 befragten bzw. 170 antwortenden US-Unternehmungen berücksichtigen. Letztere sind häufig der «Compustat»-Liste der 1000 grössten US-Gesellschaften entnommen worden.

▲ Abb. 2/1   Bedeutung verschiedener Erfolgskriterien[a]

Erfolgszielkriterium der Unternehmung	Anteil der antwortenden Unternehmen
■ Gesamtkapitalrendite ■ Gewinn/Aktie, Eigenkapitalrendite ■ absoluter Gewinn ■ Aktienwertmaximierung	ca. 1/3 ca. 1/3 ca. 1/6 ca. 1/6

a. Scott/Petty/Bird 1975, S. 159–172.

xis extern messbare und verwendete Zielkriterien, worunter mit Schwergewicht die für Analysezwecke verbreiteten *Renditegrössen*. Publikumsorientierte Unternehmungen tendieren dabei verstärkt zu buchhalterisch ausgerichteten Erfolgskriterien (ausgewiesener Gewinn, «accounting rate of return»).

Dass die analysierten Gesellschaften weitgehend von der theoretisch richtigen Unternehmungswertmaximierung abweichen, dürfte noch einen anderen – vernünftigen – Grund haben. Lässt man nämlich die unterstellte Grundannahme *freier Kapitalverfügbarkeit* fallen, so muss die absolute Unternehmungswertmaximierung durch ein relatives Mass, z.B. die *Eigenkapitalrendite,* ersetzt werden. Gemäss Abschnitt 2.4 verzeichnen aber zahlreiche Gesellschaften solche Beschränkungen, die das praktische Zielstreben zum Teil erklären.

2.3   Einsatz von Investitionsrechnungsverfahren

Zur Analyse von Investitionsprojekten werden heute überwiegend folgende Rechenverfahren angewendet:

- buchhalterische, einfache Investitionsrendite (ARR = accounting rate of return)
- Payback-Methode (PBK)
- Interner Ertragssatz (IRR = internal rate of return)
- Kapitalwertmethode (NPV = net present value).

Äusserst interessant sind die sehr aufschlussreichen Resultate einer der neueren amerikanischen Untersuchungen, die das in ▶ Abb. 2/2 gezeigte Bild ergeben.

Wertet man diese Tabelle weiter aus, so erkennt man die relative Gewichtung der *einzelnen* Verfahren (▶ Abb. 2/3). Aus diesen Daten und weiteren Erhebungsresultaten lassen sich folgende Schlussfolgerungen ziehen:

- Die *dynamischen* Rechenverfahren (IRR/NPV) haben sich allgemein durchgesetzt.
- *Mehrfachmethoden* sind heute weit verbreitet; nur 14% der analysierten Grossunternehmungen stützen sich lediglich auf *ein* Rechenverfahren ab.

Einsatz von Investitionsrechnungsverfahren 45

▲ Abb. 2/2 Anwendungshäufigkeit verschiedener Analyseverfahren bzw. Methodensets[a]

Investitionsrechenmethoden	%-Anteil Unternehmen
■ PBK, ARR, IRR, NPV	17%
■ PBK, ARR, IRR	14%
■ PBK, ARR, NPV	9%
■ PBK, IRR, NPV	9%
■ ARR, IRR, NPV	2%
■ PBK, ARR	8%
■ PBK, IRR	8%
■ PBK, NPV	7%
■ IRR, NPV	7%
■ ARR, NPV	4%
■ ARR, IRR	2%
■ IRR	6%
■ ARR	4%
■ NPV	2%
■ PBK	2%
Total	ca. 100%

a. Schall/Sundem/Geijsbeek 1978, S. 281–287.

▲ Abb. 2/3 Stellenwert der einzelnen Analyseverfahren und der Kriterienanzahl[a]

Methode	Häufigkeit	Häufigkeit allein	in Kombination mit...	
■ PBK	74%	2%	diversen:	72%
■ ARR	60%	4%	IRR/NPV:	48%
■ IRR	65%	6%	diversen:	59%
■ NPV	57%	2%	IRR/ARR:	48%
■ mehr als eine Methode	86%			
■ Vierfachkriterium	17%			
■ Dreifachkriterium	34%			
■ Zweifachkriterium	36%			
■ Einfachkriterium	14%			
■ Dynamisches Verfahren (IRR/NPV)	86%			
■ Methodeneinsatz erfolgt für ...% des Jahresbudgets (häufig: $100000)	82%			

a. Schall/Sundem/Geijsbeek 1978, S. 281–287.

- Die *Payback-Ziffer* wird heute weitgehend als ergänzendes Risikomass (Erfolg, Liquidität) bzw. Liquiditätskriterium verstanden.[2]
- Für die Verbreitung der *Payback-Methode* spricht weiter, dass sie indirekt als Sensitivitätskriterium für den Projekterfolg sowie als Hauptkriterium für Kleininvestitionen eingesetzt werden kann.[3]
- Das *NPV-Verfahren* ist heute – neben den tendenziell beliebteren Renditeaussagen – fast gleich verbreitet.
- Analog zur Fixierung der Gesamtziele wird das *ARR-Kriterium* stärker durch Publikumsgesellschaften verfolgt, während «geschlossene» Unternehmungen das *IRR-Mass* bevorzugen.[4]

Als nur sehr vereinzelt ausschliesslich angewendete Entscheidungskriterien sind folgende Rechenansätze[5] beobachtet worden:

- Gesamtprojektkosten über Lebensdauer
- kritische Minimallaufzeit für dynamische Sollrendite (Payback als Erfolgssensitivitätskriterium)
- Umsatzrendite
- Gewinnschwelle pro Jahr
- dynamisierte Payback-Methode
- Auswirkungen auf Gewinn/Aktie
- MAPI-Verfahren.

Vergleicht man die hier präsentierten, aktuellen Verhältnisse mit den Ergebnissen älterer Untersuchungen, so stechen folgende *Tendenzen* hervor. Seit Beginn der siebziger Jahre hat die *dynamische* Betrachtungsweise von damals 57%[6] über 58% (ca. 1973)[7], 65% (ca. 1975)[8] auf 86% (◄ Abb. 2/3) zugenommen; demgegenüber wurden 1959 19% bzw. 1964 38% registriert. Das *NPV-Mass* war früher ausgeprägt unbeliebt, hat aber in allerneuester Zeit an Boden gewonnen; dem vergleichsweise weniger anschaulichen Informationsgehalt steht die in vielen Fällen korrektere Rechentechnik als gewichtiges Argument gegenüber. Die im folgenden näher betrachteten modernen *mathematischen* Ansätze (z.B. lineare Programmierung) finden – wenn auch nur langsam – zunehmende Verbreitung.[9] Aufwendige Analyserechnungen haben in der Regel nur bei *grösseren* Investitionssummen einen Sinn, wo der *zusätzliche* Informationswert die *höheren* Informationskosten übersteigt. Die untersuchten grossen US-Gesell-

---

2 Fremgen 1973, S. 19–25.
3 Lewellen/Lanser/McConnell 1973, S. 17–23.
4 Mao 1970, S. 349–360.
5 Fremgen 1973, S. 19–25.
6 Klammer 1972, S. 387–397.
7 Scott/Petty/Bird 1975, S. 159 172.
8 Petty/Bowlin 1976, S. 32–41.
9 Klammer 1972, S. 387–397.

schaften gaben um 1976 Grenzsummen an – unter denen keine sehr detaillierte Projektanalyserechnung vorgenommen wird[10] –, wie dies ▶ Abb. 2/4 zeigt.

▲ Abb. 2/4 Projektgrenzsummen für die Vornahme vertiefter Investitionsrechnungen[a]

Projektsumme	Anzahl Unternehmen
■ $10000	31.3 %
■ $50000	27.3 %
■ $100000	23.2 %
■ $500000	12.1 %
■ $1000000	6.1 %
	100.0 %

a. Fremgen 1973, S. 19–25.

Nebst den betrachteten quantitativen Grössen fallen vereinzelt auch *qualitative* Investitionskriterien[11] ins Gewicht. Für die erhobenen wichtigsten Gesichtspunkte[12] lässt sich keine eindeutige Rangierung vornehmen[13]:

- Gesetzesbestimmungen und -erfordernisse
- Image
- Sozial- und Umweltverantwortung
- Sicherheit (Angestellte und Arbeiter, Umwelt)
- Luftverschmutzung, Umweltschutz
- Komfort der Arbeitnehmer
- allgemeine Forschung und Entwicklung
- Ziele des Managements.

2.4 Limitierte Kapitalaufnahme, Alternativentscheidungen und problematische IRR-Berechnung

Im Rahmen der klassischen Lehrbuchdarstellung wird davon ausgegangen, dass eine Unternehmung bei grundsätzlich *unbegrenzter* Kapitalaufnahme zu einem bestimmten Kostensatz möglichst alle rentablen Investitionsmöglichkeiten zu realisieren versucht. Aus diesen Modellannahmen folgen die allgemeinen Entscheidungsregeln, wonach Projekte mit positivem NPV (bzw. dem höheren NPV bei sich ausschliessenden Alternativen) im Sinne einer optimalen Investitionspolitik sowie das Finanzie-

---

10 Gitman/Forrester, 1977, S. 66–71.
11 Die hier nicht behandelten Nutzwertanalysen spielen in diesem Zusammenhang eine wachsende Rolle.
12 Fremgen 1973, S. 19–25.
13 Vgl. dazu auch Scott/Petty/Bird 1975, S. 159–172.

rungsverhältnis mit den geringsten durchschnittlichen Kapitalkosten im Sinne einer optimalen Finanzpolitik zu realisieren seien.[14] Für viele regionale «Sonderfälle» sind solche Annahmen wohl *realitätsfremd* (ganz ausgeprägt für schweizerische Klein- und Mittelbetriebe); dagegen könnte man erwarten, dass sie in relativ hohem Masse auf amerikanische Grossgesellschaften zutreffen. Die Untersuchungsresultate *widerlegen* indessen auch hier die Berechtigung des vorherrschenden Lehrbuchdenkens; 73% (davon 2/3 permanent) der grösseren US-Gesellschaften verzeichnen *Kapitalrationierungsprobleme* irgendwelcher Art![15] Selbst wenn man nur die grössten Unternehmungen berücksichtigt, trifft dies noch auf mehr als die Hälfte zu.[16] Die Gründe derartiger Engpässe liegen auf der Hand, so z.B. Fremdkapitalbeschränkungen als Konditionen bestimmter Kapitalbeschaffungen, fehlender Kapitalmarktzugang, mangelndes Eigenkapital, fehlende langfristige Fremdmittelquellen, schlechte Kapitalmarktverfassung.[17]

Ist das verfügbare Kapitalvolumen aber limitiert, so müssen die genannten Entscheidungsregeln modifiziert werden. Das finanzpolitische Optimum wird dann – vereinfacht ausgedrückt – wie folgt erreicht:

- *Investitionsseite:* Bewertung nur teilweise realisierbarer Projekte anhand des relativierten NPV (NPV/Investitionssumme) oder IRR bzw. ARR
- *Finanzierungsseite:* Relativer Eigenkapitalwert (V_{EK} / EK) oder Eigenkapitalrendite-Optimum.

In der Praxis wurden folgerichtig modifizierte Entscheidungskriterien ermittelt; 2/3 der «limitierten» Unternehmungen praktizieren eine Projektrangierung nach dem IRR- bzw. ARR-Mass[18]; nur selten fand das relative NPV-Mass Anwendung. Die hier besonders wünschbare lineare Programmierung ist immer noch relativ selten; von 16% *gelegentlichen* Verwender-Unternehmungen griffen nur 3% *regelmässig* zu diesem Instrument.[19] Zu ähnlichen Optimierungsproblemen wie die beschränkte Kapitalzufuhr führt die Entscheidungsfindung bei *sich ausschliessenden Projektalternativen*. Auch hier treten – jetzt aber aus investitionstechnischen Gründen – nicht gleichzeitig realisierbare Investitionsvarianten auf. Bei unterschiedlicher Kapitalintensität und Beschränkungen in der Mittelzufuhr – dies stellt den eigentlich problematischen Fall dar – gilt wiederum das bereits Gesagte. Die sich hier anbietende *Analyse des Differenz-Cash-flows* wurde von 29% aller Unternehmungen praktiziert.[20]

Besondere – rechentechnische – Probleme stellt das IRR-Verfahren bei «komplexen» Cash-flow-Konstellationen. Grundsätzlich muss dann mit dem Auftreten solcher Schwierigkeiten gerechnet werden, wenn der Cash-flow-Verlauf mehr als einen Vor-

---

14 Higgins 1977.
15 Fremgen 1973, S. 19–25.
16 Gitman/Forrester, 1977, S. 66–71.
17 Fremgen 1973, S. 19–25.
18 Fremgen 1973, S. 19–25.
19 Vgl. zur linearen Programmierung z.B. Fremgen 1973, S. 19–25.
20 Fremgen 1973, S. 19–25.

▲ Abb. 2/5   Auftreten von Rechenproblemen mit der IRR-Methode[a]

Häufigkeit	Auftreten problematischer Cash-flow-Ströme	Auftreten mehrdeutiger IRR-Resultate
■ nie	3 %	24 %
■ selten	64 %	59 %
■ ziemlich häufig	30 %	15 %
■ sehr häufig	3 %	2 %

a. Fremgen 1973, S. 19–25.

zeichenwechsel aufweist. Äusserst interessant ist, dass diese zunächst theoretische Überlegung auch grosse praktische Bedeutung hat (◄ Abb. 2/5).

Die rechentechnische Problematik des internen Ertragssatzes ist damit nicht nur theoretisch relevant. Die Zahlen der ◄ Abb. 2/5 belegen, dass die Verwendung mehrerer Investitionszielkriterien empfehlenswert, häufig sogar unumgänglich ist.

2.5 Berücksichtigung von Risikoaspekten

Zur Bewertung von Unternehmungen, Wertpapieren oder Investitionsprojekten ist nicht nur die Rentabilität («return»), sondern auch das spezifische, nichtdiversifizierbare *Risiko («risk»)* massgebend. Nach den mit dem «Capital Asset Pricing Model» («risk-return»-Prinzip)[21] gewonnenen Erkenntnissen setzt sich z.B. der einer Aktienbewertung (Kursbildung) zugrundeliegende Kapitalisierungssatz (erwartete Rendite) zusammen aus dem Zinssatz für risikolose Anlagen sowie einer dem nichtdiversifizierbaren Risiko entsprechenden Zusatzprämie (bei einem β-Faktor von 1 gerade entsprechend dem «Marktportefeuille»-Risikozuschlag)[22]:

$$r_j = i + (r_m - i)\beta \text{ oder}$$

$$r_j = i + \lambda' \rho_{jm} \sigma_j$$

wobei: r_j = erwartete Sollrendite
i = Zinssatz für risikolose Anlagen
r_m = Marktportefeuille-Rendite
β = spezifisches Risikomass = $(\rho_{jm}\sigma_j)/\sigma_m$
σ_j = Standardabweichung von r_j
σ_m = Standardabweichung von r_m
ρ_{jm} = Rendite-Korrelationskoeffizient
λ' = Einheitsprämie des Kapitalmarktrisikos = $(r_m - i)/\sigma_m$

---

21 Vgl. dazu u.a. Lintner 1965, S. 587–615; Sharpe 1964, S. 425–442; Sharpe 1970.
22 Higgins 1977, S. 75 ff.

2. Investitionsanalyse aus der Sicht amerikanischer Grossbetriebe

▲ Abb. 2/6   Berücksichtigung des Risikoaspektes[a]

Gesichtspunkt	% aller antwortenden Unternehmen
■ keine Risikoabschätzung ■ subjektive Risikoeinschätzung ■ quantitativer, systematischer Risikoeinbezug	4 % 60 % 36 %
	100 %
■ Bildung betrieblicher Risikoklassen ■ Wahrscheinlichkeitsverteilungen ■ Sensitivitätsanalysen ■ Kovarianz Projekt/Gesamtunternehmen	23 % 25 % 10 %[b] 4 %

a. Schall/Sundem/Geijsbeek 1978, S. 281–287.
b. wahrscheinlich nach unten verfälscht, vgl. Brigham 1975, S. 17–26.

Der *Risikogehalt eines Investitionsprojektes* wird damit durch die Dispersion der zu erwartenden *Investitionsrendite* und die *Korrelation* der Projektrendite zur Gesamtrentabilität der Unternehmung repräsentiert. In gleicher Weise, wie auch für risikoreichere Anlagepapiere eine höhere Rendite gefordert wird, sollte der Investitionskalkulationssatz, d.h. die aus dem Investitionsprojekt mindestens zu ziehende Rentabilität, risikoangepasst festgesetzt werden. Andernfalls führen die besprochenen Rechenverfahren – ausser im seltenen Fall risikohomogener Betriebsbereiche – zu Fehlbewertungen und Entscheidungsfehlern.[23] Wie sieht nun die gegenwärtige Praxis gemäss einer neueren US-Untersuchung aus? ◄ Abb. 2/6 zeigt das hinsichtlich Risikobehandlung noch sehr uneinheitliche Bild. Immerhin nehmen aber 78 % aller Unternehmungen eine – wenn auch oft nur gefühlsmässige[24] – Anpassung des Schlüsselkriteriums vor; von diesen 78 % setzen 90 % die IRR, ARR oder den Kalkulationszinssatz risikoentsprechend fest; 10 % berücksichtigen lediglich eine verkürzte Soll-Payback-Dauer, und 31 % machen dies zusätzlich zu anderen Massnahmen. Eine frühere, jedoch nur wenige Unternehmungen berücksichtigende Erhebung zeigte das Bild von ▶ Abb. 2/7. *Subjektive Verhaltensweisen* (häufiges Abweichen von der rechnerisch angezeigten Entscheidung) führen aber auch bei den (zuvor ausgewiesenen 48 %) «konservativen» Unternehmungen zu gewissen Risikoanpassungen.

Die vorliegenden Erhebungsresultate lassen weiter den Schluss zu, dass den *Diversifikationseffekten* noch *wenig* Beachtung geschenkt wird; um 1974 vernachlässigten 57 % der befragten Unternehmungen diesen Gesichtspunkt völlig![25]

---

23 Die Datenbestimmung stellt dabei ein grosses Problem dar.
24 Dabei basiert allerdings auch der quantitative, systematische Risikoeinbezug zumeist auf subjektiven Schätzungen.
25 Scott/Petty/Bird 1975, S. 159–172.

Berücksichtigung von Risikoaspekten

▲ Abb. 2/7   Verwendung risikoangepasster Kapitalkostensätze[a]

Gesichtspunkt	%-Anteil der Unternehmen
■ nur ein Kapitalkostensatz für alle Projekte	48 %
■ verschiedene Sätze für verschiedene Organisationseinheiten:	
◻ Tochterunternehmen	16 %
◻ Divisionen	10 %
◻ Produktlinien	10 %
◻ Inland/Ausland	16 %
■ verschiedene Sätze für verschiedene Investitionsarten (Ersatz, Erweiterungen usw.)	35 %
■ Risikoanalyse jedes Projektes und individuelle Kapitalkostenanpassung	23 %

a. Brigham 1975, S. 17–26.

Eingehend analysiert hat man die Frage, inwieweit sich die *theoretische, symmetrische Fassung des Risikos* (Standardabweichung, Varianz, Variationskoeffizient) mit dem praktischen Empfinden deckt.[26] Dabei zeigt sich aufgrund verschiedener Analysen übereinstimmend, dass in der Praxis das «Downside-Risk»-Denken vorherrscht. Der Risikogehalt eines Projektes wird danach primär anhand der möglichen Negativabweichungen von der geforderten Rendite bemessen. Allerdings scheinen die von theoretischer Seite postulierten Risikoansätze zunehmend Eingang in die Praxis zu finden (▶ Abb. 2/8). Über den Einsatz «höherentwickelter» mathematischer Entscheidungsinstrumente, die zumeist auch der besonderen Berücksichtigung des Risikos dienen, gibt ▶ Abb. 2/9 Auskunft. Eindrücklich ist die Entwicklung zwischen 1964 und 1970, welche die in neuerer Zeit gemachten grossen Fortschritte dokumentiert.

▲ Abb. 2/8   Risikoauffassungen in der betrieblichen Praxis[a]

Risikoumschreibung	%-Anteil der Unternehmen
■ negative Abweichungen («Downside»-Risiko)	40 %
■ Varianz, Standardabweichung	30 %
■ Payback-Dauer	10 %
■ Diverse	20 %

a. Scott/Petty/Bird 1975, S. 159–172.

---

26 Die theoretische Risikofassung als symmetrisches Abweichungsmass ist diskutabel, hat sich aber wegen der im Vergleich zur Messung von Negativabweichungen besseren mathematischen Handhabung allgemein durchgesetzt. Dabei wird allerdings stets eine symmetrische Wahrscheinlichkeitsverteilung der Zielgrösse unterstellt.

▲ Abb. 2/9   Einsatz höherentwickelter mathematischer Entscheidungsinstrumente[a]

Technik	1959	1964	1970
■ Spieltheorie	–	2 %	3 %
■ lineare Programmierung	5 %	8 %	17 %
■ nichtlineare Programmierung	1 %	3 %	4 %
■ Computersimulation	4 %	7 %	28 %
■ Wahrscheinlichkeitstheorie	5 %	8 %	32 %
■ Entscheidungstheorie	3 %	4 %	9 %
■ PERT/Critical Path	4 %	13 %	28 %
■ Nutzentheorie	–	1 %	4 %
nur ein Verfahren	13 %	22 %	51 %
zwei der genannten Techniken	7 %	11 %	32 %
mehr als zwei Verfahren	3 %	4 %	21 %

a. Klammer 1972, S. 387–397.

In theoretischen Studien[27] ist nachgewiesen worden, dass aufwendigere Entscheidungsinstrumente vor allem bei erhöhtem Projekt- und Unternehmungsrisiko eingesetzt werden sollten. Diese Überlegung wird durch die Praxis *nicht* bestätigt; es besteht sogar eine negative Korrelation zwischen der Investitionsrechenqualität und der Risikoklasse der jeweiligen Unternehmung.[28] Zur Erklärung dieses Phänomens sind folgende Überlegungen wichtig: Aussagekräftige quantitative Informationen und entsprechend komplizierte Rechenverfahren sind vermutlich bei hoher Umgebungsunsicherheit so kostspielig, dass der Informationsaufwand den Informationsnutzen übersteigt. Und möglicherweise ist nicht das durchschnittliche Risikoniveau einer Unternehmung, sondern die Risikodivergenz einzelner Investitionsprojekte für die Investitionsevaluation bestimmend. Aufgrund von Beobachtungen in der Schweiz scheint vor allem das erste Argument stichhaltig zu sein. So mag es in Einzelfällen vernünftig sein, bei zu unsicheren zukünftigen Cash-flow-Verläufen auf eine statische Durchschnittsbetrachtung (ARR) zu greifen. Dazu kommt noch, dass die für die dynamischen Methoden besonders wichtige Kapitalkostenbestimmung in der Praxis noch vielerorts unbefriedigend gelöst ist.

2.6   Cash-flow- und Kapitalkostenbestimmung

Als besonders problematische Phase des Investitionsprozesses bezeichnen die befragten Gesellschaften die *Projektabgrenzung* sowie die *Cash-flow-Prognose*. Dem-

---

27 Sundem 1975, S. 977–992.
28 Schall/Sundem 1980, S. 7–11.

gegenüber wird der eigentliche Rechenvorgang als relativ einfach empfunden.[29] Die Cash-flow-Ströme werden mehrheitlich indirekt, ausgehend von buchhalterischen Erfolgsgrössen, hergeleitet (62%); seltener ist die *direkte* Einnahmen-Ausgaben-Prognose (18%). 7% der Unternehmungen arbeiten lediglich mit Erfolgsgrössen[30], was aber nur im Rahmen der statischen Verfahren vernünftig ist.

Ein dornenvolles Problem ist die Bestimmung des Kapitalkostensatzes. Grundsätzlich müsste von folgender Umschreibung ausgegangen werden:

$$(1) \quad k_K = \frac{EK}{K} k_{EK} + \frac{FK}{K} k_{FK}$$

wobei: k = Kapitalkostensatz
EK = Eigenkapital
FK = Fremdkapital
K = Gesamtkapital

Da die Cash-flow-Komponenten häufig unter Abzug der maximalen, einer hundertprozentigen Eigenfinanzierung entsprechenden Ertragssteuer festgesetzt werden (88% der Unternehmen)[31], ist die obige Definition zumeist wie folgt zu ändern:

$$(2) \quad k_K = \frac{EK}{K} k_{EK} + \frac{FK}{K} k_{FK} (1-s)$$

wobei: s = Ertragssteuersatz

Aus streng theoretischer Sicht müssten die Eigen- und Fremdkapitalanteile zu Marktwerten und nicht unter Verwendung der Bilanzdaten gewichtet werden.

Während der Kostensatz des Fremdkapitals noch verhältnismässig einfach bestimmt werden kann, ist die Herleitung der Eigenkapitalkosten schwierig und häufig nur subjektiv möglich. Aus der Sicht einer Publikumsgesellschaft bieten sich folgende Berechnungsvarianten an:

$$(3) \quad k_{EK} = \frac{G}{V_{EK}}$$

$$(4) \quad k_{EK} = \frac{D}{V_{EK}} + g$$

$$(5) \quad k_{EK} = i + (r_m - i) \beta$$

---

29 Gitman/Forrester, 1977, S. 66–71.
30 Schall/Sundem/Geijsbeek 1978, S. 281–287.
31 Schall/Sundem/Geijsbeek 1978, S. 281–287.

wobei: G = durchschnittlicher Jahresgewinn
V_{EK} = Marktwert des Eigenkapitals (Anzahl Aktien · Aktienkurs)
D = Jahresdividende total
g = durchschnittliche Wachstumsrate
i = Zinssatz für risikolose Anlagen
r_m = Rendite des Marktportefeuilles
β = unternehmenstypischer Risikofaktor (vgl. Definition in Abschnitt 2.5)

Da die beiden traditionellen Verfahren (3) und (4) (Berechnung über P/E-Ratio bzw. Dividenden-Wachstums-Modell) meistens nur wenig befriedigende Resultate liefern, ist die Eigenkapitalkostenherleitung mittels des «Capital Asset Pricing Model» (CAPM) vorzuziehen. Für grosse, börsengängige Gesellschaften werden in den USA laufend β-Grössen ermittelt und publiziert, was den Einsatz des CAPM erleichtert. ▶ Abb. 2/10 zeigt die in der betrieblichen Praxis vorherrschende Art der Kapitalkostenherleitung.

▲ Abb. 2/10   Rechentechnik zur Kapitalkostenbestimmung[a]

Technik	%-Anteil benützende Unternehmungen	ausschliessliche Verwendung
■ FK-Kostensatz	17 %	7 %
■ EK-Kostensatz	9 %	1 %
■ Durchschnittliche Kapitalkosten	46 %	31 %
■ Erfahrungswert, z.B. Kapitalrendite	20 %	14 %
■ «expectations with respect to growth and dividend payout»	17 %	8 %
■ CAPM	8 %	3 %
■ Diverse	16 %	12 %

a. Schall/Sundem/Geijsbeek 1978, S. 281–287.

Analog zur Risikoberücksichtigung ist auch das Bild in ◀ Abb. 2/10 sehr uneinheitlich. Die Kapitalkostensätze werden recht verschieden und noch zu häufig auf wenig sinnvolle Art und Weise fixiert. Erstaunlich sind zudem vereinzelte Extremlösungen. Vergleicht man ◀ Abb. 2/10 allerdings mit früheren Resultaten[32], so sind auch hier spürbare Fortschritte zu verzeichnen. Die vor rund zehn Jahren noch überwiegend *subjektiv* festgesetzten Kapitalkostensätze versucht man heute doch zumeist anhand logisch-quantitativer Zusammenhänge zu berechnen, wenn auch noch mit sehr unterschiedlicher Qualität. Die besonders schwierige *Eigenkapitalkostenherleitung* geschah Mitte der siebziger Jahre vorwiegend mittels der P/E-Ratio, des Dividenden

---

32 Scott/Petty/Bird 1975, S. 159–172.

Wachstums-Modelles oder in subjektiver Weise. In den letzten Jahren hat dort das CAPM vereinzelt Einzug gehalten.[33] Bemerkenswert ist, dass das Finanzierungsverhältnis praktisch ausschliesslich anhand von *Bilanzwerten* gewichtet wird, was – bei Verwendung sinnvoller interner Bilanzwerte – auch aus theoretischer Sicht akzeptabel ist.[34] Noch ungenügend operiert die Praxis hinsichtlich der laufenden Aktualisierung der Kapitalkostensätze, wie ▶ Abb. 2/11 verdeutlicht.

▲ Abb. 2/11 Aktualisierung der Kapitalkostensätze[a]

Rhythmus der Kapitalkosten-Aktualisierung	%-Anteil der Unternehmungen
■ jährlich	13 %
■ mehr als einmal pro Jahr	16 %
■ weniger als einmal pro Jahr	39 %
■ je nach Umweltentwicklung	32 %

a. Brigham 1975, S. 17–26.

Insgesamt gesehen ist die Technik der Kapitalkostenhandhabung immer noch fragwürdig, vor allem wenn man bedenkt, dass es sich bei den untersuchten Unternehmungen um eine Eliteauswahl handelt. Folgende Punkte seien hier besonders hervorgehoben:

- Der Kapitalkostensatz ist eine für *dynamische* Investitionsrechnungen äusserst *empfindliche* Grösse.
- Die Kapitalkosten müssen als *gewogene* Grösse der in der Unternehmung eingesetzten Mittel betrachtet werden.
- Das Finanzierungsverhältnis sollte – wenn nicht aufgrund aktueller Marktwerte – aufgrund *realistischer* (und nicht frisierter) Bilanzwerte bemessen werden.
- Die Zinssätze sollen der *aktuellen* Marktlage entsprechen.
- Der EK-Satz ist sorgfältig, allenfalls nach verschiedenen Verfahren, festzulegen; der *CAPM-Ansatz* ist als zurzeit beste Lösung zu betrachten.
- Sehr unterschiedlich risikobehaftete Bereiche und Projekte müssen mit entsprechend *modifizierten* Kapitalkostensätzen gerechnet werden.
- Im Zusammenhang mit Begrenzungen in der Kapitalzufuhr darf der *durchschnittliche* Kapitalkostensatz – vor allem bei Grossprojekten – nicht unbesehen verwendet werden; nötigenfalls sind *marginale* Kapitalkosten zu bestimmen.

Alle diese Gesichtspunkte scheinen wohl zum Teil, aber noch zu wenig konsequent und zu wenig exakt berücksichtigt zu werden.

---

33 Schall/Sundem/Geijsbeek 1978, S. 281–287.
34 Brigham 1975, S. 17–26. Stonehill/Beekhuisen/Wright/Remmers/Toy/Pares/Shapiro/Egan/Bates 1975, S. 27–41.

2.7 Zusammenfassung und Folgerungen

Die im Bereiche der Investitionspolitik gewonnenen theoretischen Erkenntnisse der letzten dreissig Jahre sind von der Praxis in erfreulich hohem Masse laufend übernommen worden. Die *dynamischen* Rechenverfahren sind heute allgemein verbreitet, und die *Payback-Methode* hat den ihr aus theoretischer Sicht zukommenden Stellenwert eines *Risiko- und Ergänzungskriteriums* erhalten. In der betrieblichen Realität kommen *limitierte Kapitalvolumina* auch bei grössten Gesellschaften häufig vor. Dies erfordert, dass die relevanten Erfolgszielkriterien und die anzuwendenden Projektrangierungsverfahren sehr sorgfältig festgelegt werden. Die gängige Lehrbuchanschauung ist hier noch zu stark einem realitätsfremden Modelldenken verhaftet. *Mehrfachkriterien* werden erfreulich häufig verwendet.

Uneinheitlicher operiert die Praxis bezüglich des *Risikoaspekts*. Es gehen viele Unternehmungen zu wenig differenziert vor, wenn sie auf risikoabgestufte Kapitalkostensätze, Projektrisikoklassen und die Berücksichtigung von Diversifikationseffekten verzichten. Erstaunlich ist, dass besonders risikobehaftete Unternehmungen tendenziell *einfachere* Evaluationsrechnungen einsetzen. Hier liegt für zukünftige theoretische und praktische Bestrebungen ein entscheidender Ansatzpunkt. Schliesslich sind die risikopolitischen Überlegungen auch vermehrt auf die *Finanzierungsseite* auszudehnen.

Die aus dem «*Capital Asset Pricing Model*» (CAPM) gewonnenen Erkenntnisse bilden die zurzeit fruchtbarste Basis für neue entscheidende Fortschritte. In verfahrenstechnischer Hinsicht ist mit einer wachsenden Verbreitung von *Simulationsmodellen* und anderen modernen mathematischen, EDV-gestützten Instrumenten zu rechnen.

Die im Zusammenhang mit dem Risikoaspekt besonders wichtige *Kapitalkostenherleitung* scheint in der Praxis noch zahlreiche Probleme zu stellen. Die theoretischen Bemühungen sollten sich vermehrt den praktischen Schwierigkeiten zuwenden; umgekehrt schöpft aber die betriebliche Praxis die durch die *Theorie* geförderten Erkenntnisse noch zu wenig aus. Inwieweit das CAPM auch unter beschränkten Kapitalmarktverhältnissen weitere Verbesserungen bringen kann, wird erst die Zukunft zeigen.

Die in diesem Aufsatz skizzierten Verhältnisse treffen auf grosse und grösste Unternehmungen zu. Zudem verkörpern diese insofern eine Positivauswahl, als in der Gruppe auf empirische Erhebungen antwortender Unternehmungen erfahrungsgemäss eine höherentwickelte Führungstechnik zu erwarten ist. Bei den *kleineren und mittleren* Unternehmungen dürfte das Bild – entsprechend den dortigen Managementmöglichkeiten – weniger gut aussehen. Dank der Entwicklungen im Bereiche von Kleincomputern, Softwarepaketen sowie einer qualitativ hochstehenden Unternehmungs- und Finanzberatung müsste eine systematische Investitionsanalyse aber auch hier immer mehr zum normalen Führungsinstrumentarium gehören.

Zusammenfassung und Folgerungen

Ausgehend von den präsentierten Resultaten zeigt ▶ Abb. 2/12 abschliessend eine «Checkliste», welche die wichtigsten Überlegungen zusammenfasst. Speziell vermerkt sind die auch von kleineren bzw. mittleren Unternehmungen zu beachtenden Punkte.

▲ Abb. 2/12　Checkliste zur Investitionsentscheidungstechnik

Aspekte	Unternehmungen		
	grosse	mittlere	kleine
■ Rahmenfaktoren			
□ Kapitalseitige Konstellation (freies/beschränktes Kapitalvolumen)?	●	●	●
□ Erfolgszielkriterium klar definiert?	●	●	●
□ Abstimmung zwischen Investitions- und Dividendenpolitik notwendig?	●	○	○
□ Mögliche Beratungsleistungen (auch EDV-Anwendungsprogramme) evaluiert und ausgenützt?		○	●
■ Rechenverfahren			
□ Besteht für grössere Investitionen sinnvolles Methodenset, z.B. NPV, ARR und PBK?	●	●	○
□ Einsatz des NPV im Rahmen «kritischer» dynamischer Analysen?	●	●	○
□ Einfachkriterium für Kleininvestitionen definiert?	●	●	○
□ Grenzsummen für die Art der Projektanalyse?	●	●	
□ Bewertungspolitik für sich ausschliessende Alternativprojekte und Kapitalvolumenlimitation?	●	●	○
□ Harmonie zwischen Investitionsentscheidungs- und Qualifikationskriterien sowie Zuständigkeiten (Problematik z.B. mit Bereichsrentabilitäten)?	●	○	

▲ Abb. 2/12   Checkliste zur Investitionsentscheidungstechnik (Forts.)

Aspekte	Unternehmungen		
	grosse	mittlere	kleine
■ Risikoanalyse			
□ Klare, wenn möglich explizite Berücksichtigung des typischen Risikos im durchschnittlichen Kapitalkostensatz?	●	●	○
□ Risikoanalyse verschiedener Unternehmensbereiche?	●	○	
□ Risikobeurteilung der Einzelprojekte?	●	●	●
□ Beachtung von Diversifikationseffekten?	●	○	○
□ Umschreibung des Risikobegriffes?	●	●	
□ Harmonisierung mit dem kapitalseitigen, finanziellen Risiko?	●	●	●
□ Risikodifferenzierte Bereichs- bzw. Einzelprojektsätze?	●	○	
□ Varianten- bzw. Wahrscheinlichkeitsrechnungen?	●	●	○
□ Einsatzmöglichkeiten für Simulationsmodelle, Sensitivitätsanalysen, LP-Modelle und Entscheidungsbäume (mehrstufige Entscheidungen) vorhanden?	●	○	
□ Optimale Ausnutzung möglicher EDV-Applikationen?	●	●	○
■ Kapitalkostensätze			
□ Gewichteter, finanzpolitisch relevanter Kapitalkostensatz verwendet?	●	●	●
□ Vorstellung über Kapitalkostenverhalten vorhanden?	●	○	○
□ Verwendung aktueller Zinskomponenten und regelmässige Revision?	●	●	○
□ Ertragssteuern richtig und konsequent berücksichtigt (Cash-flow/Kapitalkostensatz)?	●	●	
□ Realistische EK-Kostenschätzung?	●	●	○
□ Betriebswirtschaftlich sinnvolle Basisdaten benützt (Finanzierungsverhältnis)?	●	●	●

Zeichenerklärung:
● unbedingt beachten
○ womöglich beachten

Literatur

Brigham, E.F.: Hurdle Rates for Screening Capital Expenditure Proposals, in: Financial Management, Vol. 4, Nr. 3, Autumn 1975, S. 17–26.

Fremgen, J.M.: Capital Budgeting Practices: A Survey, in: Management Accounting, May 1973, S. 19–25.

Gitman, L.J./Forrester, J.R.Jr.: A Survey of Capital Budgeting Techniques Used by Major US Firms, in: Financial Management, Vol. 6, Nr. 3, Fall 1977, S. 66–71.

Higgins, R.C.: Financial Management, Chicago 1977.

Klammer, T.P.: Empirical Evidence of the Adoption of Sophisticated Capital Budgeting Techniques, in: Journal of Business, July 1972, S. 387–397.

Lewellen, W.G./Lanser, P./McConnell, J.J.: Payback Substitutes for Discounted Cash-Flow, in: Financial Management, Vol. 2, Nr. 2, Summer 1973, S. 17–23.

Lintner, J.J.: Security Prices, Risk, and Maximal Gains from Diversification, in: The Journal of Finance, Vol. 20, Nr. 4, September 1965, S. 587–615.

Mao, J.C.T.: Survey of Capital Budgeting: Theory and Practice, in: The Journal of Finance, Vol. 25, Nr. 2, May 1970, S. 349–360.

Petty, J.W./Bowlin, O.D.: The Financial Manager and Quantitive Decision Models, in: Financial Management, Vol. 5, Nr. 4, Winter 1976, S. 32–41.

Rychel, D.F.: Capital Budgeting with Mixed Integer Linear Programming: An Application, in: Financial Management, Vol. 6, Nr. 4, Winter 1977, S. 11–19.

Schall, L.D./Sundem, G.L./Geijsbeek, W.R.Jr.: Survey and Analysis of Capital Budgeting Methods, in: The Journal of Finance, Vol. 33, Nr. 1, March 1978, S. 281–287.

Schall, L.D./Sundem, G.L.: Capital Budgeting Methods and Risk: A Further Analysis, in: Financial Management, Vol. 9, Nr. 1, Spring 1980, S. 7–11.

Scott, D.F.Jr./Petty, J.W./Bird, M.: Capital Budgeting Practices of Large Corporations, in: The Engineering Economist, Vol. 20, Nr. 3, Spring 1975, S. 159–172.

Sharpe, W.F.: Capital Asset Prices: A Theory of Market Equilibrium under Conditions of Risk, in: The Journal of Finance, Vol. 19, Nr. 3, June 1964, S. 425–442.

Sharpe, W.F.: Portfolio Theory and Capital Markets, New York 1970.

Stonehill, A./Beekhuisen, T./Wright, R./Remmers, L./Toy, N./Pares, A./Shapiro, A./Egan, D./Bates, T.: Financial Goals and Debt Ratio Determinants: A Survey of Practice in Five Countries, in: Financial Management, Vol. 4, Nr. 3, Autumn 1975, S. 27–41.

Sundem, G.L.: Evaluating Capital Budgeting Models in Simulated Environments, in: The Journal of Finance, Vol. 30, Nr. 4, September 1975, S. 977–992.

3.
Zur Bestimmung der Verschuldungspolitik

Inhaltsübersicht

3.1	Problemstellung	63
3.2	Tendenzen der Theoriebildung	63
3.3	Handfeste Finanzierungspraxis	64
3.4	Bedürfnisse des Finanz- und Kreditmanagements	66
3.5	Zukünftige Forschungsresultate	66
3.6	Fundiertere Kapitalstrukturpolitik	67
3.7	Schlussfolgerungen	76
	Literatur	77

Quelle

Stark überarbeitete Fassung eines im Schweizer Treuhänder publizierten Aufsatzes (vgl. Nr. 4, April 1980).

3.1 Problemstellung

In den vergangenen Jahrzehnten hat die durchschnittliche Verschuldung inländischer wie auch ausländischer Unternehmen markant zugenommen. Eine Zeit der Rezession, allgemeiner Verunsicherung und fundamentaler Überlebensfragen, die zu schwerwiegenden Managementproblemen, Unternehmenskrisen und Flurbereinigungen führte, hat zahlreichen Unternehmen zusätzliche Kreditaufnahmen aufgezwungen und gleichzeitig die Forderung nach wieder vermehrter Eigenkapitalverwendung laut werden lassen.

Angesichts solcher Entwicklungen stellt sich erneut und mit besonderer Dringlichkeit die Frage, auf welche Weise eine *sinnvolle betriebliche Fremdkapitaldimensionierung* bestimmt werden soll. Die Finanzstrukturentscheidung ist in erster Linie intern durch das *Finanzmanagement* jedes Unternehmens zu fällen; sie beschäftigt aber auch verschiedene betriebsexterne Stellen, dabei ganz besonders die *Banken*.

Aus volkswirtschaftlichen und politischen Gründen erwächst die Forderung, vermehrt zur Erhaltung gewerblicher und kleinindustrieller Betriebe beizutragen, denen gerade für die schweizerischen Strukturen ein hoher Stellenwert beizumessen ist. Dieses Postulat pointiert die Frage verstärkter kommerzieller Inlandkreditgebungen zusätzlich. Entsprechend befasst man sich heute bei verschiedenen *Schweizer Banken* intensiviert mit dem Problemkreis einer Bonitätsprüfung und Kreditpolitik, die modernen Anforderungen gerecht werden und mehr als die herkömmlichen «Bilanzstrukturvorstellungen» berücksichtigen.

3.2 Tendenzen der Theoriebildung

Was hat sich nun parallel zu diesen teils internationalen, teils nationalen Entwicklungen auf dem Gebiete der finanzwirtschaftlichen Theorie abgespielt?

Seit den in den fünfziger Jahren begonnenen Arbeiten von *Modigliani und Miller*[1] zum Problem der *optimalen Kapitalstruktur* hat die Suche nach dem «richtigen»

---

[1] Vgl. Modigliani/Miller 1958, S. 261–297. Vgl. auch die deutschsprachige Fassung in: Hax/Laux 1975, S. 86–119.

Finanzierungsverhältnis eines Unternehmens in der finanzwirtschaftlichen Forschung nie mehr abgerissen und zu einer wahren Flut von Publikationen geführt. Da die praktische Umsetzbarkeit der erarbeiteten Resultate indessen häufig problematisch erscheint, kann nicht gerade von einer «produktiven» *Forschungstätigkeit* gesprochen werden.

Neuere Untersuchungen bestätigen diese Beobachtung, indem sie bereits die grundsätzliche Vorgehensweise der vor allem im amerikanischen Sprachbereich üblichen Kapitalkostenansätze in Frage stellen.[2] Zudem ist die wiederholt erfolgte, unveränderte Übernahme für spezifisch *amerikanische* Rahmenbedingungen gültiger Modellüberlegungen auf europäische und insbesondere *schweizerische* Verhältnisse nur in beschränktem Masse sinnvoll.[3]

Mit diesen Feststellungen sollen nicht Sinn und Wert theoretischer Forschungsbemühungen angezweifelt, sondern lediglich eine gewisse Sterilität der Theorie gegenüber den Entscheidungsproblemen der Finanzierungspraxis angedeutet werden. Wenn man sich vergegenwärtigt, dass die Divergenz verschiedener Modellansätze schon bei der Diskussion um das zu optimierende *Erfolgsziel* (Gewinn, Rentabilität, Gesamtwert der Unternehmung, Wert des Eigenkapitals bzw. der Aktien, Cash-flow, durchschnittliche Kapitalkosten) einsetzt, so verwundert das Gesagte auch nicht besonders.

3.3 Handfeste Finanzierungspraxis

Im Gegensatz zu den immer anspruchsvolleren mathematischen Lösungsansätzen der Theorie hat sich die Finanzierungspraxis bis heute weitgehend mit *einfachen Verfahren und Faustregeln* beholfen. In den «traditionellen» *Bilanzstrukturregeln* wird etwa gefordert, dass die Eigenkapitalbasis eines durchschnittlichen Handels- oder Fabrikationsbetriebes mindestens 33% bzw. 50% betragen oder dass der Anteil der kurzfristigen Schulden höchstens die Hälfte des Umlaufvermögens ausmachen soll.

Etwas neuere Versuche arbeiten mit «*dynamischen*» *Kennwerten* (coverage ratios), so etwa der im deutschen Sprachbereich bereits übliche *Verschuldungsfaktor*[4](Vf):

$$Vf = \frac{FK - Debit - Liq}{CF}$$

---

2 Vgl. Haley/Schall 1978, S. 847–870 (z.B. S. 853: «..., the concept of cost of capital becomes either irrelevant, misleading or both»).
3 Immer wieder wird die Minimierung der durchschnittlichen Kapitalkosten als für die Unternehmenseigner sinnvolles Erfolgsziel verwendet, ohne die dabei sehr restriktiven Rahmenbedingungen zu beachten. Die für viele Schweizer Unternehmen begrenzte Eigenkapitalbeschaffung und die unvollkommenen Finanzmärkte lassen dieses Ziel häufig als fragwürdig erscheinen.
4 Definition gemäss Boemle 1983, S. 96ff.

wobei: *FK* = Fremdkapital
Debit = Geldguthaben
Liq = Flüssige Mittel
CF = Cash-flow

Abgesehen davon, dass für diese Kennzahl nur schwer ein sinnvolles Richtmass formuliert werden kann, ist ihre Problematik bereits in den *Basisüberlegungen* begründet. Der hier eingesetzte Cash-flow, der normalerweise zu einem grossen Teil durch Ausschüttungen und zwingend notwendige Ersatzinvestitionen – zumeist verteuert durch Inflation und Preissteigerungen – aufgezehrt wird, darf nicht *primär* als Quelle zur Deckung des Schuldendienstes betrachtet werden. Zudem vernachlässigt der Verschuldungsfaktor auch die Kostenhöhe des Fremdkapitals, die periodisierten Kapitalausgaben sowie – bei unvorsichtiger Verwendung – die Frage des Bilanzierungszeitpunktes. Die den Verschuldungsfaktor in ihre Kreditfähigkeitsprüfung einbeziehenden Banken sollten die Aussagegrenzen dieser Kennzahl sorgfältig bedenken.[5]

Als prüfenswerte Alternativen bieten sich die im amerikanischen Bereich anzutreffende *times interest earned-ratio* (*TIR*) bzw. die *times burden covered-ratio* (*TBR*)[6] an, die wie folgt definiert sind:

$$TIR = \frac{EBIT}{iL}$$

$$TBR = \frac{EBIT}{iL + \frac{SF}{1-s}}$$

wobei: *EBIT* = Gewinn vor Zinsen und Steuern
iL = Total Zinsausgaben
SF = periodische *FK*-Rückzahlungen
s = ø Ertragssteuersatz

Auch diese Kennzahlen besitzen selbstverständlich ihre Schwachstellen; gerade bei Verfügbarkeit einigermassen objektiven Datenmaterials dürfte aber schon die TIR zweckmässiger sein als der zuvor diskutierte Verschuldungsgrad. In *iL* wird neben dem *FK*-Stock auch die Höhe des *FK*-Zinssatzes mitberücksichtigt und gleichzeitig die mögliche Verfälschung durch ungeeignete Bilanzstichtage umgangen, während

---

5 Dabei muss die Verwendung des Verschuldungsfaktors zur Beurteilung der Finanzstrukturqualität unterschieden werden von dessen Einsatz innerhalb der Insolvenzprognose (Zeitreihen). In diesem Sinne wird dieser Kennzahl in der Kommerzkreditpraxis der Banken zumeist erhebliche Aussagekraft zugemessen. Vgl. z.B. Rommelfanger/Unterharnscheidt 1985, S. 419–437.
6 Vgl. Higgins 1977, S. 208 ff.

EBIT als vernünftige Bezugsgrösse zum Kapitaldienst erscheint. Allerdings ist es auch hier schwierig, sinnvolle Richtwerte zu bestimmen.[7]

Dass solche Kennzahlen nur im *Verband* mit anderen Kennwerten und unter Beachtung der *Gesamtkonstellation* eines Unternehmens[8] zu richtigen Schlussfolgerungen führen, sollte selbstverständlich sein und noch konsequenter beachtet werden.

3.4 Bedürfnisse des Finanz- und Kreditmanagements

Welche Forderungen stellen sich angesichts der heutigen Gegebenheiten aus der Sicht der Finanzierungspraxis?

- Die finanzwirtschaftliche *Theorie* sollte *realitätsnähere* und *echte Praxishilfen* darstellende Erkenntnisse gewinnen, die – wenn auch auf mehr normativ-modelltheoretischer Ebene – konkrete Schlüsse über den optimalen Verschuldungsgrad zulassen.
- Für den *Praktiker* sollten *verbesserte und aussagekräftigere Instrumente* zur Verfügung stehen, die eine klarere Beurteilung des für den *individuellen Einzelfall* zielgerechtesten Fremdkapitalanteiles zulassen.
- Jede über die oben angesprochene Optimalverschuldung hinausgehende Fremdkapitalaufnahme ist längerfristig gesehen unerwünscht. Auf kürzere Sicht notwendige «Durchhaltemassnahmen» fordern aber häufig, dass zusätzlich eine Vorstellung über die *maximal zulässige und vertretbare Verschuldung* gewonnen werden kann.

Wie schon ausgeführt worden ist, stellen sich diese Fragen für die kapitalsuchende Unternehmung genauso wie für die kreditgebende Bank. Im Prinzip besitzen diese beiden wichtigen Finanzpartner weitgehend gleichgerichtete wirtschaftliche Interessen, was auch im geschäftlichen Alltag noch mehr zum Ausdruck kommen sollte (Informationsfluss, Beratung durch die Bank usw.).

3.5 Zukünftige Forschungsresultate

Welche Fortschritte darf die Finanzierungspraxis zur Lösung dieser finanzpolitischen Grundprobleme von den zukünftigen Resultaten theoretischer Forschungsbemühungen erwarten? Naturgemäss kann hier nur eine relativ *subjektive* Standortbestimmung vorgenommen werden. Aller Wahrscheinlichkeit nach wird auch in den kommenden Jahren kein Ende der theoretischen Diskussionen um die Frage des optimalen Fremdkapitaleinsatzes abzusehen sein.[9]

---

7 Beispiel: Totalkapital = 1 000, FK-Anteil = 50%, FK-Zinssatz = 5%, Gesamtkapitalrendite brutto = 8%. TIR = 80/25 = 3.2.
8 Dazu gehören auch Branchenentwicklung, Konjunktur und andere Umweltfaktoren.
9 Vgl. Haley/Schall 1979, S. 468ff.

Verschiedene Überlegungen lassen zudem den Schluss zu, dass auch die in näherer Zukunft zu erwartenden Arbeiten nur schwer praktizierbare Resultate liefern werden. Dafür sind insbesondere folgende Faktoren verantwortlich:

- *Problem des Erfolgszielkriteriums* (Kapitalkosten kontra *EK*-Rendite): für schweizerische Verhältnisse nur beschränkte Gültigkeit der aus dem amerikanischen Arbeitsbereich zu erwartenden Fortschritte;
- *Problem der Grundannahmen:* zu hoher Abstraktionsgrad führt zu Folgerungen, die im Rahmen der faktisch vorliegenden Umweltbedingungen fragwürdig sind; zum Teil Verwendung so realitätsferner Rahmenbedingungen, dass die Resultate praktisch kaum mehr von Interesse sein können (effiziente Kapitalmärkte, gleiche und vollständige Information aller Marktteilnehmer, keine Transaktionskosten, Standardzinssätze, vollkommene Konkurrenz, uneingeschränkte Kapitalaufnahmemöglichkeiten usw.)[10];
- *Problem der Zielvielfalt:* zu einseitige Orientierung an Erfolgszielkriterien[11]; fehlende Berücksichtigung ganzer Zielbündel; unterschiedliche individuelle Gewichtung der Ziele in der Praxis;
- *Quantifizierbarkeit und Dateninkonstanz:* Einzelne Zielkriterien (z.B. Anpassungsfähigkeit, Unabhängigkeit) lassen sich nicht generell oder nur schwer quantifizieren. Zudem unterliegt die Realität permanenten Datenänderungen (Ertragslage, Zinssätze, Konjunktur usw.), die zu laufenden, faktisch unmöglichen Anpassungshandlungen führen müssten.

3.6 Fundiertere Kapitalstrukturpolitik

Neben der zweckmässigeren Verwendung von *Kennzahlen* (vgl. Abschnitt 3.3) und der noch wenig ausgeschöpften *Fachberatung* kleinerer und mittlerer Unternehmungen sind weitere Möglichkeiten vorhanden, um zu einer besseren Beurteilung und Ausgestaltung der Fremdkapitalpolitik zu gelangen.

Folgende Überlegungen stehen dabei im Vordergrund:

- Jede Unternehmensleitung sollte sich «ihren» individuell gestalteten Finanzzielkatalog erarbeiten und nach Möglichkeit quantifizieren.
- Das *Rechnungswesen* vieler mittlerer und kleinerer Unternehmen muss rasch *verbessert* und den modernen Anforderungen angepasst werden.
- Die individuellen *betrieblichen Risikofaktoren* sollten – unter Beachtung modernerer Erkenntnisse der Risikoanalyse – erfasst und regelmässig überdacht werden.

---

10 Umgekehrt ist die Theoriebildung natürlich auf vereinfachende Abstraktionen angewiesen.
11 Extrem verfahren die in den USA zu findenden theoretischen Ansätze, die – vereinfacht ausgedrückt – fast jedes finanzwirtschaftliche Entscheidungsproblem auf eine Kapitalwertrechnung zu reduzieren versuchen. Dies hängt u.a. mit der typisch amerikanischen Denkweise und Wirtschaftsstruktur zusammen.

Auf diese zum Teil sehr unterschiedlichen Ansatzpunkte soll nun etwas näher eingegangen werden.

3.6.1 Finanzwirtschaftlicher Zielkatalog

Mancherorts fehlen auch heute noch klare Vorstellungen über die Art und das Ausmass der anzustrebenden Unternehmensziele. Gerade für die Gestaltung der *Finanzpolitik* ist dieser Punkt aber von zentraler Bedeutung. Zur Erarbeitung eines finanzwirtschaftlichen Zielkatalogs geht man zweckmässigerweise von den «traditionellen» *Finanzierungskriterien*[12] aus, die heute allerdings in umfassenderem Sinne gedeutet werden müssen:

- Unternehmenserfolg,
- Liquidität (als zwingende Restriktion),
- Sicherheit (im Idealfall innerhalb einer umfassenden Risikopolitik zu sehen; vgl. Abschnitt 3.6.3),
- Anpassungsfähigkeit (im weitesten Sinne),
- Unabhängigkeit (Autonomie der Unternehmer),
- finanzielles Image (auf Finanzpartner abgestimmte Finanzpolitik).

Für die Gestaltung der Kapitalstrukturpolitik bedeuten diese Gesichtspunkte konkret:

- Wahl *sinnvoller Erfolgszielkriterien* (z.B. Rentabilität des Eigenkapitals für eine eher kapitalknappe Familiengesellschaft) und Vermeiden einer unzweckmässig offensiven/konservativen Verschuldungspolitik;
- realistische Einschätzung des Fremdkapitaleinflusses auf die *Zahlungsfähigkeit* durch systematische Liquiditätsplanung (auch pessimistische Variante, vor allem bezüglich Umsatzentwicklung);
- Erarbeitung konkreter Vorstellungen bezüglich der wichtigsten *Risikofaktoren* und der zu verfolgenden *Risikopolitik;*
- *flexibilitätsgerechte Kreditfinanzierung* (z.B. Vermeiden langfristiger und zugleich teurer Festzinsschulden; Erhaltung einer potentiellen *borrowing power* sowie eines gewissen Investitionsspielraumes);
- *Vermeiden autonomiefeindlicher Finanzierungsvarianten* (überhöhte Einzelkredite; fehlende bzw. zu einseitige Bankverbindungen; unabhängigkeitsgefährdende Finanzierung durch Lieferanten oder Abnehmer usw.);
- Harmonisierung der *intern* als zweckmässig erachteten *Finanzpolitik* mit den Vorstellungen *externer Kapitalgeber;* sinnvolles, d.h. häufig transparentes Informationsverhalten gegenüber den kreditgewährenden Banken.

Schliesslich sollte aus all diesen Überlegungen ein – wenn auch einfacher – operationabler *Finanzzielkatalog* hervorgehen, der folgende Faktoren enthalten könnte (▶ Abb. 3/1).

---

12 Vgl. Boemle 1983, S. 38ff.

Fundiertere Kapitalstrukturpolitik

Damit ist auch gezeigt, dass die durch ein Unternehmen zu verfolgende Verschuldungspolitik nur im *Verband* mit weiteren finanzwirtschaftlichen Grundparametern sinnvoll gewählt werden kann.

▲ Abb. 3/1 Vereinfachtes Beispiel eines finanzwirtschaftlichen Zielkatalogs[a]

Finanzpolitische Teilbereiche	Quantifizierungsbeispiele
■ *Kapitalstruktur* (global) □ Grundphilosophie □ Bandbreite des Eigenmittelanteils □ Bezug zur Investitionsseite □ …	Eigenfinanzierungsgrad von 40% bis 60%
■ *Eigenkapitalstruktur* □ Beteiligungskapitalarten □ Selbstfinanzierungsphilosophie □ Dividendenpolitik □ Emissionspolitik □ …	Dividende maximal 10% des Nominalkapitals und 40% des internen Gewinns
■ *Fremdkapitalstruktur* □ kurzfristige Verschuldung □ langfristige Verschuldung □ Mittelquellen, Bankbeziehungen □ Konditionenpolitik □ Exportfinanzierungsgrundsätze □ …	kurzfristiges Fremdkapital maximal 50% der Gesamtschulden; Anlagedeckungsgrad 2 um 130% bis 160%
■ *Investitionspolitik* □ Kapitalkostensätze, Mindestrenditen, Risikobereiche □ Risikorichtlinien □ Bewertungs- und Rechengrundsätze □ Beteiligungspolitik □ …	minimale Investitionsrendite von 10%
■ *Liquiditätspolitik* □ Grobbestand an flüssigen Mittel □ Mittelanlagepolitik □ Liquiditätsverhältnisse und -grade □ …	liquide Mittel 5% bis 10% des Umsatzes; Liquiditätsgrad 2 ungefähr 100%
■ …	

a. Entnommen aus: Volkart 1983, S. 34. Praktische Beobachtungen bestätigten immer wieder das häufige Fehlen solcher Zielvorstellungen in kleineren und mittleren Betrieben, so etwa auch eine informelle Umfrage anlässlich der Fachtagung 1977 der Schweizerischen Treuhand- und Revisionskammer in Genf. Vgl. zu neueren Untersuchungen auch: Nydegger/Oberhänsli 1984, S. 852–854.

3.6.2 Ausbau des Rechnungswesens

Um die für eine systematisch erarbeitete Finanzpolitik notwendigen *Informationsgrundlagen* verfügbar zu haben, ist ein entsprechend gut geführtes und ausgebautes Rechnungswesen erforderlich. Im Sinne einer empfehlenswerten Minimalforderung sollten auch kleinere Unternehmungen folgende Finanzführungsinstrumente aktiv benützen:

- Bilanz
- Erfolgsrechnung
- erweiterte Bewegungsbilanz oder ausgebaute Fondsrechnung
- mittelfristiger Finanzplan
- kurzfristiger Liquiditätsplan.

Hinsichtlich der laufenden Finanzberichterstattung ist darauf zu achten, dass die aktuellen Daten rasch, in ausreichend detaillierter, klarer, vergleichs- und entscheidungsgerechter Form zur Verfügung stehen. Zudem sollte Klarheit über die stillen Reserven und die entsprechend resultierenden, internen Werte bestehen. Empfehlenswert ist auch für Kleinbetriebe die Ergänzung des Jahresabschlusses um eine aussagekräftige *Mittelflussrechnung*[13].

Grosse Aufmerksamkeit muss weiter der *kurzfristigen Erfassung des Geschäftsverlaufs* geschenkt werden, z.B. in Form quartals- oder monatsweise erstellter Erfolgsrechnungen. Eine laufende, rasche und sachkundige Datenauswertung ist unumgänglich, wenn das Rechnungswesen im Sinne eines *Frühwarnsystems* funktionieren soll. Daneben geht es darum, eine tragfähige *Basis* für die in der heutigen Zeit immer unentbehrlicheren *Finanzplanungsrechnungen* zu gewinnen. Sie sollten zumindest

- ein *mittelfristiges Finanzbudget,* bestehend aus
  - Budgetbilanzen,
  - Budgeterfolgsrechnungen und
  - Budget-Mittelflussrechnungen der nächsten ein bis drei Planjahre sowie
- ein *kurzfristiges Liquiditätsbudget* im Sinne einer ausführlichen Einnahmen-Ausgaben-Rechnung (Plangeldflussrechnung mit direkter Cash-flow-Ermittlung),

wenigstens mit Quartalsfeinheit, umfassen.[14] Eine sachlich fundierte Finanzpolitik kann nur mit Hilfe einer *zukunftsgerichteten,* dynamischen Durchleuchtung des Unternehmens gewonnen werden.

---

13 Entsprechend dem Liquiditätspostulat stellt die Mittelflussrechnung im Prinzip eine unbedingt notwendige Ergänzung der klassischen Jahresabschlussrechnung (Bilanz- und Erfolgsausweis) dar, auf die nicht verzichtet werden sollte.

14 Auf diesen Punkt wird von den Kreditinstituten immer mehr Wert gelegt. Unter Umständen hängt die Krediterteilung von der Verfügbarkeit einer Finanzplanung ab.

3.6.3 Risikopolitik

Von grosser Bedeutung ist die Erkenntnis, dass die Finanzführung nicht als isolierter Teilbereich für sich, sondern als äusserst *eng* mit den *anderen Unternehmensfunktionen* (Beschaffung, Absatz, Investitionen usw.) verflochtenes Gestaltungsfeld aufgefasst werden muss. Für die Bestimmung der Verschuldungspolitik und die damit verbundene Bemessung des finanziellen Risikos ergibt sich die Forderung nach einer *systematischen Abstimmung* mit den aus den anderen Teilbereichen hervorgehenden unternehmerischen *Risiken*.

Dazu ist zunächst eine präzise Vorstellung über die *Hauptkomponenten* des betrieblichen *Gesamtrisikos*[15] zu gewinnen. Folgende Risikofaktoren sollten grundsätzlich unterschieden werden:

■ Absatzseite	Marktrisiko (R_M)	Investitionsrisiko (R_I)
■ Produktionsseite[a]	Produktionsseitiges Risiko (R_P)	
■ Finanzierungsseite	Finanzielles Risiko (R_F)	

a. Produktion ist hier als Leistungserstellung im weitesten Sinne zu verstehen.

Das Gesamtrisiko eines Unternehmens (R_U) ergibt sich somit wie folgt[16]:

$$R_U = R_I + R_F = R_M + R_P + R_F$$

Zahlenmässig liessen sich die gezeigten Risikoelemente konkret erfassen, indem die in Zukunft zu erwartenden *Bandbreiten* der einzelnen Schlüsselgrössen abgeschätzt würden, d.h. insbesondere die folgenden Daten:

- Umsatzstreuung,
- aus erwarteten Kosten resultierende Gewinnbandbreite (vor Kapitalverzinsung),
- aus Finanzierungsverhältnis resultierende Bandbreite des Reingewinnes bzw. der Eigenkapitalrendite.

Zur Gewinnung eines konkreten *Risikomassstabes* könnten für die oben formulierten Planwerte Eintretenswahrscheinlichkeiten (w) abgeschätzt werden, was die Berechnung der *Standardabweichung* (σ) und des Variationskoeffizienten (V)[17] erlaubt. σ als

---

15 In die gleiche Richtung zielen die Ausführungen von Süchting 1980, S. 330.
16 Auf eine durchaus mögliche, weitergehende Komponentenzergliederung wird hier verzichtet.
17 $\sigma = \left[\sum_{i=1}^{m} (x_i - E(X))^2 \cdot w_i \right]^{1/2}$ $V = \dfrac{\sigma \cdot 100}{E(X)}$

   wobei: x = einzelne Werte der zu analysierenden Grösse (z.B. Umsatz)
   E = Erwartungswert
   w = Wahrscheinlichkeit

absoluter und V als relativer Wert zeigen, wie stark eine Plangrösse um den erwarteten Mittelwert schwankt, d.h. wie unsicher z.B. ein erwarteter Durchschnittsumsatz ist. So wird die in ▶ Abb. 3/2 dargestellte, offensichtlich risikoreichere Umsatzkonstellation A ein vergleichsweise grösseres σ bzw. V aufweisen, obwohl der durchschnittliche Erwartungswert der beiden Umsatzkonstellationen genau gleich hoch ausfällt.

▲ Abb. 3/2   Umsatzkonstellationen mit unterschiedlichem Risikogehalt

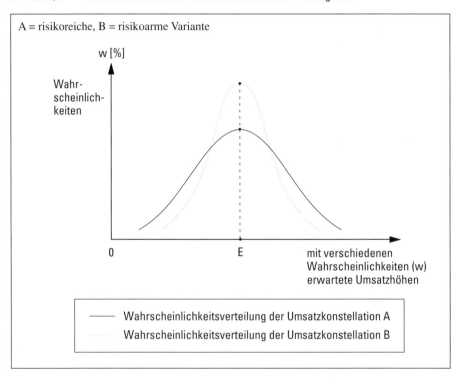

Die verdeutlichten Risikozusammenhänge sowie die einzelnen Risikokomponenten lassen sich anhand der Formel für die Eigenkapitalrendite anschaulich darstellen:

$$r_{EK} = r_K + \frac{FK}{EK}(r_K - k_{FK})$$

$$r_{EK} = \underbrace{\frac{(U-TK)}{K}}_{} \left(1 + \frac{FK}{EK}\right) - \frac{FK}{EK} \cdot k_{FK}$$

$\underset{R_U}{\uparrow}$ $\underset{R_M}{\uparrow}$ $\underset{R_P}{\uparrow}$ $\underset{R_F}{\uparrow}$

R_I

Fundiertere Kapitalstrukturpolitik 73

wobei: r = Rendite (brutto)
EK = Eigenkapital
FK = Fremdkapital
K = Totalkapital
k_{FK} = FK-Zinssatz
U = Umsatz
TK = Total Selbstkosten ohne Kapitalverzinsung

Anhand des nachfolgend umschriebenen *Zahlenbeispiels* seien die oben angestellten Überlegungen weiter konkretisiert:
Ein Fabrikationsbetrieb habe im Absatz-, Produktions- und Finanzbereich je zwei Strategien verschiedenen Erfolgs- und Risikogehaltes zur Verfügung (Gesamtkapital = konstant 200).

- *Absatzbereich*
  □ Marktstrategie K:
  Umsatz U = 80 (Wahrscheinlichkeit w = 18%), 100 (w = 64%), 120 (w = 18%)
  □ Marktstrategie R: U = 70 (w = 24.5%), 110 (w = 51%), 150 (w = 24.5%)
- *Produktionsbereich*
  □ Fertigungsverfahren K: Totalkosten = 30 + 0.5 U_x
  □ Fertigungsverfahren R: Totalkosten = 51 + 0.3 U_x
  (inkl. Verwaltungs- und Vertriebskosten, ohne Fremdkapitalzinsen)
- *Finanzbereich*
  □ Kreditpolitik K:
  Fremdkapitaleinsatz (k = 8%) 50, d.h. Verschuldungsgrad = 25%
  □ Kreditpolitik R:
  Fremdkapitaleinsatz (k = 8%) 100, d.h. Verschuldungsgrad = 50%

Stellt man die im gesamten gesehen risikoärmste Variante KKK der risikofreudigsten Unternehmenspolitik RRR gegenüber, so ergibt sich das Bild gemäss ▶ Abb. 3/3.
Ein Vergleich der verschiedenen Risikogehalte (*V*) zeigt sofort, wie das bei der Variante RRR bereits *massiv höhere Marktrisiko* (25.5% statt 12%) durch das *produktionsseitige* Risiko (operating leverage-Effekt)[18] zusätzlich vergrössert (R_I 75% statt 30%) und durch die stärkere *Verschuldung* nochmals gesteigert (R_U 109% statt 37%) wird.
Welcher der beiden Extremstrategien der Vorzug zu geben ist, hängt von der bei verschiedenen Risikokonstellationen geforderten Eigenkapitalrendite und damit vom *Risikotemperament des Unternehmers* ab. Aus der Sicht einer angemessenen Risikobeschränkung erscheint die Variante RRR jedenfalls nicht sehr realistisch, da eine «risikokompensierende» Zwischenlösung normalerweise als attraktiver empfunden

---

18 Vgl. Schall/Haley 1977, S. 446ff.

▲ Abb. 3/3   Risiko-Rendite-Vergleich der beiden extremen Gesamtstrategien

	Politik KKK	Politik RRR
■ durchschnittlich erwarteter Umsatz E_U	100.0	110.0
□ Risikogehalt σ_U	12.0	28.0
□ Risikogehalt V_U	12.0%	25.5%
■ durchschnittlich erwarteter Gewinn E_G	20.0	26.0
□ Risikogehalt σ_G	6.0	19.6
□ Risikogehalt V_G	30.0%	75.0%
■ durchschnittlich erwarteter Reingewinn E_{RG}	16.0	18.0
■ durchschnittlich erwartete EK-Rendite $E_{r_{EK}}$	10.7%	18.0%
□ Risikogehalt $\sigma_{r_{EK}}$	4.0 (%)	19.6 (%)
□ Risikogehalt $V_{r_{EK}}$	37.0%	109.0%

wird. Geht man von einer freien Wähl- und Kombinierbarkeit der verschiedenen Strategien aus, so erhält man die folgenden *Möglichkeiten* (▶ Abb. 3/4).

Gemäss den Resultaten in ▶ Abb. 3/4 können vernünftigerweise die Strategien 1 und 3 und ganz eindeutig die Strategie 6 als unterlegen ausgeschieden werden.[19] An ihrer Stelle sollte man die offensichtlich besseren Risiko-Rendite-Kombinationen 2, 4 bzw. 7 wählen.

▲ Abb. 3/4   Risiko-Rendite-Konstellation bei verschiedener Kombination der möglichen Bereichsstrategien

Strategien				Eigenkapitalrendite				σ	V	w
Nr.	Abs.	Prod.	Fin.	E	pess.	mittl.	opt.			
1	K	R	K	10.0	0.7	10.0	19.3	5.6	56%	
2	K	K	K	10.7	4.0	10.7	17.4	4.0	37%	18/64/18%
3	K	R	R	11.0	−3.0	11.0	25.0	8.4	76%	
4	K	K	R	12.0	2.0	12.0	22.0	6.0	50%	
5	R	K	K	14.0	0.7	14.0	27.3	9.3	71%	
6	R	R	K	14.7	−4.0	14.7	33.3	13.1	89%	24.5/ 51/ 24.5%
7	R	K	R	17.0	−3.0	17.0	37.0	14.0	82%	
8	R	R	R	18.0	−10.0	18.0	46.0	19.6	109%	

---

19 Dabei wird streng von der *EK*-Rendite als Zielgrösse ausgegangen. Weist eine Strategie ein vergleichsweise höheres E für die *EK*-Rendite bei gleichem oder kleinerem *V* auf, so ist sie einer anderen Gesamtpolitik vorzuziehen.

◄ Abb. 3/4 bestätigt auch die relative Dominanz des Marktrisikos bzw. der durchschnittlichen Erfolgsträchtigkeit der Absatzstrategie R. Weiter wird die Ineffizienz der Kombination von Absatzstrategie K und Fertigungsverfahren R rechnerisch nachgewiesen. Eine echte Wahlmöglichkeit ergibt sich bei konservativer Absatz- und Produktionspolitik bezüglich der Verschuldungsstrategie. Weiter zeigt sich, dass – ausgehend von der risikoreichsten Gesamtpolitik RRR – eine Risikominderung besser über den Produktions- als über den Finanzierungsbereich angestrebt würde.

Stellt man die untersuchten acht Möglichkeiten schliesslich einem *hypothetischen Risikoverhalten* (bzw. -empfinden) des Unternehmers gegenüber, so resultieren die Kombinationen gemäss ▶ Abb. 3/5.

▲ Abb. 3/5 Mögliche Risiko-Rendite-Konstellationen im Rahmen verschiedener Gesamtstrategien und ihr Vergleich mit hypothetischen Präferenzkurven des Unternehmers

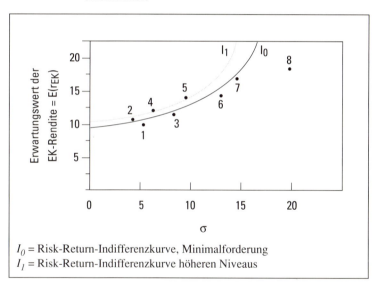

I_0 = Risk-Return-Indifferenzkurve, Minimalforderung
I_1 = Risk-Return-Indifferenzkurve höheren Niveaus

Bei der angenommenen mittleren Risikofreudigkeit des Unternehmers und der bei verschiedenen Risikoniveaus geforderten Minimalverzinsung der eigenen Mittel fallen die Strategien 1, 3, 6 und 8 weg. Die Varianten 2 und 7 wären knapp, die Varianten 4 und 5 reichlich genügend.

Anhand der verschobenen Präferenzkurve I1 zeigt sich, dass hier die Strategien 4 und 5 als ungefähr gleichwertig empfunden würden. Da zwischen diesen Varianten der Übergang von Absatzstrategie K auf R liegt, müsste dieser sehr risikorelevante Bereich wohl zusätzlich analysiert werden.

Das gezeigte Beispiel verdeutlicht die nötige *Ausweitung* finanzwirtschaftlicher Analysen auf die *gesamte Unternehmenspolitik*. Es demonstriert damit die Notwendigkeit, die Finanzpolitik unter *direkter Harmonisierung* mit den anderen unternehmerischen Verantwortlichkeitsbereichen festzulegen. Dabei gelten die hier für das Erfolgsrisiko angestellten Überlegungen in gleicher Weise für das vom Finanzmanagement besonders zu beachtende *Liquiditätsrisiko*.

Nimmt man die Politik der realwirtschaftlichen Betriebsbereiche als gegeben an, so ist die Verschuldungspolitik eines Unternehmens so auszugestalten, dass die Summe der aus den anderen Funktionsbereichen erwachsenden Risiken sinnvoll ergänzt wird zu dem durch die Unternehmensleitung angestrebten Gesamtrisiko:

$$R_F = R_{U_{Soll}} - R_M - R_P$$

(Dabei wächst R_F mit zunehmendem Fremdkapitalanteil, d.h.: $R_F = f(FK/EK)$)

Ob ein Verschuldungsgrad zu hoch oder zu tief ist, kann somit nur unter Würdigung der Gesamtkonstellation eines Unternehmens sicher beurteilt werden. Dabei spielt natürlich das subjektive Risikoempfinden eine entscheidende Rolle.

3.7 Schlussfolgerungen

Die Bestimmung der Verschuldungspolitik eines Unternehmens stellt eine der *zentralen finanzwirtschaftlichen Entscheidungen* mit wesentlicher Bedeutung für die *Gesamtpolitik* dar. Trotz jahrzehntelanger Bemühungen der finanztheoretischen Forschung ist es bisher noch nicht gelungen, die Frage der optimalen Kapitalstruktur befriedigend und zweifelsfrei zu beantworten.

Die Finanzierungspraxis behilft sich demgegenüber – mit recht gutem Erfolg – mit relativ handfesten und einfachen Entscheidungshilfen. Das dabei verwendete Instrumentarium ist zum Teil noch fragwürdig und sollte weiter verbessert werden. Wesentliche Fortschritte zur Gewinnung einer zielorientierteren und fundierteren Finanzpolitik sind insbesondere in den Bereichen

- der unternehmenspolitischen *Zielgestaltung,*
- des *Rechnungswesens,* d.h. der Informationsbasis, sowie
- der bewussten und systematisierten *Risikoanalyse*

möglich. Alle drei besprochenen Elemente zielen darauf hin, Kapitalstrukturentscheidungen vermehrt

- anhand möglichst objektiver und zweckmässiger Informationen zu fällen,
- sie im Zusammenhang mit einer umfassend und systematisch zu erarbeitenden Finanz- und Unternehmenspolitik zu sehen und
- die Auswirkungen der Verschuldungspolitik auf das Gesamtrisiko, d.h. auf das insgesamt resultierende Risiko-Rendite-Verhältnis, zu beachten.

Schlussfolgerungen

Dass die hier vorgeschlagene Vorgehensweise und die dazu verwendeten Instrumente nicht problemlos in die Praxis umzusetzen sind (Informationsbeschaffung, Datenschätzung, Bearbeitungskosten), ändert nichts an ihrem grundsätzlichen Stellenwert. Für die kapitalseitig häufig eingeschränkten kleineren und mittleren Unternehmungen erscheinen die gezeigten risikopolitischen Zusammenhänge besonders bedeutungsvoll. Mehr denn je werden die betrieblichen Überlebenschancen in Zukunft vom neben dem fachspezifischen Können notwendigen Managementgeschick abhängig sein.

Literatur

Boemle, M.: Unternehmungsfinanzierung, 6. Auflage, Zürich 1983.
Haley, Ch.W./Schall, L.D.: Problems with the Concept of the Cost of Capital, in: Journal of Financial and Quantitative Analysis, December 1978, S. 847–870.
Haley, Ch.W./Schall, L.D.: The Theory of Financial Decisions, 2nd, revised Edition, New York 1979.
Hax, H./Laux, H. (Hrsg.): Die Finanzierung der Unternehmung, Köln 1975.
Higgins, R.C.: Financial Management, Chicago 1977.
Modigliani, F./Miller, M.H.: The Cost of Capital, Corporation Finance and the Theory of Investment, in: American Economic Review, Vol. 48, 1958, S. 261–297.
Nydegger, A./Oberhänsli, H.: Finanzierungsengpässe bei Investitionen, in: Zeitschrift für das gesamte Kreditwesen, Heft 18/1984, S. 852–854.
Rommelfanger, H./Unterharnscheidt, D.: Entwicklung einer Hierarchie gewichteter Bonitätskriterien für mittelständische Unternehmungen, in: Österreichisches Bank-Archiv, 33. Jg., Nr. 12, Dezember 1985, S. 419–437.
Schall, L.D./Haley, Ch.W.: Introduction to Financial Management, New York 1977.
Süchting, J.: Finanzmanagement, 3. Auflage, Wiesbaden 1980.
Volkart, R.: Finanzielle Führung in der Rezession. Überlegungen zum strategischen Finanzmanagement, Bankwirtschaftliche Forschungen, Band 85, Bern/Stuttgart 1983.

4.
Kapitalkostenansätze

Kritische Analyse der amerikanischen «Cost of Capital»-Konzeption

Inhaltsübersicht

4.1	Problemstellung	81
4.2	Modelle zur Kapitalstrukturgestaltung	83
4.3	Kritische Würdigung des Kapitalkostenkonzeptes und Alternativvorschlag	91
4.4	Rechenbeispiel zur Kapitalstrukturoptimierung	100
4.5	Zusammenfassung und Konsequenzen	109
	Literatur	110

Quelle

Vertiefte und erweiterte Fassung eines Artikels in «Die Unternehmung», Nr. 1, März 1980.

4.1 Problemstellung

In den vergangenen Jahrzehnten hat die betriebswirtschaftliche Finanzierungslehre eine äusserst interessante Entwicklung genommen. Von einem zunächst rein *deskriptiven Ansatz* (Beschreibung der Finanzierungsanlässe) hat sie sich über die verstärkte Behandlung von *Finanzmanagementfragen* (Finanzplanung und Finanzkontrolle) zu einer eigentlich *entscheidungsorientierten Konzeption* (Frage der optimalen Finanzentscheidung) gewandelt. Mit dieser Verlagerung ist zuerst das finanzielle Rechnungswesen, dann auch die Finanzmathematik und schliesslich der Einsatz anspruchsvoller Modellkonzeptionen vermehrt ins Zentrum des Interesses gerückt.

Parallel zu dieser Entwicklung *weitete* sich auch die *Gebietsumschreibung zusehends aus*. So berücksichtigen heute viele finanzwirtschaftliche Grundlagenwerke zugleich die ganze Investitionslehre, dabei insbesondere die Frage der optimalen Investitionsentscheidung.[1] In konsequenter Fortführung dieser Denkweise postulierte man innerhalb der modernen Finanztheorie zuweilen die Notwendigkeit *umfassender Entscheidungsmodelle*[2]; mittels der darin angestrebten, simultanen Abstimmung des Finanz- und Investitionsbereiches sollte es erst möglich werden, zu einer insgesamt optimalen Geschäftspolitik zu gelangen.

Diesem Anliegen der Theorie steht eine *Managementpraxis* gegenüber, die in ihrer Vielfalt und Komplexität häufig eine systematische *Aufteilung* der verschiedenen Handlungsfelder erfordert. So werden in vielen Fällen auch Finanzierungs- und Investitionsentscheidungen isoliert gefällt, wenn auch unter Beachtung der bestehenden Abhängigkeiten.[3] Aus theoretischer Sicht setzt diese Vorgehensweise aber voraus, dass für beide Hauptbereiche taugliche *Teiloptimierungsverfahren* zur Verfügung stehen. Ihnen müssen *Zielkriterien* zugrunde liegen, die sowohl mit der praktisch notwendigen Teil- als auch mit einer theoretisch anzustrebenden Gesamtoptimierung verträglich sind.

Geht man vom Erfolgs- bzw. Renditestreben als Basisziel eines privatwirtschaftlichen Unternehmens aus, so bietet sich als die Finanz- und Investitionspolitik verbin-

---

1 Vgl. etwa bereits bei Solomon 1967.
2 Vgl. z. B. Süchting 1980, S. 418 ff.
3 Vgl. dazu auch Haley/Schall 1979.

dende Schlüsselgrösse offensichtlich der *Kapitalkostenfaktor,* d.h. der durchschnittliche *Kapitalkostensatz,* an. Diese Überlegung hat denn auch zur Schaffung verschiedener Entscheidungsansätze geführt, die unmittelbar auf diesem Zielkriterium basieren. Auf der Mittelbeschaffungsseite steht als zentrales Entscheidungsproblem die *Gestaltung der Kapitalstruktur,* insbesondere des Finanzierungsverhältnisses, im Vordergrund. Neben dem einfachen Leverage-Modell sind zu diesem Zweck *Kapitalkostenansätze*[4] formuliert worden, die mittels einer Kapitalkostenminimierung Aussagen zum optimalen Verschuldungsgrad liefern sollen.

Auf der Mittelverwendungsseite sieht man die *Beurteilung einzelner Investitionsprojekte* als primäres Entscheidungsproblem. Entsprechend diesem Anliegen hat man eine Vielzahl von *Investitionsrechnungsverfahren* entwickelt, welche der Einzelbeurteilung, aber auch der Evaluation optimaler Investitionsvarianten dienen. Anders als die oben angesprochenen Kapitalstrukturkonzeptionen haben diese Methoden in der Praxis breite Anwendung gefunden. Dabei gehen auch die sehr häufig verwendeten Verfahren der «einfachen Projektrendite», des «internen Ertragssatzes» und des «Kapitalwertes» vom durchschnittlichen *Kapitalkostensatz* als eigentlicher Schlüsselgrösse aus.

Ziel der nachfolgenden Ausführungen ist es, die Kapitalkostenansätze einer *kritischen Analyse* zu unterziehen. Ausgehend von den vorangegangenen Überlegungen soll dies in umfassender Weise, d.h. unter Berücksichtigung der Finanzierungs- *und* der Investitionsseite, geschehen. Dabei steht die Frage der *Kapitalstrukturgestaltung* allerdings im Vordergrund, da das dazu üblicherweise eingesetzte «Cost of Capital»-Konzept nicht unproblematisch ist. Verschiedentlich wurde dieses sogar heftiger Kritik unterworfen.[5]

Trotz der oben bereits angebrachten Vorbehalte hat der Kapitalkostenansatz in der gängigen Lehrbuchliteratur breite, zuweilen auch etwas unkritische Berücksichtigung gefunden.[6] Da die übliche Kapitalkostendenkweise insbesondere unter europäischen, vor allem schweizerischen Rahmenbedingungen nicht über alle Zweifel erhaben erscheint und zudem auch neue nordamerikanische Forschungsresultate deren Sinngehalt – selbst für die dortigen, konformeren Marktvoraussetzungen – in Frage stellen, drängt sich eine erneute Behandlung dieses Problemkreises auf.

---

4 Die «Cost of Capital»-Denkweise hat innerhalb der angelsächsischen Finanzierungstheorie zentrale Bedeutung erlangt.
5 Vgl. dazu Haley/Schall 1978, S. 847–870.
6 Vgl. z.B. Perridon/Steiner 1984; Süchting 1984; Swoboda 1977; Higgins 1977; Weston/Brigham 1981.

4.2 Modelle zur Kapitalstrukturgestaltung

4.2.1 Vorbemerkungen

Die Suche nach dem optimalen Finanzierungsverhältnis, d.h. der optimalen Aufteilung der Kapitaldecke in Fremdkapital und Eigenkapital, ist mit dem Erscheinen des wohl berühmtesten finanztheoretischen Aufsatzes von *Modigliani und Miller* im Jahre 1958 zur Zentralfrage der Finanzierungstheorie geworden.[7] Obwohl seither mehr als ein Vierteljahrhundert vergangen ist, harrt dieses Grundsatzproblem noch immer einer zweifelsfreien, befriedigenden Lösung. Trotz weiterer Fortschritte der finanztheoretischen Forschung halten die Streitgespräche um die im oben erwähnten Aufsatz geäusserten Ansichten unvermindert an.

Die im Zusammenhang mit der *Kapitalstrukturoptimierung* auftretenden *Fragestellungen* lassen sich wie folgt formulieren:

1. Kann die Erfolgszielerreichung, genauer der Wert eines Unternehmens durch die Wahl des Finanzierungsverhältnisses *beeinflusst* werden?
2. Wenn ja, *wie* lässt sich das erfolgsoptimale Finanzierungsverhältnis – theoretisch oder im konkreten Einzelfall – *bestimmen?*

Wie noch zu zeigen sein wird, entstehen dabei zwei besonders kritische Probleme. Sie betreffen zum einen die *Messung von Fremd- und Eigenkapital* (Marktwerte kontra Buchwerte), zum andern die Wahl eines geeigneten Wert- bzw. Erfolgszielkriteriums.

4.2.2 Einfaches Erklärungsmodell

Ausgehend vom Postulat der Gewinnmaximierung, die bei strategischer Betrachtungsweise zur Rentabilitätsmaximierung führt, hält das sogenannte einfache *Leverage-Modell* den Einfluss des Fremdkapitaleinsatzes auf die Eigenkapitalrendite fest. Dabei steht der folgende Zusammenhang im Zentrum:

$$r_{EK_{brutto}} = r_{K_{brutto}} + \frac{FK}{EK}(r_{K_{brutto}} - k_{FK})$$

wobei: $r_{EK_{brutto}}$ = Bruttorendite des Eigenkapitals

$r_{K_{brutto}}$ = Bruttorendite des Gesamtkapitals

EK = Eigenkapital
FK = Fremdkapital
K = Gesamtkapital
k_{FK} = ø FK-Kostensatz

---

[7] Modigliani/Miller 1958, S. 261–297, sowie Modigliani/Miller 1959, S. 655–669.

▲ Abb. 4/1 Verbindung von Finanzierungs- und Investitionsseite im einfachen Leverage-Modell

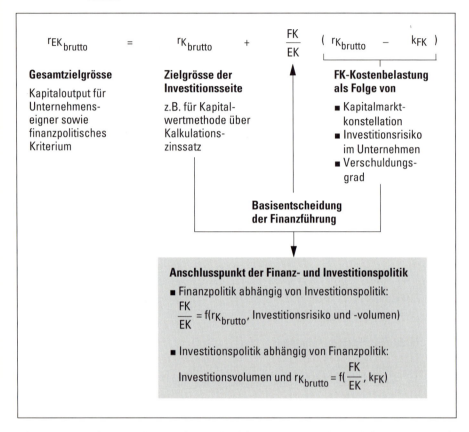

Die Bruttorendite des Eigenkapitals wird hier dargestellt als Funktion von Investitionsrendite (vor Kapitalverzinsung), Kreditfinanzierung und relativem Zinsniveau der fremden Mittel.

Bemerkenswert ist die bereits in diesem einfachen Modell erreichte *Verbindung von Investitions- und Finanzierungsseite* (▶ Abb. 4/1).

Die Maximierung der Bruttorendite des Eigenkapitals bietet noch *keine Optimallösung,* da ja der durch den Verschuldungsanstieg bewirkte Risikozuwachs für die Eigenkapitalgeber vernachlässigt bleibt.

Während das Investitionszielkriterium r_K vor allem in den dynamischen Investitionsrechenverfahren intensiv weiterverfolgt und immer genauer berücksichtigt wurde, ging man in den bekannten *Kapitalstrukturmodellen* vom *EK*-Renditeziel ab. Die sogenannten *Kapitalkostenansätze* versuchen vielmehr, über eine *Minimierung der durchschnittlichen Kapitalkosten* (d.h. auch über eine Maximierung des gesamten

Unternehmenswertes) zu einer Aussage über die optimale Verschuldungspolitik zu gelangen. Anstatt des relativen Wertes des Eigenkapitals, der für den Unternehmer häufig im Vordergrund steht, wird hier derjenige des *gesamten Unternehmensvermögens* ($EK + FK$) maximiert. Dabei sieht man dieses Zielkriterium entweder als sinnvoll oder seine Maximierung als gleichwertig zur EK-Wertmaximierung an; gelegentlich werden die beiden Zielkomponenten auch vermischt. Dieses Abgehen von einer direkt eigenkapitalbezogenen Zielgrösse sollte bei den nachfolgenden Ausführungen im Auge behalten werden.

4.2.3 Kapitalkostenansätze als Entscheidungsmodelle

Ausgehend vom Wirtschaftlichkeitsprinzip unterstellen die geläufigen Kapitalkostenansätze[8], dass eine *Minimierung der Kosten* für den Produktionsfaktor Kapital einen bestmöglichen Beitrag zum unternehmerischen Erfolgsstreben liefere. Die *Kapitalkosten* werden *vereinfacht* formuliert als:

$$K_K = EK \cdot k_{EK} + FK \cdot k_{FK}$$

$$k_K = \frac{EK}{K} \cdot k_{EK} + \frac{FK}{K} \cdot k_{FK}$$

wobei: K_K = Kapitalkosten
k = durchschnittlicher Kapitalkostensatz (von den Kapitalgebern geforderte Verzinsung), hier in Prozenten/100

k_K ist gemäss dem früher Gesagten auch die direkte Nahtstelle zur Investitionsrechnung, und zwar in Form des Kalkulationszinssatzes (Kapitalwertmethode) bzw. der mindestens zu erzielenden Investitionsrendite (Methode des internen Ertragssatzes, einfache Renditerechnung).

Die in den verschiedenen theoretischen Ansätzen vorgeschlagene Bestimmung der durchschnittlichen Kapitalkosten ist nun etwas komplizierter, als zuvor verdeutlicht wurde. Dabei sind zwei grundsätzlich voneinander abweichende Betrachtungsweisen zu unterscheiden. Aus der Sicht der *an die Kapitalgeber* fliessenden Zahlungen berechnet sich k_K wie folgt:

$$V_K = \frac{(D + K_{FK})}{k_K}, \text{ d.h. } k_K = \frac{(D + K_{FK})}{V_K}$$

wobei: V_K = gesamter Marktwert der Unternehmung
D = Dividenden
K_{FK} = FK-Zinszahlungen

---

8 Vgl. z.B. Schall/Haley 1977, S. 181–195.

k_K stellt hier die für ein bestimmtes erwartetes D und K_{FK} geforderte Durchschnittsverzinsung des Gesamtkapitals dar. k_K kann auch formuliert werden als:

$$k_K = \frac{V_{EK}}{V_K} \cdot k_{EK} + \frac{V_{FK}}{V_K} \cdot k_{FK}$$

wobei: V_{EK} = Marktwert des Eigenkapitals
V_{FK} = Marktwert des Fremdkapitals
V_K = $V_{EK} + V_{FK}$

Leitet man die Kapitalkosten hingegen aus «*interner*» Sicht ab, so erhält man die nach *Modigliani/Miller*[9] gültige Definition. Danach wird zunächst der Wert eines zu 100% mit Eigenkapital finanzierten Unternehmens betrachtet:

$$V_K = \frac{G_S}{k_{K_S}}, \text{d.h. } k_{K_S} = \frac{G_S}{V_K}$$

wobei: G_S = Gewinn vor Zinsen, nach Steuern (für *EK*-Anteil von 100%)[10]
k_{K_S} = geforderte Kapitalverzinsung, ausgehend von G_S (Steuern immer für 100% Eigenfinanzierung)

Da G_S definitionsgemäss auch bei Fremdkapitalverwendung unverändert bleibt (Gewinn vor Zinsen und Steuern ./. sich bei vollständiger Eigenfinanzierung ergebende Ertragssteuern), resultiert aus einer Minimierung von k_{K_S} zwangsläufig ein maximaler Unternehmenswert. k_{K_S} entspricht damit auch[11]:

$$k_{K_S} = \frac{V_{EK}}{V_K} \cdot k_{EK} + \frac{V_{FK}}{V_K} \cdot k_{FK}(1-s)$$

wobei: s = durchschnittlicher Ertragssteuersatz (hier unabhängig von r_{EK})

Im Gegensatz zu dem aus der Sicht der Kapitalgeber hergeleiteten Kostensatz muss der Faktor *(1 – s)* in die obige Definition einbezogen werden, da das verwendete G_S noch mit der *maximalen Steuerabgabe* (bei 100% Eigenkapital) belastet ist. Die Fremdkapitalzinsen sind aber steuerlich abzugsfähig, womit als zusätzliche Kostenbelastung des Fremdkapitals nur noch $k_{FK}(1-s)$ anfällt.

In den gezeigten Kapitalkostenkonzeptionen entspricht k_{FK} dem aktuellen Marktzinssatz für fremde Mittel, k_{EK} der von den Unternehmenseignern für die entsprechende Risikoklasse (Beta) des Unternehmens geforderten *EK*-Verzinsung. Eigen-

---
9 Modigliani/Miller 1958.
10 Unterstellt wird ein Unternehmen mit Nullwachstum und unendlicher Lebensdauer, d.h.: Abschreibungen = Reinvestitionen und Netto-Cash-flow (nach Reinvestitionen) = Gewinn.
11 Vgl. dazu Haley/Schall 1958, S. 849 und 856.

Modelle zur Kapitalstrukturgestaltung

▲ Abb. 4/2   Zahlenbeispiel zu den verschiedenen Kapitalkostenberechnungen (buchhalterisch vor Steuern; marktwertig vor Steuern; marktwertig nach Steuern)

Daten der Aktiengesellschaft X	
■ $K = 100$ ■ $EK = 50$ (nominell) ■ $FK = 50$ (nominell und Marktwert) ■ $k_{FK} = 8\%$ (0.08) ■ $k_{EK} = 16\%$ (0.16)	■ Gewinn vor Zinsen und Steuern = 20 ■ $r_{K_{brutto}}$ vor Steuern = 20/100 = 0.2 ■ s = Ertragssteuersatz = 0.4 ■ Gewinn vor Zinsen, nach maximalen Steuern bei hypothetischem EK von 100% = $20 \cdot (1 - 0.4) = 12$ ■ Wert des Gesamtkapitals bei 50% EK: ■ $V_K = \dfrac{(20 - 50 \cdot 0.08) \cdot 0.6}{0.16} + 50 = 110$
Berechnungsart	**Resultat**
■ Einfache k_K-Formel	$k_K = \dfrac{50}{100} \cdot 16\% + \dfrac{50}{100} \cdot 8\% = 12\%$ (nach Steuern = 10.4%, da dann k_{FK} eff. nur 4.8%)
■ k_K aus Kapitalgebersicht	$\dfrac{(20 - (50 \cdot 0.08)) \cdot 0.6 + 50 \cdot 0.08}{110} = \dfrac{9.6 + 4}{110} = 12.4\%$ (kein Steuerabzug)
■ k_{K_s} nach MM-Ansatz	$k_{K_s} = \dfrac{G_s}{V_K} = \dfrac{12}{110} = 10.9\%$, oder: $V_K = V_{EK} + V_{FK} = 60 + 50 = 110;$ $k_{K_s} = \dfrac{60}{110} \cdot 16\% + \dfrac{50}{110} \cdot 8\% \cdot (0.6) = 10.9\%$ (mit Steuerabzug)

kapital und Fremdkapital werden nicht mehr nominell (buchhalterisch, substanzbezogen), sondern zu *Marktwerten*[12] eingesetzt. Dieses Vorgehen ergibt sich aus der demonstrierten Herleitung der Kapitalkostensätze und erscheint insbesondere bei starkem Kapitalmarktbezug einer Gesellschaft und über die Zeit stärker ändernder Kapitalmarktzinssätze sinnvoll.

In ◄ Abb. 4/2 sind die verschiedenen Kapitalkostenansätze anhand eines *Zahlenbeispiels* präzisiert.

---

[12] Das Marktwertprinzip ist für das Fremdkapital am Beispiel festverzinslicher Obligationenanleihen, vor allem bei stark veränderten Marktzinssätzen, besonders einsichtig.

4.2.4 Kapitalkostenverläufe

Zur Beurteilung des Aussagegehaltes der Kapitalkostenansätze ist zunächst die Frage zu stellen, wie die *Kostenverläufe* von k_{FK} und k_{EK} in Abhängigkeit des Finanzierungsverhältnisses aussehen könnten. Diesen Überlegungen kommt zentrale Bedeutung zu, denn sie präjudizieren die Existenz eines Kapitalkostenminimums bzw. eines maximalen Unternehmenswertes und damit einer optimalen Kapitalstruktur. *Mit der Umschreibung der Kapitalkostenverläufe bestimmt man gleichzeitig auch die Lage des optimalen Finanzierungsverhältnisses.*[13]

Leider lassen sich die zu unterstellenden Kapitalkostenfunktionen kaum empirisch gewinnen. Vor allem für einzelne Unternehmungen sind lediglich ausgeprägt *subjektive Schätzungen* möglich. Innerhalb der finanzwirtschaftlichen Theorie haben sich im wesentlichen die in ▶ Abb. 4/3 dargestellten *Standpunkte* herausgebildet.[14]

Im «*effizienten Ansatz*» geht man bei gleichbleibendem Fremdkapitalkostensatz davon aus, dass die Steigerungsrate der Eigenkapitalkosten gerade $(k_{EK_0} - k_{FK})$ beträgt. Ohne Existenz von Ertragssteuern resultiert daraus die von *Modigliani/Miller* vertretene Ansicht der Irrelevanz der Kapitalstruktur: Es gibt mit anderen Worten kein optimales Finanzierungsverhältnis. Bei näherer Betrachtung erkennt man, dass diese aus der *Vollkommenheit der Finanzmärkte* abgeleitete Kapitalkostenkonstellation auch im viel moderneren *Capital Asset Pricing Model* (CAPM) anzutreffen ist.[15] Der dort über die sogenannte Kapitalmarktlinie gewinnbare Risikozusammenhang (R = Risiko).

$$R_{EK} = R_K \cdot \left(1 + \frac{FK}{EK}\right)$$

verdeutlicht dies. Danach verdoppelt sich das Aktionärsrisiko beim Übergang von 0%iger zu 50%iger Verschuldung, und die Risikoprämie (auf vollkommenen, gleichgewichtigen Märkten als Differenz $\bar{r}_K - i$, d.h. auch k_{EK} für vollständige Eigenfinanzierung minus k_{FK}), muss sich – bei Risikoindifferenz – ebenfalls verdoppeln. Damit erhält man den in ▶ Abb. 4/3 unter dem «effizienten Ansatz» abgebildeten Kostenverlauf. *Mit Einbezug der Ertragssteuerwirkung* (Abzugsfähigkeit der Fremdkapitalzinsen) liegt der theoretisch optimale Verschuldungsgrad bei 100%!

Das im «*indifferenten Ansatz*» unterstellte Kapitalkostenverhalten entbehrt jeder logischen Grundlage und braucht hier nicht weiterverfolgt zu werden.

Der «*praktische Ansatz*» geht vom *subjektiven Risikoempfinden* des einzelnen Entscheidungsträgers aus. Der Verlauf der Eigenkapitalkostenkurve entspricht risikoscheuem Verhalten; ebenso der ab einer bestimmten Verschuldung desgleich ansteigende Fremdkapitalkostensatz. Da die *Wirtschaftspraxis* – in der *Schweiz* und in *Deutschland* ausgeprägt – nicht aus vollkommenen, effizienten Märkten, völlig rational handelnden Investoren und mehrheitlich rege im Publikum gehandelten Anteils-

---

13 Kritisch ist vor allem die Bestimmung des Kostenverlaufes. Vgl. zur punktuellen Kapitalkostenbestimmung auch Higgins 1977, S. 119 ff.
14 Vgl. u.a. Süchting 1984, S. 330 ff., und Schall/Haley 1977, S. 345 ff.
15 Vgl. Bd. I, 5. Gedanken zur Gestaltung der Kapitalstruktur, S. 113ff.

Modelle zur Kapitalstrukturgestaltung 89

▲ Abb. 4/3 Kapitalkosten- und Unternehmenswertverläufe in Abhängigkeit des Finanzierungsverhältnisses

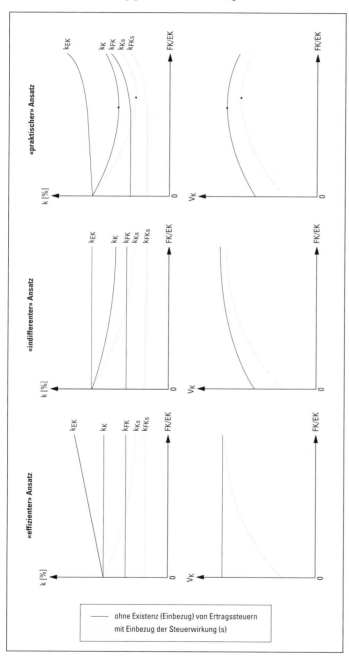

titeln besteht, dürfte diese Denkweise vergleichsweise realitätsgerecht sein. Das oben angesprochene CAPM sollte angesichts der sehr restriktiven Grundannahmen nicht unbedingt auf die konkrete Bestimmung des Kapitalstrukturoptimums angewendet werden.

Die faktisch geforderten Eigen- und Fremdkapitalkostensätze kann man somit allgemein wie folgt formulieren:

$$k_{EK} = a + bx^c$$

$$k_{FK} = g + hx^j$$

wobei: a, b, c, g, h, j = Parameter
x = FK/EK = Finanzierungsverhältnis zu bilanziellen, betriebswirtschaftlich sinnvollen Werten[16]

Dabei gilt ohne weiteres $a > 0, b > 0, g > 0, h > 0, c \geq 1, j \geq 1$ sowie – hier nicht eingehender entwickelt – zumeist eine Parameterkonstellation mit zunächst fallendem k_K (z.B. bei $c = 1, j = 1$:

$$\frac{a-b-g}{h} > 0!)$$

Nimmt man den zuletzt formulierten, dem praktischen Ansatz entsprechenden Kapitalkostenverlauf an, der als *realistische Konstellation* weiterzuverfolgen ist, *so existiert ein Kapitalstrukturoptimum*. Dieses kann bei bekanntem oder angenommenem k_{EK}- und k_{FK}-Verlauf als minimales k_{K_s} mathematisch *bestimmt* werden.

In den USA existieren heute im wesentlichen drei verschiedene «Lager». Der Ansicht, dass die Kapitalstruktur für die Aktionäre weitgehend *belanglos* sei, steht die vergleichsweise häufige Meinung gegenüber, optimale Finanzierungsverhältnisse seien vor allem durch die *Ertragssteuerwirkung* und allfällige *Konkurskosten* («bankruptcy costs») bedingt. Die dritte Richtung schliesslich geht dahin, überwiegend anzutreffende, massgebliche *Marktunvollkommenheiten als realistisch* zu erachten und dementsprechend ausgeprägt mit *optimalen Kapitalstrukturlösungen* zu rechnen. «The general consensus today appears to be that an optimal capital structure does exist, particularly when taxes are considered, but the ‹average cost of capital curve is relatively flat over a fairly wide range of leverage ratio.›[17]»[18]

Oder wie *Scott* aufgrund eingehender quantitativer Analysen folgert: «The evidence presented supports both the independence hypothesis and the traditional position on financial structure, since both acknowledge the (normative) validity of the optimum financial structure concept under realistic capital market conditions. It is clear from the analysis that various industries, subject to various degrees of business risk, have indeed developed characteristically different financial structures. If finan-

---

16 Auf die Problematik von Kapitalmarktwerten ist weiter vorn hingewiesen worden.
17 Shapiro 1978, S. 211–224 (S. 211).
18 Weston/Brigham 1972, S. 340.

cial structures were of minimal importance in the ultimate valuation of the firm, then a wide variety of equity ratios should be found within each industry. The findings here indicate instead a definite tendency to cluster, as a matter of practical business policy.»[19]

Darüber hinaus sind die bereits früher besprochenen *Zieldivergenzen* zwischen den Eigenkapitalgebern und dem Management zu beachten. Die *Risikoauswirkungen* scheinen in der Praxis häufig viel wesentlicher zu sein als bestimmte, im Sinne des Aktionärswohlstandes anzustrebende Optimierungsversuche. Diese in eine «behavioural financial theory» führende Denkweise bildet allerdings nicht Gegenstand dieses Beitrages.

4.3 Kritische Würdigung des Kapitalkostenkonzeptes und Alternativvorschlag

4.3.1 Fragen zur Modellkonzeption

Nachdem das Ziel der Kapitalkostenminimierung (Unternehmenswertmaximierung) zunächst als gegeben betrachtet worden ist, müssen nun folgende fundamentale Fragen aufgeworfen werden:

1. Führt die Minimierung der durchschnittlichen Kapitalkosten gleichzeitig tatsächlich zur Maximierung des Unternehmenswertes, der ja bei diesem Vorgehen die primäre Zielgrösse verkörpert, und ist dieses Verfahren zweckmässig?

2. Ist das Zielkriterium «Gesamtwert des Unternehmens» betriebswirtschaftlich sinnvoll und praxisrelevant?

3. Unter welchen Bedingungen deckt sich die Gesamtwertmaximierung des Unternehmens mit einer Optimierung der Eigenkapitalrendite?

4. Inwieweit ist die Verwendung des durchschnittlichen Kapitalkostensatzes als Schlüsselgrösse für die Investitionsrechnung vernünftig?

4.3.2 Methodische Fehler

Definiert man – gemäss *externer Sicht* – die Kapitalkosten als

$$k_K = \frac{D + K_{FK}}{V_K},$$

so führt die Minimierung der durchschnittlichen Kapitalkosten *nicht* zu einer Maximierung des Unternehmenswertes, da der Wert ($D + K_{FK}$) als an die Kapitalgeber gehende Abgeltung nicht konstant ist. Sie steigt mit wachsender Verschuldung an und

---

[19] Scott 1972, S. 45–50. Vgl. weiter auch: Martin/Scott 1975, S. 67–73; Wippern 1966, S. 615–534; Kim 1978, S. 45–63; Turnbull 1979, S. 931–940; Gritta 1979, S. 53–60.

ergibt einen bei vergleichsweise höherer Verschuldung liegenden maximalen Unternehmenswert. Einzig unter der praxisfremden Annahme, dass keine Ertragssteuern zu entrichten sind, führt dieser Ansatz zu einem theoretisch korrekten Resultat.
Nimmt man die *Modigliani/Miller-Definition* der Kapitalkosten als Ausgangspunkte, d.h.

$$k_{K_S} = \frac{G_S}{V_K} = \frac{V_{EK}}{V_K} \cdot k_{EK} + \frac{V_{FK}}{V_K} \cdot k_{FK}(1-s)$$

so ergeben sich nach *Haley/Schall*[20] folgende Überlegungen:

1. Bevor k_K bestimmt werden kann, muss der *Marktwert* insbesondere des *Eigenkapitals* ($\hat{V}_{EK}$) berechnet werden.[21] Mit diesem «Zwischenresultat» steht aber der letztlich zu maximierende Unternehmenswert bereits fest. Die Ermittlung eines gewichteten Kapitalkostensatzes ist für die Kapitalstrukturoptimierung *unnötig*.

2. Für praktische Untersuchungen ist zuerst G_S, d.h. der einer vollständigen Eigenfinanzierung entsprechende Gewinn nach Steuern, zu schätzen. Die Bemessung von G_S für verschuldete Unternehmungen ist ein rein *hypothetisches, unpräzises* Vorgehen, das den Einfluss der Kreditfinanzierungsmöglichkeiten auf das Investitionsprogramm vernachlässigt.

3. Die in der Praxis zusätzlich auftretenden Finanzierungskosten (Sicherheiten, Kapitalgebereinflüsse, «Financial Distress-Costs» usw.), die nicht in den Fremdkapitalkostensatz eingehen, führen zu einer *Diskrepanz* zwischen k_{K_S}-Minimum und V_K-Maximum.

Nach *Haley/Schall* scheint daher die Optimierung des Verschuldungsumfanges mittels der Kapitalkostenminimierung *weder zweckmässig noch methodisch korrekt*, womit die in Abschnitt 4.3.1 gestellte erste Frage zumindest nicht vorbehaltlos bejaht werden kann. «Use of the cost of capital as a guide to financial structure optimization … is … either misleading or circuitous and inefficient.»[22]

4.3.3 Zielrelevanz und Alternative

Die in Abschnitt 4.3.2 nachgewiesenen, konzeptionellen Schwächen der «Cost of Capital»-Konzeption seien nochmals vernachlässigt und als tolerabel betrachtet. Dagegen sei nun die viel grundsätzlichere Frage gestellt, ob denn die *Zielkriterien*

---

20 Vgl. Haley/Schall 1978.
21 Unternehmenswert des Eigenkapitals:

$$V_{EK} = \frac{(G_S - K_{FK}(1-s))}{k_{EK}} = \frac{G_b - K_{FK}}{k_{EK}}$$

wobei: G_b = Gewinn vor Zinsen, nach effektiven Steuern
22 Vgl. Haley/Schall 1978, S. 851.

«Unternehmenswertmaximierung/Kapitalkostenminimierung» der überwiegend zu beobachtenden Unternehmenspraxis überhaupt gerecht werden.

Wird der Unternehmenswert $V_K = V_{EK} + V_{FK}$ maximiert, so entspricht dies bei gegebenem nominellem Gesamtkapital K, fester Investitionsrendite r_K und nominell einsetzbarem Fremdkapital FK ohne weiteres einer *Maximierung des Nettokapitalwertes (NPV)* des *Eigenkapitals*[23]:

$$V_K = V_{EK} + V_{FK} = \frac{(G_b - K_{FK})}{k_{EK}} + FK$$

wobei: G_b = Gewinn vor Zinsen, nach effektiven Steuern

Wenn K = gegeben, so ist *max.* V_K = *max.* $(V_{EK} + FK)$ auch = *max.* $(V_{EK} + FK) - K$ = *max.* $(V_{EK} + FK) - EK - FK$ = *max.* $V_{EK} - EK$!

Damit leitet man innerhalb der Kapitalkostenansätze optimale Verschuldungsgrade her, die einen maximalen *absoluten Nettogegenwartswert des Eigenkapitals* zur Folge haben. Dies entspricht genau dem auf der Investitionsseite eingeschlagenen Weg, wenn der Kapitalwert (NPV) von Investitionsalternativen als Entscheidungsgrösse herangezogen wird. Die dort unterstellten und auch für das «Cost of Capital»-Vorgehen notwendigen *unlimitierten Kapitalaufnahmemöglichkeiten* zu gegebenen Zinssätzen widersprechen vor allem den schweizerischen und den deutschen Verhältnissen. Gemäss dem an anderer Stelle Gesagten stellt hier die eingeschränkte, oft sehr *knappe Eigenmittelverfügbarkeit* einen nicht seltenen *Normalfall* dar.[24]

Die für die Investitionsseite zu ziehende Konsequenz gilt auch für die Kapitalstrukturentscheidung: Bei *limitiertem Kapitalvolumen* sollte nicht mehr unbesehen der absolute, sondern auch der *relative* Kapitalwert als Entscheidungshilfe dienen.[25]

Zum gleichen Schluss gelangt man, wenn man bedenkt, dass die Gesamtwertmaximierung des Unternehmens auch einer Maximierung der *Nettorendite des Gesamtkapitals* entspricht:

$$\text{min. } k_{K_s} = \frac{\text{min. } K_{EK} + K_{FK}(1-s)}{V_K},$$

d.h. bei gegebenem $r_{K_{brutto_s}}$:

$$\text{max. } r_{K_{netto}} = r_{K_{brutto_s}} - k_{K_s}$$

wobei: $r_{K_{brutto_s}}$ = Bruttorendite des Gesamtkapitals nach Steuern für 100% Eigenkapital

---

[23] Das hier verwendete «nominelle Gesamtkapital» K erscheint – in Analogie zur Investitionsrechnung – vor allem in der Gründungsphase eines Unternehmens plausibel.
[24] Vgl. Bd. I, 5. Gedanken zur Gestaltung der Kapitalstruktur, S. 113ff.
[25] Vgl. Bd. I, 1. Dynamische Investitionsrechnungen in Theorie und Praxis, S. 17ff.

Die Maximierung des dem Eigen- *und* Fremdkapital gegenüberstehenden, relativen Nettokapitalertrags entspricht aber nicht unbedingt dem praktisch relevanten Zielstreben. Ein gewinnorientierter Unternehmer ist in erster Linie an der Erfolgshöhe der *eigenen Mittel* interessiert. Das gemäss empirischen Erhebungen in der amerikanischen *Praxis* verbreitete, eigenkapitalrelativierte Erfolgszielstreben *bestätigt* eindrücklich die hier aus theoretischer Sicht angebrachte Kritik am Kapitalkostendenken.[26]

Bei *beschränkter Kapitaldisponibilität* liesse sich daher anstelle der etwas problematischen Kapitalkostenminimierung (Maximierung des absoluten Netto-Eigenkapitalwertes) eine Maximierung des *relativen Eigenkapitalwertes* anzielen. Dies kommt auch der Maximierung des Verhältnisses von $r_{EK_{brutto}}/k_{EK}$ gleich:

$$V_{EK} = \frac{D}{k_{EK}}$$

$$\frac{V_{EK}}{EK} = \frac{D}{k_{EK} \cdot EK}$$

wobei: D = Reingewinn vor *EK*-Verzinsung konstant, ewig

$$\frac{r_{EK_{brutto}}}{k_{EK}} = \frac{RG_S}{k_{EK} \cdot EK} = \frac{D}{k_{EK} \cdot EK} \; ,$$

weil RG = D (kein Wachstum, volle Gewinnausschüttung)

wobei: RG_S = Reingewinn vor *EK*-Verzinsung

Verwendet man anstatt $r_{EK_{brutto}}/k_{EK}$ die *Differenz* $r_{EK_{brutto}} - k_{EK}$ als zu maximierende Zielgrösse, so folgt man der bekannten Kennzahl der *Nettorendite des Eigenkapitals*[27]:

$$r_{EK_{netto}} = \frac{RG_S}{EK} - k_{EK}$$

Der *theoretisch optimale Verschuldungsgrad* liegt somit dort, wo die *Nettorendite des Eigenkapitals* ihr *Maximum* erreicht (vgl. ▶ Abb. 4/4). Der Unternehmer (Aktionär) erzielt dort einen maximalen, über den geforderten *EK*-Renditesatz (k_{EK}) hinausgehenden Eigenmitteloutput. Dieses Vorgehen erscheint vor allem sinnvoll bei beschränkter Kapitalzufuhr, nicht publikumsorientierten Gesellschaften und knappem

---

26 Vgl. dazu: Stonehill/Beekhuisen/Wright/Remmers/Toy/Pares/Shapiro/Egan/Bates 1975, S. 27–41.
27 Die Verwendung der absoluten anstelle der relativen Renditedifferenz ist diskutabel und führt allenfalls zu geringfügig höherer Optimalverschuldung (vgl. Investitionsseite: relativer Kapitalwertvergleich kontra Vergleich der internen Netto-Ertragssätze bei verschiedenen Kapitalkosten von Alternativprojekten).

Eigenkapital. Mit dieser Entscheidungsregel ist gleichzeitig – ausgehend vom theoretischen Ansatz des «Cost of Capital» – der Brückenschlag zum *klassischen Leverage-Modell* geschaffen. ▶ Abb. 4/4 verdeutlicht diese Querverbindung.[28]

▲ Abb. 4/4   Einfaches Leverage-Modell und erweitertes Leverage-Entscheidungsmodell im Vergleich

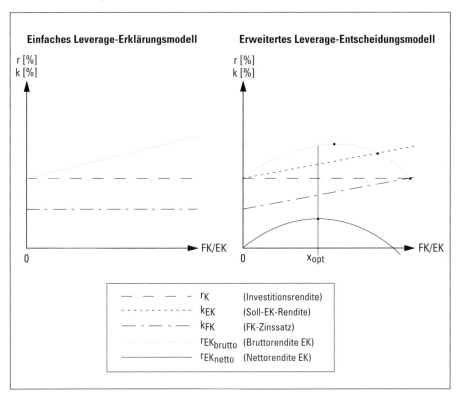

---

[28] Strenggenommen ist auch die hier vorgeschlagene Renditeoptimierung nur dann theoretisch sauber anwendbar, wenn die (limitierte) Eigenkapitalsumme als fest vorgegeben betrachtet wird. Eine Ausdehnung der Investitionsseite ist somit über zusätzliche Fremdmittelaufnahmen zu finanzieren. Der Kapitalstrukturentscheid wird nicht mehr isoliert von der Investitionsseite getroffen. Auf das in der Praxis z.B. innerhalb von vergangenheitsorientierten Bilanzanalysen auftretende Problem der zutreffenden Messung von Renditegrössen (objektiver Reingewinn; sinnvoll bewertete Kapitalgrössen) wird hier nicht näher eingegangen.

4.3.4 Unternehmenswert und Eigenkapitalrendite

Fragt man sich etwas näher, unter welchen Bedingungen das Unternehmenswert- und das Eigenkapitalrenditekonzept zu *gleichen Optimallösungen* führen, so ergibt sich folgendes:

- Wie auch aus dem in Abschnitt 4.4 gezeigten Beispiel hervorgeht, trifft dies dann zu, wenn man beliebige Eigenkapitalverfügbarkeit, eher unattraktive alternative Anlagemöglichkeiten der Unternehmer und strenge Trennung der Haftungsbereiche (Unternehmung – Risikokapitalgeber) unterstellt. Die zuvor bereits angesprochenen, gerade in der Schweiz, in Österreich und in der Bundesrepublik häufig einschränkenden betrieblichen Rahmenbedingungen lassen diese Konstellation nicht als verbreiteten «Normalfall» erscheinen.
- Zum Zusammentreffen der Optimallösungen führt auch eine Investitionsrendite ($r_{K_{brutto}}$), die längerfristig gerade dem sogenannten *mikroökonomischen Betriebsoptimum* entspricht, d.h. keine «Übergewinne» zulässt:

$$r_{K_{brutto}} \cdot K = K_{EK} + K_{FK}$$

$$r_{EK_{netto}} = \frac{RG_S}{EK} - k_{EK} = 0$$

- Eine Möglichkeit der Optimumsannäherung ergibt sich zudem gemäss dem in Abschnitt 4.4 gezeigten Beispiel bei *konsequenter Ausrichtung der Kapitalkostenverläufe am marktwertigen Finanzierungsverhältnis*. Diese Denkweise erscheint wiederum bei den weniger grossen, nicht börsengehandelten Unternehmen problematisch.

4.3.5 Kapitalkosten und Investitionsentscheidung

Welche Überlegungen ergeben sich nun für die in Theorie und Praxis bedeutsame Verwendung der Kapitalkosten im Rahmen von *Investitionsrechnungen?* Ausgehend von den unterschiedlichen Möglichkeiten der Kapitalkostenherleitung sollte zunächst das zur Erzielung korrekter Rechenresultate notwendige Vorgehen beachtet werden:

- *Anlegerorientierte Kapitalkosten:* Basiert man in der Investitionsrechnung auf k_K (keine Berücksichtigung der Steuerabzugswirkung der *FK*-Zinsen), so müssen die Cash-flow-Werte bereits die beim zutreffenden Finanzierungsverhältnis zu erwartenden, *effektiven Steuerausgaben* berücksichtigen.
- *«Interne» Kapitalkosten:* Bei Verwendung von k_K muss hier die bei *hundertprozentiger* Eigenfinanzierung zutreffende, *maximale Ertragssteuerbelastung* in die Investitionsanalyse eingehen.[29]

---

[29] Die in der Schweiz verbreitete, *EK*-Rendite-abhängige Ertragsbesteuerung erschwert das Problem noch zusätzlich.

Das erstgenannte Verfahren wird gelegentlich als präziser bezeichnet[30], ist aber im Vergleich zum zweitgenannten Vorgehen viel seltener anzutreffen.[31] Die Investitionsentscheidung wird vereinfacht, wenn die zuständige Stelle keine Informationen zur Finanzierungsseite benötigt.

Dieses Argument begründet generell, dass Investitionsrechnungen in der Regel *isoliert* von der Finanzpolitik über die Gesamtkapital-(Investitions-)rendite vollzogen werden. In Übereinstimmung mit dem an anderer Stelle Gesagten ist aber ohne weiteres einsichtig, dass dieses Vorgehen – unter Verwendung eines einheitlichen, gemäss den bisherigen Darlegungen berechneten Kapitalkostensatzes – nur dann richtig sein kann, wenn

- ein konstant bleibendes Finanzierungsverhältnis unterstellt wird,
- Zins- und Steuersätze sich nicht verändern,
- alle vom Unternehmen geplanten Investitionen den gleichen Risikogehalt aufweisen[32] und
- sämtliche Investitionsvorhaben die gleichen Finanzierungsmöglichkeiten zulassen.[33]

In der betrieblichen Praxis werden diese Rahmenbedingungen mit zunehmendem Umfang und wachsender Lebensdauer einzelner Investitionsprojekte immer unwahrscheinlicher. Für das Finanzmanagement können daraus folgende Konsequenzen gezogen werden:

- Für *kleinere Einzelinvestitionen* ist die Vorgabe und Verwendung eines durchschnittlichen Kapitalkostensatzes unkritisch und zweckmässig. Sie entspricht auch den organisatorischen Anforderungen der Praxis.
- Für *grosse Investitionsprojekte* kann die Verwendung eines zumeist bereits «historischen» Kapitalkostensatzes problematisch, allenfalls irreführend und seine Ermittlung anhand vergangenheitsbezogener Daten wenig effizient sein. Für diese Argumentation sprechen folgende Fakten:
  ▫ Die Anwendung eines standardisierten Satzes ist bei nicht anderweitiger Risikoberücksichtigung (Cash-flow) falsch, wenn Investitionsprojekte sehr *unterschiedliche Risikogehalte* aufweisen.[34] Hier erscheint es zwingend notwendig, individuelle Risikobereichsklassen zu bilden (verschiedene Kapitalkostensätze).

---

30 Vgl. z.B. Haley/Schall 1978, S. 861.
31 Vgl. Bd. I, 2. Zeitgemässe Investitionsanalyse aus der Sicht amerikanischer Grossbetriebe, Abschnitt 2.6 Cash-flow- und Kapitalkostenbestimmung, S. 52ff.
32 Vgl. Bd. I, 2. Zeitgemässe Investitionsanalyse aus der Sicht amerikanischer Grossbetriebe, S. 41ff. Möglich sind danach auch Cash-flow-Risikoabschläge subjektiver oder systematischer Art (Sicherheits-Äquivalenzfaktoren).
33 Einzelne Investitionsprojekte können die sogenannte betriebliche Verschuldenskapazität verändern. Vgl. z.B. Gahlon/Stover 1979, S. 55–59.
34 Innerhalb stark diversifizierter Unternehmen und Konglomeratskonzerne ist dies regelmässig der Fall.

Für die Signifikanz der Rechenresultate scheint zumindest die Bildung von zwei, besser drei Risikoklassen vordringlich.[35]

☐ Zur Entscheidungsfindung sollten aktuelle Zinssätze benützt werden. Gerade bei standardisierter und buchmässiger Kapitalkostenermittlung ist die Gefahr gross, dass *überholte Daten* in die Investitionsanalyse Eingang finden.

☐ Grosse Investitionsvorhaben in zum Teil neuen Sparten können zu einer grundlegenden *Änderung der Finanzpolitik* führen. Diesem Gesichtspunkt muss aber Rechnung getragen werden, z.B. mittels Herleitung marginaler Kapitalkostenwerte.

Im hier betrachteten Zusammenhang stellt sich weiter die Frage, ob für bedeutende Investitionsvorhaben nicht vom Gesamtkapitalkriterium abgerückt werden sollte. An dessen Stelle könnte man Rechenverfahren verwenden, welche die *eigenkapitalrelevanten Zahlungs- bzw. Erfolgsströme* betrachten.[36] Die Zielkriterien verändern sich dann wie folgt (▶ Abb. 4/5):

▲ Abb. 4/5   Kapitalkosten und Investitionsrechnung: Gesamt- und eigenkapitalbezogenes Konzept

Rechenmethode	traditionelle Rechenweise	EK-bezogene Rechenweise
■ Einfache Rendite	$r_{K_{brutto}}$ resp. $r_{K_{netto}}$	$r_{EK_{brutto}}$
■ Kapitalwert	NPV (K) bzw. NPV/K	NPV (EK) bzw. NPV/EK
■ Interne Rendite	IRR (K)	IRR (EK)

Die *eigenkapitalbezogene* und *projektindividuelle* Rechenweise wird am nachfolgenden *Zahlenbeispiel* verdeutlicht:

Ein Produktionsunternehmen sei durch folgende Daten (aktualisierte, betriebswirtschaftlich aussagekräftige Bilanzwerte) charakterisiert:

- Gesamtvermögen K = Fr. 10 Mio.
- Verschuldungsgrad $FK/K = 50\%$
- ø Ertragssteuersatz $s = 0.5$
- $k_{EK} = 10\%$
- $k_{FK} = 6\%$
- $k_K = 8\%$
- $k_{K_s} = 6.5\%$

---

[35] Umfangreiche Modelluntersuchungen von Sundem/Cram belegen, das die Bildung von Risikoklassen und die zutreffende Zuteilung von Investitionsprojekten – neben der exakten Cash-flow-Prognose – für die Aussagefähigkeit der Rechenanalysen äusserst wichtig sind. Sundem/Cram 1978.

[36] Vgl. Schall o.J.

Geplant ist eine *Betriebserweiterung* um Fr. 5 Mio. durch Aufbau eines völlig neuen Produktionszweiges. Das vergleichsweise hohe Investitionsrisiko (Absatzgebiet, Produktart, Fertigungsverfahren) lässt folgende Projektfinanzierungspolitik als sinnvoll erscheinen:

- *EK*-Finanzierung: Fr. 4 Mio.
- *FK*-Finanzierung: Fr. 1 Mio. (langfristig, zu 8%). Netto-Bareinnahmen/Jahr vor Zinsen und Steuern geschätzt mit Fr. 1.5 Mio., Lebensdauer 10 Jahre, Liquidationswert = 0 (einzelprojektbezogene, theoretische Betrachtungsweise).

Die *aktuellen Kapitalkosten* des «bisherigen» Betriebes sind für die geplante Erweiterung offensichtlich *untauglich*.

Für die Projektfinanzierung ist neben $k_{FK} = 8\%$ ein risikogerechtes k_{EK} von 14% zu verrechnen (Annahme). Arbeitet man zudem mit dem vorgeschlagenen *EK*-bezogenen Verfahren, so erhält man folgende *Resultate* (Werte in Fr. 1000.–)[37]:

- Einfache Bruttorendite (*EK*):

$$r_{EK_{brutto}} = \frac{E - A - K_{FK} - S}{\frac{EK}{2}}$$

$$= \frac{1\,500 - 500 - 80 - 460}{2\,000} = 23\%$$

- *EK*-Nettokapitalwert:

$$NPV(EK) = \sum_{t=1}^{n}\left[\frac{(E - K_{FK} - S)}{(1+k_{EK})^t} - \frac{R_{FK}}{(1+k_{EK})^t}\right] - EK_0$$

$$= \sum_{t=1}^{10}\left[\frac{(1\,500 - 80 - 460)}{1.14^t}\right] - \frac{1\,000}{1.14^{10}} - 4\,000 = 738$$

- Interner *EK*-Ertragssatz = *IRR (EK)*:
  k_{EK} gemäss EK-Nettokapitalwert so, dass:

$$NPV(EK) = 0 \leftrightarrow IRR(EK) \approx 19\%$$

wobei: E = Nettobetriebseinnahmen/Jahr vor Steuern und Zinsen
A = Abschreibungen
S = Jahressteuern
R_{FK} = Fremdkapitalrückzahlung
EK_0 = im Investitionszeitpunkt eingesetztes Eigenkapital

---

[37] Zur Vereinfachung des Beispiels wird das Fremdkapital über 10 Jahre konstant gehalten mit voller Rückzahlung nach 10 Jahren.

Zur Entscheidungsvorbereitung grösster Investitionsprojekte können die am Beispiel verdeutlichten Rechenverfahren Vorteile bieten, da sich die Ermittlung eines Durchschnittskapitalkostensatzes *erübrigt*, die ohnehin zumeist tangierte *Finanzpolitik* berücksichtigt wird und die Verwendung *zutreffender Parameter* bei diesem planungsintensiven Vorgehen eher gewährleistet ist.

Grundsätzlich erscheinen die heute *üblichen, gesamtkapitalbezogenen* Investitionsrechnungsansätze aber *anwendungsgerecht* und *zweckmässig* – mehr als dies beim gegenwärtigen Stand der Theorie von der finanzierungsseitigen «Cost of Capital»-Konzeption gesagt werden kann. Wesentlich sind dabei

- die oben diskutierte Bildung von Risikoklassen mit risikogerechten Kapitalkostensätzen,
- die Verwendung aktueller, relevanter Marktdaten, bei Grossprojekten allenfalls marginaler Kapitalkosten, und
- eine möglichst fundierte Cash-flow-Prognose.[38]

4.4 Rechenbeispiel zur Kapitalstrukturoptimierung

4.4.1 Ausgangslage

Eine Kapitalgesellschaft mit *gegebenem, konstantem Gesamtkapital* weise folgende Datenkonstellation auf (interne Bilanzwerte in Fr. 10000.– bzw. in Prozenten):

- Gesamtkapital = 100
- $x = FK/EK$, d.h. gesuchtes, optimales Finanzierungsverhältnis
- Steuern zur Vereinfachung nicht explizit berücksichtigt[39]
- $r_{K_{brutto}} = at = 10\%$
- $k_{FK} = (5 + x)\%$
- $k_{EK} = (10 + 2x)\%$

Die in Abschnitt 4.2.4 definierten *Parameterwerte* nehmen für die *Kapitalkostenfunktionen*

$$k_{EK} = a + bx^c$$

$$k_{FK} = g + hx^j$$

---

38 Ihre ausserordentlich grosse Bedeutung hat man auch modellmässig nachweisen können. Vgl. Sundem/Cram 1978.

39 Der gesonderte Einbezug der Ertragssteuern ist für die zu zeigenden Zusammenhänge nicht notwendig. Man kann auch davon ausgehen, dass sie bereits von at und k_{FK} abgezogen sind. Bei einer durchschnittlichen Ertragsteuerbelastung von 33.3% ergäbe sich ein at vor Steuern von 15% und ein k_{FK} vor Steuern von 7.5% (+ 1.5x).

somit folgenden Umfang an: $c = h = j = 1; b = 2; a = 10\%; g = 5\%$. Diese Kapitalkostenverläufe beruhen auf subjektiven Annahmen und sind im Sinne einer transparenten Darstellung einfach gehalten (▶ Abb. 4/6).[40]

▲ Abb. 4/6　Im Rechenbeispiel unterstellte Kapitalkostenverläufe in Abhängigkeit der Kapitalstruktur FK/EK

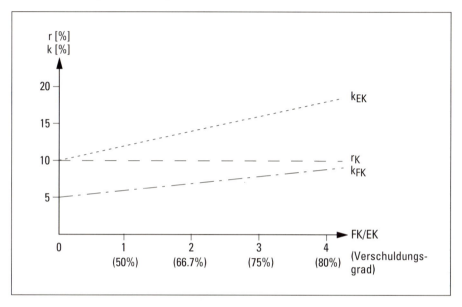

4.4.2　Allgemeine Optimumsbestimmung

Zunächst sollen für die unterstellten, in bezug auf das Finanzierungsverhältnis x als linear ansteigend angenommenen Kapitalkostenverläufe die x-Optima nach verschiedenen Ansätzen hergeleitet werden. Dabei finden auch die aufgrund der Bilanzwerte direkt berechneten einfachen durchschnittlichen Kapitalkosten (vgl. Abschnitt 4.2.3) Berücksichtigung.[41] Die Gesamtkapitalgrösse wird zur Vereinfachung der Darstellungen = 1 gesetzt.

40　Dies gilt insbesondere für den linearen k_{EK}-Verlauf.
41　Diese lassen sich insbesondere für personenbezogene Firmen (ohne Marktwerteverfügbarkeit) und bei Verwendung interner Bilanzwerte vertreten.

4.4.2.1 Einfache Kapitalkosten

$$k_{K_{(einfach)}} = (a + bx)e + (g + hx)f$$

wobei: $e = EK/K$
$f = FK/K$
$K = \text{konstant} = 1$

$$x = \frac{FK}{EK} = \frac{f}{e} = \frac{f}{1-f} = \frac{1-e}{e}$$

Für die *minimalen Kapitalkosten* gilt $dk_K/dx = 0$, was nach entsprechender Umformung folgenden Ausdruck ergibt[42]:

$$x_{opt.} = \left[\frac{a-b-g}{h} + 1\right]^{1/2} - 1$$

4.4.2.2 Kapitalkosten-(Unternehmenswert-)Ansatz

Innerhalb der dynamischen «Cost of Capital»-Konzeption wird $k_{K_{(S)}}$ über die aus der Unternehmenswertbestimmung berechneten Marktwerte der Kapitalien ermittelt. Dabei gilt:

$$V_K = \frac{at - (g + hx)f}{(a + bx)} + f$$

$$V_K = \frac{at - (g + hx)f - (a + bx) \cdot e}{(a + bx)} + f + e \qquad [43]$$

---

[42] Formuliert man x über $(1-e)/e$, d.h. auch $1/e - 1$, so erhält man folgende Herleitungen:

$$k_K = (a+bx)e + (g+hx)f = \left(\frac{b(1-e)}{e} + a\right)e + \left(\frac{h(1-e)}{e} + g\right)(1-e);$$

$$k_K = ae + b - be + g - eg + \frac{h}{e} - 2h + he; \quad \frac{dk_K}{de} = 0!$$

$$a - b - g + h - \frac{h}{e^2} = 0; \quad e^2 = \frac{h}{a-b-g+h}; \quad e_{opt.} = \left[\frac{h}{a-b-g+h}\right]^{1/2}$$

Da $x = \frac{1}{e} - 1$, gilt folgendes: $x_{opt.} = \left[\frac{a-b-g+h}{h}\right]^{1/2} - 1$

Zur gleichen Lösung gelangt man, wenn man oben wieder x einführt und setzt: $a - b - g + h - h(x+1)^2 = 0$! Danach ist nach dk_K/dx abzuleiten.

[43] b und g werden hier nach wie vor auf das «nominell» ermittelte x bezogen. Eine Relativierung auf das marktwertentsprechende x erscheint aus verschiedenen Gründen problematisch und nicht unbedingt praxisgerecht.

Rechenbeispiel zur Kapitalstrukturoptimierung 103

$$V_K = \frac{\text{Gewinn vor Zinsen ./. einfache Kapitalkosten}}{\text{geforderte EK-Rendite}} + 1$$

Ausgehend vom einfachen Kapitalkostenminimum liegt $x_{opt.}$ für das «Cost of Capital»-Konzept gemäss der obigen Definition von V_K bei einem vergleichsweise niedrigeren Verschuldungsgrad (k_{EK} nimmt ja mit sinkendem x ab).[44] Auf die aufwendige mathematische Optimumsherleitung wird hier verzichtet.

4.4.2.3 Nettorendite des Eigenkapitals

$$r_{EK_{netto}} = r_{K_{brutto}} + \frac{FK}{EK}(r_{K_{brutto}} - k_{FK}) - k_{EK}$$

$$r_{EK_{netto}} = at + x(at - g - hx) - (a + bx)$$

Für die maximale *EK*-Nettorendite ($dr_{EK_{netto}}/dx = 0!$) gilt:

$$x_{opt.} = \frac{at - b - g}{2h} \quad [45]$$

4.4.2.4 Bruttorendite des Eigenkapitals

Für die Bruttorendite des Eigenkapitals, deren Maximierung ohne Berücksichtigung von k_{EK} (steigendes finanzielles Risiko mit zunehmendem *FK/EK* ergibt wachsendes k_{EK}) eigentlich nicht sinnvoll ist, ergäbe sich – analog zur *EK*-Nettorendite unter Abschnitt 4.4.2.3 – folgendes Resultat:

$$x_{opt.} = \frac{at - g}{2h}$$

4.4.2.5 Vergleich der Optimallösungen

Wendet man die allgemein formulierte Optimumsherleitung auf die angenommenen Werte des vorgegebenen *Zahlenbeispiels* an (*a*, *b*, *g*, *h*, *at*), so resultieren folgende *Lösungen* für das anzustrebende *Finanzierungsverhältnis*:

---

[44] Das Optimum liegt anstatt bei $k'_{K_{(einfach)}} = 0$ bei $k'_{K_{(einfach)}} = (k_{K_{(einfach)}} - at)/k_{EK}$! Mit wachsendem Abstand von *at* bezüglich $k_{K_{(einfach)}}$ nimmt die Optima-Diskrepanz zu, d.h. das $k_K - x$-Optimum im Vergleich zum $k_{K_{(einfach)}} - x$-Optimum ab.

[45] $\frac{dr_{EK_{netto}}}{dx} = at - g - 2hx - b = 0!$, $x = \frac{at - b - g}{2h}$

- *Einfache Kapitalkosten:* $x_{opt.} = \sqrt{1 + \dfrac{10-2-5}{1}} - 1 = 1.000$
- *«Cost of Capital»-Ansatz:* $x_{opt.} = 0.852$ (▶ Abb. 4/7)
- *EK-Nettorendite:* $x_{opt.} = \dfrac{10-2-5}{2} = 1.500$
- *EK-Bruttorendite:* $x_{opt.} = \dfrac{10-5}{2} = 2.500$

Die hier rechnerisch nachgewiesene *«Rangfolge»* der x-Optima nach den verschiedenen Ansätzen gilt für *alle* vernünftigen, oberhalb der Gewinnschwelle liegenden Parameterkonstellationen. Besonders interessant ist dabei

- das vergleichsweise massiv höhere x-Optimum nach der *EK-Nettorenditemaximierung* und
- das unter dem einfachen Kapitalkostenminimum liegende x-Optimum für den *maximalen Unternehmenswert* («Cost of Capital»-Ansatz unter Verwendung von Kapitalkostenfunktionen mit buchmässig erfassten x-Werten).

Eine *Gegenüberstellung* der in den einzelnen Konzeptionen berücksichtigten Komponenten erklärt die *divergierenden Optimallösungen* (▶ Abb. 4/7).

▲ Abb. 4/7   Vergleich der in verschiedenen Kapitalstrukturkonzepten berücksichtigten Komponenten

	Gewinn vor Zins (at)	FK-Kosten		EK-Kosten		Leverage-Effekt (über Diff. at − k_{FK}!)
		Grundkosten	Risikoanstieg	Grundkosten	Risikoanstieg	
■ Kapitalkosten/ Unternehmenswert	x[a]	x	x	x	x	−[b]
■ Einfache Kapitalkosten	−	x	x	x	x	−
■ EK-Nettorendite	x	x	x	x	x	x
■ EK-Bruttorendite	x	x	(x)[c]	−	−	x

a. Wirkt bei buchmässigem Einbau der Kaitalstrukturwerte in die Kapitalkostenfunktionen aber in umgekehrter Richtung zum Leverage-Mechanismus. Anders sieht dies bei der theoretisch geforderten marktwertigen Erfassung des Finanzierungsverhältnisses aus (vgl. b).
b. Operiert man mit der theoretisch exakten Fassung des Kapitalkostenkonzeptes und verwendet konsequent nur marktwertige Kapitalstrukturdaten, so wirkt der Leverage-Effekt analog zum EK-Rendite-Ansatz.
c. Im klassischen, mit der Bruttorendite des Eigenkapitals arbeitenden Leverage-Ansatz ist kein Anstieg der FK-Kosten enthalten.

Wie bereits ausgeführt worden ist, verkörpert das oben berücksichtigte *EK-Bruttorenditemaximum kein echtes Optimum*. Zum Vergleich und zur Beurteilung von $r_{EK_{brutto}}$ -Alternativbereichen (auch Bilanzanalyse) kommt der Bruttorenditegrösse, vor allem bei Gegenüberstellung zu entsprechenden k_{EK}-Werten, allerdings grosse praktische Bedeutung zu.

◀Abb. 4/7, die früheren Darlegungen sowie einige einfache Überlegungen machen deutlich, dass bei längerfristig gedrückten *Erfolgsaussichten an der Gewinnschwelle* (Erlös deckt lediglich alle Kosten inkl. *FK*- und *EK*-Verzinsung) auch nach den unterschiedlichen Ansätzen der *einfachen bzw. dynamischen Kapitalkostenminimierung* und der *EK-Nettorenditemaximierung* nur *ein* (gemeinsames) *Kapitalstrukturoptimum* resultieren könnte. Jede Abweichung von diesem Optimalpunkt müsste unter dieser Grundannahme vollkommener Realgüter- und Finanzmärkte (vollkommene Konkurrenz) in die Verlustzone führen. Da die hier verwendete Kapitalkostenermittlung auf die bilanzielle Kapitalstruktur Bezug nimmt, würde dieses Optimum auf das *einfache Kapitalkostenminimum* ($x = 1.237$) zu liegen kommen (vgl. die Rechenresultate in Abschnitt 4.4.3).

Der unter den angenommenen Bedingungen mögliche «Übergewinn»[46] bewirkt nun nach dem mit buchwertigen Kapitalkostenfunktionen arbeitenden «Cost of Capital»-Konzept ein vergleichsweise tieferes ($x = 0.852$), nach dem *EK-Nettorenditekonzept* ein vergleichsweise *höheres* Kapitalstrukturoptimum ($x = 1.5$). Umgekehrt würde das verwendete Kapitalkostenmodell für Verlustsituationen eine vergrösserte, die *EK*-Nettorenditedenkweise eine verringerte optimale Verschuldung anzeigen. Diese Diskrepanz der beiden Konzeptionen liegt in ihren Basisannahmen begründet und unterstreicht zusätzlich die Problematik des «Cost of Capital»-, d.h. des Unternehmenswertansatzes. Sie lässt sich anhand der detaillierten Rechenresultate weiter begründen.

4.4.3 Rechenresultate

In ▶ Abb. 4/8 und 4/9 sind die Einzelgrössen für das besprochene Rechenbeispiel dargestellt. Der *optimale Eigenfinanzierungsgrad* liegt somit

- gemäss Unternehmenswertmaximum/«Cost of Capital»-Minimum (mit x-Buchwerten) bei 54% (vgl. V_K und k_K CCC und Abschnitt 4.4.2.2),
- gemäss einfachem Kapitalkostenminimum bei 50% (vgl. k_K einf. und Abschnitt 4.4.2.1) und
- für das *EK*-Nettorenditemaximum bei 40% (vgl. r_{EK} netto und Abschnitt 4.4.2.3).

Wendet man das *Kapitalkostenkonzept* theoretisch konsequent an und verwendet auch innerhalb der Kapitalkostenfunktionen ausschliesslich *marktwertige* Kapitalstruktur-

---

46 Bei Einsatz von Fremdkapital liegt die erzielbare *EK*-Bruttorendite über dem auf das bilanzielle Eigenkapital bezogenen *EK*-Kostensatz.

▲ Abb. 4/8   Modellbeispiel zur Bestimmung der optimalen Kapitalstruktur nach verschiedenen Denkansätzen, Teil I

FK	EK	FK/EK	RG vor Zins	k_{FK} buchwertig	k_{EK} buchwertig	k_K einfach	V_K buchwertig	k_K CCC buchwertig	RG nach FK-Zins	RG nach EK-Zins
0.0	100.0	0.00	10.0	5.00	10.00	10.00	100.0	10.00	10.00	0.00
10.0	90.0	0.11	10.0	5.11	10.22	9.71	102.8	9.73	9.49	0.29
20.0	80.0	0.25	10.0	5.25	10.50	9.45	105.2	9.50	8.95	0.55
25.0	75.0	0.33	10.0	5.33	10.67	9.33	106.3	9.41	8.67	0.67
33.3	66.7	0.50	10.0	5.50	11.00	9.17	107.6	9.30	8.17	0.83
40.0	60.0	0.67	10.0	5.67	11.33	9.07	108.2	9.24	7.73	0.93
46.0	54.0	0.85	10.0	5.85	11.70	9.01	**108.4**	**9.22**	7.31	0.99
50.0	50.0	1.00	10.0	6.00	12.00	**9.00**	108.3	9.23	7.00	1.00
55.0	45.0	1.22	10.0	6.22	12.44	9.02	107.9	9.27	6.58	0.98
60.0	40.0	1.50	10.0	6.50	13.00	9.10	106.9	9.35	6.10	0.90
66.7	33.3	2.00	10.0	7.00	14.00	9.33	104.8	9.55	5.33	0.67
71.4	28.6	2.50	10.0	7.50	15.00	9.64	102.4	9.77	4.64	0.36
75.0	25.0	3.00	10.0	8.00	16.00	10.00	100.0	10.00	4.00	0.00

▲ Abb. 4/9   Modellbeispiel zur Bestimmung der optimalen Kapitalstruktur nach verschiedenen Denkansätzen, Teil II

FK	EK	FK/EK	RG vor Zins	r_{EK} netto	r_{EK} brutto	V_K marktwertig	k_K CCC marktwertig	k_{FK} CCC marktwertig	k_{EK} CCC marktwertig
0.0	100.0	0.00	10.0	0.00	10.00	100.0	5.00	10.00	10.00
10.0	90.0	0.11	10.0	0.32	10.54	102.9	5.11	10.22	9.72
20.0	80.0	0.25	10.0	0.69	11.19	105.5	5.23	10.47	9.48
25.0	75.0	0.33	10.0	0.89	11.56	106.7	5.31	10.61	9.37
33.3	66.7	0.50	10.0	1.25	12.25	108.5	5.44	10.89	9.21
40.0	60.0	0.67	10.0	1.56	12.89	109.7	5.57	11.15	9.12
46.0	54.0	0.85	10.0	1.83	13.53	110.5	5.71	11.43	9.05
50.0	50.0	1.00	10.0	2.00	14.00	110.9	5.82	11.64	9.02
55.0	45.0	1.22	10.0	2.17	14.62	**111.1**	5.98	11.96	**9.00**
60.0	40.0	1.50	10.0	**2.25**	15.25	110.9	6.18	12.36	9.01
66.7	33.3	2.00	10.0	2.00	16.00	109.7	6.55	13.10	9.12
71.4	28.6	2.50	10.0	1.25	**16.25**	107.1	7.00	14.00	9.33
75.0	25.0	3.00	10.0	0.00	16.00	100.0	8.00	16.00	10.00

werte, so nähert sich die Optimallösung mit einem Eigenfinanzierungsgrad von *45%* (vgl. V_K CCC und k_K CCC) derjenigen nach dem *EK*-Nettorenditeverfahren. Letzteres umgeht aber die sowohl aus theoretischer als auch aus praktischer Sicht problematische, marktwertige Kapitalkostenherleitung.

Die Resultate in ◄ Abb. 4/8 und 4/9 verdeutlichen die Grundannahmen der verschiedenen Denkweisen. Das *einfache Kapitalkostenminimum* liegt beim maximalen kalkulatorischen Reingewinn, das *dynamische Kapitalkostenminimum* beim maximalen Unternehmensgesamtwert (d.h. auch beim maximalen Nettokapitalwert des Eigenkapitals NPV (*EK*) ./. *EK*) und das *EK-Nettorenditemaximum* beim maximalen eigenkapitalgewichteten Reingewinn nach *FK*- und *EK*-Zinsen.

Das *einfache Kapitalkostenminimum* verkörpert somit eine vorsichtige, eher pessimistische Finanzpolitik, denn die Bruttorendite des Gesamtkapitals kann dort auf den *minimalen Wert von 9.0%* sinken, ohne dass Verlust entsteht. Demgegenüber erscheint die *EK-Nettorenditemaximierung* eher offensiv. Sie nützt den mit dem Fremdkapitaleinsatz erzielbaren, den *EK*-Gebern zugute kommenden Erfolgsüberschuss konsequent aus (Financial Leverage-Effekt). Die bei dem angenommenen konstanten Gesamtkapital von 100 und dem geringeren Eigenfinanzierungsgrad von nur 40% «frei» werdenden *EK*-Anteile vernachlässigt man: Maximiert wird die Rendite der im Unternehmen eingesetzten eigenen Mittel. Diese Denkweise basiert gemäss dem früher Gesagten auf der Annahme, dass das Eigenkapital einen Engpassfaktor darstellt. Ganz anders argumentiert man innerhalb der *Unternehmenswertkonzeption*. Vereinfacht ausgedrückt bilden hier die Eigenkapitalgeber Investoren, die beliebige Mittel verfügbar haben, die sie zu einem positiven Nettokapitalwert, also über ihrer minimalen Renditeanforderung, anlegen möchten. Aus dem betrachteten Unternehmen zu ziehende Risikokapitalteile könnten sie am Markt nur zu einem Nettokapitalwert (NPV) von gerade 0 anlegen. Daher hat es für sie keinen Sinn, wenn die Gesellschaft von z.B. 54% Eigenkapital (*EK*) auf 40% *EK* übergeht. Die frei werdenden Eigenmittel von 14 erbrächten alternativ nur einen Nettokapitalwert (NPV) von 0, während der NPV der im Unternehmen verbleibenden Mittel von 8.4 (Wert *K* 108.4 – nominelles *K* 100) auf 6.9 (Wert *K* 106.9 – nominelles *K* 100) reduziert würde. Dieses der Idee vollkommener Finanzmärkte entspringende Resultat kann man allerdings auch mit *richtiger Anwendung des Renditeansatzes* gewinnen (► Abb. 4/10).

▲ **Abb. 4/10** Renditevergleich, ausgehend von 50 EK bei Alternativanlagen mit NPV von 0 ($r_{EK_A} - k_{EK_A} = 0$)

EK in Unternehmung	EK in Alternativanlage	$r_{EK_{U_n}}$	$r_{EK_{A_n}}$	$ø r_{EK_{U+A_n}}$
54	−4	1.83%	0%	1.98%
50	0	2.00%	0%	2.00%
45	+5	2.17%	0%	1.95%
40	+10	2.25%	0%	1.80%

4.4.4 Weitere Folgerungen

Das *Unternehmenswert-* bzw. *«Cost of capital»-Prinzip* für die Kapitalstrukturoptimierung entspricht dem *Kapitalwertstreben* im Rahmen *der Investitionspolitik* und basiert auf idealisierenden, vollkommene Kapitalmärkte voraussetzenden Bedingungen und den Rahmenverhältnissen grösster, intensiv publikumsgehandelter Kapitalgesellschaften. Demgegenüber rechnet der *Eigenkapitalrenditeansatz,* analog zum *Renditestreben* auf der *Investitionsseite* (IRR-Verfahren), mit massgebenden Marktunvollkommenheiten und Unternehmen, die eingeschränkten Mittelaufnahme-, insbesondere Eigenkapitalbeschaffungsmöglichkeiten, gegenüberstehen. Unter *schweizerischen, österreichischen* und *bundesdeutschen Verhältnissen* entspricht das *Renditestreben* vermutlich mehr den zumeist anzutreffenden *praktischen* Gegebenheiten als das «Cost of Capital»-Prinzip. Die Herleitung der *einfachen Kapitalkosten,* die relativ unproblematisch ist, *ergänzt* den Eigenkapitalrenditeansatz in sinnvoller Weise. Die einfachen Kapitalkosten zeigen – als etwas transparentere theoretische Konstruktion als die «Cost of Capital»-Mechanik –, wo eine *vorsichtige, eher konservative* Finanzpolitik hintendieren müsste.

Wesentlich ist die Erkenntnis, dass hinter der Kapitalstrukturentscheidung und den dadurch verursachten Kapitalstrukturverschiebungen zumeist auch *private Investitions-(Desinvestitions-)vorgänge* stehen, insbesondere bei als konstant angenommenem betrieblichem Gesamtkapital. Die Grundproblematik der diskutierten Optimierungsmodelle ist deshalb darin zu sehen, dass die häufig notwendigen *Marginalanalysen* (z.B. *FK*-Aufnahmebedingungen kontra private Anlagemöglichkeiten) vernachlässigt und durch einer ganz bestimmten Marginalsituation entsprechende *Standardannahmen* ersetzt werden. Für praktische Entscheidungen grosser Tragweite empfiehlt es sich daher, schematisierte Handlungsregeln um individuelle marginalanalytische Betrachtungen zu ergänzen (vgl. Investitionsbeispiel in Abschnitt 4.3.5).[47]
Dabei ist auch zu beachten, dass die gerade im «Cost of Capital»-Denken wesentliche *Trennung der Verantwortungsbereiche* (Gesellschaft und Privatsphäre) in kleineren Betrieben oftmals nicht spielt. So waren von den in der Schweiz um 1985 registrierten Unternehmen nur etwa die Hälfte Kapitalgesellschaften, wobei praktisch jede zweite Aktiengesellschaft ein nur dem gesetzlichen Minimum entsprechendes Grundkapital von Fr. 50000.– aufwies. Für diese kleinen, personenbezogenen Gesellschaften spielt aber die Hergabe privater Sicherheiten eine grosse Rolle.

---

[47] Vgl. auch Schneider 1974, S. 217 ff. Zu bedenken ist hier auch, dass in der Praxis häufig nicht die gesamten *EK*-Geber-Interessen, sondern jene einer bestimmten Gruppe (z.B. Familie) dominieren.

4.5 Zusammenfassung und Konsequenzen

Kaum eine Problemstellung hat die finanzwirtschaftliche Forschung in den vergangenen 25 Jahren derart beschäftigt wie die Suche nach der optimalen Kapitalstruktur. Die bis heute bekanntesten und meistangerufenen theoretischen Modelle zur Beantwortung dieser Kardinalfrage sind die sogenannten *Kapitalkostenansätze*. Ihre Anwendung reicht auch in das Gebiet der Investitionsrechnung, d.h. der optimalen Gestaltung der Investitionspolitik.

Im Gegensatz zum vermögensseitigen Vorgehen hat man mit der «Cost of Capital»-Kapitalstrukturkonzeption die Betrachtungsweise des einfachen Leverage-Modelles verlassen. Nicht die Rentabilität des Risikokapitals, sondern der *gesamte Unternehmenswert* bildet hier Gegenstand der Optimierungsversuche. Mit der Überführung dieses Zielkriteriums in die *durchschnittlichen Kapitalkosten* wird die Minimierung dieser Grösse zur Handlungsrichtlinie des Finanzmanagements. Wie gezeigt werden konnte, ist die «Cost of Capital»-Konzeption nicht nur als theoretische Modellvorstellung, sondern insbesondere auch aus der Sicht der betriebswirtschaftlichen Praxis *nicht über alle Zweifel erhaben*. Unter *unvollkommenen*, etwa der schweizerischen, österreichischen oder bundesdeutschen *Realität* entsprechenden Rahmenbedingungen dürften *Renditeüberlegungen* häufiger als *Durchschnittskostenbetrachtungen* im Vordergrund stehen.

Mit der hier gewählten Vorgehensweise ist das kapitalstrukturelle Entscheidungsproblem praktisch keineswegs gelöst. Ziel der Ausführungen war es, die gängige Lehrbuchvorstellung einer *kritischen Betrachtung* zu unterziehen und *alternative*, der Klein- und Mittelbetriebspraxis möglichst weitgehend gerecht werdende theoretische Überlegungen anzustellen. In diesem Sinne könnte die *Eigenkapitalrenditekonzeption*, ergänzt um die Bestimmung der *einfachen durchschnittlichen Kapitalkosten*, eine wertvolle Denkhilfe darstellen.

Auf der Suche nach einer möglichst zielgerechten Kapitalstruktur gibt die Maximierung der Eigenkapitalnettorendite einen Hinweis, wo das unter dem Erfolgszielkriterium und einem gegebenen Risikoverhalten optimale Finanzierungsverhältnis liegen könnte. Das zusätzlich entwickelte einfache Kapitalkostenminimum zeigt demgegenüber, wohin eine eher vorsichtige, konservative Kreditpolitik tendieren sollte. Je nach Gewichtung der insgesamt zu berücksichtigenden finanzwirtschaftlichen Zielkriterien müsste sich der per saldo «vernünftigste» Verschuldungsgrad innerhalb dieser beiden Modelloptima einspielen. Nicht unbedingt praxisgerecht erscheint für viele kleinere und mittlere Betriebe die «Cost of Capital»-Konzeption. Im besten Fall führt sie theoretisch zu einer (richtigen) Lösung, die auch bei sinnvoller Handhabung des Renditeansatzes erreicht worden wäre.

Wo das optimale Finanzierungsverhältnis für das einzelne Unternehmen *konkret* liegen muss, lässt sich kaum objektiv beantworten. Dazu muss das *subjektive Risikoverhalten der Eigenkapitalgeber bzw. des Managements* betrachtet werden, das aber einer Quantifizierung nur schwer zugänglich ist. Dieses *Dilemma* wird auch mit der

Wahl des zugrunde zu legenden Denkmodells nicht gelöst, stehe dieses nun auf der «Cost of Capital»-, der CAPM- oder der Eigenkapitalrenditeebene oder im Bereiche neuer Spielarten der *Nutzentheorie*.[48] Dazu kommt noch die diesen Überlegungen vorgelagerte *Interessen- und Zielproblematik*, die auch in bereits da und dort geforderte, ganz neue finanzpolitische Modellkonzepte führen könnte. Negiert man nämlich – insbesondere für grosse Gesellschaften – die Relevanz des eigenkapitalgeberorientierten Erfolgsstrebens («SWM»-, d.h. «Shareholder Welfare Maximization»-Modell), so gelangt man folgerichtig zu einem mehr *verhaltenswissenschaftlichen Denken*, nach *Findlay/Whitmore* zum MWM-, d.h. «Managerial Welfare Maximization»-Modell.[49]

Bemerkenswerterweise haben amerikanische Untersuchungen die Problematik des «Cost of Capital»-Ansatzes für europäische Verhältnisse auch *empirisch* nachgewiesen. *Risikopolitische,* der Sicherheit (auch der Managerpositionen) dienende Handlungsweisen scheinen hier ein konsequentes Gewinnstreben zu dominieren.[50] In diesem Sinne darf die an anderer Stelle diskutierte Quantifizierung der *Leverage-Risikozusammenhänge* als zentrale Erkenntnis und Entscheidungsbasis betrachtet werden.[51]

| Literatur |

Findlay, M.Ch./Whitmore, G.A.: Beyond Shareholder Wealth Maximization, in: Financial Management, Vol. 3, Nr. 4, Winter 1974, S. 25–35.
Gahlon, J.M./Stover, R.D.: Debt Capacity and the Capital Budgeting Decision: A Caveat, in: Financial Management, Vol. 8, Nr. 4, Winter 1979, S. 55–59.
Gritta, R.D.: The Effect of Financial Leverage on Air Carrier Earnings: A Break-Even Analysis, in: Financial Management, Vol. 8, Nr. 2, Summer 1979, S. 53–60.
Haley, Ch.W./Schall, L.D.: Problems with the Concept of the Cost of Capital, in: Journal of Financial and Quantitative Analysis, December 1978, S. 847–870.
Haley, Ch.W./Schall, L.D.: The Theory of Financial Decisions, 2nd, revised Edition, New York 1979.
Higgins, R.C.: Financial Management, Chicago 1977.
Kim, E.H.: A Mean-Variance Theory of Optimal Capital Structure and Corporate Debt Capacity, in: The Journal of Finance, Vol. 33, Nr. 1, March 1978, S. 45–63.
Martin, J.D./Scott, D.F.Jr.: Industry Influence on Financial Structure, in: Financial Management, Vol. 4, Nr. 1, Spring 1975, S. 67–73.

---

48 Vgl. dazu Haley/Schall 1979, S. 240.
49 Findlay/Whitmore 1974, S. 25–35.
50 Vgl. Stonehill/Beekhuisen/Wright/Remmers/Toy/Pares/Shapiro/Egan/Bates 1975, S. 27–41.
51 Vgl. Bd. I, 5. Gedanken zur Gestaltung der Kapitalstruktur, Abschnitt 5.5 Einsatz von Eigen- und Fremdkapital als Abstimmungsproblem zwischen Rentabilität und Risiko, S. 133ff.

Modigliani, F./Miller, M.H.: The Cost of Capital, Corporation Finance and the Theory of Investment, in: American Economic Review, Vol. 48, 1958, S. 261–297.

Modigliani, F./Miller, M.H.: The Cost of Capital, Corporation Finance and the Theory of Investment: Reply, in: American Economic Review, Vol. 49, 1959, S. 655–669.

Perridon, L./Steiner, M.: Finanzwirtschaft der Unternehmung, 3. Auflage, München 1984.

Schall, L.D.: The Equity Cash Flow Approach to Capital Budgeting Analysis, Seattle/Wa. o.J., unpublished paper.

Schall, L.D./Haley, Ch.W.: Introduction to Financial Management, New York 1977.

Schneider, D.: Investition und Finanzierung, 3. Auflage, Opladen 1974.

Scott, D.F.Jr.: Evidence on the Importance of Financial Structure, in: Financial Management, Vol. 1, Nr. 2, Summer 1972, S. 45–50.

Shapiro, A.C.: Financial Structure and Cost of Capital in the Multinational Corporation, in: Journal of Financial and Quantitative Analysis, Vol. 13, Nr. 2, June 1978, S. 211–224.

Solomon, E.: The Theory of Financial Management, New York 1967.

Stonehill, A./Beekhuisen, T./Wright, R./Remmers, L./Toy, N./Pares, A./Shapiro, A./Egan, D./Bates, T.: Financial Goals and Debt Ratio Determinants: A Survey of Practice in Five Countries, in: Financial Management, Vol. 4, Nr. 3, Autumn 1975, S. 27–41.

Süchting, J.: Finanzmanagement, 3. Auflage, Wiesbaden 1980.

Süchting, J.: Finanzmanagement, 4. Auflage, Wiesbaden 1984.

Sundem, G.L./Cram, D.T.: The Effect of Imperfect Parameter Predictions in Capital Budgeting Analysis, Seattle/Wa. 1978, unpublished paper.

Swoboda, P.: Investition und Finanzierung, 2. Auflage, Stuttgart 1977.

Turnbull, S.M.: Debt Capacity, in: The Journal of Finance, Vol. 34, Nr. 4, September 1979, S. 931–940.

Weston, J.F./Brigham, E.F.: Managerial Finance, 4th Edition, London 1972.

Weston, J.F./Brigham, E.F.: Managerial Finance, 7th Edition, Hinsdale 1981.

Wippern, R.F.: Financial Structure and the Value of the Firm, in: The Journal of Finance, Vol. 21, Nr. 5, Dec. 1966, S. 515–534.

5.
Gedanken zur Gestaltung der Kapitalstruktur

Inhaltsübersicht

5.1	Zum Problem der Eigenkapitalbeschaffung	115
5.2	Bedeutung des betrieblichen Fremdkapitaleinsatzes	117
5.3	Kapitalstrukturentwicklungen in der Praxis	122
5.4	Zur Theorie einer optimalen Kapitalstrukturpolitik	128
5.5	Einsatz von Eigen- und Fremdkapital als Abstimmungsproblem zwischen Rentabilität und Risiko	133
5.6	Folgerungen und Ausblick	136
	Literatur	139

Quelle

Überarbeitete Fassung eines im Schweizer Treuhänder, Nr. 3, März 1983, erschienenen Beitrages.

5.1 Zum Problem der Eigenkapitalbeschaffung

Die ausreichende Beschaffung von Eigenkapital wirft heute nicht nur für schweizerische Unternehmungen, sondern weltweit ernsthafte Probleme auf. Ganz ausgeprägt trifft dies für die meisten kleineren und mittelgrossen Betriebe (KMU) zu. Während grosse, oft publikumsbezogene Gesellschaften vielseitigen Deckungsmöglichkeiten ihrer Finanzbedürfnisse gegenüberstehen und zufolge ihrer Anbieterstellung auch kreativ werden können – man denke etwa an die Entwicklungen im Bereich der Emissionen –, sehen die Dinge für die meisten KMU sehr viel schlechter aus. Die persönliche Bindung der Risikokapitalgeber an ihr Unternehmen, die limitierten privaten Mittel, aber auch die knapper gewordenen Gewinnmargen bewirken zusammen mit dem Wunsche nach Autonomie und den häufig begrenzten Managementmöglichkeiten, dass die Eigenmittelfrage zu einer ganz zentralen Problemstellung herangewachsen ist.[1]

In jüngster Zeit haben sich daher die Diskussionen zur *Risikokapitalthematik* erneut intensiviert, die Gegenstand zahlreicher Fachbeiträge und Tagungen, aber auch politischer Forderungen und Aktionsprogramme geworden sind. Darüber hinaus hat man sich auch in unserem Lande Gedanken um die besonders risikobehafteten Eigenmittel, die sogenannte Wagnisfinanzierung («venture capital»), zu machen begonnen.[2]

---

1 Dabei ist allerdings zu beachten, dass die finanzielle Konstellation schweizerischer Klein- und Mittelbetriebe durch sehr grosse individuelle Unterschiede geprägt ist. Schwierig ist auch eine exakte Grössendefinition der KMU. Fertigungsbetriebe gelten bei etwa bis 49 Beschäftigten als «klein», im Rahmen von 50–499 Beschäftigten als «mittelgross». Vgl. dazu auch: Bericht des Bundesrates über die Klein- und Mittelbetriebe 1983, S. 4; vgl. weiter auch: Naujoks 1975, S. 27 ff. Insbesondere für Dienstleistungsbetriebe müsste eine andere Grössenumschreibung angewendet werden.

2 Vgl. z.B.: Schweizerische Bankiervereinigung 1980 und Zehnder 1981. Eine internationale Tagung der Akademie für Führungskräfte in Graz vom 2.–4. Dezember 1982 war überwiegend der betrieblichen Verschuldensproblematik gewidmet. In Belgien setzte man ein ausgedehntes Massnahmenprogramm (De Clercq-Erlasse, Cooreman-Erlasse) zur Förderung der privaten Risikokapitalbildung und des Aktienerwerbs in Kraft. Seit dem Vorschlag einer gemischtwirtschaftlichen Innovationsrisikogarantie hat die Risikokapitaldiskussion auch in der Schweiz nicht mehr abgerissen. In jüngster Zeit hat die Kapitalstrukturfrage auch international gesehen eine neue Dimension erhalten durch die neueren, die Verschuldungsneigung erhöhenden Finanzpraktiken (Leveraged Buyouts, Junk Bond-Verwendung usw.).

Wenn die Ansicht eines ausgewiesenen Spezialisten im Bereiche der KMU-Finanzierungen auch heute noch zutrifft, dürften die oben besonders hervorgehobenen Risikokapitalchancen der *kleineren und mittleren Unternehmen* in Zukunft weiterhin nicht problemlos zu verbessern sein. «Es gibt mindestens vier gewichtige Gründe, weshalb das Problem der Eigenkapitalbeschaffung durch Mittelbetriebe nicht mit noch mehr Zeitungsartikeln, gutem Willen und wohlgeschriebenen Broschüren des Vororts oder der Bankiervereinigung gelöst werden kann. Von diesen «Vier Steinen des Anstosses» ist in den veröffentlichten Papieren eher nur im Vorbeigehen – oder überhaupt nicht – die Rede.

1. Das Zwei-Herren-im-Haus-Problem.

2. Die rechtzeitige Planung einer Eigenkapital-Beschaffung.

3. Bei Dritten beschafftes Eigenkapital ist verhältnismässig teuer.

4. Gegenläufige Definanzierungswirkung der Eigenkapitalbeschaffung.»[3]

Angesichts der oben angesprochenen Tatbestände erstaunt es nicht, wenn viele Unternehmen die Lösung ihrer Finanzierungsprobleme häufig eher in *erhöhter Fremdmittelbeanspruchung* als in der Gewinnung neuer Risikokapitalgeber suchen. Der wachsende Erfolg modernerer Fremdfinanzierungsspielarten wie Financial Leasing oder – im Bereiche der grossen Gesellschaften – die immer bedeutsameren Euromarktspielarten dürften diesen Hang zur Verschuldung noch weiter nähren. Angesichts der in Abschnitt 5.3 näher aufzuzeigenden, laufend wachsenden Unternehmensverschuldung, die auch sehr grosse und publikumsbezogene Gesellschaften betrifft, stellt sich immer dringlicher die Frage, *wie weit* eine Unternehmung die «Fremdmittelausreizung» ohne ernsthafte Bedenken überhaupt steigern kann. Verschiedene Untersuchungen belegen die *grosse Bedeutung finanzwirtschaftlicher Faktoren als Ursachen teils tragischer Pleiten und Konkurse.*[4] Immer wieder genannt werden dabei zu geringe Eigenmittelbasis und Selbstfinanzierungskraft, fehlendes Langfristkapital, Gesamt- und Finanzführungsfehler, fehlende Planung und mangelhaftes Rechnungswesen, ganz generell finanzpolitische Aspekte aller Art.

Ziel der nachfolgenden Ausführungen ist es, *Gründe, Bedeutung und Auswirkungen* des weltweit zu beobachtenden betrieblichen Verschuldungsanstieges zu durchleuchten. Ausgehend von der finanzwirtschaftlichen Grundsatzfrage der optimalen Kapitalstrukturgestaltung soll versucht werden, allgemeingültige theoretische und praktische Schlussfolgerungen zu gewinnen. Dabei steht die *Grobstrukturierung der Kapitaldecke* in fremde und eigene Mittel im Vordergrund; auf die zahlreichen Teilfragen der kapitalseitigen Detailgestaltung kann nicht eingegangen werden. Desgleichen finden Sonderfälle wie Banken oder Versicherungen sowie die Führung staatlicher oder gemischtwirtschaftlicher Unternehmen keine Berücksichtigung. Grund-

---

3 Böckli 1981, S. 21–26.
4 Vgl. z.B. Bellinger 1973, S. 9–36 und Pütz 1982, S. 570–572.

sätzlich wird vom Modellfall *mittlerer Aktiengesellschaften* mit Trennung der privaten und geschäftlichen Risikobereiche ausgegangen.

5.2 Bedeutung des betrieblichen Fremdkapitaleinsatzes

Ausgehend vom Aufgabenkatalog des betrieblichen Finanzwesens kann man eine ausreichende Mittelbeschaffung als die zentrale Funktion dieses unternehmerischen Teilbereiches bezeichnen. Bekanntlich ergeben sich in der Praxis die folgenden *Möglichkeiten zur Geld- bzw. Kapitalbeschaffung* (▶ Abb. 5/1).

▲ Abb. 5/1 Übersicht über die betrieblichen Möglichkeiten der Geld- und Kapitalzufuhr[a]

	Fremdkapital	Eigenkapital	Vermögens-verflüssigung
Aussen-finanzierung	Kreditaufnahme	Beteiligungs-finanzierung	Vermögensliquidation
Innen-finanzierung	Mittelbindung aus Rückstellungsbildung	Selbstfinanzierung	Abschreibungs-rückflüsse

a. Zum Teil analog zu Boemle 1979, S. 17, bzw. Weilenmann 1975, S. 5.

Während auf kurze Sicht, so im Zusammenhang mit der täglichen Liquiditätssicherung, der *Geldaspekt* dominiert, steht auf längere Sicht, z.B. im Rahmen der langfristigen Finanzplanung, die *Kapitaldimension* im Vordergrund. Wie die obige Darstellung verdeutlicht, bewirken lediglich die Fremd- und Eigenkapitalbeschaffungen eine Erhöhung des betrieblichen Kapitalstockes, während die Vorgänge der Vermögensverflüssigung bloss einer Umschichtung auf der Aktivseite der Bilanz gleichkommen. Die hier zu verfolgende *Gestaltung der Kapitalseite* lässt sich somit als Strukturierungsproblem Fremdkapital/Eigenkapital formulieren und bilanziell wie folgt darstellen (▶ Abb. 5/2).

▲ Abb. 5/2   Gestaltung der Kapitalstruktur als Zentralproblem der langfristigen Finanzplanung

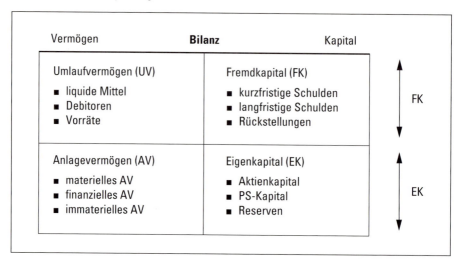

In Anwendung der *Führungsbegriffe von Rühli* erhält man folgendes Bild (▶ Abb. 5/3).[5]

▲ Abb. 5/3   Gliederung der finanziellen Führung und Einordnung der Kapitalstrukturfrage in Anlehnung an Rühli

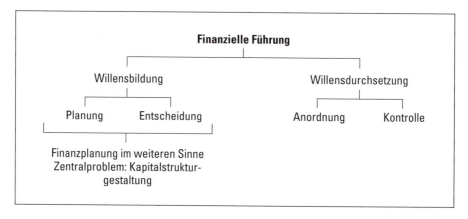

---

5 Rühli 1973, S. 26.

Der praktische Stellenwert einer mehr oder weniger hohen Verschuldung geht aus ▶ Abb. 5/4 hervor, welche die gewichtigsten *Auswirkungen des betrieblichen Fremdkapitaleinsatzes* auf die finanzwirtschaftlichen Zielkriterien einer Unternehmung zusammenfasst.

▲ Abb. 5/4　Auswirkungen der Unternehmensverschuldung auf die finanzwirtschaftlichen Zielkriterien

Zielkriterien	Einfluss des Fremdkapitaleinsatzes
■ Gewinn/Rendite	■ Steigerung der EK-Rendite (finanzieller Leverage-Effekt) ■ Steuerminderung (FK-Zins-Abzugsmöglichkeiten) ■ Erhöhung (Reduktion) des Unternehmenswertes
■ Liquidität	■ Zunahme der Zins- und Rückzahlungsverpflichtungen und Prolongationsprobleme ■ Schaffung von Liquiditätsdispositiven (Kreditlimiten)
■ Sicherheit	■ Verschärfung des Erfolgs-, Überschuldungs- und Liquiditätsrisikos aus Fixcharakter der FK-Zinsen ■ Reduktion der Solvabilität (Kreditwürdigkeit/-fähigkeit)
■ Wachstum	■ Erhöhung der Wachstums- und Erfolgschancen ■ Einengung der Selbstfinanzierung durch Zinsbelastung
■ Anpassungsfähigkeit	■ Reduktion der finanziellen Flexibilität durch zinssatzmässig allenfalls fixe FK-Belastung ■ Senkung der potentiellen Borrowing Power ■ Verbesserung der Anpassungsfähigkeit durch variable Kreditbenützung
■ Unabhängigkeit	■ Beeinträchtigung durch zu hohe Kreditengagements ■ evtl. geringere Minderheitseinflüsse
■ Finanzwirtschaftliches Image	■ allfällige Kollision der Verschuldungspolitik mit externen Normvorstellungen

Reduziert man die zahlreichen, in ◄ Abb. 5/4 nur schematisch erfassten Gesichtspunkte der Verschuldungspolitik auf die Hauptaspekte *Gewinn/Rentabilität* auf der einen und *Sicherheit* auf der anderen Seite, so erhält man folgendes Grundmodell (► Abb. 5/5).

▲ Abb. 5/5   Abstimmungsfunktion des Fremdkapitals hinsichtlich Rendite und Risiko

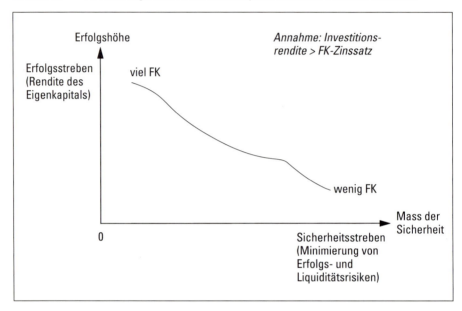

Die Verschuldungspolitik und damit auch die Wahl der Kapitalstruktur verkörpert somit einen «*trade-off*» *zwischen Rendite und Risiko*. Dieser hier praktisch hergeleitete Grundzusammenhang bildet interessanterweise zugleich die zentrale Grundlage der modernen finanztheoretischen Konzeptionen vor allem des angelsächsischen Sprachbereiches.

Die in ◄ Abb. 5/5 verdeutlichte Abstimmung des Rendite- und des Sicherheitsstrebens darf nun offensichtlich nicht isoliert für die Verschuldungspolitik geschehen, da dem finanziellen Risiko weitere, realwirtschaftliche Risikofaktoren vorgelagert sind. Geht man nämlich vom sogenannten investitionsseitigen Risiko (business risk) aus, so erhält man insgesamt die in ► Abb. 5/6 dargestellten *Risikobereiche*.[6]

Stark vereinfacht lassen sich diese *Risikobereiche* und ihr *Risikogehalt* wie in ► Abb. 5/7 darstellen.

Wären alle Kosten voll absatzvariabel und fände lediglich Eigenkapital Verwendung, so würde eine *mengenbedingte Umsatzeinbusse* (z.B. von 100000 Stück auf 80000 Stück, entsprechend ./. 20%) bloss einen *EK-Renditerückgang in gleicher rela-*

---

6   Vgl. dazu Bd. I, 3. Zur Bestimmung der Verschuldungspolitik, Abschnitt 3.6.3 Risikopolitik, S. 71ff.

▲ Abb. 5/6   Risikobereiche

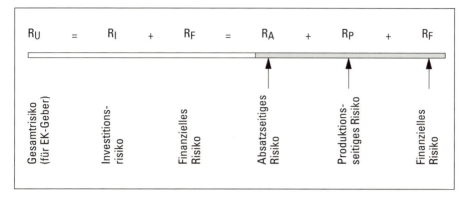

▲ Abb. 5/7   Zentrale Risikobereiche einer Unternehmung

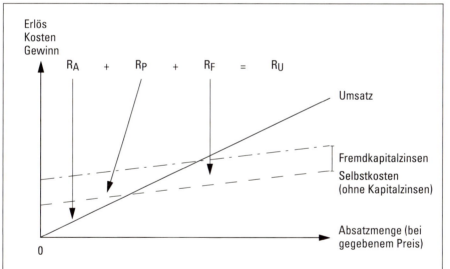

- R_A: Das *absatzseitige Risiko* lässt sich formulieren als Streubreite des zu erwartenden *Umsatzes* (*Mengenänderungen* als «Gleiten» auf der oben gezeigten Umsatzgeraden; *Preisrisiken* als Änderung der Steigung der Umsatzlinie).
- R_P: Das *produktionsseitige Risiko* kann verstanden werden als überproportionale Empfindlichkeit des Absatzgewinnes auf Absatzänderungen, verursacht durch den *Fixkostenblock*.
- R_F: Das *finanzielle Risiko* drückt sich als überproportionale Empfindlichkeit des Reingewinnes bzw. der Eigenkapitalrendite auf Veränderungen des Absatzgewinnes (vor Kapitalzinsen) aus, verursacht durch die *festen Zinskosten des Fremdkapitals* sowie die *Breite der Eigenmittelbasis*.

tiver Höhe verursachen (z.B. von 15% auf 12%, entsprechend ./. 20%). Treten demgegenüber *hohe Fixkosten* auf und setzt man massgeblich *Fremdkapital* ein, so wird eine solche Umsatzabnahme (z.B. von ./. 20%) eine *viel stärkere, überproportionale* EK-Renditereduktion auslösen (z.B. von 15% auf 5%). Die hier neben dem Absatzrisiko zusätzlich wirksam werdenden Risikoelemente nennt man auch

- R_P = Operating Leverage Risiko und
- R_F = Financial Leverage Risiko[7].

Bei gegebenem Investitions-, d.h. Produkte- und Verkaufsprogramm und den daraus erwachsenden Geschäftsrisiken übernimmt die Finanzpolitik und dabei insbesondere die Kapitalstrukturgestaltung offensichtlich eigentliche *Abstimmungsfunktion* im Hinblick auf die per saldo resultierende *Risikoposition* eines Unternehmens.

Insgesamt kann man die *Wahl des Finanzierungsverhältnisses* als eine der *fundamentalen, strategischen Finanzentscheidungen* bezeichnen. Auch die finanzwirtschaftliche Literatur hat diese – neben der Investitionsanalyse, der Dividendenpolitik und weiteren speziellen Finanzproblemkreisen – in ausserordentlich hohem Masse zum Diskussionsgegenstand gemacht.

5.3 Kapitalstrukturentwicklungen in der Praxis

Betrachtet man die *Bestimmungsgründe der Kreditfinanzierung* in der Praxis, so erkennt man aufgrund von Beobachtungen sowie anhand zahlreicher quantitativer Untersuchungen die folgenden Einflussfaktoren:

- Unternehmensgrösse
- betriebliche Lebenszyklen, Wachstumsstärke
- Rechtsform
- branchen- und betriebsindividuelle Gegebenheiten
- nationale Ausprägungen
- generelle Entwicklungstrends.

▶ Abb. 5/8 gibt einen Überblick über die hier besonders interessierenden Aspekte «*Landeszugehörigkeit*» und «*Entwicklungstrend*». Die gezeigten Werte belegen eindrücklich die länderweise sehr unterschiedlichen Verschuldungsgrade der Unternehmungen und vor allem die in den vergangenen 20 Jahren *immer ausgeprägtere Schuldenakkumulation*. Dieser weltweit abnehmende Eigenkapitalanteil lässt sich auch in der *Schweiz* deutlich erkennen. Schwer fällt allerdings der quantitative Nachweis, da in unserem Lande einzel- und gesamtwirtschaftliche statistische Daten nur beschränkt verfügbar sind. Untersucht man die *externen Abschlüsse* rund zehn grosser, ausreichende Publizität pflegender *Schweizer Industriegesellschaften* für die Zeit von 1968 bis 1981, so stellt man in diesem Zeitraum einen Verschuldungsanstieg von 43% auf

---

7 Vgl. z.B. Weston/Brigham 1981, S. 555 f.

▲ Abb. 5/8   Unternehmensverschuldung im Länder- und Zeitvergleich

Land	Nach Remmers/Stonehill u.a[a]			Nach Gruhler[b]		Nach Aiginger/Bayer[c] (OECD-Statistiken)	
	1966	1970	1972	1962	1973	um 1966	um 1977
USA	42%	46%	47%[d]	35%	49%[e]	41% (1964)	42% (1978)
Grossbritannien				36%	54%		51% (1977)
BRD				61%	76%	63% (1965)	64% (1977)
Österreich						42% (1964)	60% (1977)
Frankreich	48%	52%		43%	73%	61% (1968)	73% (1977)
Italien				66%	79%	51% (1967)	74% (1977)
Niederlande	49%	56%					
Dänemark							63% (1975)
Schweden				62%	76%	53% (1967)	73% (1976)
Norwegen	75%	79%				75% (1967)	83% (1976)
Finnland						79% (1967)	80% (1975)
Japan	69%	70%	72%	70%	86%	80% (1970)	81% (1977)

a. Remmers/Stonehill/Wright/Beekhuisen 1974, S. 24–32.
b. Gruhler 1971, S. 80.
c. Aiginger/Bayer 1981, S. 56–69.
d. Wert für 1971
e. Wert für 1974

54% fest, der unter geschätzter Berücksichtigung der Stille-Reserven-Veränderungen noch deutlicher ausfallen dürfte. Rund 40 grosse Schweizer Industrie- und Handelsgesellschaften weisen heute einen Verschuldungsgrad um durchschnittlich rund 60% aus, was nach Ansicht massgeblicher Bankfachleute – trotz noch vorhandener stiller Reserven – hinsichtlich vieler kleinerer und mittlerer Betriebe eher zu optimistisch erscheinen würde. Die *schweizerische Kapitalstrukturnorm* von dereinst 1/1 scheint – zumindest aus heutiger Sicht – der Vergangenheit anzugehören. Tendenziell und im grossen Durchschnitt gesehen dürften wir uns eher gegen einen *FK/EK*-Verhältniswert von 2/1 bewegen. Vereinfacht dargestellt lässt sich die *Schweiz* ungefähr nach dem in ▶ Abb. 5/9 gezeigten Vergleich ins *allgemeine Länderkonzert* eingliedern.

▲ Abb. 5/9   Ungefähre länderweise Entwicklung des Eigenkapitalanteils der Unternehmungen zwischen 1960 und 1980 aufgrund verschiedener sekundärstatistischer Quellen, Auswertung von Geschäftsberichten und Auskünften von Fachleuten[a]

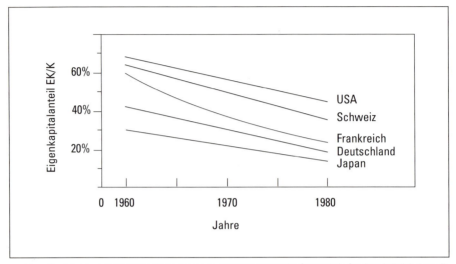

a. Diese Darstellung erhebt in keiner Weise Anspruch auf wissenschaftliche Genauigkeit. Sie dient lediglich dazu, die länderweisen Unterschiede und Entwicklungstendenzen möglichst illustrativ aufzuzeigen. Bereits die Definition des Eigenkapitals wirft grösste Probleme auf, was in gleicher Weise für die quantitative Erfassung zutrifft. Neuere Untersuchungen zeigen vor allem für die USA einen weniger ausgeprägten Entwicklungstrend.

Wie aus ◄ Abb. 5/9 ersichtlich wird, hat auch in der *Schweiz* eine eigentliche Talfahrt des Risikokapitals stattgefunden, allerdings auf einem vergleichsweise noch sicheren Niveau, ähnlich etwa den Verhältnissen in den Vereinigten Staaten. Dabei ist zu beachten, dass die zum Teil grossen jährlichen Ausschläge *nicht* aufgezeigt sind und dass eine «blinde» Trendverlängerung in die Zukunft daher nicht aussagekräftig wäre. Bedenklich stimmt die Tatsache, dass die *finanzwirtschaftlichen Risiken* der Privatwirtschaft in einer Zeit *massiv angewachsen* sind, in der die *unternehmerischen Umweltrisiken ohnehin generell eskaliert* haben. Die in der Bundesrepublik in den letzten zwei Jahrzehnten in gewissen Branchen eingetretene Fremdkapitalexpansion von rund 60% auf gut 80% bedeutet aus theoretischer Sicht (vgl. Abschnitt 5.5) etwa eine Verdreifachung des finanziellen Risikos, d.h. eine Verdoppelung des insgesamt resultierenden Unternehmensrisikos!

Die *Gründe für die allgemeine Verschuldungstendenz* präsentieren sich zusammengefasst gemäss ► Abb. 5/10.

Ausgehend von den dargestellten Zusammenhängen wird erkennbar, dass die immer *kapitalintensiveren Fertigungsverfahren*, die rasante *technologische Entwicklung* und vor allem auch die betrieblichen Belastungen durch den *Sozialstaat* einen zunehmenden *längerfristigen Mittelbedarf* zum einen, eine immer dramatischere *Gewinnmargenverknappung* zum andern bewirkt haben. Dazu kommen der immer

▲ Abb. 5/10 Hintergründe der zunehmenden Unternehmensverschuldung, der geschwächten Selbstfinanzierung und Beteiligungskapitalaufbringung und Auswirkungen auf die gesamtwirtschaftliche Entwicklung

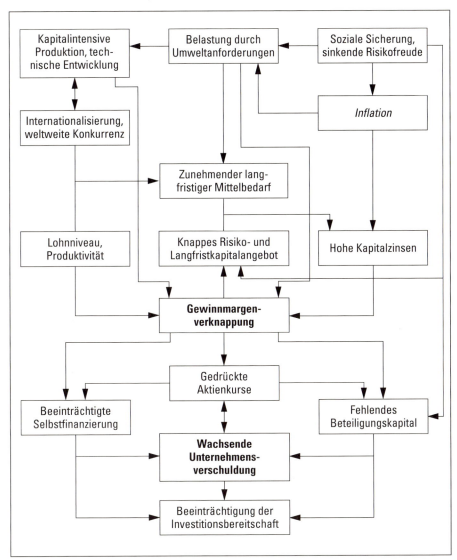

härtere, internationale *Konkurrenzkampf*, aber auch eine weiterum zu beobachtende *sinkende Risikobereitschaft*, was – wiederum über gedrückte Erfolgsmöglichkeiten – die *Selbstfinanzierung* immer mehr *beeinträchtigt* und gleichzeitig die *externe Beschaffung von Eigenkapital* erschwert hat. Im Zusammenspiel mit *Inflation* und zum

▲ Abb. 5/11   Entwicklung der schweizerischen Sparstruktur[a]

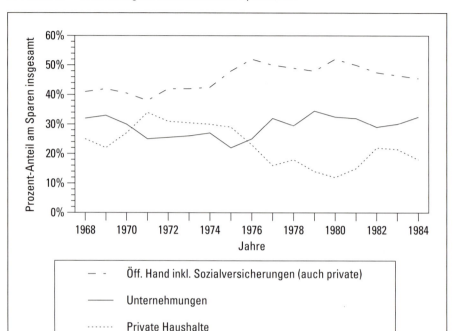

a. Revidierte Reihen der Nationalen Buchhaltung der Schweiz 1948–1976 (Hrsg.: Eidg. Statistisches Amt), Bern 1977, bzw. Statistische Berichte, Reihe 4: Volkswirtschaft. Die Nationale Buchhaltung der Schweiz (Hrsg.: Bundesamt für Statistik), Bern 1985.

Teil *hoher Schuldzinsbelastung* erscheint die wachsende Unternehmensverschuldung fast als zwingende Konsequenz, die ihrerseits auf die heute vielbeklagte gedrückte Investitionsbereitschaft einwirkt.

Die geschilderte *Selbstfinanzierungsproblematik* lässt sich auch anhand gesamtwirtschaftlicher Daten illustrieren. So zeigt ◄ Abb. 5/11 die innerhalb des *schweizerischen* Sparaufkommens aufgetretenen *Verschiebungen* zu Lasten des privaten Haushaltsparens und zugunsten des Sparens der öffentlichen Hand, d.h. vor allem der Sozialversicherungen, auf. Tendenziell kann daraus ein Rückgang an disponiblem Risikokapital und parallel dazu eine Nachfragesteigerung nach mündelsicheren Anlagepapieren, z.B. erstklassigen Anleihensobligationen, abgeleitet werden. Inwieweit die jüngsten Jahre eine Trendumkehr im Bereiche des privaten und öffentlichen Sparens signalisieren, lässt sich nicht sicher beurteilen.

▲ Abb. 5/12 Abschreibungen und privates Unternehmenssparen, gemessen am Bruttosozialprodukt, in der Schweiz

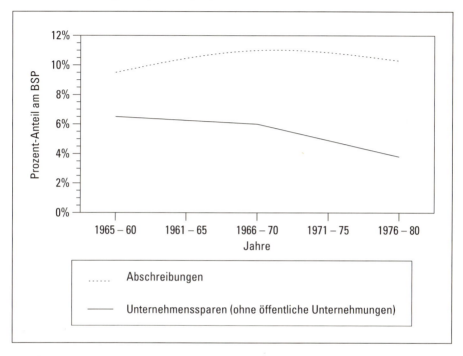

Misst man das Unternehmenssparen und die volkswirtschaftlichen Abschreibungen (total) am Bruttosozialprodukt, so erkennt man gemäss ◄ Abb. 5/12 die *wachsenden Schwierigkeiten einer ausreichenden Gewinnakkumulation* und generell eines *genügenden internen Mittelzuflusses*, d.h. Cash-flow-Aufkommens.

Wie ist nun diese «Krise des Risikokapitals» zu beurteilen, und welche Schlüsse müssten daraus für die Zukunft gezogen werden? Bevor diese Frage näher angegangen wird, sei zunächst ein Blick auf die innerhalb der finanzwirtschaftlichen Theorie angestellten Überlegungen zur Kapitalstrukturwahl geworfen.

5.4 Zur Theorie einer optimalen Kapitalstrukturpolitik

Einer der bekanntesten und frühesten Versuche zur Gewinnung eines *theoretischen Verschuldungsoptimums* fällt in die Zeit der späten fünfziger Jahre. Mit Hilfe von Fremd- und Eigenkapitalkostenverläufen bei verschiedenen Finanzierungsverhältnissen versuchten *Modigliani und Miller*[8], Aussagen über die Reaktionsweise der gewichteten, durchschnittlichen Gesamtkapitalkosten zu erhalten. Aufgrund ihrer theoretischen Grundannahmen (vor allem beliebige Kreditverfügbarkeit – im Unternehmens- und Privatbereich – zu einem konstanten und gegebenen Zinssatz i) gelangten Modigliani/Miller zu der in ▶ Abb. 5/13 gezeigten Konstellation.

Diesen weiterhin heftig kritisierten Standpunkt revidierten die Verfasser später, indem sie wegen der *steuerlichen Abzugsfähigkeit der Fremdkapitalzinsen* ihre Indif-

▲ Abb. 5/13   Kapitalkostenmodell nach Modigliani/Miller[a]

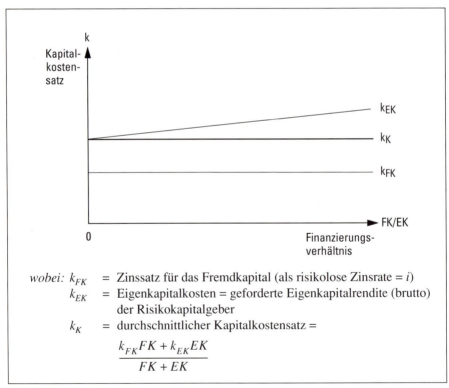

wobei: k_{FK} = Zinssatz für das Fremdkapital (als risikolose Zinsrate = i)
k_{EK} = Eigenkapitalkosten = geforderte Eigenkapitalrendite (brutto) der Risikokapitalgeber
k_K = durchschnittlicher Kapitalkostensatz =

$$\frac{k_{FK}FK + k_{EK}EK}{FK + EK}$$

a. Modigliani/Miller 1958, S. 261–297

---

8 Modigliani/Miller 1958, S. 261–297. Vgl. auch Bd. I, 4. Kapitalkostenansätze, Abschnitt 4.2.3 Kapitalkostenansätze als Entscheidungsmodelle, S. 85ff.

▲ Abb. 5/14   Revidierter Standpunkt von Modigliani/Miller[a]

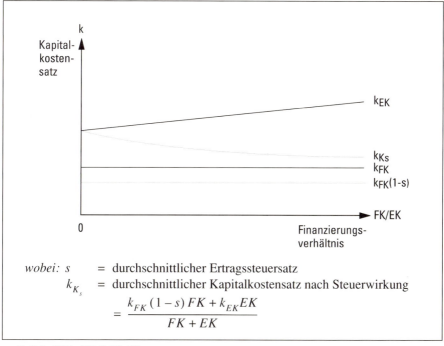

wobei: s = durchschnittlicher Ertragssteuersatz
k_{K_s} = durchschnittlicher Kapitalkostensatz nach Steuerwirkung

$$= \frac{k_{FK}(1-s)FK + k_{EK}EK}{FK + EK}$$

a. Modigliani/Miller 1963, S. 433–443.

ferenzposition – das Finanzierungsverhältnis wäre demnach irrelevant – zugunsten der in ◄ Abb. 5/14 verdeutlichten Konstellation aufgeben.

Auch dieser zweite Ansatz – jetzt die steuerbedingte Anweisung auf *möglichst hohe Verschuldung* – rief heftige Kontroversen hervor, die heute immer mehr in Richtung einer in ► Abb. 5/15 gezeigten – wohl praxisnahen – *Kompromisslösung* tendieren. Sie geht vor allem von den folgenden Überlegungen aus:

- Die Indifferenzposition (◄ Abb. 5/13) erscheint unrealistisch.
- Die *Steuerwirkung* erzeugt bis zu einem gewissen Grad *Fremdkapitalvorteile*. (Dieser Punkt hängt allerdings stark von der *Ländersituation* ab. Für die heutigen Verhältnisse in der Bundesrepublik ist er nur noch abgeschwächt zutreffend.)
- Begrenzung der Fremdkapitalvorteile durch *Konkurskosten* (bankruptcy-costs) und *finanzwirtschaftliche Imagekosten* (financial distress costs) wie Absatzverluste aus beeinträchtigtem Finanzimage.
- Limitierung der Verschuldung durch *Kapitalgebernormen*, insbesondere auch Risikobegrenzung der Banken.
- *Unvollkommenheit der Märkte*.

▲ Abb. 5/15   Praxisnaher Ansatz zur optimalen Kapitalstruktur

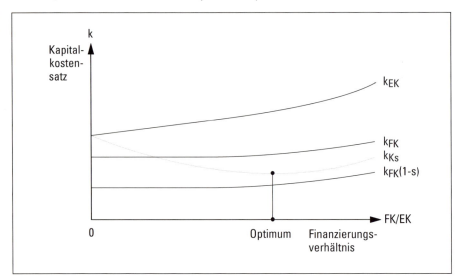

Bezüglich des in ◄ Abb. 5/15 hergeleiteten Kapitalstrukturoptimums nimmt man häufig an, dass der *Bereich noch vernünftiger Lösungen (d.h. Verschuldungsgrade) relativ breit ist.* «The general consensus today appears to be that an optimal capital structure does exist, particularly when taxes are considered, but the ‹average cost of capital curve is relatively flat over a fairly wide range of leverage ratio.›»[9],[10] Die in derartigen Modellen unterstellte, freie und unlimitierte Zuführbarkeit von Fremd- und Eigenkapital erscheint für die meisten schweizerischen oder bundesdeutschen Unternehmen ausgeprägt unrealistisch. Die *Wahl der Kapitalstruktur hängt* hier vielmehr unmittelbar *mit der Vermögensseite zusammen,* indem z.B. der Verzicht auf eine erhöhte Verschuldung häufig auch Unterlassen bestimmter, sonst wünschbarer Investitionen bedeutet. Betrachtet man deshalb – ähnlich wie bei der klassischen Leverage-Effekt-Darstellung – zusätzlich die Investitionsrendite, so erhält man das folgende Grundmodell (► Abb. 5/16).

Auch hier kann es sich allerdings bloss um ein die Realität ganz grob wiedergebendes Denkmodell handeln, das – wie alle diese Kapitalstrukturansätze – kaum eine direkte Applikation in der Praxis erlaubt. Grund dafür ist u.a. die Schwierigkeit einer konkreten zahlenmässigen Erfassung des Eigenkapitalkostenverlaufs sowie der generellen Verschuldungsrisikokosten aus konkurs- und finanzwirtschaftlicher Imagegefährdung.

---

9 Weston/Brigham 1972, S. 340.
10 Shapiro 1978, S. 211–224. Vgl. auch Bd. I, 4. Kapitalkostenansätze, S. 79ff (insbesondere Abschnitt 4.2.4 Kapitalkostenverläufe, S. 88ff).

▲ Abb. 5/16   Idee eines renditeoptimierten Finanzierungsverhältnisses[a]

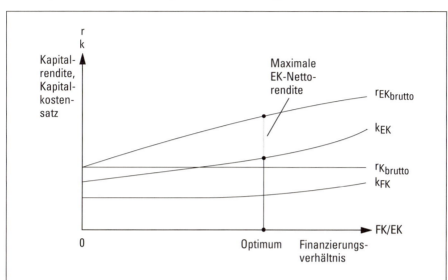

a. Vgl. dazu Bd. I, 4. Kapitalkostenansätze, S. 79ff: Die Annahme eines – bei variierendem Investitionsvolumen – gleichbleibenden Bruttorenditesatzes für das eingesetzte Gesamtkapital stellt eine vereinfachende Annahme dar und ist diskutabel

Interessant ist, dass auch das moderne, über *Portfolio-Überlegungen* hergeleitete *«Capital Asset Pricing Model»* (CAPM), das die Grundlage der neueren amerikanischen Finanzierungstheorie bildet, hinsichtlich der Kapitalstrukturoptimierung keine grundlegende Lösung bringt. Der auch für die Finanzierungsseite wichtige *Zusammenhang* zwischen Rentabilität und Risiko wird dort wie folgt dargestellt (▶ Abb. 5/17).

Als Grundaussage des CAPM gilt, dass für Wertpapier-, Projekt- und Unternehmensbewertungen (-evaluationen) ein *Kapitalisierungssatz* zu wählen ist, der das entsprechende Risiko der Mittelanlage in der oben gezeigten Weise berücksichtigt. Für eine Anlage x gilt:

$$\bar{r}_x = i + \frac{(\bar{r}_M - i)}{\sigma_{r_M}} \sigma_{r_x} \rho_{xM} = i + (\bar{r}_M - i)\beta_x$$

wobei: σ_x = Renditestreuung der Anlage x
ρ_{xM} = Korrelationskoeffizient der Rendite M und der Rendite x
$\sigma_x \rho_{xM}$ = nichtdiversifizierbares Risiko der Anlage x
β_x = Risikomass für Anlage x

Da das Unternehmensrisiko mit zunehmendem Fremdkapitalanteil ansteigt, lassen sich die CAPM-Gesetzmässigkeiten auch für Risiko-Rendite-Wirkungen der *Ver-*

▲ Abb. 5/17   Darstellung des Capital Asset Pricing Model (CAPM)[a]

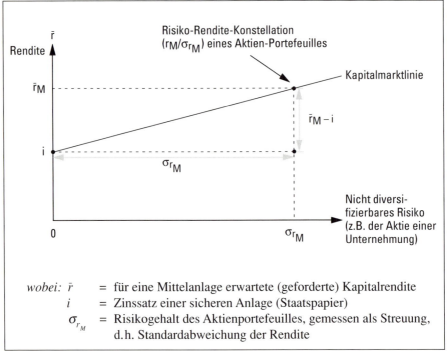

wobei: $\bar{r}$ = für eine Mittelanlage erwartete (geforderte) Kapitalrendite
  i = Zinssatz einer sicheren Anlage (Staatspapier)
  σ_{r_M} = Risikogehalt des Aktienportefeuilles, gemessen als Streuung, d.h. Standardabweichung der Rendite

a. Vgl. z.B. Higgins 1977, S. 75f.

schuldungspolitik anwenden. Bemerkenswerterweise führt dieses Vorgehen, das hier nicht weiterverfolgt werden soll, wieder zurück zu den bereits durch *Modigliani/Miller* – mit einem etwas anders gelagerten Ansatz allerdings – demonstrierten Zusammenhängen.

Insgesamt bleibt es bei der im Hinblick auf die praktische Anwendung vagen Aussage, dass mit der Kapitalstrukturgestaltung auch die Risiko-Rendite-Konstellation eines Unternehmens geprägt wird und dass zumeist davon ausgegangen werden kann, dass ein bestimmter Bereich einer mehr oder weniger optimalen Verschuldungshöhe existiert. Es fehlt allerdings auch nicht an jüngeren Beiträgen, die wiederum auf die *alte Indifferenzposition* hintendieren, indem z.B. (vgl. dazu *Miller*[11]) die in ◄ Abb. 5/14 gezeigten steuerlichen Fremdkapitalvorteile als über den Marktmechanismus wegneutralisiert betrachtet werden, was wiederum zur Situation gemäss ◄ Abb. 5/13 führen müsste. Auch an gänzlich anders gelagerten, neueren Kapitalstrukturerklärungsansätzen mangelt es nicht, wie z.B. die sogenannte *«agency theory»*[12], die *«signaling*

---

11 Miller 1977, S. 261–275.
12 Jensen/Meckling 1976, S. 305–360.

Einsatz von Eigen- und Fremdkapital als Abstimmungsproblem 133

theory»[13] und die «*option pricing theory*»[14] beweisen. Gerade ihnen gelingt aber eine grundsätzliche, praxisgerechte Beantwortung der Kapitalstrukturfrage nicht in entscheidendem Masse.

Allen einigermassen praxisnahen Konzeptionen, auch den in diesem Beitrag näher betrachteten, haftet über das Gesagte hinaus ein Hauptmangel an. Ein konkretes Optimum ist nämlich in der Regel durch *subjektive Einflussgrössen* – z.B. in Form des Empfindens der Eigenkapitalgeber, hier über die Eigenkapitalkostenkurve gemessen – *mitgeprägt,* was konkrete quantitative Lösungen des Problems stark erschwert.

5.5 Einsatz von Eigen- und Fremdkapital als Abstimmungsproblem zwischen Rentabilität und Risiko

Zu etwas aufschlussreicheren Aussagen für die praktische Gestaltung der Finanzpolitik eines Unternehmens gelangt man, wenn die Gesetzmässigkeiten des allgemein bekannten Leverage-Effektes mit der Grundidee des «Capital Asset Pricing Model» (CAPM) kombiniert und neben den *Renditezusammenhängen* auch die zugleich spielenden *Risikowirkungen* erfasst werden. Ausgehend von einem zunächst unverschuldeten Unternehmen müsste anhand der CAPM-Kapitalmarktlinie (◀ Abb. 5/17) erwartet werden, dass zunehmender Fremdkapitaleinsatz die Risiko-Rendite-Position wie folgt beeinflusst (▶ Abb. 5/18).

▲ Abb. 5/18   Rendite- und risikomässiger Leverage-Effekt im Rahmen des CAPM

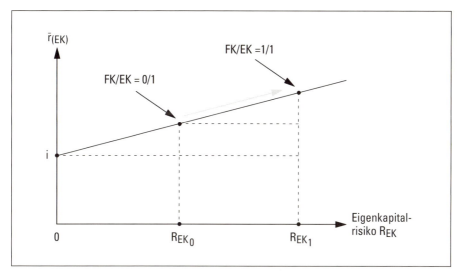

---
13 Leland/Pyle 1977, S. 371–387.
14 Vgl. z.B. Klug 1985.

▲ Abb. 5/19 Zahlenbeispiel zur Risiko-Rendite-Wirkung des Fremdkapitaleinsatzes
(Financial Leverage-Effekt hinsichtlich EK-Rendite und EK-Risiko)

FK/EK	FK	EK	Gewinn v. FK-Zi	FK-Zins	Gewinn n. FK-Zi	r_{EK}	$\sigma = R_{EK}$
0/1	0	200	8…24	0	8…24	8%	4%
1/1	100	100	8…24	5	3…19	11%	8%
4/1	160	40	8…24	8	0…16	20%	20%

Annahmen
- FK-Zinssatz = 5%
- Gewinn vor FK-Zinsen unter Annahme 8 mit Wahrscheinlichkeit w = 0.5, 24 mit w = 0.5
- Steuern nicht berücksichtigt
- σ = Renditestreuung

Die oben gezeigten Auswirkungen der betrieblichen Fremdkapitalaufnahme seien an einem *Zahlenbeispiel* verdeutlicht und nachgewiesen (◄ Abb. 5/19).

Die *punktuelle Gewinnerwartung* gemäss klassischer Leverage-Darstellung (Gewinn vor *FK*-Zinsen = 16, d.h. (8 + 24)/2) wird in ◄ Abb. 5/19 durch einen *Gewinn-Erwartungsbereich* (8 … 24) ersetzt, wobei man zur Vereinfachung des Beispiels annimmt, dass entweder 8 oder aber 24 Gewinn (je mit einer Wahrscheinlichkeit von 50%, d.h. 0.5) anfallen wird. Damit lässt sich der *Leverage-Effekt* nicht nur hinsichtlich der *Eigenkapitalrendite,* sondern auch bezüglich der *Risikoposition der Eigenkapitalgeber* aufzeigen.

Gemessen wird dabei das Kapitalgeberrisiko stets als Streubereich (statistisch gemessen als Standardabweichung σ) der zu erwartenden Eigenkapitalrendite. Wie ► Abb. 5/20 veranschaulicht, steigert der Fremdkapitaleinsatz nicht nur die Renditeerwartung der Eigenkapitalgeber, sondern zugleich auch das Renditerisiko!

Aufgrund der formulierten Zusammenhänge kann man sagen, dass sich das *Gesamtrisiko* eines Unternehmens – aus der Sicht der Eigenkapitalgeber bzw. des Unternehmers – aus dem *Investitionsrisiko* (business risk = R_K) multipliziert mit dem *Finanzierungsverhältnis FK/EK* plus 1 ergibt. Ausgehend von einem bestimmten investitionsseitigen Risiko (resultierend aus Branche und Betriebsart) bewirkt die *Verschuldung* somit folgende *Risikosteigerung* (► Abb. 5/21).

Diese auch mathematisch nachweisbaren Zusammenhänge, die hier auf ein als Eigenkapitalrenditestreuung gemessenes Risiko bezogen sind, gelten in analoger Weise für die kurzfristig im Vordergrund stehenden Liquiditätsrisiken.

Die innerhalb der Finanzierungslehre seit langem wohlbekannte Leverage-Renditeformel müsste konsequenterweise stets um den nicht weniger bedeutsamen «siamesischen Zwilling», die *Leverage-Risikoformel,* ergänzt werden. Zahlreiche Erhebungen und Beobachtungen in der Finanzmanagementpraxis bestätigen, dass die Verschuldungspolitik zumeist durch Risikoüberlegungen und viel weniger mit Blick auf den Renditesteigerungseffekt geleitet wird.

Einsatz von Eigen- und Fremdkapital als Abstimmungsproblem 135

▲ Abb. 5/20 Verdeutlichung des Leverage-Effektes bezüglich Eigenkapitalrendite und Eigenkapitalgeberrisiko

FK/EK	r_K	r_{EK}	$R_K = \sigma_{r_K}$ (Investitionsrisiko)	$R_{EK} = \sigma_{r_{EK}}$ (Totalrisiko)	Risiko und Risikoprämie*
0/1	8%	8%	4%	4%	R_K (3%)
1/1	8%	11%	4%	8%	$2R_K$ (6%)
4/1	8%	20%	4%	20%	$5R_K$ (15%)

$$r_{EK} = r_K + \frac{FK}{EK}(r_K - k_{FK}) \qquad R_{EK} = R_K\left(1 + \frac{FK}{EK}\right)$$

wobei: r = Rendite
R = Risiko
R_K = Investitionsrisiko σ_{r_K}
R_{EK} = Totalrisiko $\sigma_{r_{EK}}$
* = $r_{EK} - 5\%$

▲ Abb. 5/21 Risikowirkung des betrieblichen Fremdkapitaleinsatzes

Finanzierungs-verhältnis FK/EK	Verschuldungs-grad FK/K	Eigenfinanzierungs-grad EK/K	Gesamtrisiko als Investitionsrisiko R_K
0/1	0%	100%	$1R_K$
1/1	50%	50%	$2R_K$
2/1	67%	33%	$3R_K$
4/1	80%	20%	$5R_K$
9/1	90%	10%	$10R_K$

Leverage-Renditeeffekt: $r_{EK} = r_K + \frac{FK}{EK}(r_K - k_{FK})$

Leverage-Risikoeffekt: $R_{EK} = R_K \cdot \left(1 + \frac{FK}{EK}\right)$ oder $R_{EK} = \frac{R_K}{\frac{EK}{K}}$

wobei: $r_{EK_{brutto}}$ = Bruttorendite des Eigenkapitals
$r_{K_{brutto}}$ = Bruttorendite des Gesamtkapitals
R = Risiko, gemessen als Standardabweichung von r..[15]

---

[15] Die mögliche Berücksichtigung der steuerlichen Abzugsfähigkeit der Fremdkapitalzinsen wurde aus hier nicht weiter zu diskutierenden Gründen vernachlässigt. Vgl. weiter auch Bd. I, 10. Theorie und Politik der Unternehmungsfinanzierung: Eine Standortbestimmung aus schweizerischer Sicht, S. 245ff.

Die oben unterstellte Annahme eines festen Fremdkapitalzinssatzes erscheint natürlich sehr theoretisch, da die kreditbeanspruchende Unternehmung bei den meisten Kreditarten ein *Zinsänderungsrisiko* trägt. Die entsprechend notwendige Modifikation des formulierten Risikoeffektes hängt hier ab von der Korrelation zwischen zukünftig möglicher Schuldzinsänderung und zu erwartender Renditeentwicklung im Unternehmen. *Negativ korrelierte Schuldzins-/Renditewerte erhöhen das Verschuldungsrisiko* tendenziell, *positiv korrelierte dämpfen es* umgekehrt. Bei einer Null-Korrelation oder bei – aus praktischer Sicht nicht unwahrscheinlicher – leicht positiver Korrelation zwischen Zins- und Renditeentwicklung entspricht die Fremdkapitalrisikowirkung ungefähr dem zuvor hergeleiteten Umfang.

5.6 Folgerungen und Ausblick

Der heutige Stand der finanzwirtschaftlichen Forschung gibt *keine eindeutige* Antwort, ob und weshalb für eine Unternehmung ein Kapitalstrukturoptimum existiert, geschweige denn, wie dieses Optimum im konkreten Einzelfall bestimmt werden könnte. Hingegen liefert der Leverage-Ansatz – zusammen mit Kapitalkostenmodellen, Renditekonzept und CAPM – wertvolle Einsichten in die *Risiko-Rendite-Zusammenhänge des Fremdmitteleinsatzes* und daraus zu ziehende Folgerungen für die Praxis der Kapitalstrukturgestaltung.

Die in Abschnitt 5.3 diskutierte, weltweit zu beobachtende Tendenz einer immer intensiveren Unternehmensverschuldung kann anhand der bestehenden Kapitalstrukturmodelle kaum befriedigend gedeutet werden. Wesentlich erscheint die Einsicht, dass die *Finanzierungspraxis* offensichtlich *Sachzwängen* ausgesetzt ist, die sich nicht mit den theoretischen Grundannahmen freier Kapitalzuführbarkeit und vollkommener, effizienter Finanzmärkte decken. Wie deutlich diese Sachzwänge wirksam werden können, zeigt das in ▶ Abb. 5/22 aufgeführte, eindrückliche *Beispiel aus der westdeutschen Einzelhandelspraxis*.

Trotz des – abgesehen von den *-Jahren – überwiegend negativen Rendite-Leverage-Effekts hat die Verschuldung in diesem Wirtschaftssektor im Betrachtungszeitraum laufend zugenommen, d.h. der pro Deutsche Mark Fremdkapital feststellbare Nettoverlust hat sich insgesamt laufend vermehrt. Dass hier von einer ausreichenden Eigenkapitalverzinsung überhaupt nicht mehr die Rede sein kann, versteht sich von selbst. Einer der ganz zentralen und perfiden Einflussfaktoren der weltweit auftretenden Rendite- und Finanzierungsmisere waren immer wieder die – vor allem auch steuerlich spürbaren – *Auswirkungen der Inflation*. In verschiedenen Ländern und Branchen sind die Fremdmittelzinssätze über die brutto erzielbare Investitionsrendite gestiegen, was selbst eine magere, zu tiefe Eigenkapitalverzinsung in Frage stellt. Dass das Risikokapitalangebot und ganz allgemein die Investitionsneigung geringer geworden sind, kann angesichts dieser Fakten eigentlich nicht besonders erstaunen.

Folgerungen und Ausblick 137

▲ Abb. 5/22 Daten einer Analyse der Ertrags- und Finanzlage im gesamten Facheinzelhandel der Bundesrepublik Deutschland[a]

Jahr	Investitionsrendite r_K	Durchschnittliche Fremdkapitalverzinsung k_{FK} in Prozent
1970	8.9%	9.5%
1971*	10.0%	8.3%
1972*	8.7%	6.3%
1973	6.5%	9.4%
1974	6.8%	10.4%
1975	7.2%	9.4%
1976	6.4%	8.5%
1977	6.4%	8.4%
1978	5.6%	8.4%
1979	4.4%	8.4%
ø	7.1%	8.7%

a. Meyerhöfer 1982, S. 80–85.

Zusammengefasst erscheinen – ausgehend von den in ◄ Abb. 5/10 dargestellten Abhängigkeiten – die folgenden Gesichtspunkte besonders bedeutungsvoll:

- häufig *negativer Leverage-Effekt,* ungenügende Renditeerzielung in zahlreichen Branchen
- zunehmende Verschuldung und *wachsende Schuldzinslast*
- *Problematik der Risikokapitalbeschaffung* (gedrückte Selbstfinanzierung, erschwerte Beteiligungskapitalaufbringung)
- trotz negativen Leverage-Effektes *Zwang zu weiteren Fremdmittelaufnahmen*
- *zunehmender Lohnkostenanteil* bei zu wenig mitziehender Produktivitätsentwicklung
- durch die allgemeine Geldentwertung *aufgeblähte Steuerbelastung* von Unternehmen und Privaten
- *Ersticken der Investitionsbereitschaft* und damit auch der Basis neuer Konjunktur- und Wachstumsimpulse
- kurzfristiges, auf die *laufende Existenzsicherung* ausgerichtetes Managementdenken, das strategische und unkonventionelle Impulse verhindert.

Als weitere Folgerungen für die zukünftige Entwicklung lassen sich unschwer die nachfolgenden Aussagen ableiten.

1. Die bisherige Verschuldungstendenz wird kaum in gleicher Weise fortgesetzt werden können, wenn der *Charakter von Eigen- und Fremdkapital* und die durch die Kreditgeber, z.B. von Banken, übernommenen *Risiken* nicht grundsätzlich verändert werden sollen.

2. Die *finanzwirtschaftlichen Risiken* haben sich in einer Zeit vermehrt, zum Teil vervielfacht, in der die allgemeinen, von der Finanzpolitik zunächst unabhängigen Geschäftsrisiken grundlegend angestiegen sind.
3. Die zunehmend beanspruchten Fremdkapitalgeber (Banken!) sehen sich ihrerseits mit immer grösseren *internationalen* (Länder-)*Risiken* konfrontiert, die auch ihre zukünftigen Möglichkeiten allmählich begrenzen könnten.
4. Auch schweizerische Unternehmungen scheinen die vor der Rezession 1974 noch üppig vorhandenen Stille-Reserven-Polster in spürbarem Masse eingebüsst zu haben, was die *Anfälligkeit auf weitere Rezessions- und Restrukturierungsrunden erhöht* hat.
5. Als *Quintessenz* ergibt sich die Folgerung, dass der *Bildung neuen Eigenkapitals allerhöchste Priorität* zukommen muss. Obwohl die möglichen Rahmenmassnahmen kaum genügende und entscheidende Impulse darstellen können, erscheint es vordringlich, das rechtliche, dabei insbesondere das steuerliche Umfeld *risikokapitalfreundlicher und -gerechter* auszugestalten. Doppelte Ertragsbesteuerung, eigenkapitalrenditeabhängige Ertragssteuersätze und Stempelsteuer sind nur Beispiele einer sicher unglücklichen Rahmenkonstellation. Die in der Schweiz vom Souverän verworfene gemischtwirtschaftliche Innovationsrisikogarantie hat die diesbezüglich notwendigen Diskussionen stark gefördert, und es bleibt zu hoffen, dass nun auch wirksame Massnahmen folgen werden.

Was *grundsätzlich* und auf lange Sicht not tut, sind eine massive *Verbesserung der echten Eigenkapitalbildung* sowie die Bereitschaft zur *privaten Risikoübernahme*. Umfassende Programme dürften sich jedenfalls nicht auf bestimmte Betriebsgrössen, Investitionsarten, Branchen oder Regionen beschränken. Erfreulich erscheint in diesem Zusammenhang der Aufbau verschiedener *Risikokapitalfonds*. Beispiele dafür sind die von zahlreichen Schweizer Unternehmen, vor allem auch Banken, neugegründeten bzw. reaktivierten Finanzgesellschaften. Zudem wurde im Jahre 1984 die Swiss Venture Capital Association (SVCA) gegründet, die selber keine Wagniskapitalfinanzierungsfunktionen ausübt, sondern die Idee der Risikokapitalbildung in grundlegender Weise fördert.[16]

Wenn die Hauptimpulse des wirtschaftlichen Gedeihens in unserem Wirtschaftssystem auch zukünftig vom *privaten Unternehmenssektor* erwartet werden, kann man um die Einsicht nicht herumkommen, dass die Rahmenbedingungen auch für genügend *attraktive Erfolgs- und Überlebenschancen* sorgen müssen. Vergessen wird – vor allem aus politischer Sicht – zuweilen auch, dass eine gesunde Wirtschaft zwangsläufig mit *ausreichenden Gewinnchancen* und den darauf basierenden *Selbstfinanzierungsmöglichkeiten* verknüpft ist. Eine vernünftige Gewinnerzielung bildet das finanzielle Fundament von Unternehmenserhaltung und Wachstum und damit auch der

---

16 Vgl. Boss 1986, S. 51–59.

Sicherung bestehender sowie der Schaffung neuer *Arbeitsplätze*. Der verständliche «Kampf» um die Verteilung des Sozialproduktes wird wohl in Zukunft vermehrt unter einem gesamtheitlichen Denken stattfinden müssen, wenn man nicht riskieren will, die Grundfesten eines freiheitlichen Wirtschaftssystems anzutasten.

Was die *theoretische Forschung* betrifft, gilt es, die finanzwirtschaftlichen Erkenntnisse in Zukunft durch etwas *realitätsgerechtere* Denkweisen zu verbessern. Neben den *Zusammenhängen* zwischen Investitions- und Finanzierungsseite, der Berücksichtigung von *Marktunvollkommenheiten, Inflationseinflüssen* sowie auch *verhaltenswissenschaftlichen Aspekten* wird man sich vermehrt der *Konzernfinanzproblematik* (z.B. Kapitalstrukturpolitik auf konsolidierter Mutter- und Tochterebene) sowie dem praktischen Gehalt *neuerer Instrumente der Eigenkapital- und Fremdkapitalbeschaffung* – dabei vor allem den Zwischenformen wie niedrigverzinsliche Options- und Wandelanleihen, nachrangige und ewige Anleihen, mitverwaltungsrechtmässig benachteiligte Beteiligungstitel usw. – zuzuwenden haben. Die Grundsatzfragen einer gesunden betrieblichen Finanzpolitik werden damit nicht nur theoretisch im Brennpunkt bleiben, sondern vor allem auch aus praktischer Sicht noch bedeutsamer werden.

Literatur

Aiginger, K./Bayer, K.: Investitionsförderung und Kapitalstruktur, Wien 1981.
Bellinger, B.: Neue Grundlagen und Verfahren der Kreditwürdigkeitsprüfung, in: Passardi, A. (Hrsg.): Führung von Banken, Bankwirtschaftliche Forschungen, Band 17, Bern 1973, S. 9–36.
Bericht des Bundesrates über die Klein- und Mittelbetriebe, Bern, Oktober 1983.
Böckli, P.: Neuere Methoden der Eigenkapitalbeschaffung durch Mittelbetriebe, in: Schweizerische Aktiengesellschaft, 53. Jg., Nr. 1, 1981, S. 21–26.
Boemle, M.: Unternehmungsfinanzierung, 5. Auflage, Zürich 1979.
Boss, W.: Venture Capital und steuerliche Massnahmen zur Förderung von Innovationen, in: Der Schweizer Treuhänder, 60. Jg., Nr. 2, Februar 1986, S. 51–59.
Gruhler, W.: Untersuchungen zur industriellen Eigenkapitalausstattung im In- und Ausland, in: Berichte des Deutschen Industrieinstituts zur Wirtschaftspolitik, 5. Jg., Nr. 7, 1971.
Jensen, M./Meckling, W.: Theory of the Firm: Managerial Behavior, Agency Cost and the Ownership Structure, in: Journal of Financial Economics, October 1976, S. 305–360.
Klug, M.: Zur Ableitung der Kapitalkosten aus dem diskreten Optionspreismodell, Berlin 1985.
Leland, H./Pyle, D.: Information Asymmetries, Financial Structure and Financial Intermediation, in: Journal of Finance, May 1977, S. 371–387.

Meyerhöfer, W.: Die Ertrags- und Finanzierungslage im Facheinzelhandel, in: Die Bank, Nr. 2, Februar 1982, S. 80–85.
Miller, M.: Debt and Taxes, in: The Journal of Finance, May 1977, S. 261–275.
Modigliani, F./Miller, M.H.: Corporate Income Taxes and the Cost of Capital, A Correction, in: American Economic Review, June 1963, S. 433–443.
Modigliani, F./Miller, M.H.: The Cost of Capital, Corporation Finance and the Theory of Investment, in: American Economic Review, Vol. 48, 1958, S. 261–297.
Naujoks, W.: Unternehmensbezogene Strukturpolitik und gewerblicher Mittelstand, Schriften zur Mittelstandsforschung, Nr. 68, Göttingen 1975.
Pütz, H.C.: Insolvenzwelle international, in: Die Bank, Nr. 12, Dezember 1982, S. 570–572.
Remmers, L./Stonehill, A./Wright, R./Beekhuisen, T.:Industry and Size as Debt Ratio Determinants in Manufacturing Internationally, in: Financial Management, Vol. 3, Nr. 2, Summer 1974, S. 24–32.
Rühli, E.: Unternehmungsführung und Unternehmungspolitik 1, Bern 1973.
Schweizerische Bankiervereinigung (Hrsg.): Bereitstellung von Risikokapital für die schweizerische Wirtschaft, Basel 1980.
Shapiro, A.C.: Financial Structure and Cost of Capital in the Multinational Corporation, in: Journal of Financial and Quantitative Analysis, Vol. 13, Nr. 2, June 1978, S. 211–224.
Weilenmann, P.: Der Cash Flow, Die Orientierung, Nr. 60.IV.1975 der Schweizerischen Volksbank, Bern 1975.
Weston, J.F./Brigham, E.F.: Managerial Finance, 4th Edition, London 1972.
Weston, J.F./Brigham, E.F.: Managerial Finance, 7th Edition, Hinsdale 1981.
Zehnder, H.-P.: Die Umgestaltung einer privaten Aktiengesellschaft in eine Publikumsgesellschaft, Zürich 1981.

6.
Finanzierungs-Leasing

*Quantitative und qualitative Beurteilung
von Leasing-Engagements
in der betrieblichen Praxis*

	Inhaltsübersicht

6.1	Einleitung	143
6.2	Theoretische kontra praktische Beurteilung	144
6.3	Verschiedene Rahmenbedingungen für Financial Leasing	145
6.4	Rechenbeispiel zur Leasing-Evaluation	148
6.5	Auswertung der quantitativen Analyse	152
6.6	Einbezug qualitativer Gesichtspunkte	155
6.7	Schlussfolgerungen	164
	Literatur	165

	Quelle

Überarbeitete und erweiterte Fassung des in Nr. 5, Mai 1984, des Schweizer Treuhänders erschienenen Aufsatzes.

6.1 Einleitung

Das *Finanzierungs-Leasing-Geschäft* entwickelte sich in den letzten Jahren auch in der Schweiz äusserst *dynamisch*. Während der Anteil der Leasing-Investitionen mit rund 6% an den gesamten Inlandsinvestitionen in mobile Investitionsgüter (1987/88)[1] im internationalen Vergleich noch wenig spektakulär erscheint (USA über 20%; Grossbritannien über 10%; Bundesrepublik gegen 10%), sind die *jährlichen Neuinvestitionen* der dem Verband Schweizerischer Leasinggesellschaften (VSLG) angehörenden Firmen *beträchtlich* (▶ Abb. 6/1).

▲ Abb. 6/1   Bedeutung des Financial Leasing in der Schweiz[a]

Jahr	Inländische Ausrüstungs-investitionen in Mrd. Fr.[b]	Neuinvestitionen Leasing-Firmen in Mio. Fr.[c]	%-Anteil Neuinvestitionen Leasing-Firmen
1977	10.1	180.9	1.8%
1978	11.1	218.9	2.0%
1979	11.2	409.3	3.7%
1980	13.0	586.2	4.5%
1981	14.0	663.5	4.7%
1982	13.5	647.9	4.8%
1983	14.8	718.7	4.9%
1984	15.6	799.1	5.1%
1985	18.3	953.1	5.2%
1996	20.4	1 111.0	5.4%
1987	22.5	1 344.2	6.0%
1988	23.5	1 468.1	6.2%

a. Neuinvestitionen der dem Verband Schweizerischer Leasinggesellschaften (VSLG) angehörenden Leasing-Firmen im Vergleich zu den inländischen Ausrüstungsinvestitionen (Maschinen, Mobilien usw.)
b. Statistisches Jahrbuch der Schweiz 1989, S. 99, (gemäss Bundesamt für Statistik)
c. gemäss Auskunft des Verbandes Schweizerischer Leasinggesellschaften

---

1 Gemäss Auskunft des Verbandes Schweizerischer Leasinggesellschaften.

Offensichtlich deckt das Finanzierungs-Leasing, das einer längerfristigen, festen Nutzung und Finanzierung von Investitionsgütern entspricht, ein echtes Bedürfnis der Unternehmenspraxis ab, so dass wohl auch in Zukunft mit einem kräftigen Wachstum zu rechnen ist.

Ziel dieses Beitrages ist es – ausgehend vom ausgeprägten Geschäftserfolg der Leasing-Branche –, zu verschiedenen der immer noch *umstrittenen Punkte* Stellung zu nehmen und einige auch *praktisch verwertbare Beurteilungs- und Lösungshinweise* zu geben.

6.2 Theoretische kontra praktische Beurteilung

Vergleicht man die in Büchern, Aufsätzen und an Tagungen geäusserten Ansichten zum finanziellen Stellenwert des Finanzierungs-Leasing-Geschäftes, so fallen die *den Werbeargumenten der Leasing-Branche entgegenstehenden, regelmässig sehr kritischen Äusserungen der theoretisch orientierten Fachleute* auf. Besonders deutlich trifft dies für die USA und die Bundesrepublik Deutschland zu. Studiert man die nachfolgend wiedergegebene Stellungnahme *Büschgens,* eines der bekanntesten *Finanz- und Bankwirtschafters Deutschlands,* so drängt sich eine Erörterung der darin angesprochenen Punkte geradezu auf:

«Um zu resümieren: Wenngleich einige Sachverhalte im Einzelfall die Entscheidung für Leasing begründen lassen mögen, dürften doch Fehlinformationen und fehlerhafte Informationsverarbeitungen beim Leasing-Nehmer sachlich problematische Entscheidungen für Leasing begründen. Allgemeine ökonomische Gründe kann es für Leasing anstatt einer «echten» Kreditfinanzierung nicht geben. Für die Alternative «Leasing oder Kreditfinanzierung» muss in diesem Zusammenhang berücksichtigt werden, dass Leasing-Gesellschaften ihre Leistungen mit aggressiver Marktpolitik verkaufen, wo hingegen die Politik der Banken im Kreditgeschäft eher als zurückhaltend qualifiziert werden muss. Der komplexe Kalkül, insbesondere die Schwierigkeiten, Vergleichsrechnungen in zulänglicherer Art zu erstellen, als diese exemplarisch in Publikationen vorgestellt werden, bieten der marktlichen Findigkeit, dem Marketing und dem Verhandlungsgeschick der Leasing-Verkäufer Spielräume zur Entwicklung erheblicher absatzpolitischer Dynamik.»[2]

Das von *Büschgen* oben angesprochene Problem der Aussagekraft üblicher Vergleichsrechnungen kommentiert *Dieter Schneider,* ebenfalls ein angesehener deutscher Finanztheoretiker, pointiert wie folgt: Wenn Unternehmen anstatt «den wirtschaftlich vorteilhaften Weg des Anlagekaufs» Leasing wählen, so liegt dies u.a. daran, dass «unter den deutschen Managern das genaue Rechnen bei Investitionsentscheidungen nur selten zu finden (ist). Die verbreitete Sucht nach übersichtlichen

---

[2] Büschgen 1981, S. 211–223. Diese vergleichsweise harte Beurteilung dürfte heute vermutlich einer ausgewogeneren Ansicht Platz gemacht haben. Der zitierte Autor ist derzeit Direktor des vor einigen Jahren gegründeten Forschungsinstituts für Leasing an der Universität zu Köln.

Vereinfachungen erzeugt Fehler und lässt die Bosse auf fragwürdige Rechnungen hereinfallen.»[3]

Zwei Aspekte stehen innerhalb dieser Aussagen im Vordergrund: Der Vorwurf der *unzureichenden Wertung der Financial Leasing-Vorteile* ganz allgemein und die *Mangelhaftigkeit der Leasing-Vergleichsrechnungen* im besonderen. Bevor eine generelle Standortbestimmung des Finanzierungs-Leasing-Geschäftes vorgenommen wird, sei zunächst die Problematik der *leasingspezifischen Evaluationsrechnungen* unter die Lupe genommen.

6.3 Verschiedene Rahmenbedingungen für Financial Leasing

Gemäss den an anderer Stelle aufgezeigten Zusammenhängen[4] spielt die einem Finanzierungs-Leasing-Projekt zugrundeliegende Entscheidungskonstellation zu dessen Beurteilung eine ganz wesentliche Rolle. Grundsätzlich lassen sich die folgenden *typischen Entscheidungssituationen* unterscheiden (▶ Abb. 6/2).

6.3.1 Uneingeschränkte Finanzierungsmöglichkeiten

Die unter Punkt 1 gezeigte Entscheidungskonstellation, die das *Financial Leasing als Alternative* zu einer anderen, ebenfalls *vollständigen Fremdfinanzierung* auffasst, erscheint vergleichsweise einfach. Leasing wird hier als *eine Möglichkeit der Kreditfinanzierung* interpretiert, die bei entsprechendem Kostenvorteil herangezogen werden sollte. Der damit beschriebene Handlungsrahmen entspricht tendenziell demjenigen sehr grosser Unternehmungen, vor allem grosser Publikumsgesellschaften, deren Zugang zum Kapitalmarkt weitgehend unlimitiert und problemlos ist.

Der sich hier anbietende *einfache Kostenvergleich* zwischen Finanzierungs-Leasing und alternativem Fremdkapital dominiert heute die Analysetheorie und -praxis des amerikanischen Raumes, wo sehr viele Firmen unter die oben umschriebene Finanzierungsszenerie fallen. «The suggested solution to the lease-buy problem is to determine whether leasing provides a better financing alternative to what would be employed if the asset were purchased» (dabei wird stets die volle alternative Fremdfinanzierung unterstellt). «This procedure, referred to as ‹net advantage to leasing› analysis, or NAL, is conducted independently of the primary capital budgeting evaluation of the asset.»[5]

6.3.2 Limitierte Kapitalzufuhr und Kapitalstrukturpolitik

Betrachtet man die Leasing-Praxis und vor allem auch die Argumentationsweise der Leasing-Gesellschaften in der Schweiz, so kommt man zum Schluss, dass die unter

---

3 Schneider 1980, S. 294, zitiert in: Büschgen 1981, S. 223.
4 Vgl. dazu Bd. I, 7. Analytische Betrachtungen zum Leasing-Entscheid, S. 167ff.
5 O'Brien/Nunnally 1983, S. 30–36.

▲ Abb. 6/2 Entscheidungskonstellationen des Financial Leasing

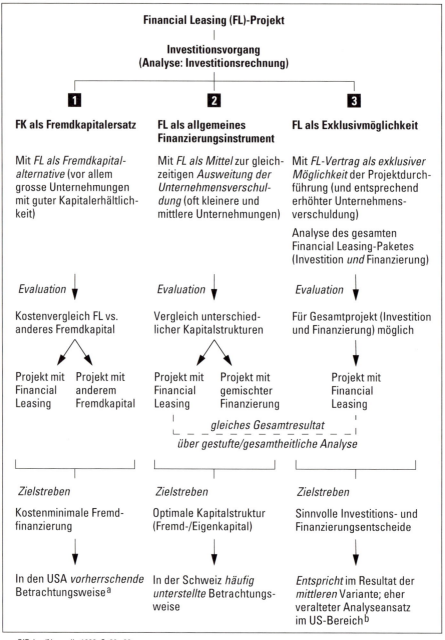

a. O'Brien/Nunnally 1983, S. 30–36.
b. Vgl. z. B. in: Schall/Haley 1977, S. 588/589. Haley/Schall 1979, S. 459ff.

Punkt 2 beschriebene Entscheidungskonstellation hierzulande in vielen Fällen zutreffender sein dürfte. Das *Finanzierungs-Leasing* wird hier als *Finanzierungsinstrument* aufgefasst, das eine im Vergleich zur Kaufvariante (klassische Projektfinanzierung) *ausgeweitete Fremdfinanzierung zulässt*. Damit führt der Vergleich «Financial Leasing – klassische Projektfinanzierung» aber zu einer Kapitalbeschaffungsevaluation, deren Lösungsmöglichkeiten ganz unterschiedliche Kapitalstrukturen beinhalten.

Ein einfacher Kostenvergleich zwischen Finanzierungs-Leasing und alternativer, voller Fremdfinanzierung erscheint unter diesen Rahmenbedingungen nicht mehr zweckmässig. Hier geht es vielmehr darum, die hundertprozentige Fremdkapitalbeschaffung (Finanzierungs-Leasing) *einem Finanzierungs-Mix gegenüberzustellen*, der aus einer *Fremd- und Eigenkapitalmischung* gebildet wird. Das nicht leicht lösbare Kernproblem der rechnerischen Evaluation besteht darin, die für die beiden Finanzierungsalternativen wirklich relevanten Kosten zu bestimmen.

6.3.3 Limitierte Kapitalzufuhr und Investitionspolitik

Eine weitere, unter Punkt 3 erfasste Betrachtungsweise versucht, *Financial Leasing-Projekte als gesamtheitliche*, allenfalls exklusive *Investitions-Finanzierungs-Pakete* zu deuten. Analog zu der unter Punkt 2 umschriebenen Entscheidungssituation dürfte dieser Fall, wie ▶ Abb. 6/7 bestätigt, vor allem für *kleinere und mittlere Betriebe* aktuell sein, denen aufgrund des eingeschränkten Kapitalgeberkreises keine weiteren Finanzierungsmöglichkeiten offenstehen. Projekte, für die man zum vornherein (z.B. aus qualitativen Gründen) eine Leasing-Finanzierung vorsieht, lassen sich – ohne vorgängige isolierte Investitionsrechnung – ebenfalls unter dieser Denkweise sehen. An die Stelle einer *gestuften Entscheidungsrechnung* (Beurteilung der Investition – Beurteilung der Finanzierungsvarianten) tritt hier konsequenterweise eine *Gesamtevaluation*, welche die Wirtschaftlichkeit des *gesamten Finanzierungs-Leasing-Vertrages* (investitions- und finanzierungsbedingte Zahlungsströme) beleuchten sollte.

Die hier geschilderte, dritte Auffassung ist heute noch in zahlreichen amerikanischen Lehrbüchern zu finden, scheint aber als Analyseansatz immer mehr an Bedeutung zu verlieren. Praxis wie Theorie ziehen es sinnvollerweise vor, die den Financial Leasing-Engagements zugleich innewohnenden *Investitions- und Finanzierungskomponenten zu trennen*, um sie *isolierten Wirtschaftlichkeitsbeurteilungen* zu unterziehen.

6.4 Rechenbeispiel zur Leasing-Evaluation

Mit dem nachfolgenden Rechenbeispiel, das im Sinne einer anschaulichen Darstellung einfach gehalten ist, sollen die *verschiedenen Entscheidungssituationen* und die sich daraus ergebenden *Vergleichsrechnungen* anhand konkreter Zahlen illustriert werden. In Weiterführung der an anderer Stelle[6] gezeigten Analysemöglichkeiten wurde versucht, eine die praktische Anwendbarkeit erleichternde Berechnungsform zu finden (▶ Abb. 6/3).

▲ Abb. 6/3   Betriebswirtschaftliche Daten der Umsatz-AG sowie eines Investitionsprojektes mit Financial Leasing-Möglichkeit (absolute Werte in Fr. 1000.–)

Unternehmung Umsatz-AG	
■ Gesamtkapital K = 10000 ■ Fremdkapital FK = 5000 ■ Eigenkapital EK = 5000 ■ Ertragssteuersatz s = 50% = 0.5 (vereinfachend angenommen)	■ durchschnittliche FK-Kosten: $k_{FK} = 6\%$, d.h. nach Steuern (von 50%) 3% ■ EK-Kosten: $k_{EK} = 16\%$ ■ durchschnittliche Kapitalkosten: k_K (vor Steuerabzugswirkung der FK-Zinsen) = 11%. k_{K_s} (nach Steuerwirkung der FK-Zinsen) = 9.5%
Investitionsprojekt	**Financial Leasing-Finanzierung**
■ Investitionssumme $I_0 = 2000$ ■ Lebensdauer n = 4 Jahre ■ Liquidationswert L = 0 ■ Nettobetriebseinnahmen/Jahr (vor Steuern) = $Z_t = 750$ ■ Abschreibungen/Jahr (linear) = 500 ■ Nettobetriebseinnahmen/Jahr (nach Steuern) = $Z_{t_s} = 750 - (750 - 500)0.5 = 625$ ■ NPV (9.5%) = 625 · 3.205 – 2000 = +3 ■ IRR = knapp über 9.5% (Projekt gerade akzeptabel)	■ Jahresmiete, berechnet auf Ende Jahr, L = 600 ■ Vertragsdauer = 4 Jahre fest ■ Mietverlängerungsoptionen, Abschlussgebühren etc. vernachlässigt

Die *Umsatz-AG* weist vor Realisierung der Erweiterungsinvestition ein *Finanzierungsverhältnis* von 50% zu 50% auf. Die für die Investitionsrechnung wichtigen *durchschnittlichen Kapitalkosten* betragen nach Steuerabzugswirkung der Schuldzin-

---

6 Vgl. Bd. I, 7. Analytische Betrachtungen zum Leasing-Entscheid, S. 167ff.

sen 9.5%. Dieser Satz ist für die weiter unten vorgenommene *Nettokapitalwertermittlung des Investitionsprojektes* massgebend, da die in der Projektrechnung zum Tragen kommenden Ertragssteuern noch zu pessimistisch – ohne reduzierende Wirkung von Fremdkapitalzinsen – eingesetzt sind. Ein bei Kapitalisierung zu 9.5% resultierender Nettokapitalwert von Null bzw. ein *Interner Ertragssatz* von exakt 9.5% bedeutet, dass das Investitionsprojekt gerade die geforderten Kapitalkosten, d.h. die *Minimalverzinsung des Investitionskapitals* von 9.5%, erbringt und damit als knapp akzeptabel bezeichnet werden kann. *Buchhalterisch* ergäbe sich *folgende Rechnung:*

- Jahresüberschuss nach Steuern   625
- Abschreibungen   500
- Kapitalzinsen: 9.5% des ø gebundenen Kapitals   119
  (Annahme: Rückflüsse je Ende Jahr)

  $9.5\% \text{ von } \dfrac{2\,000 + 500}{2}$

- Periodengewinn   6

Ausgehend von der Annahme, dass die *Umsatz-AG* die zur Diskussion stehende *Erweiterungsinvestition realisieren* will, muss – je nach *Finanzierungsvariante* – mit folgenden *neuen Bilanzstrukturen* gerechnet werden (▶ Abb. 6/4).
Eine in der schweizerischen *Leasing-Praxis geläufige Vergleichsbetrachtung* geht nun von einer *Gegenüberstellung der Bilanzen B und C,* d.h. auch von der früher beschriebenen *Entscheidungssituation 2* (FL als allgemeines Finanzierungsinstrument), aus und verwendet folgenden Rechengang:

Bilanz B: Finanzierung mit FL-Projekt	Bilanz C: Gemischte Finanzierung
■ Financial Leasing-(FL)-Zahlungen/Jahr (vor Steuern) = 600	■ Gemischte Finanzierung: □ EK-Zinsen $k_{EK} = 16\%$, □ d.h. vor Steuern = $16\%/(1-0.5)$ $= 32\%$ ■ FK-Zinsen $k_{FK} = 6\%$ ■ Durchschnitts-Verzinsung k_K (vor Steuern) = 19% ■ Jahresbetrag (Annuität) 2000/2.639 = 758[a]
■ Total FL-Zahlungen in 4 Jahren = 4 · 600 = 2400	■ Totalbetrag in 4 Jahren = 4 · 758 = 3032

a. buchhalterisch: Tilgung 500 + Zinsen 19%/ø 1250 = 500 + 238 = 738.

▲ Abb. 6/4   Finanzierungsvarianten und Bilanzstrukturen

Klassische Fremd-Finanzierung	Finanzierung mit FL-Projekt	Gemischte FK/EK-Finanzierung
Bilanz A	Bilanz B[a]	Bilanz C
Vermögen (bisher) 10 000 | FK (alt) 5 000	Vermögen (bisher) 10 000 | FK (alt) 5 000	Vermögen (bisher) 10 000 | FK (alt) 5 000
| + FK 2 000	| + LF 2 000	| + FK 1 000
+ V 2 000 | EK (alt) 5 000	+ LV 2 000 | EK (alt) 5 000	+ V 2 000 | EK (alt) 5 000
		| + EK 1 000

V = zusätzliches Vermögen
LV = Leasing-Vermögen
LF = Leasing-Finanzierung

oder anders ausgedrückt:

- Financial Leasing-(FL-)Zinskosten = 7.7%
  □ finanzmathematisch berechnet, d. h.:
  $$2\,000 = \sum_{t=1}^{4} \frac{600}{(1 + k_{FL})^t}$$
  □ Buchhalterisch:
  FL-Zahlung/J 600 – Tilgung/J 500
  = Zinsanteil/Jahr 100
  Durchschnitts-Kapital: 1 250
  FL-Zins: 100/1 250 = 8 %

- Durchschnitts-Zinsbelastung bei gemischter FK/EK-Finanzierung = 19%
  Hinweis: Die gemischte Finanzierung gemäss Bilanz C könnte auch so vollzogen werden, dass man eigene Mittel zu Lasten der flüssigen Mittel von 1 000 verwendet. Dies ändert nichts an der Richtigkeit der vorgeführten Berechnungen.

a. Ob Financial Leasing tatsächlich bilanziert wird oder nicht, ist an dieser Stelle irrelevant. Auf die bilanzoptischen Aspekte wird weiter hinten hingewiesen.

Das *Total der Financial Leasing-Zahlungen* in vier Jahren liegt mit *2 400* klar unter der für die *klassische Mischfinanzierung* zu verrechnenden Summe von *3 032;* der *FL-Zinskostensatz* präsentiert sich mit 7.7% bzw. 8% (buchhalterisch) entsprechend tiefer als der *Zinskostensatz der Fremd-/Eigenfinanzierung* von *19%*!

Wie die *Bilanzbilder B und C* nachweisen, führt ein derartiger Vergleich zu zweifelhaften Schlussfolgerungen. Es werden nämlich die Projektfinanzierungskosten *für zwei grundverschiedene Unternehmenskonstellationen* verglichen. Bei Finanzierung

Rechenbeispiel zur Leasing-Evaluation

mit Financial Leasing resultiert eine Kapitalstruktur *FK/EK* von 7/5, während die gemischte Finanzierung die Beibehaltung des bisherigen Finanzierungsverhältnisses von 1/1 gewährleistet. Der durch die *Financial Leasing-Finanzierung* faktisch bewirkte *Verschuldungsanstieg erhöht die durch das Eigenkapital bzw. die Risikokapitalgeber zu tragenden Risiken,* was bei realistischer Betrachtungsweise einen *erhöhten Eigenkapitalzinskostensatz* notwendig macht. Oder anders formuliert: Die Leasing-Finanzierung «beansprucht» ihrerseits auch einen Teil der zur Risikoabdeckung notwendigen Eigenmittel, was zu einer entsprechenden Zusatzkostenbelastung der Financial Leasing-Variante führen muss.[7]

Damit ergibt sich folgende *Vergleichsrechnung:*

Bilanz A: Financial Leasing	Bilanz B: Gemischte Finanzierung
■ FL-Zinskosten vor Zusatzkosten für das Eigenkapital = 7.7% (vgl. vorangegangene Berechnungen) ■ Anstieg der EK-Zinskosten aus Verschuldungsanstieg von 16% auf 18% (realistische Annahme): ■ Zunahme 2% nach, d.h. 4% vor Steuern auf EK von 5000. Auf eine FL-Projektsumme von 2000 ergeben sich zu berücksichtigende Zusatzkosten von 4% · (5000/2000) = 10%	■ Durchschnitts-Zinsbelastung bei gemischter FK/EK-Finanzierung = 19% (vor Steuern) (vgl. vorangegangene Berechnungen)
■ FL-Verzinsung: 7.7% EK-Zusatzkosten: 10.0% Effektive FL-Zinskosten: 17.7%	■ Zinsbelastung aus Mischkapital: 19.0%

Gemäss der oben gezeigten Vergleichsbetrachtung erscheint *Financial Leasing* – im Vergleich zu einer konventionellen Mischfinanzierung – nach wie vor *kostengünstiger.* Grund dafür ist bei der angenommenen Eigenkapitalzinskostensteigerung der positive Leverage-Effekt, der sich vor allem aus der steuerlichen Vorteilhaftigkeit der Fremdfinanzierung, d.h. hier dem Finanzierungs-Leasing, ergibt.

Diese Rechenweise verursacht in der praktischen Anwendung deshalb grosse Schwierigkeiten, weil der auf dem bisherigen Eigenkapital entstehende Zusatzkosteneffekt entweder nur subjektiv geschätzt oder dann über vergleichsweise komplizierte theoretische Zusammenhänge hergeleitet werden muss. Im obenstehenden Beispiel wurde der letztere Weg beschritten, der hier nicht weiter zur Darstellung gelangen soll.

---

[7] Ob Financial Leasing tatsächlich bilanziert wird oder nicht, ist an dieser Stelle irrelevant. Auf die bilanzoptischen Aspekte wird weiter hinten hingewiesen.

Wie bereits dargelegt worden ist, sind in der Praxis neben der hier betrachteten *Entscheidungskonstellation 2* (Vergleich Finanzierungs-Leasing – konventionelle Mischfinanzierung) auch *andere Handlungssituationen* gemäss dem Muster nach Punkt 1 (Fremdkapitalersatz) bzw. Punkt 3 (FL als Exklusivmöglichkeit) denkbar. Nimmt man im betrachteten Beispiel auch für jene Rahmenbedingungen Vergleichsrechnungen vor, so erhält man *insgesamt folgendes Bild* (▶ Abb. 6/5).

6.5 Auswertung der quantitativen Analyse

Die auf den ersten Blick etwas kompliziert erscheinenden Vergleichsrechnungen lassen sich – auf der Basis der fundiert durchgeführten Evaluation – klar interpretieren.

6.5.1 Financial Leasing als Fremdkapitalersatz

Der dem Financial Leasing zugrundeliegende Zinskostensatz, der problemlos bestimmt werden kann, zeigt – immer unter den Datenannahmen des Beispiels – die günstigeren Zinskonditionen bei anderweitiger Fremdfinanzierung. In der amerikanischen Praxis arbeitet man häufig mit der zusätzlich verdeutlichten Berechnung der absolut gemessenen Vor- und Nachteile der Leasing-Finanzierung, indem man die diskontierten FL-bedingten Ausgaben (300/Jahr nach Steuern) und die verlorenen Kauf-Steuervorteile (500 Abschreibungen/Jahr entfallen durch Leasing) dem finanzierten Kapital von 2000 gegenüberstellt.[8]

Diese in der US-Praxis gängige Rahmenbetrachtung treibt den Kostenvergleich etwas auf die Spitze. Im direkten Fremdfinanzierungsvergleich dürften nämlich nicht selten qualitative Momente – z. B. die Ausweitung des Kapitalgeberkreises – überwiegen. Die in den USA eher gegebenen leasingbedingten Steuervorteile mögen umgekehrt die dort üblichen Analysen rechtfertigen.

6.5.2 Financial Leasing und Leverage-Effekt

Die in der Schweiz häufig anzutreffende Argumentationsweise der Leasing-Firmen führt zur Analyse gemäss Konstellation 2 bzw. Bilanzvergleich B/C. Die in Evaluation 1 vernachlässigbaren Risikokosten zusätzlicher Fremdmittelaufnahme, die dort ja für beide Varianten gleich wären, müssen jetzt in den Kostenvergleich einbezogen werden. Sie treten im gezeigten Beispiel lediglich bei der Leasing-Finanzierung auf und sind somit entscheidungsrelevant. Auf die solchen Analysen innewohnende Rechenproblematik ist bereits hingewiesen worden.

---

8 Vgl. z. B. Higgins 1977, S. 306 oder Weston/Brigham 1981, S. 857/858.

Auswertung der quantitativen Analyse

▲ Abb. 6/5   Vergleichsrechnungen für verschiedene Entscheidungskonstellationen

Bilanz A Klassische Fremd- finanzierung	Bilanz B Financial Leasing	Bilanz C Gemischte FK-/EK- Finanzierung
1	**2**	**3**
Evaluation 1: **Kostenvergleich** **FK – anderes Fremdkapital**	**Evaluation 2:** **Vergleich unterschied-** **licher Kapitalstrukturen** **(FL-Mischfinanzierung)**	**Evaluation 3:** **Für Gesamtprojekt** **(Investitionen und** **Leasing-Finanzierung)**
Financial Leasing-Zins- kosten (gemäss vorangegangenen Berechnungen)	Financial Leasing-Zins- kosten inkl. Zusatzkosten auf Eigenkapital (vgl. vor- angegangene Berechnung)	Bruttorendite des Investi- tionsprojektes (genau gemessen über den internen Ertragssatz gemäss Aus- gangslage Rechenbeispiel)
$k_{FL} = 7.7\%$	$k_{FL^*} = 17.7\%$	$IRR = 9.5\%$ (nach Steuern)
Zinsbelastung alternativen Fremdkapitals (Annahme: wie bisher)	Zinsbelastung aus Misch- kapital (vgl. vorangegangene Berechnung)	Financial Leasing-Zins- kosten inkl. Zusatzkosten auf Eigenkapital, nach Steuern (vgl. Evaluation 2)
$k_{FK} = 6.0\%$	$k_{FK/EK} = 19.0\%$	$k_{FL^*_s} = 8.9\%$
oder: Leasing-Vorteil = $2\,000 - \sum_{t=1}^{4} \dfrac{600 \cdot (1 - 0.5)}{(1.03)^t}$ $\quad - \sum_{t=1}^{4} \dfrac{500 \cdot 0.5}{(1.03)^t}$ $= 2000 - 3.717\,(-550)$ $= 2000 - 2044 = -44$ (Anmerkung: Diskontierung zum halben FK-Satz, d.h. 3%, um nicht verrechneten Wegfall des Steuervorteils alternativen Fremdkapitals zu kompensieren.)	Vergleich nach Steuern: $k_{FL^*_s} = 8.9\,\%$ $k_{FK/EK_s} = 9.5\,\%$	oder: Nettokapitalwert NPV (Gesamt-FL-Projekt) = $\sum_{t=1}^{4} \dfrac{750 - (750 - 600) \cdot 0.5}{(1.11)^t}$ $\quad - \sum_{t=1}^{4} \dfrac{600}{(1.06)^t}$ $= 3.102 \cdot 675 - 3.465 \cdot 600$ $= 2094 - 2079 = +15$ (Anmerkung: 11% = Kapitalkosten bei eff. Steuerberücksichtigung in der Projektrechnung, 6% = «sicherer» Zinssatz.)

6.5.3 Financial Leasing als Instrument der Investitionspolitik

Gemäss Ausgangslage des Beispiels macht die Investitionsrendite (brutto, vor Kapitalverzinsung) nach Berücksichtigung der Ertragssteuern 9.5% aus. Demgegenüber betragen die gesamten Kapitalkosten der Leasing-Finanzierung (gemäss Evaluation 2) – nach Ertragssteuerwirkung der Leasing-Raten! – 8.9% (d.h. 0.5 x 17.7%).

Die etwas kompliziertere Nettokapitalwertbestimmung für das Gesamtprojekt diskontiert die erwarteten Investitionsrückflüsse (nach effektiven Projektsteuern) zu den durchschnittlichen Kapitalkosten der Umsatz-AG (11%, ohne jetzt unnötige Steuerkorrektur) und subtrahiert davon die mit einem «sicheren» Satz (6%) diskontierten Leasing-Raten. Die unterschiedliche Abzinsung ist zwingend notwendig, da die Leasing-Raten im Gegensatz zu den erhofften Projektrückflüssen feste, vertraglich abgemachte Mittelabflüsse verkörpern.[9]

Der Gesamt-NPV von + 15, der im Vergleich zum NPV des Investitionsprojektes ohne FL-Finanzierung von + 3 (vgl. Ausgangslage) höher ausfällt, signalisiert die Leverage-Vorteile der Leasing-Finanzierung gegenüber einer konventionellen Mischfinanzierung und bestätigt somit die Resultate der Evaluation 2.

Eine vereinfachte buchhalterische Vergleichsrechnung mag die Evaluation 3 zusätzlich illustrieren:

- Jährliche Projektrückflüsse nach Steuern:
  750 – (750 – 600)0.5 = 750 – 75 =   675
- Jährliche Belastung aus Finanzierungs-Leasing: 663
  □ Leasing-Raten/Jahr = 600
  □ EK-Zusatzkosten (nach Steuern) 2%/5000,
    d.h. 5%/2000 Projektsumme,

  durchschnittlich also 5% von $\dfrac{2\,000 + 500}{2} = 63$

- Durchschnittlicher Jahresgewinn   12

6.5.4 Fazit

Der nach *Evaluation 1* vorgenommene Fremdkapitalkostenvergleich bildet die rechnerisch objektivste Analyseweise. In der Praxis müssen die resultierenden Kostensätze aber zumeist verschiedenen *qualitativen Faktoren* gegenübergestellt werden, wie sie nachfolgend noch zu betrachten sind. Darunter fallen u.a.:

- Modalitäten der Financial Leasing-/Fremdfinanzierung (Fristenkongruenz, Tilgung, feste/variable Verzinsung)
- Erweiterung des Kapitalgeberkreises (Unabhängigkeit)
- Ausweitung der Verschuldungskapazität (Borrowing Power; Flexibilität)

---

9 Eine verfeinerte Rechenweise wird vorgestellt in Bd. I, 7. Analytische Betrachtungen zum Leasing-Entscheid, S. 167ff.

- Kreditbesicherungsproblematik
- Art und Raschheit der Abwicklung.

Obwohl die Zinskostenbestimmung des Financial Leasing durch verschiedene Vertragsdetails erschwert werden kann (Kaufoption, Festverzinsung usw.), bildet sie zumeist ein wertvolles Informationselement. Für die beschriebenen, in der Schweiz häufigen Handlungsalternativen verkörpert sie allerdings nur beschränkt eine direkte Entscheidungshilfe.

Der sich deshalb aufdrängende Vergleich *«Financial Leasing – konventionelle Mischfinanzierung»* ist rechnerisch anspruchsvoll und dürfte in der Leasing-Praxis nicht selten nur beschränkt aussagekräftig sein, da dort oft von problematischen Grundüberlegungen ausgegangen wird. Dasselbe gilt für die *Evaluationsbetrachtung 3*, die übrigens auch im theoretischen Bereich nicht immer zweifelsfrei angegangen wird (vgl. z.B. Fussnote b in ◄ Abb. 6/2).

Das sich für die europäische Leasing-Praxis ergebende Dilemma besteht darin, dass die unproblematisch durchführbaren Rechenvergleiche der Entscheidungssituation oft wenig gerecht werden und dass umgekehrt die eine echte Entscheidungshilfe bietenden komplexeren Rechenalternativen nur schwer konsistent zu bewerkstelligen sind. Wünschbar wäre bei vereinfachter Rechenweise gemäss Abschnitt 6.4 jedenfalls ein Kommentar, welcher die Interpretation der gewonnenen Rechenresultate erleichtert.

6.6 Einbezug qualitativer Gesichtspunkte

Wirft man zunächst einen Blick auf einige der häufigsten, *von Leasing-Firmen immer wieder formulierten Leasing-Vorteile*, so erhält man folgendes Bild:

1. Finanzierungs-Leasing (FL) ermöglicht hundertprozentige *Fremdfinanzierung*.
2. FL schont das *Eigenkapital*, macht die Projektrealisation ohne Risikokapital möglich.
3. FL schont die *Liquidität* und hält Kreditlimiten frei.
4. FL ermöglicht eine *fristenkongruente* Finanzierung.
5. FL-Verträge werden von den Leasing-Firmen *dynamischer* abgeschlossen, als das im Rahmen viel statischer beurteilter Bankkreditengagements möglich wäre.[10]
6. FL bietet *bilanzoptische* Vorteile, da die FL-Verpflichtungen nicht unter den Passiven erfasst werden.
7. FL bietet zumeist *feste Zinssätze*, die eine sicherere Kalkulationsbasis und Kostenzuteilung ermöglichen.
8. FL bietet generell *flexiblere* Lösungen.
9. FL ist *kostengünstig* (vgl. dazu auch die vorangegangenen Vergleichsrechnungen).

---

10 Nach Boemle kann mittels Leasing ein Investitionsprojekt allenfalls rascher realisiert werden. Vgl. Boemle 1983, S. 318.

Nachfolgend sollen die oben aufgeführten Argumente einer möglichst *objektiven Gewichtung* unterzogen werden, und zwar unter Beifügung des von *Bögli* 1981 im Rahmen einer empirischen Erhebung gewonnenen Bildes aus der Sicht schweizerischer Leasing-Nehmer.[11]

6.6.1 Volle Fremdfinanzierung

Wenn Leasing-Firmen – was häufig behauptet wird – *nicht geringere Bonitätsanforderungen* stellen als kreditgebende Banken, so drängt sich die Frage auf, weshalb letztere Unternehmungen (als Ganzes) nicht in gleicher Weise kreditieren sollten. Die durch das *Vermögenseigentum* bedingte, stärkere Stellung der Leasing-Firmen mag hier gewisse FL-typische Vorteile bringen. In diese Richtung deuten auch die von *Bögli* gewonnenen Erhebungsresultate (▶ Abb. 6/6).

▲ Abb. 6/6 Bedeutung des Leasing als 100 % Fremdfinanzierung (Erhebung Bögli)[a]

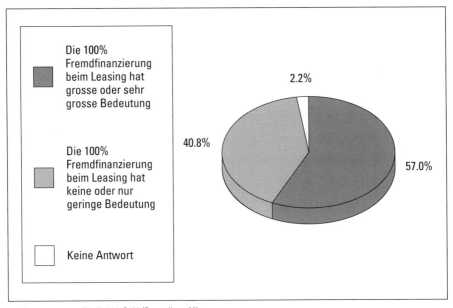

a. Entnommen aus Bögli 1984, S. 60 (Darstellung 29)

---

11 Bögli hat die Bedeutung der verschiedenen Kriterien aus der Sicht der Leasing-Nehmer im Rahmen einer breitangelegten empirischen Erhebung untersucht. Vgl. dazu Bögli 1984, S. 31–84. Die hier vertretenen Ansichten decken sich nicht zwingend mit den dort präsentierten Umfrageresultaten.

6.6.2 Eigenkapitalschonung

Wie die gezeigten Vergleichsrechnungen bestätigt haben, überzeugt das Argument der Eigenmittelschonung nicht. Wird die Verschuldungskapazität eines Unternehmens durch FL tatsächlich ausgeweitet, so lässt sich lediglich eine *insgesamt höhere Fremdkapitalbeanspruchung – mit allen daraus erwachsenden Vor- und Nachteilen* – erzielen. Den besseren Wachstums-, Gewinn- und Leveragechancen steht das durch die Verschuldung verursachte, erhöhte finanzielle Risiko gegenüber.

Für die *Realisierbarkeit von Investitionen* scheint dem FL in der Praxis allerdings grosse Bedeutung zuzukommen (▶ Abb. 6/7), was die limitierten Kapitalbeschaffungsmöglichkeiten vieler Betriebe unterstreicht.

▲ Abb. 6/7 Auswirkungen des Leasing auf die Investitionsbudgets (Erhebung Bögli)[a]

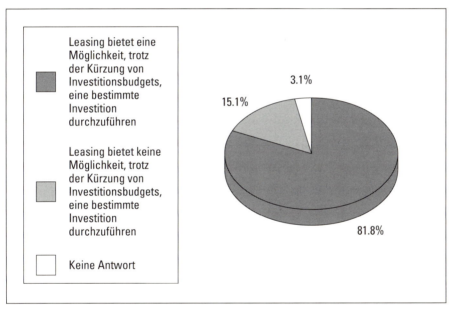

a. Entnommen aus Bögli 1984, S. 53 (Darstellung 21)

6.6.3 Liquiditätsvorteil

Die Liquiditätsvorteilhaftigkeit des FL ist als generelle Aussage problematisch. *Je nach Kapitalengpässen* eines Unternehmens und *anderweitigen zur Verfügung stehenden Finanzierungsquellen* mag sie im Einzelfall zutreffen, wobei die sofort einsetzenden, fest vereinbarten Leasing-Kapital-«Tilgungen» kaum ausgesprochen liquiditätsfreundlich erscheinen. Innerhalb der Erhebungsresultate von *Bögli* erscheint das Liquiditätskriterium allerdings als recht bedeutsam, wie ▶ Abb. 6/8 indirekt verdeutlicht.

▲ Abb. 6/8   Bedeutung des Argumentes, Leasing halte die Kreditlimiten frei (Erhebung Bögli)[a]

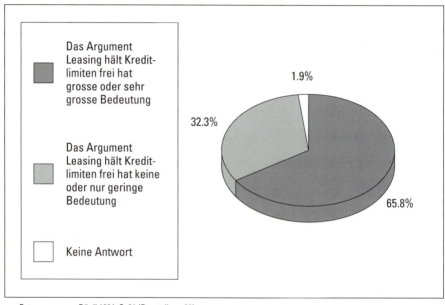

a. Entnommen aus Bögli 1984, S. 61 (Darstellung 30)

6.6.4 Fristenkongruenz

Die mit dem FL gegebene, *feste mittelfristige Laufzeit* wird der Forderung nach fristengerechter Investitionsfinanzierung besser gerecht als viele andere Fremdkapitalvarianten. In diesem Sinne bietet *FL eine echte Bereicherung des Fremdmittelangebotes*. ▶ Abb. 6/9 unterstützt diese Aussage tendenziell, indem doch eher kleinere und mittlere Betriebe verstärkt auf die Leasing-Finanzierung zurückzugreifen scheinen. Und diese Unternehmen sind es ja gerade, die nur eingeschränkten Kapitalbeschaffungsmöglichkeiten im längerfristigen Bereich gegenüberstehen.

▲ Abb. 6/9 Anteil der durch Leasing finanzierten Investitionen im Verhältnis zur Betriebsgrösse[a] (Erhebung Bögli)

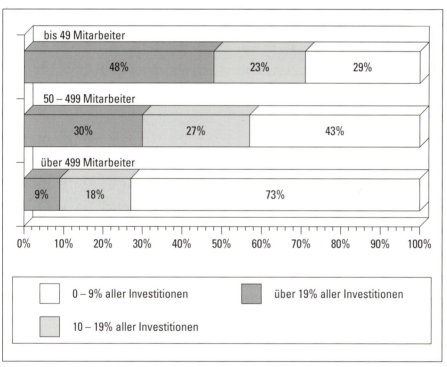

a. Entnommen aus Bögli 1984, S. 51 (Darstellung 18)

6.6.5 Rascher Vertragsabschluss

Dass Leasing-Firmen heute in der Schweiz *dynamischer, rascher und flexibler* agieren als z.B. viele Bankinstitute, lässt sich objektiv nur schwer überprüfen, mag aber *individuell zutreffen*. Die häufig etwas statisch orientierte Bonitätsprüfung der Banken scheint doch auch immer mehr dynamischeren, zukunftsgerichteten Beurteilungen Platz zu machen.

6.6.6 Bilanzoptische Auswirkungen

Die bilanzoptischen Wirkungen aus FL-Engagements sind seit längerer Zeit *umstritten*, dürften aber seriös geführten Unternehmungen auf lange Sicht kaum massive Vorteile bringen. Dieser Standpunkt wird durch die Erhebungsresultate bekräftigt (▶ Abb. 6/10).

Interessant ist dabei die Tatsache, dass von den befragten Unternehmen doch 10.5% eine Bilanzierung der Leasing-Aktiven und -Passiven vornahmen; 19.4% erwähnten die Leasingverpflichtung unter dem Bilanzstrich, und 67.7% gaben an, dass das Leasingengagement nicht in der Bilanz erscheine (restliche 2.4%: keine Antwort).[12] Bemerkenswert ist weiter das durch die Befragten angegebene Verhalten der Banken, wenn keine Bilanzierung der Leasing-Objekte vorgenommen wurde: Bei 24.9% hat sich die Bank nach Leasing-Verpflichtungen erkundigt, bei 72.0% nicht (restliche 3.1%: keine Antwort).[13]

▲ Abb. 6/10   Bedeutung der Bilanzneutralität für den Leasing-Nehmer[a]

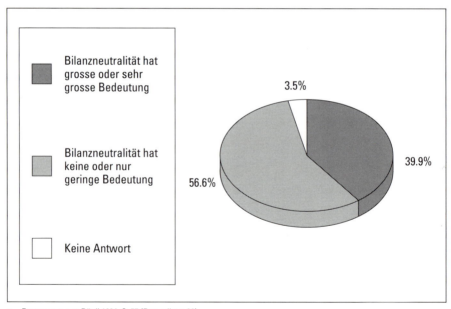

a. Entnommen aus Bögli 1984, S. 57 (Darstellung 26)

---

12 Gemäss Bögli 1984, S. 55/56.
13 Gemäss Bögli 1984, S. 56.

6.6.7 Fester Zinssatz

FL stellt eines der wenigen Fremdfinanzierungsinstrumente dar, das vor allem auch nicht kapitalmarktfähigen Unternehmen *festverzinsliche Kreditfinanzierung* auf mittlere bis längere Sicht ermöglicht. Die daraus erwachsenden Vor- und Nachteile müssen aber sehr sorgfältig und differenziert beurteilt werden. Vereinfacht ergibt sich folgende Übersicht zur Beurteilung der Festverzinslichkeit von FL-Finanzierungen:

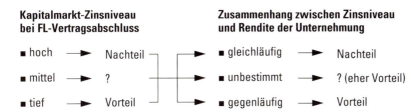

Unter Berücksichtigung einzelner Unternehmeraussagen scheint die Verfügbarmachung festverzinslicher Kapitalquellen einem echten Anliegen zu entsprechen, was auch durch ▶ Abb. 6/11 bestätigt wird.

▲ Abb. 6/11   Bedeutung der vereinfachten Kostenzuordnung infolge der festen Leasing-Tarife (Erhebung Bögli)[a]

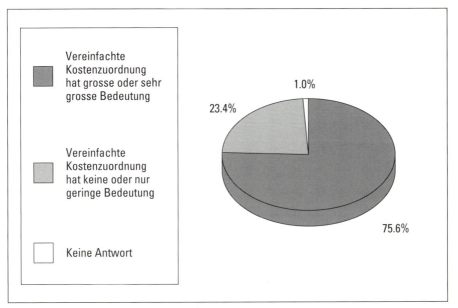

a. Entnommen aus Bögli 1984, S. 58 (Darstellung 27)

6.6.8 Flexibilität

Inwieweit Leasing-Finanzierungen vergleichsweise flexiblere Projekt- und Finanzlösungen bieten können, lässt sich *nicht generell beurteilen*. Durch das *fehlende Vermögenseigentum und den starren Zins- und Tilgungsplan* wird die betriebliche Anpassungsfähigkeit eher reduziert. Umgekehrt vereinfachen sich beim FL die rechtlichen Probleme der Kreditbesicherung.

6.6.9 Leasing-Kosten

Die kostenmässige Attraktivität hängt vom *konkreten Einzelfall* ab. Als ganz generelle Aussagen lassen sich die folgenden Tendenzhinweise machen, die auch durch die Angaben in ▶ Abb. 6/12 bestätigt werden.

▲ Abb. 6/12   Kosten des Leasing[a]

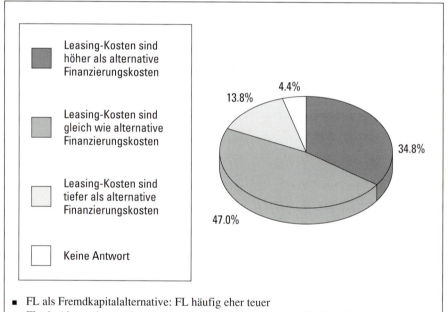

- FL als Fremdkapitalalternative: FL häufig eher teuer
- FL als Alternative zur konventionellen Mischfinanzierung: FL über Leverage- und Steuereffekte durchaus attraktiv
- FL als Exklusivmöglichkeit zur Realisierung von Investitionen: FL fördert die Wachstums- und Erfolgschancen und kann investitionspolitisch attraktiv ausfallen

a. Entnommen aus Bögli 1984, S. 54 (Darstellung 22)

6.6.10 Ganzheitliche Beurteilung

In ▶ Abb. 6/13 wird die Beurteilung des Finanzierungs-Leasing nochmals *gesamtheitlich*, vor dem Hintergrund der *wichtigsten finanzwirtschaftlichen Zielkriterien*, zusammengefasst. Der dort vorgenommene Versuch einer *Pauschalbewertung* (+ positiv, o kaum relevant, – eher nachteilig) zeigt, dass das *Financial Leasing als echte Finanzierungsalternative, welche die Markt- und Kapitalgeberpalette bereichert*, betrachtet werden kann. Leasing-Finanzierungen stellen in diesem Sinne *Fremdkapitalbeanspruchungen mit ganz typischen Eigenheiten* dar, die entsprechend dem konkreten Einzelfall individuell zu gewichten sind.

▲ Abb. 6/13   Gesamtheitliche Beurteilung des Finanzierungs-Leasing als Instrument der Finanz- und Investitionspolitik

Finanzpolitische Zielkriterien	Stellenwert des Financial Leasing (FL)	+ / o / –
Erfolgsstreben, Wachstum	▪ FL wesentliche Alternative zu Wachstums- und Erfolgssteigerung	+
	▪ Finanzierungskosten je nach FL-Fall hoch bis mittel bis attraktiv	+ / o / –
	▪ Steueranfall: FL-Vorteil in der Schweiz nicht signifikant	o
Liquidität	▪ Liquiditätsfreundlichkeit fraglich, je nach Einzelfall zu beurteilen	+ / o
	▪ fristenkongruente Finanzierung	+
Risiko, Sicherheit	▪ Liquiditäts- und Erfolgsrisiken durch FL-Fremdmittel erhöht	–
	▪ eventuelle Risikosteigerung/-senkung aus Festverzinslichkeit	+ / o / –
Anpassungsfähigkeit	▪ starrer Zins- und Tilgungsplan	–
	▪ kein Vermögenseigentum	–
	▪ evtl. Ausweitung der Borrowing Power	+
Unabhängigkeit	▪ Erweiterung des Kapitalgeberkreises	+
	▪ evtl. Verminderung unabhängigkeitsfeindlicher Finanzierungen	+ / o
Finanzielles Image	▪ «kreditschonender», bilanzoptischer Vorteil fragwürdig	+ / o / –
	▪ theoretisch keine FL-Vorteile, faktisch?	+ / o
Einfachheit, Bequemlichkeit	▪ teils rasche Vertragsabwicklung	+ / o
	▪ weniger Umtriebe, individuelle Beratung	+ / o

6.7 Schlussfolgerungen

Das Finanzierungs-Leasing-Geschäft bildete wiederholt Gegenstand betriebswirtschaftlicher und rechtlicher Streitgespräche. Der unvermindert anhaltende Geschäftserfolg der Leasing-Firmen und die in Theorie und Praxis immer noch bestehenden Widersprüchlichkeiten gaben den Anstoss zu diesem Beitrag. Aus finanzwirtschaftlicher Sicht sind die *generelle Beurteilung des Financial Leasing* sowie die *richtige Anwendung von Vergleichsrechnungen* von ganz besonderem Interesse.

Was den zweitgenannten Punkt betrifft, konnte gezeigt werden, dass die *rechnerische Evaluation* von Leasing-Engagements tatsächlich *zahlreiche Fussangeln* aufweist. Die Vielzahl der innerhalb der Theorie vorgeschlagenen, vor allem aber auch der in der Leasing-Praxis zumeist verwendeten Wirtschaftlichkeitsanalysen weist häufig grundlegende, konzeptionelle Schwächen auf.[14] Die mit derartigen Recheninstrumenten gewonnenen *Vergleichszahlen* sind dementsprechend oft *problematisch*. Zusammenfassend kann man festhalten, dass Leasing-Vergleichsrechnungen nur bei fachmännischer Fundierung und Interpretation einen Sinn haben. In manchen Fällen sollte man entweder die zahlenmässigen Gegenüberstellungen besser kommentieren oder – unter Inkaufnahme erhöhten Rechenaufwandes – *sauber konzipierte* Verfahren anwenden. Angesichts der heute gegebenen EDV-mässigen Möglichkeiten dürften auch Kostengründe nicht mehr im Wege stehen.

Die *generelle Beurteilung* des Financial Leasing fällt – je nach Standpunkt des Betrachters – erstaunlich vielfältig aus.[15] Der verständlicherweise sehr vorteilhaften Selbstdarstellung der Leasing-Firmen stehen Ansichten gegenüber, die innerhalb des «theoretischen Lagers» teils ebenso einseitige Kommentare hervorgerufen haben. Ziel dieses Aufsatzes war es daher, die gegensätzlichen Ansichten einer verbindenden Betrachtungsweise zuzuführen.

Bei objektiver Gewichtung erkennt man rasch, dass Financial Leasing, wie jede andere Fremdmittelquelle auch, gezwungenermassen *instrumenttypische* Vor- *und* Nachteile aufweisen muss. Diese sind in jedem konkreten Einzelfall individuell zu gewichten und daher für eine schlagwortartige Generalbeurteilung wenig geeignet. Die eingangs zitierte, sehr negative Beurteilung durch theorienahe Fachleute ist wohl genausowenig gerechtfertigt wie eine manchmal zu euphorische Schilderung von Leasing-Firmen selbst. Den etwas *überstrapazierten Argumenten* der *Liquiditäts- und Eigenkapitalschonung* sowie der *Bilanzneutralität und besseren Kalkulierbarkeit* stehen andere Eigenschaften gegenüber, die in Form *fristenfreundlicher, mittel- bis längerfristig wirksamer Kapitalbereitstellung, Festverzinslichkeit* und unter Umständen

---

14 In der amerikanischen Analysepraxis bildeten die Leasing-Vergleichsrechnungen bis vor wenigen Jahren ein ausgesprochenes Sorgenkind. Vgl. dazu Bd. I, 7. Analytische Betrachtungen zum Leasing-Entscheid, S. 167ff, sowie: Anderson/Martin 1977, S. 41–47. In letzter Zeit scheinen allerdings signifikante Fortschritte erzielt worden zu sein (vgl. dazu Fussnote 5, S. 145).

15 Weston/Brigham 1981, S. 870.

rascher und flexibler Verfügbarkeit echte Stärken des Finanzierungs-Leasing dokumentieren (vgl. ◄ Abb. 6/13).

Literatur

Anderson, P.F./Martin, J.D.: Lease vs. Purchase Decisions: A Survey of Current Practice, in: Financial Management, Vol. 6, Nr. 1, Spring 1977, S. 41–47.

Boemle, M.: Unternehmungsfinanzierung, 6. Auflage, Zürich 1983.

Bögli, T.: Leasing; Untersuchung spezieller Aspekte einer neuen Finanzierungsform, Bankwirtschaftliche Forschungen, Band 87, Bern/Stuttgart 1984.

Büschgen, H.E.: Kritische Auseinandersetzung mit Finanz-Leasing, in: Die Bank, Nr. 5, Mai 1981, S. 211–223.

Haley, Ch.W./Schall, L.D.: The Theory of Financial Decisions, 2nd, revised Edition, New York 1979.

Higgins, R.C.: Financial Management, Chicago 1977.

O'Brien, T.J./Nunnally, B.H.Jr.: A 1982 Survey of Corporate Leasing Analysis, in: Financial Management, Vol. 12, Nr. 2, Summer 1983, S. 30–36.

Schall, L.D./Haley, Ch.W.: Introduction to Financial Management, New York 1977.

Schneider, D.: Investition und Finanzierung, 5. Auflage, Wiesbaden 1980.

Weston, J.F./Brigham, E.F.: Managerial Finance, 7th Edition, Hinsdale 1981.

7. Analytische Betrachtungen zum Leasing-Entscheid

7. Analytische Betrachtungen zum Leasingentscheid

	Inhaltsübersicht

7.1	Typen und Wesen des Leasing 169
7.2	Finanzwirtschaftliche Charakterisierung des Financial Leasing 171
7.3	Stellenwert des Financial Leasing 176
7.4	Problematik der Leasing-Evaluation 177
7.5	Theoretische Analyse der Financial Leasing-Entscheidung 178
7.6	Folgerungen zur Leasing-Evaluation 190
7.7	Rechenbeispiel zur Leasing-Entscheidung 191
	Literatur 195

	Quelle

Stark erweiterte und vertiefte Fassung eines Artikels in der Management-Zeitschrift io, Nr. 7/8, Juli/August 1981.

7.1 Typen und Wesen des Leasing

Seit den frühen sechziger Jahren haben Leasing-Kontrakte auch in der europäischen und schweizerischen Unternehmenspraxis zunehmend Eingang gefunden. Die Fachliteratur hat dem Leasing, vor allem dem Leasing-Entscheid – neben der Kapitalstrukturfrage, dem Capital Budgeting (Investitionsentscheid) und dem Problem der optimalen Dividendenpolitik –, grosse Aufmerksamkeit geschenkt. Zum Teil gehen die Meinungen auch heute noch in verschiedenen Belangen auseinander, was eine vertiefte Behandlung des Leasing-Geschäftes an dieser Stelle nahelegt.

Rechtlich kann man das Leasing-Geschäft zunächst als besonderes, durch verschiedene weitere Vertragselemente ergänztes Mietverhältnis bezüglich kürzer- bis längerfristiger Investitions-, aber auch dauerhafter Konsumgüter begreifen. Allerdings weicht das Leasing häufig markant von Mietgeschäften ab: längere Vertragsdauer, teils volle Objektamortisation während der ersten Grundvertragsdauer, Rechtsbeziehungen zwischen den Parteien. Da im geltenden schweizerischen Recht spezifische Regelungen fehlen, gelangen vor allem die Gesetzesvorschriften über die Miete (OR 253–274), den Abzahlungsvertrag (OR 226–228) sowie die allgemeinen Bestimmungen des OR (vor allem im Sinne eines Gebrauchsüberlassungsvertrages sui generis)[1] zur Anwendung.

Von zentraler Bedeutung ist die Unterscheidung nach *Operating Leasing* und *Financial Leasing* (Finanzierungs-Leasing). Gemäss dem Überblick in ▶ Abb. 7/1 stellt *Operating Leasing* (OL) nichts anderes als einen *Mietvertrag* mit besonderen Serviceleistungen dar. Die Entscheidungssituation entspricht derjenigen von Miete/Kauf. Schwierig erscheint im Rahmen einer quantitativen Kosten-Nutzen-Analyse die Erfassung des technischen Risikos, das ja oft einen gewichtigen Faktor für das OL verkörpert (Miete von EDV-Hardware). Technologische Fortschritte können dank der Miete besser laufend mitgemacht werden, allerdings gegen entsprechend kalkulierte Mietraten. Das OL, das somit keinen eigentlichen Finanzierungscharakter besitzt, wird in der Folge nicht weiter behandelt.

---

1 Vgl. Giger 1977.

▲ Abb. 7/1   Finanzwirtschaftlich wesentliche Unterscheidungskriterien für das Operating und Financial Leasing

Aspekt	Financial Leasing (FL)	Operating Leasing (OL)
■ Objekt	vorwiegend bewegliche Investitionsgüter (Equipment Leasing), Industrieanlagen (Plant Leasing); in Europa vorherrschend, in den USA üblich	vorwiegend bewegliche Investitionsgüter (Equipment Leasing) und Konsumgüter (Konsumgüter-Leasing); in den USA sehr häufig
■ Vertragsdauer	feste, *längerfristige* Grundmietzeit, oft auf etwa 3 bis 6 Jahre *unkündbarer* Vertrag	kurzfristige Kündigungsmöglichkeit
■ Rechtlicher Charakter	langfristiger Mietvertrag, heute eher Gebrauchsüberlassungsvertag sui generis	Mietvertrag (mit Dienstleistungen), Abzahlungsvertrag (Konsumgüter)
■ Leistungen	*Finanzierung*, evtl. ergänzende Leistungen	*Vermietung*, Wartung usw.
■ Amortisation des Leasing-Gutes	in einer Vertragsdauer möglich	im Verlaufe verschiedener, zumeist kürzerfristiger Vertragsperioden
■ Investitionsrisiko	beim *Leasing-Nehmer*	beim *Verleaser*
■ Wirtschaftlicher Charakter	*fremdfinanzierte Investition*, die periodische FK-Tilgungen verursacht	*Miete* (keine festen, unkündbaren FK-Verpflichtungen bzw. Nutzungsrechte)
■ Verleaser	Leasing-Gesellschaften üblich (auch «Sale-and-lease-back» möglich), zumeist Bankentöchter	häufig Hersteller bzw. Verkäufer (Direct Leasing)
■ Bilanzierung	finanzwirtschaftlich sinnvolle Lösung: beim Leasing-Nehmer (USA, Kanada, UK, NL u.a., vermehrt auch BRD)[a], in übriger Praxis zumeist beim Verleaser (Schweiz)	beim *Verleaser*; in Leasing-Nehmerbuchhaltung analog Mietvertrag

a. Vgl. dazu: Fitzgerald/Stickler/Watts 1979, Tabelle 49; Süchting 1980 S. 137ff; Welsch/Zlatkovich/Harrison 1979, S. 748ff.

Das *Financial Leasing* (FL) unterscheidet sich fundamental vom OL und wirft äusserst interessante und komplexe finanzwirtschaftliche Fragen auf. Gemäss ◀ Abb. 7/1 ist das FL als *vollwertiger Investitions- und Finanzierungsvorgang* zu verstehen, was sich insbesondere im vermerkten *Risikogehalt* äussert. Nimmt man den Investitionsentscheid als bereits positiv vorgegeben an, so bedeutet FL ein typisches *Projektfremdfinanzierungsprogramm*, das sich ins gesamte Fremdkapitalpaket eines Unternehmens einfügt. Dieser Überlegung kommt für die Leasing-(Finanzierungs-)Evaluation grundlegende Bedeutung zu. Wegleitend für die Beurteilung von FL-Engagements dürfen nicht nur die rechtlichen, sondern müssen vor allem auch die wirtschaftlichen Gegebenheiten sein. Dies wird im Rahmen der Bilanzierungsfrage besonders deutlich.

7.2 Finanzwirtschaftliche Charakterisierung des Financial Leasing

Zwischen dem Leasing-Nehmer (Lessee) und dem Verleaser (Lessor) wird im Normalfall ein *FL-Vertrag* abgeschlossen, der eine *feste Grundmietzeit* von ungefähr 50–75% der wirtschaftlichen Nutzungsdauer des Investitionsgutes aufweist. In dieser Zeit entrichtet der Leasing-Nehmer mit den monatlichen Mietraten neben dem Zins[2] und allfälligen Serviceentschädigungen die volle Amortisation der Anlage bzw. die volle Fremdkapitalrückzahlung. Üblich ist zudem häufig eine sofortige Abschlussgebühr von etwa 1–4% des Anschaffungswertes. Nach Ablauf der Grundmietzeit sind vor allem folgende Varianten möglich:

- *Rückgabe* des Investitionsgutes, d.h. keine weitere Nutzung durch den Leasing-Nehmer (Leasing-Vertrag ohne Kauf- und Mietverlängerungsoption)
- *Verlängerung* der Leasing-Dauer zu billigen Ansätzen, etwa 10% der Grundmiete (Vertrag mit Mietverlängerungsoption)
- *Kauf* zu einem vorbestimmten Preis (Vertrag mit Kaufoption).

Über die potentiellen *Vor- und Nachteile der Leasing-Finanzierung* ist in den letzten 15 Jahren in zahllosen Beiträgen berichtet worden.[3] Tatsache ist, dass das FL in den *USA* einen wesentlichen Beitrag zur Unternehmungsfinanzierung leistet. Man schätzt, dass um 10–20% der jährlichen Betriebsinvestitionen durch diese Mittelquelle abge-

---

2 Zins = *FK*-Zins für mittelfristiges Fremdkapital + Risikozuschlag (Kundenbonität, hundertprozentige Fremdfinanzierung des Leasing-Gutes).

3 «Perhaps no other issue in financial management, with the exception of the debate surrounding the existence of the firm's optimal capital structure, has inspired such sustained interest in the academic literature as the lease versus purchase decision.» Vgl. Anderson/Martin 1977, S. 41–47. Vgl. weiter Boemle 1983, S. 314–321; Haley/Schall 1979, S. 455–467; Sorensen/Johnson 1977, S. 33–40; Lienhard 1976; Konrad 1979, S. 417–419; Lüem 1979, S. 532–536 bzw. 1980, S. 55–58; Büschgen 1981, S. 211–223 und Bögli 1984.

deckt werden.[4] Demgegenüber ist das Leasing-Geschäft in Europa, insbesondere in der Schweiz, noch weniger verbreitet. Dazu mögen u.a. die steuerlichen Rahmenbedingungen beigetragen haben. Für viele *kleinere bis mittlere Betriebe* dürfte es aber gerade in Zukunft eine unersetzliche Alternative darstellen.[5]

Anhand allgemein anerkannter *Finanzzielkriterien* soll nachfolgend ein möglichst realistischer *Überblick* über die wichtigsten Vor- und Nachteile des Financial Leasing gegeben werden. Dies erscheint besonders wichtig, da diese für die FL-Evaluation bedeutsamen Gesichtspunkte manchmal zu einseitig dargestellt werden.

7.2.1 Erfolgsstreben, Wachstum

- *Investitionsrendite:* Möglicherweise ist Leasing, insgesamt gesehen, die einzige verbleibende Finanzierungsmöglichkeit, um Expansion und Erfolgssteigerung zu bewerkstelligen.
- *Finanzierungskosten:* Im Vergleich zu unbeschränkten alternativen Kapitalquellen zu entsprechend günstigen Konditionen erscheint FL nicht selten *etwas teurer*. Der Verleaser finanziert Vermögensteile stark mit Fremdkapital – zu 100% allerdings nur bei Vertragsbeginn –, und zwar, dies ist wesentlich, auch allenfalls ohne FL nicht gleich verschuldungsfähiger Betriebe.[6] Liegt das unternehmenstypische Risiko tiefer als für die FL-Angebotskalkulation unterstellt, so ist die Leasing-Variante entsprechend *unattraktiv*. Umgekehrt können die FL-Kosten geringer als die äquivalenten, alternativen Kapitalkosten ausfallen (auch Kapitalengpässe) und zu einer *Überlegenheit* des FL führen. Die Resultate einer Erhebung von *Walker/ Petty*[7] bestätigen diese Überlegungen: Kleine Wachstumsgesellschaften wiesen im Durchschnitt für 1966–1971 im Vergleich zu Grossunternehmen folgende Anlageintensitäten, ohne die nichtbilanzierten FL-Engagements, auf:
  - Grossunternehmen: 32% Anlagevermögen, ohne FL,
  - Kleinunternehmen: 18% Anlagevermögen, ohne FL (die kleineren, rentablen Wachstumsbetriebe setzen also sehr viel mehr Leasing-Finanzierung ein als die verglichenen Grossgesellschaften).

---

4 Vgl. Higgins 1977, S. 297. Entsprechend breit ist auch die in den USA vorhandene Palette verleaster Vermögensgüter: Vom Kernreaktor bis zur Handtuchmaschine ist praktisch alles zu finden. Unter die bekanntesten Verleaser fallen z.B. IBM und – in den letzten Jahren allerdings mit geänderter Politik – Rank Xerox.

5 Die Investitionsfinanzierung durch Leasing hat in der BRD zwischen 1971 und 1979 von 2.1% auf 4.8% zugenommen und liegt für die private, gewerbliche Wirtschaft bei 10%. Vgl. Büschgen 1981, S. 211.

6 Dieser Punkt ist allerdings umstritten. Nach Sorensen/Johnson kann der Leasing-Finanzierungskostensatz für kleinere, zum Teil auch als Operating Leasing ausgestaltete Leasing-Geschäfte bis zu 25% ausmachen (Durchschnitt für 1970–1975). Vgl. Sorensen/Johnson 1977.

7 Vgl. Walker/Petty 1978, S. 61–68.

- *Steueraufwand:* Wird das FL steuerlich nicht als Kauf gewertet (z.b. BRD, wenn bestimmte Bedingungen erfüllt sind[8]), so erlauben die allenfalls höher als *FK-Zinsen* und Abschreibungen anfallenden Leasing-Raten ein *verändertes Steuer-Timing*, was zu Zinsgewinnen und Steuereinsparungen führen kann. Die in der Schweiz gegebene, liberale Abschreibungspraxis vermindert mögliche Steuervorteile des FL.

7.2.2 Liquidität

Leasing-Gesellschaften betonen immer wieder den «liquiditätsschonenden» Charakter ihres Finanzierungspaketes. Grundsätzlich sind Leasing-Finanzierungen aber nicht mehr und nicht weniger liquiditätsfreundlich als andere Kapitalbeschaffungen, z.B. Bankkreditbeanspruchungen.[9] Der Liquiditätseffekt des FL liegt höchstens darin, dass dieses im Einzelfall die einzige noch verfügbare Finanzierungsvariante darstellen mag. Insgesamt stellt FL auf mittlere Sicht laufend zu tilgendes Fremdkapital dar; die Fremdmittelbeschaffung wird relativ rasch durch Tilgungs- und (tendenziell hohe) Zinszahlungen neutralisiert.

7.2.3 Risikoaspekte

Das Liquiditäts- und Erfolgsrisiko dürfte durch FL tendenziell erhöht werden. Die fix vorgegebenen Zinskosten bzw. -ausgaben belasten den Leasing-Nehmer vor allem dann stärker als andere zinssatzvariable Kreditfinanzierungen, wenn Investitionsrendite und allgemeines Zinsniveau positiv korreliert sind. Auf der anderen Seite übernimmt der Verleaser das Risiko für den oft nur sehr unsicher abschätzbaren Liquidationswert der Anlage.[10]

7.2.4 Anpassungsfähigkeit

Auf den vergleichsweise *starren* Zins- und Tilgungsplan wurde bereits oben hingewiesen. Daneben kann der Leasing-Nehmer nur beschränkt über die geleasten Vermögensteile verfügen, was vorzeitige, bei schlechter Absatzentwicklung erwünschte *Anlageliquidationen erschwert*. Umgekehrt mögen Borrowing Power und damit die finanzielle Flexibilität in bestimmten Fällen ausgeweitet werden (vgl. Abschnitt 7.2.6).

---

8 Nach dem Entscheid des Bundesfinanzhofes vom 26. Januar 1970 gilt folgendes: Bilanzierung von FL-Verträgen bei Leasing-Nehmer, sofern: Grundmietzeit relativ viel kürzer als betriebswirtschaftliche Nutzungsdauer (kleiner als 40%) und günstige Mietverlängerungs- oder Kaufoption oder Grundmietzeit ungefähr = Nutzungsdauer (über 90%) oder Anlagegut spezifisch auf Bedürfnisse des Leasing-Nehmers zugeschnitten (eingeschränkte alternative Verwendungsmöglichkeit). (Vgl. Süchting 1980, S. 142/143.)
 Diese Praxis wird nach Perridon/Steiner auch vermehrt auf die Handelsbilanz angewendet. Häufiger sind aber doch Grundmietzeiten von 50–75% der Nutzungsdauer! Vgl. Perridon/Steiner 1984, S. 253 ff.
9 Die hohe FL-Kreditfinanzierung gilt nur bezüglich des Objektes und nicht der Unternehmung.
10 Der Liquidationswert kann auch zwischen den Parteien halbiert werden.

7.2.5 Unabhängigkeit

Mittels Leasing-Finanzierungen lassen sich möglicherweise andere, die unternehmerische Autonomie beeinträchtigende Kapitalengagements vermeiden. Grundsätzlich zu begrüssen ist die durch das FL bewirkte Erweiterung des Kapitalgeberkreises.

7.2.6 Finanzielles Image

Ebenso regelmässig wie der behauptete «Liquiditätsvorteil» wird der «kreditschonende» Effekt des FL vorgebracht. Dabei wird davon ausgegangen, dass FL-Verträge in den meisten Ländern nicht durch den Leasing-Nehmer zu bilanzieren sind (◄ Abb. 7/1). Der dadurch resultierende *Bilanz- und Kennzahleneffekt* sei an einem einfachen Beispiel verdeutlicht (► Abb. 7/2 und ► Abb. 7/3).

▲ Abb. 7/2 Bilanzmechanismus des Financial Leasing, je nach Bilanzierungspraxis (aus Leasing-Nehmersicht)[a]

	Bilanz A (Kauf)	Bilanz B (FL, keine Bilanzierung)	Bilanz C (FL, mit Bilanzierung)
■ UV			
▫ Liquide Mittel	100	200	200
▫ Debitoren	400	400	400
▫ Lager	500	500	500
■ AV			
▫ Produktionsanlagen	1 000	0	0
▫ Fahrzeuge	200	200	200
▫ Gebäude	700	700	700
▫ Mobilien	100	100	100
▫ Geleaste Produktionsanlagen	0	0	1 000
■ Total	3 000	2 100	3 100
■ FK			
▫ Kreditoren	300	300	300
▫ Kontokorrentkredit	700	300	300
▫ kfr. Leasing-FK	0	0	200
▫ lfr. Leasing-FK	0	0	800
▫ Hypotheken	400	200	200
▫ Darlehen	600	300	300
■ EK			
▫ AK, Res, Gewinnvortrag	1 000	1 000	1 000
■ Total	3 000	2 100	3 100

a. In der Schweiz ist die Financial Leasing-Verbuchung beim Leasing-Nehmer nach der Operating-Verbuchungsmethode absolut dominant (vgl. Bilanzbild B). Eine Financing-Verbuchungsmethode (sogenanntes Kreditkauf- oder Gegenwartsverfahren) in der handelsrechtlichen Bilanz wäre aber auch in der Schweiz als rechtlich durchaus zulässig zu betrachten (vgl. z.B. Schweizerische Treuhand- und Revisionskammer (Hrsg.): Revisionshandbuch der Schweiz, Band 2 oder Boemle 1979, S.8).

▲ Abb. 7/3   Kennzahlenmechanismus des Financial Leasing

	Bilanz A (Kauf)	Bilanz B (FL, keine Bilanzierung)	Bilanz C (FL, mit Bilanzierung)
■ Verschuldungsgrad	66.7%	52.4%	67.7%
■ Liquiditätsgrad 2	50.0%	100.0%	75.0% [a]
■ Deckungsgrad 1	50.0%	100.0%	50.0%
■ Kapitalumschlag	Umsatz / 3 000	Umsatz / 2 100	Umsatz / 3 100

a. Verbesserung resultiert lediglich aus angenommener sonstiger FK-Verminderung

Da das leasende Unternehmen zu einem Kauf analoge – wenn nicht grössere – finanzierungs- und investitionsseitige Risiken trägt, stellt die *Bilanzierung der FL-Engagements* die aus finanzwirtschaftlicher Sicht vorsichtigste Lösung dar. In den USA hat diese Überlegung seit 1976 zur Bilanzierungspflicht ausgeprägter FL-Verträge beim Leasing-Nehmer geführt (FASB-Standard Nr. 13), was dem Bilanzbild C entspricht. Ausführliche Bestimmungen regeln hier auch die rechentechnischen Möglichkeiten der Bilanzierung.[11]

In Kanada und Mexiko (gesetzliches Erfordernis), in den Niederlanden, Grossbritannien, Philippinen und Taiwan (vorherrschende Praxis) sowie in einigen weniger bedeutsamen Ländern werden FL-Verträge heute ebenfalls beim Leasing-Nehmer bilanziert. Die Bundesrepublik scheint diesem Prinzip seit 1970 vermehrt zu folgen.

Inwieweit in allen anderen Ländern die Nichtbilanzierung beim Leasing-Nehmer (vgl. Bilanz B) *kreditfördernd bzw. kapitalkostensenkend* wirken kann, ist *fraglich* und nur schwer abschliessend zu beurteilen. Eine seriöse Kreditprüfung hat die FL-Verpflichtungen ohne Zweifel konsequent in die Analysedaten mit einzubeziehen. Während sich auch *Süchting* in der Weise äussert[12], dass Banken mit modernen Kreditprüfungstechniken der von den Leasing-Firmen immer noch postulierten «Imagefiktion» kaum mehr folgen, stellt etwa *Higgins* für die USA folgendes fest: «Nonetheless, it must be acknowledged that many individual investors and trade credit analysts lack the knowledge, or the time, to make the required adjustments.»[13]

---

11 Im wesentlichen gilt die Bilanzierungspflicht, wenn einer der folgenden Aspekte erfüllt ist:
   ■ Übergang des Anlageeigentums am Ende der Grundmietzeit auf den Leasing-Nehmer
   ■ sehr günstige Kaufoption für den Leasing-Nehmer
   ■ Grundmietdauer ≥ 75% der betriebswirtschaftlichen Nutzungsdauer
   ■ Gegenwartswert der Leasing-Raten ≥ 90% des Anlagemarktwertes.
   Vgl. Welsch/Zlatkovich/Harrison 1986, S. 748 ff.
12 Süchting 1980, S. 144.
13 Higgins 1977, S. 300. Vgl. dazu auch Bd. I, 6. Finanzierungs-Leasing, Abschnitt 6.6.6 Bilanzoptische Auswirkungen, S. 160ff.

7.3 Stellenwert des Financial Leasing

Gemäss den bisherigen Ausführungen spielen die nachfolgend aufgeführten Gesichtspunkte in der Finanzierungspraxis eine vergleichsweise grosse Rolle:

- FL als *einzige Finanzierungs-(und Investitions-)möglichkeit* (vor allem kleinere und mittlere Unternehmen)
- FL als Alternative für Unternehmungen mit *hohen Kapitalkosten* bzw. als *Kapitalmix-Ergänzung* auch für Grossbetriebe
- FL als Massnahme der betrieblichen *Steuerpolitik*.

Viele der weiteren «Pro und Kontra» dürften sich, im Durchschnitt betrachtet, mehr oder weniger ausgleichen. Praktische Beobachtungen wie theoretische Analysen führen denn auch zum Schluss, dass in erster Linie steuerliche Gesichtspunkte und die Nichtverfügbarkeit anderer Mittelquellen zum Gedeihen des Financial Leasing-Geschäftes beigetragen haben. Indirekt waren damit *Marktunvollkommenheiten aller Art massgebend,* die auch innerhalb der Leasing-Branche selber zu beobachten sind.[14] Wie *Haley/Schall*[15] richtig feststellen, wären unter idealisierenden Rahmenbedingungen (u.a. effiziente und vollkommene (Finanz-)Märkte, homogene Erwartungen, Wegfall von Transaktionskosten und «verzerrenden» Steuereinflüssen) keine spezifischen Financial Leasing-Vorteile oder -Nachteile zu erwarten. Die Realität entspricht aber nicht diesen Idealvorstellungen der Theorie.[16]

Neben den besprochenen Vor- und Nachteilen ist weiter zu bedenken, dass FL in der praktischen Anwendung über eine reine Finanzierungsleistung wesentlich hinausgehen kann. «Der Kunde bekommt einen *massgerechten Vertrag* nach fachkundiger Beratung. Er erhält damit eine optimale Lösung nach seinen besonderen Umständen und zusätzlich – nach Bedarf – eine *technische Beratung der Planung und Unterstützung* beim Einkauf.»[17]

Und schliesslich verkörpert die Verfügbarkeit von FL-Finanzierungsquellen heute ein nüchtern zu betrachtendes Faktum.[18] Die damit bewirkte *Erweiterung des Kapitalgeberkreises* ist grundsätzlich zu begrüssen. Dazu kommt, dass FL auch von seinen spezifischen Eigenschaften her eine *Bereicherung der Finanzmarktpalette* bedeutet; der zunächst eher erhöhten Zinskostenbelastung steht ja die Tatsache gegenüber, dass mit FL auch vergleichsweise längere Kreditfristen abgedeckt werden können, was einer *fristgerechten* Unternehmensfinanzierung entgegenkommen mag.

---

14 Vgl. McGugan/Caves 1974, S. 382–396 sowie Sorensen/Johnson 1977.
15 Haley/Schall 1979, S. 456/457.
16 Vgl. auch die Hinweise in Bd. I, 6. Finanzierungs-Leasing, Abschnitt 6.2 Theoretische kontra praktische Beurteilung, S. 144ff.
17 Krahnen 1982, S. 211/212.
18 Diese Feststellung erscheint in Anbetracht der vorne zitierten Stellungnahmen notwendig (Bd. I, 6. Finanzierungs-Leasing, Abschnitt 6.2 Theoretische kontra praktische Beurteilung, S. 144ff).

7.4 Problematik der Leasing-Evaluation

Zur zahlenmässigen Evaluation möglicher Leasing-Engagements sind – analog zur herkömmlichen Investitionsrechnung – dynamische Rechenmethoden entwickelt worden, die auf einem Erfolgszielkriterium (indirekt auch den Faktoren Risiko, Liquidität, Image) basieren.[19] Dies erscheint in Anbetracht der bereits beleuchteten Zusammenhänge auch sinnvoll. Interessant und erstaunlich ist aber, dass sich bis heute kein allgemein akzeptiertes und für richtig erachtetes Rechenverfahren durchgesetzt hat. Dies muss man auf folgende Gründe zurückführen:

- *komplexe Entscheidungskonstellation*, bewirkt durch die direkte Verbindung von Investitions- und Finanzierungsseite im Rahmen von FL-Engagements
- oft unklare, individuell *verschiedene Handlungsalternativen* (Mittelbeschaffungsseite)
- Fixierung *risikogerechter Kapitalisierungssätze* zumeist theoretisch unsauber vorgenommen und in der praktischen Anwendung problematisch
- grundlegend *verschiedene Analyserechnungsansätze* (Kapitalwertrechnung bezogen auf Gesamt- oder Eigenkapital unter Berücksichtigung effektiver oder maximaler Steuern; Einbezug der Verschuldungskapazität)
- *Entscheidungsreihenfolge* für Investitions- und Finanzierungsseite (z.B. Kaufprojektvorevaluation mit allenfalls endgültigem Neinentscheid).

Anderson/Martin[20] ermittelten anhand 46 auswertbarer Umfrageantworten von 200 der grössten US-Gesellschaften die folgenden *Analyserechentechniken* (▶ Abb. 7/4).

▲ Abb. 7/4 Anwendungshäufigkeit in den USA üblicher Financial Leasing-Evaluationstechniken (grosse Gesellschaften)

Rechenmethode	Verwendungshäufigkeit
■ traditionelles IRR-Modell (Technik des internen Ertragssatzes)[a]	50%
■ konventionelles NPV-Modell (Kapitalwertmethode)[b]	23%
■ Weston/Brigham-Ansatz und analoges Bierman/Smidt-Modell (Kapitalwertansatz)[c]	15%
■ Bower/Herringer/Williamson-Modell und analoges Basic Interest Rate-Modell (Kapitalwertrechnung)[d]	12%

a. Findlay.
b. Van Horne 1974.
c. Bierman/Smidt 1966 sowie Weston/Brigham 1972.
d. Bower/Herringer/Williamson 1966 sowie Vancil 1961.

---

19 Vgl. Bierman/Smidt 1966, Bower 1973, S. 25–34, Findlay, Gordon 1974, S. 245–250, Johnson/Lewellen 1972, S. 815–823, Myers/Dill/Bautista 1976, S. 799–819.
20 Anderson/Martin 1977.

Die Erhebungsresultate belegen die in der betrieblichen Praxis anzutreffende, *heterogene Evaluationstechnik*. Darüber hinaus zeigen sie, dass 85% der erfassten Unternehmungen Rechenverfahren benützten, die offensichtlich mit mehr oder weniger unpräzisen Kapitalisierungssätzen, d.h. auch Risikokorrekturen, arbeiteten.[21] Diese hatten zur Folge, dass die Analyseresultate systematisch verfälscht waren, zumeist zugunsten der Kaufvariante.

Weiter konstatierten *Anderson/Martin* anhand eines zu evaluierenden Musterbeispieles erstaunlich *viele, auch fundamentale Rechenfehler*. Die in diesen US-Gesellschaften zu beobachtende, eher schlechte FL-Analysetechnik steht im Gegensatz zur teilweise sehr hochentwickelten Investitionsanalyse. «The fact that the field of finance has not yet developed a consensus lease versus purchase model may be obliging practitioners to fall back on more traditional methodologies.»[22]

In den nachfolgenden Abschnitten wird versucht, ausgehend vom geschilderten «state of the art» modifizierte, nicht zu komplizierte und damit noch praktikable *Entscheidungsrechnungsansätze* zu entwickeln. In diesem Zusammenhang sei noch vermerkt, dass die bisher präsentierten Evaluationsmethoden vor allem aus dem angelsächsischen Sprachbereich stammen. Neuere, auch umfassendere deutschsprachige Finanzmanagementbeiträge verzichten dagegen häufig, auf die Problematik längerfristiger Leasing-Entscheidungen näher einzutreten.

Drei verschiedene Entscheidungskonstellationen sollen in der Folge konsequent auseinandergehalten werden:

- Leasing als *Alternative zu anderen klassischen Fremdkapitalquellen* (theoretisch saubere Analyserechnung)
- Leasing als *Alternative zur gemischten FK/EK-Finanzierung* eines Unternehmens, d.h. auch zur Ausweitung der Unternehmensverschuldung
- Leasing als *Investitionsfinanzierungspaket,* wenn alternative Finanzmittel nicht verfügbar sind.

Zur Verdeutlichung der verschiedenen Analyseansätze dient das in ▶ Abb. 7/5 gezeigte einfache Rechenbeispiel.

7.5 Theoretische Analyse der Financial Leasing-Entscheidung

7.5.1 Finanzierungsentscheidung unter der Annahme vollkommener Finanzmärkte

Gemäss den Ausführungen in den Abschnitten 7.1 und 7.2 muss Financial Leasing wirtschaftlich als echte *Fremdfinanzierungstechnik* betrachtet werden. Eine auch theoretisch unproblematische Analysemöglichkeit besteht deshalb darin, das FL-Projekt einer anderen, hundertprozentigen Fremdkapitalalternative gegenüberzustellen.

---

21 Vgl. nachfolgende Ausführungen bzw. Anderson/Martin 1977 und Haley/Schall 1979.
22 Anderson/Martin 1977.

Theoretische Analyse der Financial Leasing-Entscheidung

▲ Abb. 7/5   Rechenbeispiel zur Financial Leasing-Evaluation

Betriebswirtschaftliche Daten der Invest AG sowie eines Investitionsprojektes mit Leasing-Möglichkeit

- Gesamtkapital $EK + FK$ = 10 Mio. Fr.
- FK/EK = Finanzierungsverhältnis = 1/1 = 1
- ø Fremdkapitalkostensatz k_{FK} = 8%
- ø Eigenkapitalkostensatz k_{EK} = 16% (= 12% + 4% (FK/EK))
- Ertragssteuersatz s = 0.5
- k_{FK} nach Steuern = k_{FK_s} = k_{FK} (1 − s) = 4%
- ø Kapitalkosten k_K = 12%
- ø Kapitalkosten nach Steuern = k_{K_s} = 10%

- Potentielle Investitionsmöglichkeit
  □ Investitionssumme I_0 = 1 Mio. Fr.
  □ Laufzeit n = 8 Jahre
  □ Liquidationswert nach 8 Jahren = 0
  □ Betriebseinnahmen netto/Jahr = Ei = Fr. 283 900.− (vor Steuern)
  □ Abschreibung/Jahr (linear) = Ab = Fr. 125 000.−

- Mögliche Financial Leasing-Finanzierung
  □ Grundmietzeit = 5 Jahre
  □ Leasing-Jahresraten = L = Fr. 250 000.−/Jahr
  □ Mietverlängerungsoption = 3 Jahre zu L von Fr. 25 000.−
  □ sofortige Abschlussgebühr = Fr. 40 000.−

Mit diesem Vorgehen ist gewährleistet, dass man zwei Konstellationen mit äquivalentem finanzwirtschaftlichem Risiko vergleicht.

Den Gegenwartswert (PV) einer Fremdfinanzierung kann man wie folgt definieren:

$$PV_{FK} = \sum_{t=1}^{n} \frac{RZ_t + Zs_t(1-s)}{(1+k_{FK_s})^t} = I_0$$

wobei: RZ = FK-Tilgungen
Zs = FK-Zins absolut
s = Ertragssteuersatz
k_{FK_s} = FK-Zinssatz nach Steuern
I_0 = 100% mit FK finanzierte Investitionssumme

7. Analytische Betrachtungen zum Leasingentscheid

Analog resultiert für die entsprechende Financial Leasing-Finanzierung der folgende Gegenwartswert PV_L:

$$PV_L = \sum_{t=0}^{n} \frac{L_t(1-s)}{(1+k_{FK_S})^t} + \sum_{t=1}^{n} \frac{Ab_t s}{(1+k_{FK_S})^t} - \sum_{t=1}^{n} \frac{\Delta\overline{BK}_t(1-s)}{(1+k_x)^t} + \frac{\overline{LW}_{S_n}}{(1+k_y)^n}$$

wobei: L = Zahlungen aus Leasing-Vertrag (Leasing-Raten usw.)
Ab = entfallende steuerliche Abschreibungen (Kauf)
$\Delta\overline{BK}$ = allfällige Betriebskosteneinsparungen durch den Leasing-Vertrag
$\overline{LW}_S$ = allfälliger Liquidationswert der gekauften Anlage abzüglich möglicher Steuern
k_x, k_y = risikoentsprechende Kapitalisierungssätze
$(k_{FK_S} < k_x < k_{K_S}; k_y \approx k_{K_S})$

Der *Nettowertzuwachs (NBL) aus Financial Leasing-Finanzierung* ist somit:

$$NBL = I_0 - \sum_{t=0}^{n} \frac{L_t(1-s)}{(1+k_{FK_S})^t} - \sum_{t=1}^{n} \frac{Ab_t s}{(1+k_{FK_S})^t} + \sum_{t=1}^{n} \frac{\Delta\overline{BK}_t(1-s)}{(1+k_x)^t} - \frac{\overline{LW}_{S_n}}{(1+k_y)^n}$$

Für das angenommene *Zahlenbeispiel* (◄ Abb. 7/5) resultieren folgende Werte:

$$NBL = 1000 - \sum_{t=1}^{5} \frac{250 \cdot 0.5}{1.04^t} - \sum_{t=6}^{8} \frac{25 \cdot 0.5}{1.04^t} - \frac{40 \cdot 0.5}{1.04^0} - \sum_{t=1}^{8} \frac{125 \cdot 0.5}{1.04^t}$$

$$+ \sum_{t=1}^{8} \frac{0 \cdot 0.5}{(1+k_x)^t} - \frac{0}{(1+k_y)^8} = 1000 - 556.5 - 28.5 - 20 - 420.8 = -25.8$$

Die für das Beispiel angenommene *Leasing-Finanzierung* ist damit *teurer* als eine äquivalente Fremdkapitalaufnahme, trotz der vorausgesetzten, linear verlaufenden steuerlichen Abschreibungen. Unterstellt wurde dabei eine *sichere Nutzung* der Investition über 8 Jahre, was – allerdings je nach Liquidationswertkonstellation nach 5 Jahren – die Analyserechnung eher zugunsten der Leasing-Variante beeinflusst. Der mit einer bestimmten Wahrscheinlichkeit mögliche Abbruch der Investitionsnutzung nach 5 Jahren kann ohne weiteres in die Rechnung einbezogen werden, indem man einen zusätzlichen NBL berechnet und anschliessend – durch Gewichtung mit den entsprechenden Eintretenswahrscheinlichkeiten – den gesamten erwarteten NBL ermittelt.

Theoretische Analyse der Financial Leasing-Entscheidung 181

Anhand der folgenden (zur Rechendemonstration stark vereinfacht angenommenen) *Zusatzangaben* ergeben sich *folgende Rechnungen:*

- NBL (8 Jahre) = – 25.8 mit w (Wahrscheinlichkeit) von 0.8
- NBL (5 Jahre) = ?, wobei hier w = (1 – 0.8) = 0.2 beträgt und folgendes gilt:
  - LW nach 5 Jahren = 100 (dabei k_y = 10%)
  - Restabschreibung im 5. Jahr = 1 000 – 5 · 125 – 100 = 275

$$NBL(5) = 1000 - \sum_{t=1}^{5} \frac{250 \cdot 0.5}{1.04^t} - \frac{40 \cdot 0.5}{1.04^0} - \sum_{t=1}^{5} \frac{125 \cdot 0.5}{1.04^t} - \frac{275 \times 0.5}{1.04^5}$$

$$+ \sum_{t=1}^{5} \frac{0 \cdot 0.5}{(1+k_x)^t} - \frac{100}{1.1^5}$$

$$= 1\,000 - 556.5 - 20 - 278.3 - 113.0 - 62.1 = -29.9$$

$$NBL_{(insgesamt)} = NBL(8)\,w_8 + NBL(5)\,w_5$$

$$= (-25.8) \cdot 0.8 + (-29.9) \cdot 0.2 = -26.6$$

Die Grundformel der hier aufgezeigten Evaluationsrechentechnik entspricht – leicht modifiziert – auch den Herleitungen von *Higgins* bzw. *Weston/Brigham.* Im Vergleich zu *Higgins*[23] *wird zur Diskontierung* der sicheren Zahlungsbeträge k_{FK_s}, d.h. der Fremdkapitalzinssatz nach Berücksichtigung der Steuerabzugswirkung, anstatt k_{FK} verwendet (Wegfall von Summe (t = 0 ... n) aus $s\,Zs/(1+i)^t$ in Higgins' Rechenformel sowie des Steuer-Leverage-Gegenwartswertes und der Modigliani/Miller-Kapitalkostenannahme[24]). Im Vergleich zu *Weston/Brigham*[25] wird der mathematische Ausdruck umgeformt und $\Delta\overline{BK}\,(1-s)$ risikogerecht diskontiert. Der konventio-

---

[23] Higgins, R.C.: Financial Management, S. 306 (sinngemäss):

$$NBL = I - \sum_{t=0}^{n} \frac{s(Zs+Ab)_t}{(1+i)^t} - \sum_{t=0}^{n} \frac{L_t(1-s)}{(1+i)^t} + \sum_{t=0}^{n} \frac{\Delta\overline{BK}(1-s)_t}{(1+k)^t} - \frac{\overline{LW}_{S_n}}{(1+k)^n}$$

[24] Vgl. dazu auch Bd. I, 4. Kapitalkostenansätze, S. 79ff.
[25] Weston/Brigham 1972:

$$NBL = \sum_{t=1}^{n} \frac{RZ + Zs(1-s)}{(1+k_{FK_s})^t} - \sum_{t=1}^{n} \frac{L_t(1-s)}{(1+k_{FK_s})^t} - \sum_{t=1}^{n} \frac{Abs}{(1+k_{FK_s})^t}$$

$$+ \sum_{t=1}^{n} \frac{\Delta\overline{BK}(1-s)}{(1+k_{FK_s})^t} - \frac{\overline{LW}_{S_n}}{(1+k_{K_s})^n}$$

nelle PV-Ansatz[26] (vgl. z.B. bei *Van Horne*[27]) verwendet zu «leasing-pessimistische» Kapitalisierungssätze, ebenso die vergleichsweise komplizierten Ansätze nach *Vancil*[28] bzw. *Bower/Herringer/Williamson*[29] (vgl. auch die Anwendung in der Praxis gemäss ◄ Abb. 7/4).

Eine im Vergleich zum NBL anschaulichere und auch in der praktischen Leasing-Evaluation häufig verwendete Grösse stellt der *Kostensatz der Leasing-Finanzierung*, k_{L_s}, dar, welcher ohne weiteres dynamisch hergeleitet werden kann. Dabei gilt gemäss den bisherigen Ausführungen:

$$0 = I_0 - \sum_{t=0}^{n} \frac{L_t(1-s)}{(1+k_{L_s})^t} - \sum_{t=1}^{n} \frac{Ab_t s}{(1+k_{L_s})^t} + \sum_{t=1}^{n} \frac{\overline{\Delta BK}_t(1-s)\alpha_1}{(1+k_{L_s})^t} - \frac{\overline{LW}_{S_n}\alpha_2}{(1+k_{L_s})^n}$$

wobei: k_{L_s} = Leasing-Finanzierungskostensatz (nach Steuern) (= $k_L(1-s)$)
α_1, α_2 = Sicherheits-Äquivalenzfaktoren[30] für die risikobehafteten $\overline{\Delta BK}(1-s)$ und $\overline{LW}_S$ (α_2 ist bei einem k_{FK_s} von 4%, k_{K_s} von 10% und einer Laufzeit n von 8 Jahren = 0.64)

Für das *Zahlenbeispiel* ergibt sich folgende Lösung:

$$0 = 1\,000 - \sum_{t=1}^{5} \frac{250 \cdot 0.5}{(1+k_{L_s})^t} - \sum_{t=6}^{8} \frac{25 \cdot 0.5}{(1+k_{L_s})^t} - \frac{40 \cdot 0.5}{(1+k_{L_s})^0}$$

$$- \sum_{t=1}^{8} \frac{125 \cdot 0.5}{(1+k_{L_s})^t} + \sum_{t=1}^{8} \frac{0 \cdot 0.5 \cdot \alpha_1}{(1+k_{L_s})^t} - \frac{0 \cdot \alpha_2}{(1+k_{L_s})^8}$$

$$k_{L_s} = 4.7\,\% \qquad k_{L_s}(4.7\,\%) > k_{FK_s}(4.0\,\%)$$

---

26 Die *NBL*-Herleitung sieht hier wie folgt aus:

$$NBL = \sum_{t=1}^{n} \frac{RZ + Zs(1-s)}{(1+k_{K_s})^t} - \sum_{t=1}^{n} \frac{L_t(1-s)}{(1+k_{K_s})^t} - \sum_{t=1}^{n} \frac{Abs}{(1+k_{K_s})^t}$$

$$+ \sum_{t=1}^{n} \frac{\overline{\Delta BK}(1-s)}{(1+k_{K_s})^t} - \frac{\overline{LW}_{S_n}}{(1+k_{K_s})^n}$$

27 Van Horne 1986.
28 Vancil 1961, S. 122–136.
29 Vgl. zu den hier besprochenen Gegenüberstellungen grundsätzlich: Anderson/Martin 1977.
30 Da alle Werte mit k_{L_s} diskontiert werden, muss der Erwartungswert von ΔBK bzw. LW mit einem Risikoabschlag versehen werden.

Im Vergleich zum *traditionellen IRR-Modell* nach ◄ Abb. 7/4 berücksichtigen die oben eingebauten Korrekturfaktoren α_2 und α_2 den Risikogehalt von ΔBK $(1 - s)$ sowie LW_s[31]. Der traditionelle Ansatz[32] führt zu einem vergleichsweise zu hohen k_{L_S}. Die hier gezeigten Berechnungen behandeln die FL-Evaluation als *reinen Fremdfinanzierungsentscheid*. Vorausgesetzt wird dabei, dass vorgängig eine klassische *Investitionsanalyse* durchgeführt worden ist. Für das verwendete Beispiel resultieren im Falle des *Anlagenkaufs* folgende *Nettokapitalwerte* (*NPV*) in Fr. 1000.–[33]:

- NPV, bezogen auf K und k_{K_s}[34] = + 90.7 (meistverbreitete Rechenweise)
- NPV, bezogen auf K und k_K = + 77.7 (bei effektiver Steuerberücksichtigung in den Projekt-Cash-flow-Strömen)
- NPV, bezogen auf EK und k_{EK}[35] = + 64.4 (auf Eigenkapital bezogener NPV)

Beachten sollte man auch, dass ein leasbares Projekt bei allenfalls negativem Kauf-NPV nicht zum vornherein verworfen wird. Ist nämlich die Leasing-Variante attraktiv (Kapitalkosten, Steuerwirkung), so kann ein positiver NBL (Wert der Leasing-Finanzierung im Vergleich zur konventionellen Fremdfinanzierung) den negativen Kauf-NPV durchaus kompensieren. Die betriebliche Praxis scheint diesem Punkt gelegentlich zu wenig Aufmerksamkeit zu schenken.[36]

---

31 Vgl. auch Roenfeldt/Osteryoung 1973, S. 74–87.
32 Vgl. Findlay.
33 Berechnungen gemäss dem üblichen Kapitalwertansatz: (Basisdaten ◄ Abb. 7/5)

$$NPV(K, k_{K_s}) = \sum_{t=1}^{n} \frac{283.9 - 0.5\,(283.9 - 125)}{(1.1)^t} - 1\,000$$

$$= 1\,090.7 - 1\,000 = 90.7$$

$$NPV(K, k_K) = \sum_{t=1}^{n} \frac{283.9 - 0.5\,(283.9 - 125 - 25^{\dagger})}{(1.12)^t} - 1\,000$$

$$= 1\,077.7 - 1\,000 = 77.7$$

$$NPV(EK, k_{EK}) = \sum_{t=1}^{n} \frac{283.9 - 0.5\,(283.9 - 125 - 25^{\dagger}) - 87^*}{(1.16)^t} - 500$$

$$= 564.4 - 500 = 64.4$$

* Jährliche Zahlung an FK-Geber: FK-Zins + Rückzahlungen

† 8 % von $\frac{500 + 62.5}{2} = 22.5$; aufgerundet auf 25, da bei Annuität zuerst grössere Steuerwirkung

34 Definition von k_{K_s} bzw. k_K gemäss Bd. I, 4. Kapitalkostenansätze, Abschnitt 4.2.3 Kapitalkostenansätze als Entscheidungsmodelle, S. 85ff.
35 Definition von k_{EK} gemäss Bd. I, 4. Kapitalkostenansätze, Abschnitt 4.3.5 Kapitalkosten und Investitionsentscheidung, S. 96ff. Vgl. zu den konzeptionellen Investitionsrechnungsaspekten auch Bd. I, 1. Dynamische Investitionsrechnungen in Theorie und Praxis, S. 17ff.
36 Anderson/Martin 1977. Darüber hinaus fehlt auch die Bewertung qualitativer Aspekte.

7.5.2 Finanzierungsentscheidung unter der Annahme von Kapitalbeschaffungsrestriktionen

In der Praxis wird FL oft als *Alternative* zu einer der bisherigen Kapitalstruktur entsprechenden (oder auch fremdkapitalreicheren) Projektmischfinanzierung verstanden; sei es, weil eine mit dem FL-Engagement erhöhte Verschuldungsgrenze unterstellt oder weil das FL nicht als FK-analoge Variante empfunden wird.[37]

Bei gegebenem Investitionsvorhaben muss man sich dabei aber bewusst sein, dass jetzt zusätzlich über grundlegend *verschiedene Finanzstrategien* mit ungleich hohen Verschuldungsgraden entschieden wird.[38] Die Leasing-Entscheidung führt hier zur strategisch bedeutsamen Frage nach der *optimalen Kapitalstruktur*.[39] Im Zentrum steht somit nicht mehr die (bereits positiv entschiedene) Investitionsanalyse, sondern die Beurteilung der kapitalstrukturmässigen Auswirkungen des Leasing-Vertrages. Durch diese direkte Verknüpfung von Investitions- und Finanzierungsseite wird die rechnerische Evaluation äusserst kompliziert; neu ins Spiel kommt die bereits früher als subjektiv bezeichnete Komponente des Kapitalkostenverhaltens.

- Als grobe Analyseregel gilt:
  Durchschnittlicher Leasing-Profit/Jahr (LP) = Zusatzerlös aus Leasing-Finanzierung − ø Eigenkapitalzusatzkosten − ø Fremdkapitalzusatzkosten
- Dieser Zusammenhang lässt sich wie folgt ausdrücken:

$$LP = \frac{I_0}{2} \cdot (k_{K_s} - k_{L_s}) - \frac{EK}{2} \cdot (k_{EK_2} - k_{EK_1}) - \frac{FK_1}{2} \cdot (k_{FK_{s_2}} - k_{FK_{s_1}})$$

Da angenommen wird, dass die Investition auch anders finanziert werden könnte, entspricht der Leasing-Profit LP der Differenz $(k_{K_s} - k_{L_s})$ und nicht $(r_I - k_{L_s})$. $(k_{FK_{s_2}} - k_{FK_{s_1}})$ entspricht der Kostensteigerung auf dem *bisherigen* FK, $(k_{EK_2} - k_{EK_1})$ derjenigen auf dem EK.

Für das *Rechenbeispiel* ergibt sich anhand dieser Grobanalyse:

$$LP = \frac{1000 \cdot (10\% - 4.7\%)}{2} - \frac{5000 \cdot (16.8\% - 16\%)}{2} = 6.5$$

---

[37] Vgl. dazu auch Bd. I, 6. Finanzierungs-Leasing, Abschnitt 6.5.3 Financial Leasing als Instrument der Investitionspolitik, S. 154ff und Abschnitt 6.6 Einbezug qualitativer Gesichtspunkte, S. 155ff.
[38] Vgl. auch Mehta/Whitford 1979, S. 47−58.
[39] Näheres in Bd. I, 4. Kapitalkostenansätze, S. 79ff.

Theoretische Analyse der Financial Leasing-Entscheidung

Dabei gilt:
1. Kein Anstieg der bisherigen FK-Kosten.
2. Anstieg der EK-Kosten gemäss den Ausgangsdaten in ◄ Abb. 7/5 sowie den Risikozusammenhängen gemäss CAPM[40].

$$k_{EK_1} = 12\% + 4\% \cdot \left(\frac{FK}{EK}\right) = 12\% + 4\% = 16\%$$

$$k_{EK_2} = 12\% + 4\% \cdot \left(\frac{FK}{EK}\right) = 12\% + 4\% \cdot \frac{6}{5} = 16.8\%$$

Durch die Leasing-Finanzierung wird das FK von 5 Mio. Fr. auf 6 Mio. Fr. gesteigert, und zwar bei unverändertem EK von 5 Mio. Fr. Dieses EK hat nun mehr finanzielles Risiko zu tragen, k_{EK} steigt an.

Wie die obenstehende Grobevaluation zeigt, ist die *zusätzliche Leasing-Verschuldung rentabel*. Dies aber nicht im Vergleich zu einer anderen vollumfänglichen Fremdfinanzierung des Projektes, sondern im Vergleich zu einer durchschnittlichen Mischfinanzierung (FK/EK = 1/1). Allerdings hängt das Rechenresultat direkt ab von den unterstellten Kapitalkostenverläufen.

Zum gleichen Ergebnis gelangt man, wenn man den bisher geltenden *Kapitalkostensatz nach Steuern* (k_{K_s}) vergleicht mit den durch die Leasing-Finanzierung im *gesamten verursachten (Grenz-)Kapitalkosten* nach Steuerwirkung. Dabei gilt, dass *Leasing als akzeptabel, wenn*

$$k_{K_s} \geq k_{L_{s_t}}$$

wobei: k_{K_s} = durchschnittliche Kapitalkosten nach Steuern
$k_{L_{s_t}}$ = totale Kapitalkosten aus Leasing-Finanzierung

Für das *Rechenbeispiel* ergibt sich[41]:

$$k_{K_s}(10.0\%) > k_{L_{s_t}}(8.7\%) \rightarrow \text{Leasing-Finanzierung rentabel}$$

---

[40] Gemäss den im «Capital Asset Pricing Model» (vgl. Bd. I, 5. Gedanken zur Gestaltung der Kapitalstruktur, Abschnitt 5.4 Zur Theorie einer optimalen Kapitalstrukturpolitik, S. 128ff, sowie insbesondere Abschnitt 5.5 Einsatz von Eigen- und Fremdkapital als Abstimmungsproblem zwischen Rentabilität und Risiko, S. 133ff) beschriebenen Zusammenhängen beträgt das eigenkapitalbezogene Risiko R_{EK} = $R_K \cdot (1 + FK/EK)$, d.h. = Branchenrisiko · (1 + Kapitalstruktur). Nimmt man gemäss ◄ Abb. 7/5 den branchenrisikogerechten Kapitalkostensatz (entsprechend Eigenkapitalkosten bei reiner Eigenfinanzierung) mit 12% an, so ergeben sich folgerichtig die verwendeten Zusammenhänge. Sie sind insofern leasing-pessimistisch, als – ohne Steuerwirkung – Kapitalstrukturirrelevanz zugrunde liegt.

[41] $k_{K_s} = \dfrac{k_{EK} \cdot EK + k_{FK}(1-s)FK}{EK + FK} = \dfrac{16 \cdot 1 + 4 \cdot 1}{2} = 10\%$

$k_{L_{s_t}} = 4.7\%/1\,000 + 0.8\%/5\,000\text{ (EK-Zusatzkosten)} = 8.7\%/1\,000$

Ein etwas komplizierteres, von Theoretikern verschiedentlich vorgeschlagenes Vorgehen besteht darin, die *Gegenwartswerte* (NPV) *aus Kauf,* d.h. Mischfinanzierung, und *aus Leasing zu vergleichen.*[42] *Dabei gilt. dass Leasing als akzeptabel, wenn*

$$NPV_L \geq NPV_K$$

wobei: NPV_L = Projekt-NPV mit Leasing
NPV_K = Projekt-NPV mit Kauf

Arbeitet man mit den im nächsten Abschnitt hergeleiteten Leasing-NPV-Grössen, so ergibt sich folgendes Bild für das *Rechenbeispiel:*

- NPV-Berechnungen auf *Gesamtkapitalebene:*
  - NPV_K (über k_K ermittelt): +77.7
  - NPV_L (über k_z): +84.0
- NPV-Berechnungen auf *Eigenkapitalebene;*
  - NPV_{EK} (über k_{EK}): +64.5
  - NPV_L (über k_{EK}): +75.6

Auch hier wird die *Überlegenheit* der durch *Leasing* ausgeweiteten Verschuldung gegenüber der bisherigen Kapitalstruktur nachgewiesen. Die theoretisch bestechende Rechenweise über die Gegenwartswerte aus Kauf bzw. Leasing ist aber in der praktischen Anwendung mit grossen *Datenermittlungsproblemen* behaftet, indem die für die NPV_L-Herleitung notwendigen *Kapitalisierungssätze* nur schwer bestimmt werden können (vgl. nachfolgenden Abschnitt 7.5.3).

Die in diesem Abschnitt besprochene Leasing-Analyse betrachtet das FL als Mittel zur Veränderung des Verschuldungsgrades einer Unternehmung. Diese Kapitalstrukturmodifikation legt aber nahe, dass gerade in diesem Falle die *allgemeine Leasing-Strategie auf oberster Führungsebene – im Rahmen der langfristigen Finanzpolitik – fixiert wird.* In jedem Fall führt die gleichzeitige Veränderung der Investitions- und Finanzierungsseite zu sehr schwierigen Abstimmungs- und Analyseproblemen. Das in Abschnitt 7.7 gezeigte Beispiel soll die hier aufgezeigte Problematik nochmals verdeutlichen.

7.5.3 Financial Leasing als Finanzierungs- und Investitionsentscheid

Steht ein expandierendes Unternehmen einschränkenden Kapitalaufnahmebedingungen gegenüber, so kann FL die *einzige Chance zur Realisierung weiterer Investitionsprojekte* bieten.[43] Bezüglich der finanzpolitischen Problematik gilt auch hier das im

---

42 Vgl. z.B. Haley/Schall 1979, S. 459ff.
43 Die in Bd. I, 6. Finanzierungs-Leasing, Abschnitt 6.6 Einbezug qualitativer Gesichtspunkte, S. 155ff, kommentierte empirische Erhebung unterstreicht dieses Argument (vgl. vor allem ◄ Abb. 6/7 auf Seite 157).

Theoretische Analyse der Financial Leasing-Entscheidung 187

vorangegangenen Abschnitt Gesagte. Für die Vornahme der rechnerischen Analyse ergeben sich verschiedene Möglichkeiten:

- Ermittlung eines (nur theoretisch denkbaren) NPV (Kauf) und Abschätzung der Kapitalstrukturauswirkungen aus FL. Wenn letztere negativ zu werten sind, muss der positive Kauf-NPV gegen die FL-Finanzierungsnachteile abgewogen werden. Rechnerisch problematisch.
- Direkte Ermittlung eines Projekt-NPV mit Leasing-Finanzierung, da Kauf nicht in Frage kommt. Projektannahme, wenn $NPV_L \geq 0$ (vgl. nachfolgende Berechnungen).
- Ermittlung des internen Ertragssatzes (IRR) der Investition und Vergleich mit den durch die Leasing-Finanzierung im gesamten verursachten (Grenz-)Kapitalkosten (vgl. nachfolgende Berechnungen).

Bezieht man die Analyserechnung direkt auf den *Leasing-Projekt-NPV, so* stehen jetzt – im Vergleich zur klassischen Investitionsrechnung – dem Investitionsoutput entsprechend die (abzuzinsenden) zukünftigen Leasing-Zahlungen gegenüber. Dies führt zu folgender Ermittlung des *Leasing-Projektkapitalwertes* NPV_L:

$$NPV_L = \sum_{t=0}^{n} \frac{\overline{Ei}_t - s \cdot (\overline{Ei}_t - L_t)}{(1 + k_z)^t} - \sum_{t=0}^{n} \frac{L_t}{(1 + k_{FK})^t}$$

wobei: $\overline{Ei}$ = Betriebseinnahmen/Jahr netto, vor Steuern
$k_{...}$ = Kapitalkostensätze *vor* Steuern (Leasing-Zahlungen abzüglich *effektiver* Steuern)
L = jährliche Leasing-Zahlungen
s = Ertragssteuersatz

Ein theoretisch, vor allem aber in der praktischen Anwendung nur schwer lösbares Problem stellt die *Herleitung des risikogerechten Kapitalisierungssatzes* k_z dar, der nämlich von der Risikoprämie des Kapitalmarktes, von der Höhe von s, von der Relation L_t/Ei_t sowie von k_{FK} und k_{EK} abhängig ist.[44] Ausgehend von den Erkenntnissen aus dem Capital Asset Pricing Model (CAPM) wird hier folgende *Näherungsformel zur k_z-Bestimmung* vorgeschlagen:

$$k_z \approx k_{FK} + \frac{(k_x - k_{FK}) \cdot \overline{Ei} \cdot (1-s)}{\overline{Ei} \cdot (1-s) + s \cdot L}$$

wobei: k_x = $k_K \ldots k_{EK}$

---

[44] k_z ist eine Funktion des Variationskoeffizienten von $Ei_t - s \cdot (Ei_t - L_t)$.

Die obige k_Z-Herleitung geht (behelfsmässig) von den bisherigen FK- bzw. EK-Kostensätzen des betrachteten Unternehmens aus. Damit wird weder das theoretisch exakte, risikogerechte k_Z noch die durch die Kapitalstrukturmodifikation bewirkte Kapitalkostenänderung genau berücksichtigt. Der an anderer Stelle[45] vorgeschlagene Einsatz von k_X mit k_{EK} führt tendenziell zu leasing-pessimistischen Resultaten; mit k_K für k_x kann die Rechnung aber durchaus zu optimistisch ausfallen. *Dies verdeutlicht die Problematik der nur theoretisch genau definierbaren NPV_L-Bestimmung.*

Bei Verwendung von k_{EK} für k_x resultieren für das *Zahlenbeispiel folgende Werte:*

$$k_z = 8 + \frac{(16-8) \cdot 283.9 \cdot 0.5}{283.9 \cdot 0.5 + 0.5 \cdot 194*} \approx 12.75$$

(*entspricht dem dynamischen ø-Wert für die Leasing-Raten
über die ganzen 8 Jahre Laufzeit)

$$NPV_L = \sum_{t=1}^{5} \frac{283.9 - 0.5 \cdot (283.9 - 250)}{1.1275^t} - \sum_{t=6}^{8} \frac{283.9 - 0.5 \cdot (283.9 - 25)}{1.1275^t}$$

$$+ \frac{-(0.5) \cdot (-40)}{1.1275^0} - \sum_{t=1}^{5} \frac{250}{1.08^t} - \sum_{t=6}^{8} \frac{25}{1.08^t} - \frac{40}{1.08^0} \approx 84$$

In Übereinstimmung mit den bisherigen Resultaten (positiver Kauf-NPV, positive Wirkung der zusätzlichen Verschuldung) führt die FL-Investition zu einem (sehr) *positiven Kapitalwert NPV_L.*

Falsch ist es, die beiden NPV_L-Summanden in der hier entwickelten Analyseformel zunächst zu saldieren und anschliessend mit k_{EK} zu kapitalisieren, wie das z.B. *Schall/ Haley*[46] vorgeschlagen haben. Dieses Vorgehen hätte tendenziell viel zu positive Leasing-Entscheidungen zur Folge. Sinnvoll ist dagegen die nachstehende, von den gleichen Autoren an anderer Stelle[47] postulierte Evaluationstechnik, die grundsätzlich dem hier entwickelten Rechenansatz entspricht. Auch sie krankt aber an der bereits verdeutlichten Problematik der Kapitalisierungssätze-Herleitung.

$$NPV_L = \sum_{t=1}^{n} \frac{\overline{Ei}_t \cdot (1-s)}{(1+k_x)^t} - \sum_{t=0}^{n} \frac{L_t \cdot (1-s)}{(1+k_{FK})^t}$$

wobei: $k_x = k_K \ldots k_{EK}$

---

45 Vgl. Volkart 1981, S. 362–368.
46 Schall/Haley 1983, S. 599.
47 Haley/Schall 1977, S. 462.

Theoretische Analyse der Financial Leasing-Entscheidung 189

Bezüglich der k_x-Fixierung gilt das bereits vorhin Gesagte. Für das *Rechenbeispiel* resultieren folgende Werte, wenn man k_x wiederum $= k_{EK}$ setzt:

$$NPV_L = \sum_{t=1}^{8} \frac{283.9 \cdot 0.5}{1.16^t} - \sum_{t=1}^{5} \frac{250 \cdot 0.5}{1.08^t} - \sum_{t=6}^{8} \frac{25 \cdot 0.5}{1.08^t} - \frac{40 \cdot 0.5}{1.08^0}$$

$$= 616.6 - 541 = 75.6$$

Analog zu den verschiedenen Rechenkonzeptionen der klassischen Investitionsanalyse (NPV_K-Ermittlungen in Abschnitt 7.5.1) differieren die beiden NPV_L-Resultate nach k_z und k_x, da der anfallende Projektüberschuss unterschiedlich diskontiert wird. Der NPV ($k_x = k_{EK}$) kommt über die Überschussdiskontierung mit $(1 + k_{EK})^t$, der NPV (k_z) über die Überschussdiskontierung mit $(1 + k_z)^t$ zustande. Rechnet man den NPV von 75.6 ($k_{EK} = 16\%$) über die Gewichtung mit dem Rentenbarwertfaktor (16%/ 8 Jahre bzw. 12.75%/8 Jahre) approximativ auf den NPV für k_z (12.75%) um, so erhält man ziemlich genau den dort ermittelten Wert von + 84.

Für den in Abschnitt 7.5.2 besprochenen Vergleich des Leasing-NPV mit dem entsprechenden NPV aus Kauf ist unbedingt zu beachten, dass auf gleicher Ebene berechnete NPV-Grössen eingesetzt werden. Wie ein Blick in Abschnitt 7.5.1 zeigt kann die Nichtbeachtung dieser rechenkonzeptionellen Gesichtspunkte zu *krassen Fehlresultaten* führen (Umkehr der Rangfolge!). Diese Überlegungen verdeutlichen zusätzlich die Problematik der Verwendung von Leasing-Gegenwartswerten (NPV_L)!

Ein anderes bereits erwähntes Analysevorgehen besteht darin, den *internen Ertragssatz der Investition* (IRR) mit den gesamten durch die Leasing-Finanzierung verursachten *Kapitalkosten* zu vergleichen. *Dabei gilt das leasing-finanzierte Investitionsprojekt als akzeptabel, wenn:*

$$IRR_I \geq k_{L_{S_t}}$$

wobei: IRR_I = Interner Ertragssatz des Investitionsprojektes
$k_{L_{S_t}}$ = totale Kapitalkosten aus Leasing-Finanzierung

Für das *Rechenbeispiel* ergibt sich[48]:

IRR_I (12.5 %) $> k_{L_{S_t}}$ (8.7 %) → Leasing-finanziertes Projekt rentabel

---

48 *IRR-Berechnung:*

$$\sum_{t=0}^{n} \frac{Z_t}{(1+IRR)^t} = 0 \text{ , d.h.:} \sum_{t=1}^{n} \frac{Z_t}{(1+IRR)^t} - I_0 = 0$$

$$\sum_{t=1}^{8} \frac{283.9 - 0.5(283.9 - 125)}{(1+IRR)^t} - 1\,000 = 0; \text{ IRR (nach maximalen Steuern)} = 12.5\%$$

$k_{L_{S_t}}$ = 4.7 % / 1 000 + 0.8 % / 5 000 (EK-Zusatzkosten) = 8.7 % / 1 000

Im Gegensatz zu Abschnitt 7.5.2 wurde oben die Erfolgsträchtigkeit des *Leasing-Investitionsprojektes insgesamt* untersucht (Vergleich von k_{L_s} mit IRR$_I$), im erwähnten Abschnitt indessen nur die *Erfolgswirkung der Leasing-Finanzierung im Vergleich zu konventioneller Mischfinanzierung* (Vergleich von $k_{L_{s_t}}$ mit k_{K_s}).

7.6 Folgerungen zur Leasing-Evaluation

Leasing-Entscheidungen stellen *komplexe* analytische Evaluationsprobleme dar, da sie *gleichzeitig* zu einer veränderten Investitions- *und* Finanzierungskonstellation führen. In jedem Fall erfordert die Leasing-Entscheidung vergleichsweise komplizierte Analyserechnungen. Von zu einfachen und wenig präzisen Rechenverfahren muss abgeraten werden, da die *Gefahr krasser Resultatsverfälschungen* besteht. Häufig sind dann die möglichen Fehlaussagen schwerwiegender als der Nutzen solcher Entscheidungshilfen.

In der praktischen Anwendung sollte man zunächst immer die *Entscheidungssituation klären*. Dabei sind folgende Konstellationen möglich:

- Leasing als reines Finanzierungsinstrument, d.h. Fremdkapitalalternative (Evaluation der FL-Finanzierungskosten):
  - NBL-Barwert
  - Kostenvergleich Leasing/FK
- Leasing als Instrument zur Kapitalstrukturmodifikation, d.h. Ausdehnung der Verschuldung (Evaluation alternativer Finanzierungsverhältnisse):
  - Grobanalyse über Leasing-Profit LP
  - Kostenvergleich mit/ohne Leasing
  - Vergleich NPV (Kauf) mit NPV (Leasing)
- Leasing-Investitionsprojekt als Exklusivmöglichkeit, d.h. Investitionsprojekt nur zusammen mit FL-Finanzierung realisierbar (Evaluation des gesamten Investitions-/Finanzierungspaketes):
  - Bestimmung des NPV (Leasing)
  - Kosten/Rendite-Vergleich k_L/IRR$_I$

Je nach Entscheidungssituation sind auch die entsprechenden Analyserechenverfahren zu wählen. Im Falle echter Wahlmöglichkeit auf der Finanzierungsseite (alternatives Fremdkapital oder Mischfinanzierung) ist darauf zu achten, dass ein mit Leasing-Finanzierung möglicherweise rentables Projekt *nicht durch eine negative Vorentscheidung* bezüglich der Kaufvariante *verpasst* wird. Der in Abschnitt 7.5.1 gezeigte «reine» Fremdkapitalvergleich ist die theoretisch beste analytische Lösung. Sie ist aber nur bei zutreffender Entscheidungskonstellation berechtigt und wird vielen praktischen Fällen nicht gerecht.

Äusserst sorgfältig sind für Leasing-NPV-Berechnungen notwendige *Kapitalisierungssätze* zu wählen. Sie bilden schon im Rahmen der klassischen Investitionsanalyse einen sehr kritischen Faktor; im Falle der Leasing-Evaluation ist aber die

Verwendung unzweckmässiger Kapitalkostensätze besonders wahrscheinlich und schwerwiegend. Der Vergleich von Leasing-NPV-Werten mit NPV-Grössen kauffinanzierter Varianten erfordert, dass die *Rechenmethoden* (-paare) *konsistent* gewählt werden. Liegen die Analyseansätze nicht auf der gleichen Ebene, so ist die Gefahr von fehlerhaften Resultaten gross.

Die innerhalb der finanzwirtschaftlichen Theorie entwickelten *Entscheidungshilfen divergieren stark,* sind noch zu wenig exakt und können oft nur schwer in die Praxis umgesetzt werden. Wenig erstaunlich sind deshalb die besprochenen Erhebungsresultate, wonach die erfassten grossen US-Gesellschaften noch häufig mit ungenügenden FL-Analyserechnungen arbeiteten. Diese wurden zudem durch tendenziell als zahlreich anzunehmende *Rechenfehler* zusätzlich in Frage gestellt. Inwieweit dadurch betriebliche Fehlentscheidungen zu erwarten sind, ist allerdings eine nur schwer abschätzbare Frage.

Zusammenfassend ergibt sich,

- dass Financial Leasing als *vollwertiger Investitions- und Fremdfinanzierungsvorgang* mit allen dadurch entstehenden investitions- und finanzierungsseitigen *Risiken* zu verstehen ist,
- dass FL für kapitalbeschaffungsstarke Unternehmungen unter Umständen eher *teuer* ausfällt, für kleinere und mittlere Wachstumsunternehmen mit guter Rendite aber *attraktiv,* für *Grossunternehmen* eine *Bereicherung des FK-Mix* sein mag,
- dass die *Steuerkonstellation* (Land, Region, Unternehmung) grosse Bedeutung für den Leasing-Entscheid besitzt,
- dass *Leasing-Analysen praktisch nur schwer konsistent durchführbar* und vergleichsweise häufig mit Fehlern, falschen Grundannahmen oder ungenügender theoretischer Fundierung behaftet sind und
- dass *qualitative Faktoren* im Rahmen der Leasing-Entscheidung besonders sorgfältig geprüft werden müssen.

7.7 Rechenbeispiel zur Leasing-Entscheidung

Mit dem nachfolgenden Rechenbeispiel sollen die besprochenen Zusammenhänge nochmals veranschaulicht werden. Dabei steht der konkrete Fall eines *kleineren Betriebes* zur Diskussion, der eine *grössere Erweiterungsinvestition* erwägt. Das Projekt könnte über einen Financial Leasing-Vertrag abgewickelt werden; eine für das Unternehmen akzeptable und den notwendigen Finanzbedarf abdeckende Finanzierungsalternative besteht nicht.

Zunächst sollen der korrekten Betrachtungsweise die gelegentlich anzutreffenden, fehlerhaften Evaluationsvarianten vorausgeschickt werden. Ihr Gewicht ist innerhalb der praktischen Anwendung insofern etwas zu relativieren, als die rein quantitative Analyse nur *ein* – wenn auch wichtiges – Element im Entscheidungsprozess bildet.

7.7.1 Daten des Zahlenbeispiels zur Leasing-Evaluation

Ein kleineres Unternehmen plant eine mögliche Erweiterungsinvestition (absolute Werte in Fr. 1000.–), die vollumfänglich mit Financial Leasing finanziert werden soll.

- Das *bisherige Bilanz- und Erfolgsbild* sieht wie folgt aus:
  - Gesamtvermögen: 500
  - Fremdkapital: 200
  - Eigenkapital: 300
  - Gesamtkapitalrendite brutto: 8 %
  - Fremdkapitalzins im ø (Steuern vernachlässigt!): 4 %

- Für die *Geschäftserweiterung* gelten folgende Daten:
  - Zusätzliche Investitionssumme: 250
  - Zinssatz für zusätzliche Fremdfinanzierung bzw. Kostensatz der FL-Finanzierung: 6 %
  - Investitionsrendite brutto gleich wie bisher angenommen, d.h.: 8 %

- Alternative Fremdfinanzierungsmöglichkeiten bestehen keine, und weiteres Eigenkapital (Mischfinanzierung) steht nicht zur Verfügung.

Lohnt sich die Betriebserweiterung aus rechnerischer Sicht?

7.7.2 Falsche Lösung des Zahlenbeispiels zur Leasing-Evaluation

Zunächst ist darauf hinzuweisen, dass sich das *Bilanzbild* bei Durchführung der fremdfinanzierten Betriebserweiterung stark *verschlechtert*. So nimmt z.B. der Verschuldungsgrad von 40 % auf 60 % zu (Annahme: bleibendes Erweiterungsvolumen im anfänglichen Umfange).

Der analytisch richtigen Lösung seien zunächst zwei leider übliche, aber *falsche Denkansätze vorangestellt*:

1. Die zusätzlich zu erzielende Investitionsrendite $r_{K_{brutto}}$ liegt höher als der zusätzliche FK-Zins k_{FK_L}, weil 8 % > 6 %. Schlussfolgerung: Investition rentabel.
2. Der bisherige ø Kapitalkostensatz beträgt:

$$k_K = \frac{FK \cdot k_{FK} + EK \cdot k_{EK}}{FK + EK} = \frac{200 \cdot 4\% + 300 \cdot 10\%}{500} = 7{,}6\%$$

Annahme: k_{EK} sei = 10 %
Da r_K (8 %) > k_K (7.6 %): Investition rentabel.

Beide formulierten Überlegungen sind grundsätzlich falsch, weil sie nicht die echten, «marginalen» Kapitalkosten der Erweiterung erfassen. Bei der ersten wird vergessen, dass das bisherige EK von 300 zusätzlich auch noch das finanzielle Risiko der fremdfinanzierten Erweiterungsinvestition tragen muss. Bei der zweiten basiert man auf einem vergangenheitsorientierten, nicht den Projektwerten entsprechenden Kapitalkostensatz. Beide «Analysesünden» sind in der Praxis nicht selten anzutreffen.

7.7.3 Richtiger Lösungsansatz

7.7.3.1 Klärung der Entscheidungssituation

Die Erweiterungsinvestition steht nur als Variante mit FL-Finanzierung zur Diskussion. Damit ist das «Exklusivprojekt» insgesamt gemäss Abschnitt 7.5.3 zu betrachten.

Auf die problematischen NPV-Berechnungen kann ganz verzichtet werden, da bereits die Rendite- bzw. Kostenprozentsätze vorliegen.

Nachfolgend werden deshalb die gesamten zusätzlichen Kapitalkosten aus Leasing-Finanzierung mit dem internen Ertragssatz des Investitionsprojektes (Bruttorendite) verglichen.

$$IRR_I \text{ bzw. } r_{K_{brutto}} \text{ der Investition} = 8\%$$

wobei: IRR = Interner Ertragssatz
$r_{K_{brutto}}$ = buchhalterische Rendite

7.7.3.2 Kapitalkosten unter Einschluss des Risikos

- Verzinsung des neuen FK = 6%/250 = 15
- Zusatzkosten für das mit einem erhöhten finanziellen Risiko belastete EK[49]:
  Alte Situation: k_{EK} = 10%. Wenn darin Risikoprämie von 4% enthalten (Annahme), so gilt:
  □ 4% für investitionsseitiges (R_I) und finanzielles Risiko (R_F), d.h.
  □ $R_{EK} = R_I + R_F = R_I (1 + FK/EK) = 1.667\, R_I$

  Neue Situation: FK/EK anstatt 200/300 jetzt 450/300

  □ *Neuer Risikozuschlag* $R_I (1 + 1.5) = \dfrac{4\% \cdot 2.5 \cdot R_I}{1.667 \cdot R_I} = 6\%$

  □ $k_{EK_{neu}} = 6\% + 6\% = 12\%$
  □ EK-Zusatzkosten = (12% − 10%)/300 = 6

- Total der zusätzlichen, der Betriebserweiterung anzulastenden Kapitalkosten:
  □ K_L = 15 + 6 = 21, und zwar für 250
  □ k_L = 21/250 = 8.4%
  □ *Entscheidung:* Da k_L (8.4%) > IRR_I (8.0%): *Projektablehnung*

- Zum gleichen Resultat gelangt man mit einer Gesamtbetrachtung (▶ Abb. 7/6).

---

49 Unterstellt werden die CAPM-Gesetzmässigkeiten entsprechend Fussnote 40, S. 185.

▲ Abb. 7/6   Gesamtbetrachtung des Zahlenbeispiels

	alt		neu	
Gewinn vor Zinsen – FK-Zinsen	8%/500 = 4%/200 =	40 –8	8%/750 = 4%/200 = 6%/250 =	60 –8 –15
Gewinn nach FK-Zins EK-Rendite brutto – EK-Kosten	32/300 =	32 10.7% –10.0%	37/300	37 12.3% –12.0%
EK-Rendite netto		0.7%		0.3%
Entscheidung: Projektablehnung, da Abnahme der $r_{EK_{netto}}$!				

7.7.3.3 Folgerungen

- Bei einer dem bisherigen Bild entsprechenden Mischfinanzierung ($k_K = 7.6\%$) wäre das Projekt knapp akzeptabel. Dabei würde allerdings unterstellt, dass das Risiko der Erweiterungsinvestition nicht über dem vorhandenen Durchschnittsrisiko liegt.
- Die im Vergleich zur bisherigen Kapitalbeschaffung teure Leasing-Finanzierung (Kostensatz 6% im Vergleich zu 4%) sowie die EK-Zusatzkosten bewirken, dass die gewichteten Kapitalkosten ansteigen. Es fallen projektbezogene Kapitalkosten von insgesamt 8.4% an. Die verfügbare Finanzierung verunmöglicht eine erfolgversprechende Projektrealisation.

Das Rechenbeispiel verdeutlicht nochmals verschiedene wichtige Gesichtspunkte. Zunächst ergibt sich die Forderung nach einer *umfassenden Analyse* von Projekten, welche zugleich die Kapitalstrukturposition tangieren. Neben den investitionsseitigen Überlegungen sind auch die Auswirkungen auf Kapitalstruktur und Kapitalkosten zu untersuchen. Dabei dürfen die sich insbesondere in der Eigenmittelverzinsung niederschlagenden Risikokosten nicht vernachlässigt werden.

Weiter wird die Problematik eines – innerhalb der Investitionsrechnungspraxis häufig üblichen – *durchschnittlichen Kapitalkostensatzes* vor Augen geführt. Anhand *vergangenheitsbezogener* Werte ermittelte Kapitalkostendaten sind nur dann sinnvoll, wenn ein Projekt den dabei unterstellten Rahmenfaktoren entspricht. Ist dies – wie im gezeigten Beispiel – nicht der Fall, müssen differenziertere Analysen durchgeführt werden.[50]

---

50 Vgl. in diesem Sinne auch die Ausführungen in Bd. I, 4. Kapitalkostenansätze, Abschnitt 4.3.5 Kapitalkosten und Investitionsentscheidung, S. 96ff.

Der zusätzlich vorgenommene Vergleich der Eigenkapitalrendite vor und nach Erweiterung weist auf ein weiteres Problem hin. Die Gegenüberstellung der Brutto- und Nettorenditen des Eigenkapitals belegt, dass das zu verfolgende *Erfolgszielkriterium* sorgfältig gewählt werden sollte. Eine Bruttorenditesteigerung signalisiert nur dann einen Erfolgsvorteil, wenn sie nicht durch die realistisch geschätzten Eigenkapitalkosten (risikoentsprechende Renditeforderung) kompensiert wird. Im Rechenbeispiel wird der Bruttorenditeanstieg von 1.6% (12.3% – 10.7%) durch den um 2% angewachsenen Eigenmittelkostensatz (12% – 10%) mehr als aufgezehrt.

Die Analyse der Veränderung der Eigenkapitalkosten führt aber wieder in den subjektiven Bereich des Kapitalgeberempfindens zurück. Wenn man nicht «idealisierende» Rahmenbedingungen setzen will[51], kommt man um die Berücksichtigung der *individuellen Risikopräferenzen* nicht herum. Der die Kapitalstruktur eines Unternehmens tangierende Financial Leasing-Entscheid lässt sich daher nicht mehr völlig isoliert von subjektiven Faktoren fällen, wie dies für die reine Investitionsentscheidung zumindest theoretisch zutreffen kann. Dieses nur schwer lösbare Problem macht die *Leasing-Evaluation anspruchsvoll* und zumeist vergleichsweise *kompliziert*.

Literatur

Anderson, P.F./Martin, J.D.: Lease vs. Purchase Decisions: A Survey of Current Practice, in: Financial Management, Vol. 6, Nr. 1, Spring 1977, S. 41–47.

Bierman, H.Jr./Smidt, S.: The Capital Budgeting Decisions, 2nd Edition, New York 1966.

Boemle, M.: Nobless oblease oder lease please, in: Der Schweizer Treuhänder, 53. Jg., Nr. 10, Oktober 1979, S. 8.

Boemle, M.: Unternehmungsfinanzierung, 6. Auflage, Zürich 1983.

Bögli, T.: Leasing; Untersuchung spezieller Aspekte einer neuen Finanzierungsform, Bankwirtschaftliche Forschungen, Band 87, Bern/Stuttgart 1984.

Bower, R.S.: Issues in Lease Financing, in: Financial Management, Vol. 2, Nr. 4, Winter 1973, S. 25–34.

Bower, R.S./Herringer, F.C./Williamson, J.P.: Lease Evaluation, in: Accounting Review, Vol. 41, Nr. 2, April 1966, S. 257–265.

Büschgen, H.E.: Kritische Auseinandersetzung mit Finanz-Leasing, in: Die Bank, Nr. 5, Mai 1981, S. 211–223.

Findlay, M.Ch.: Financial Lease Evaluation, Survey and Synthesis, unpublished mimeograph.

---

51 Z.B. in Form der «Irrelevanz der Kapitalstruktur», etwa durch konsequenten Einsatz der CAPM-Gesetzmässigkeiten.

Fitzgerald, R.D./Stickler, A.D./Watts, T.R.: International Survey of Accounting Principles and Reporting Practices, Scarborough/Ontario 1979.

Giger, H.: Der Leasingvertrag, Bern 1977.

Gordon, M.J.: A General Solution to the Buy or Lease Decision, in: The Journal of Finance, Vol. 29, Nr. 1, March 1974, S. 245–250.

Haley, Ch.W./Schall, L.D.: The Theory of Financial Decisions, 2nd, revised Edition, New York 1979.

Higgins, R.C.: Financial Management, Chicago 1977.

Johnson, R.W./Lewellen, W.G.: Analysis of the Lease-or-Buy Decision, in: The Journal of Finance, Vol. 27, Nr. 4, September 1972, S. 815–823.

Konrad, H.: Leasing als Finanzierungs-Alternative, in: Management-Zeitschrift io, 48. Jg., Nr. 10, Oktober 1979, S. 417–419.

Krahnen, J.: Leasing oder Kredit aus der Sicht der Kundenberatung, in: Zeitschrift für das gesamte Kreditwesen, 35. Jg., Nr. 6, 15. März 1982, S. 211/212.

Lienhard, E.: Finanzierungs-Leasing als Bankgeschäft, Bankwirtschaftliche Forschungen, Band 34, Bern 1976.

Lüem, W.: Leasing, in: Management-Zeitschrift io, 48. Jg., Nr. 12, Dezember 1979, S. 532–536.

Lüem, W.: Leasing, in: Management-Zeitschrift io, 49. Jg., Nr. 1, Januar 1980, S. 55–58.

McGugan, V.J./Caves, R.E.: Integration and Competition in the Equipment Leasing Industry, in: The Journal of Business, Vol. 47, Nr. 3, July 1974, S. 382–396.

Mehta, D.R./Whitford, D.T.: Lease Financing and the M & M Proposition, in: The Financial Review, Vol. 14, Nr. 1, Winter 1979, S. 47–58.

Myers, S.C./Dill, D.A./Bautista, A.J.: Valuation of Financial Lease Contracts, in: The Journal of Finance, Vol. 31, Nr. 3, June 1976, S. 799–819.

Perridon, L./Steiner, M.: Finanzwirtschaft der Unternehmung, 3. Auflage, München 1984.

Roenfeldt, R.L./Osteryoung, J.S.: Analysis of Financial Leases, in: Financial Management, Vol. 2, Nr. 1, Spring 1973, S. 74–87.

Schall, L.D./Haley, Ch.W.: Introduction to Financial Management, 3rd Edition, New York 1983.

Schweizerische Treuhand- und Revisionskammer (Hrsg.): Revisionshandbuch der Schweiz.

Sorensen, L.S./Johnson, R.E.: Equipment Financial Leasing Practices and Costs: An Empirical Study, in: Financial Management, Vol. 6, Nr. 1, Spring 1977, S. 33–40.

Süchting, J.: Finanzmanagement, 3. Auflage, Wiesbaden 1980.

Van Horne, J.C.: Financial Management and Policy, 3rd Edition, Englewood Cliffs/N.J. 1974.

Van Horne, J.C.: Financial Management and Policy, 7th Edition, Englewood Cliffs/N.J. 1986.

Vancil, R.F.: Lease or Borrow – New Method of Analysis, in: Harvard Business Review, Vol. 39, Nr. 5, September/October 1961, S. 122–136.

Volkart, R.: Echte Finanzierungsalternative für Mittelbetriebe; Kritische Betrachtungen zum Leasingentscheid, in: Management-Zeitschrift io, Nr. 7/8, Juli/August 1981, S. 362–368.

Walker, E.W./Petty, J.W.II.: Financial Differences Between Large and Small Firms, in: Financial Management, Vol. 7, Nr. 4, Winter 1978, S. 61–68.

Welsch, G.A./Zlatkovich, Ch.T./Harrison, W.T. Jr.: Intermediate Accounting, 5th Edition, Homewood/Ill. 1979.

Welsch, G.A./Zlatkovich, Ch.T./Harrison, W.T. Jr.: Intermediate Accounting, 7th Edition, Homewood/Ill. 1986.

Weston, J.F./Brigham, E.F.: Managerial Finance, 4th Edition, London 1972.

8.
Zur optimalen Ausgestaltung von Mittelflussrechnungen

8. Zur optimalen Ausgestaltung von Mittelflussrechnungen

Inhaltsübersicht

8.1	Vorbemerkungen	201
8.2	Informationsziele, Mittelflussrechnungen und Fondswahl	204
8.3	Kapitalflussrechnung und Nettoumlaufvermögens-Nachweis	206
8.4	Geldflussrechnung und Geldmittelnachweis	208
8.5	Finanzierungsbegriffe und Finanzflussrechnung	211
8.6	Zusatzinformationen und Feingestaltung von Mittelflussrechnungen	213
8.7	Konsequenzen	214
	Literatur	215

Quelle

Überarbeitete Fassung eines im Schweizer Treuhänder, Nr. 8, August 1980, erschienenen Beitrages.

8.1 Vorbemerkungen

Mittelflussrechnungen (MFR)[1] verkörpern ein wirkungsvolles Instrument der finanziellen Führung, der Revision und der analytischen Beurteilung von Unternehmen. Sie dienen einerseits der Information (Entscheidungsvorbereitung, interne Kontrolle) im *Innern*, gelangen andererseits aber auch an zahlreiche mehr oder weniger firmen-*externe* Stellen. Dabei deckt die Informationsvermittlung nach aussen sowohl die Interessen des Unternehmens selber (Publizitätspolitik über Presse, Geschäftsberichte usw.) als auch jene der externen Empfänger bzw. Ersteller ab (Banken, Investoren; Kontroll- und Revisionsorgane).

Die Frage der Gestaltung von Mittelflussrechnungen bildete verschiedentlich Diskussionsgegenstand in Theorie und Praxis. Hier soll von einem interessanten Beitrag von *Behr*[2] ausgegangen werden, der die Quintessenz der vielbeachteten amerikanischen Arbeit von *Heath*[3] präsentiert und für die schweizerischen Verhältnisse überprüft hat. Die wichtigsten Punkte jener Überlegungen seien wie folgt zusammengefasst:

- Besinnung auf die *Informationsziele* von MFR
- Kritik am *Fonds* Nettoumlaufvermögen (NUV)
- Postulat für die *Geldflussrechnung* (GFR)[4]
- *Informationsausweitung* durch zusätzliche Angaben (vgl. dazu ▶ Abb. 8/1)
- verbesserte *Informationsgestaltung* durch Verwendung einzelner «Informationsmodule».

▶ Abb. 8/1 verdeutlicht den *modularen Aufbau* einer *GFR,* wie sie *Heath* als (externe) Datenbasis zur effektiven Beurteilung der Zahlungsfähigkeit eines Unternehmens sieht.

---

1 Unter dem Begriff Mittelflussrechnung (MFR) werden hier alle Arten von Geld- und Kapitalflussrechnungen sowie (ausgebauter) Bewegungsbilanzen verstanden.
2 Behr 1980, S. 4–12.
3 Heath 1978.
4 MFR für den Geldfonds werden im folgenden als Geldflussrechnungen (GFR) bzw. Geldmittelnachweise (GN), solche für den Fonds NUV als Kapitalflussrechnungen (KFR) bzw. NUV-Nachweise (NN) bezeichnet.

▲ Abb. 8/1   Schema einer modular aufgebauten Geldflussrechnung nach Heath

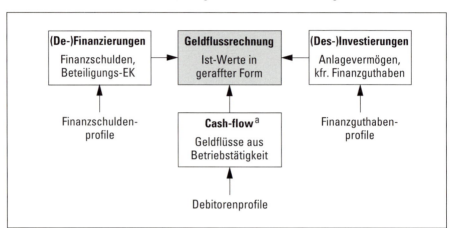

a. Entsprechend der schweizerischen Praxis wird der (fondsentsprechende) Nettomittelzufluss aus Betriebs-(Umsatz-) Tätigkeit als Cash-flow (CF) bezeichnet.

Da die von Heath entworfene Konzeption zum Teil stark von der gängigen Praxis abweicht[5] und keineswegs unbestritten sein dürfte, ist es sinnvoll, nochmals aus einer anderen Perspektive darauf einzugehen. Interessanterweise deckt sich die von *Behr* präsentierte Form der Mittelflussrechnung weitgehend mit den aus *Finanzmanagementsicht* erwachsenden Anliegen. In einigen Punkten könnte der Ansatz Heath weiter modifiziert werden.

In den nachfolgenden Abschnitten soll die *Ausgestaltung* von Mittelflussrechnungen zunächst einer kritischen Erörterung unterzogen werden. Davon ausgehend wird der Brückenschlag zum Vorschlag *Heath* gemacht und gezeigt, welche Änderungswünsche sich aus der hier vertretenen Optik ergeben.

Rein interne Mittelflussrechnungen sollen im folgenden nicht näher betrachtet werden. Ausgangspunkt bildet die Informationsabgabe an unternehmensexterne Stellen, z.B. an Banken und andere Kapitalgeber. Für viele kleinere und mittlere Betriebe dürften die gezeigten Lösungen aber auch im Sinne der internen Verwendung prüfenswert sein.[6]

Zur Verdeutlichung der Ausführungen wird das in ▶ Abb. 8/2, ▶ Abb. 8/3 und ▶ Abb. 8/4 gezeigte einfache Beispiel verwendet.

---

5   Im internationalen Vergleich überwiegt die Verwendung der KFR. Mehrheitlich mit dem Geldfonds gearbeitet wird hingegen z.B. in Dänemark, Irland, Holland, Grossbritannien, Neuseeland. Vgl. zur schweizerischen Praxis die ausführlichen Untersuchungen von Weilenmann/Oehler 1978, S. 2–8, und Weilenmann 1979, S. 22–26. Vgl. auch: Käfer 1984, S. XI–LV. Heute sind die hier diskutierten Vorschläge von Heath und der dabei empfohlene Geld-Fonds in der nordamerikanischen Praxis verwirklicht worden (vgl. z.B. FASB Statement No. 95)!

6   In vielen Klein- und Mittelbetrieben wird heute der finanziellen Führung noch zu wenig Beachtung geschenkt.

Vorbemerkungen

▲ Abb. 8/2   Basisdaten zum Zahlenbeispiel: Bilanz (nach Gewinnverteilung) per 1.1. und 31.12.19.9 der Handels AG (Zahlen in 10 000 Fr.)

	Bilanz per 1.1.	Bilanz per 31.12.	Differenz
Aktiven			
■ UV			
□ Liquide Mittel	20	10	−10
□ Debitoren	40	50	+10
□ Warenlager	50	90	+40
■ AV			
□ Mobilien	100	80	−20
□ Fahrzeuge	70	50	−20
□ Immobilien	110	120	+10
■ Total	390	400	+10
Passiven			
■ kfr. FK			
□ Kreditoren	30	35	+5
□ Banken	40	45	+5
■ lfr. FK			
□ Darlehen	150	120	−30
□ lfr. Rückstellungen	0	10	+10
■ EK			
□ Aktienkapital	90	90	0
□ Reserven, Gewinnvortrag	80	100	+20
■ Total	390	400	+10

▲ Abb. 8/3   Basisdaten zum Zahlenbeispiel: Erfolgsrechnung 19.9 der Handels AG (Zahlen in 10 000 Fr.)

	Erfolgsrechnung für 19.9	
■ Umsatz		610
■ Warenaufwand		300
□ Wareneinkauf	340	
□ − Lagerzunahme	40	
■ Bruttogewinn		310
■ Gemeinaufwand		270
□ Gemeinaufwand (inkl. Zinsen und Steuern)	220	
□ Rückstellungsaufwand	10	
□ Abschreibungen	40	
■ Reingewinn		40

▲ Abb. 8/4   Zahlenbeispiel: Zusätzliche Angaben (Zahlen in 10 000 Fr.)

■ Bardividende 19.9	20
■ Reserveäufnung 19.9	20
■ Lagerzunahme	Resultat aus lager-politischem Entscheid
■ Abschreibungen	
▫ Mobilien	25
▫ Fahrzeuge	10
▫ Immobilien	5
■ Investitionen	
▫ Mobilien	5
▫ Immobilien	15
■ Vermögensverflüssigung (Fahrzeugverkauf, kein Buchgewinn)	10
■ Bewertung	interne Daten
■ Entwicklungsphase	Wachstum

Aufgeführt sind Anfangsbilanz, Schlussbilanz, Erfolgsrechnung sowie zusätzliche Angaben für 19.9. Anhand dieser Zahlen sollen die besprochenen Gestaltungsmöglichkeiten konkret aufgezeigt werden.

8.2   Informationsziele, Mittelflussrechnungen und Fondswahl

Die an sich bekannten, aber häufig zu wenig beachteten *Informationsziele von MFR* bestehen im Aufzeigen

- der Investitionsvorgänge,
- der Finanzierungsmassnahmen sowie
- der Liquiditätsentwicklung[7]

innerhalb vergangener oder zukünftiger Geschäftsperioden. Einzelne MFR dienen nur bestimmten Informationsteilzielen (z.B. interne Plan-GFR: Cash-Management), andere sollten alle Informationszwecke gleichzeitig abdecken (z.B. publizierte MFR). Wesentlich ist die Erkenntnis, dass damit die meisten nicht rein internen MFR in einer Darstellung über *kürzer- und längerfristig* relevante finanzwirtschaftliche Veränderungen berichten müssen. Darauf ist bei der Gestaltung solcher Rechnungen zu achten.

Die für das Informationsziel *Zahlungsbereitschaft* wichtige Idee, gewisse Mittelkompositionen (Fonds) zu untersuchen, spielt schon bei der *bilanziellen Liquiditätsanalyse* eine tragende Rolle. In der Regel verwendet man die *Liquiditätskennzahlen,*

---

7   Liquidität wird hier synonym mit Zahlungsbereitschaft verstanden.

▲ Abb. 8/5   Kennzahlen über bilanzielle Liquiditätsstufen

	1.1.19.9		31.12.19.9	
Liquiditätsstufe 1 (L_1) Flüssige Mittel – kfr. Forderungen	–50 20 –70	29%	–70 10 –80	13%
Liquiditätsstufe 2 (L_2) Flüssige Mittel + Debitoren – kfr. Forderungen	–10 20 +40 –70	86%	–20 10 +50 –80	75%
Liquiditätsstufe 3 (L_3) Flüssige Mittel + Debitoren + Lagerbestände – kfr. Forderungen	+40 20 +40 +50 –70	157%	+70 10 +50 +90 –80	188%

wie sie in ◄ Abb. 8/5 dargestellt sind (Daten gemäss ◄ Abb. 8/2, ◄ Abb. 8/3 und ◄ Abb. 8/4).[8]

Grundüberlegung dieser Liquiditätsstufen ist das Streben nach einer rudimentären, in die Zukunft gerichteten Einnahmen-Ausgaben-Rechnung. So stellt man in L_2 – basierend auf den Bilanzdaten – den in nächster Zeit nötigen Geldabgängen die flüssigen Mittel und die auf kürzere Sicht zu erwartenden Geldzugänge gegenüber. Solche Liquiditätsstufen verkörpern somit weniger ausgewählte Mittelgesamtheiten (Fonds) als vielmehr den noch etwas problematischen Versuch, ein *Geldflussbudget* bzw. eine entsprechende, lückenhafte Ersatzgrösse aufzustellen. Damit steht aber auch innerhalb einer L_2- oder NUV-Kennzahl die Grösse *flüssige Mittel* und nicht ein etwas willkürlich gewählter Fonds im Vordergrund.

Weiter ist zu bedenken, dass das NUV keinen sinnvollen, kürzerfristig relevanten Liquiditätsindikator darstellt. Der Einbezug der Lagerbestände macht diese Grösse sehr bewertungsabhängig[9] und kann in vielen praktischen Fällen zu Fehlinterpretationen führen.[10] Als Komplement des Anlagedeckungsgrades II (lfr. FK + EK – Anlagevermögen bzw. Quotient) stellt das NUV viel eher eine auf *längere Sicht* interessierende finanzwirtschaftliche Strukturgrösse dar, die – über die Auswirkungen der Kapitalstrukturpolitik – natürlich wieder auf das Liquiditätsrisiko zurückwirkt.

---

8   Für praktische Kennzahlenanalysen ist häufig besser mit Liquiditätsgraden (Quotienten) zu operieren (%-Werte in Klammern). Hier sei zur Verdeutlichung der Fondsidee von den Liquiditätsstufen, d.h. den absoluten Differenzgrössen, ausgegangen.
9   Die in den Lagerbeständen enthaltenen stillen Reserven sind bei vielen Unternehmen ein wesentliches Element der externen Bilanzgestaltung.
10 Vgl. auch Zahlenbeispiel.

Diese Überlegungen verdeutlichen die auch von *Behr* hervorgehobene Problematik des Fonds NUV oder – weniger krass – von L_2. Zur internen Liquiditätsplanung verwendet man heute folgerichtig die hier einzig sinnvolle GFR.[11] Versucht man, externen Stellen mittels *vergangenheitsbezogener* MFR vertiefte Einblicksmöglichkeiten ins Liquiditätskriterium zu geben, so sollte man auch dazu auf zu grosse Fondskonglomerate verzichten. Eine wirklich fundierte Liquiditätsanalyse und -prognose kann nur mit Hilfe realistischer Einnahmen-Ausgaben-Budgets vorgenommen werden. Muss man auf Daten abgelaufener Geschäftsjahre abstellen, so verschleiert eine KFR (Fonds NUV) die kürzerfristig, liquiditätsmässig relevanten Faktoren möglicherweise stark. Die von *Heath* vorgeschlagene und mit zusätzlichen Informationen verdichtete GFR ist in diesem Sinne als *beachtenswerte* Variante anzusehen.

Wie bereits verdeutlicht wurde, sollen MFR neben der Liquiditätsentwicklung auch *längerfristig* bedeutsame Verschiebungen im *Investitions- und Finanzierungsbereich* widerspiegeln. Diese wirken zudem in der Zukunft wieder auf die Zahlungsbereitschaft zurück. Da für externe und teils auch interne Zwecke kaum mehrere, unterschiedlich gestaltete MFR pro Geschäftsperiode erstellt werden (Wirtschaftlichkeit, Informationspolitik, Fachkompetenz), stellt sich die Frage, *welche Art von MFR* den «dreifachen» Informationszweck am besten, d.h. optimal, erfüllt. Die längerfristigen Gesichtspunkte dürfen dabei nicht unterschätzt werden; die dort verfolgten Strategien bilden häufig die *Basis für das Erfolgs- und Liquiditätsrisiko* und damit für die spätere Gewinn- und Liquiditätsentwicklung. Auch verlangen z.B. die Banken im Rahmen der Bonitätsprüfung immer häufiger Finanzpläne und Liquiditätsbudgets, welche den kurzfristigen Informationszweck spezifisch abdecken.

8.3 Kapitalflussrechnung und Nettoumlaufvermögens-Nachweis

Betrachtet man anhand des Rechenbeispiels zunächst die mit dem *NUV-Fonds* arbeitende MFR, so ergeben sich KFR und NN gemäss ▶ Abb. 8/6. Dabei wird die verschiedentlich geforderte *direkte CF-Herleitung* verwendet.

▶ Abb. 8/6 verdeutlicht zwei Hauptschwächen solcherart ausgestalteter MFR. Einmal gehen durch die *direkte CF-Darstellung* grundlegend wichtige Informationen zum Finanzgeschehen, insbesondere zum zukünftigen Mittelbedarf, verloren, indem die äusserst *bedeutsame Aufschlüsselung der Innenfinanzierung* in *Selbstfinanzierung* (Wachstumsmittel) und *Abschreibungsgegenwerte* (minimaler Bedarf an Ersatzinvestitionen)[12] fehlt. Diese kann zwar ohne weiteres der Erfolgsrechnung entnommen werden. Als sehr wesentliches Element der finanziellen Lage und Entwicklung sollte sie aber auch innerhalb der MFR zum Ausdruck gebracht werden[13], die ja gerade über

---

11 Genauer: Plan-GFR mit Wochen- bis Quartalsfeinheit und direkter, «strenger» CF-Herleitung.
12 Investitionsanalysen z.B. berücksichtigen diese Grösse konsequent und arbeiten mit einem sinnvolleren CF-Begriff (Kapitalwertmethode).
13 In diesem Punkt ergänzt Behr den Ansatz Heath vernünftigerweise um eine zusätzliche, indirekte CF-Herleitung.

▲ Abb. 8/6   Kapitalflussrechnung und NUV-Nachweis

NUV-Nachweis (NN) 19.9		Kapitalflussrechnung (KFR) 19.9			
		Mittelherkunft		**Mittelverwendung**	
NUV-Zunahmen	50	Intern		Investitionen	20
Debitoren	10	Umsatz	610	Mobilien	5
Warenlager	40	– Wa.aufw.	–300	Immobilien	15
		– Bar-GK	–220		
NUV-Abnahmen	20			Definanzierung	30
Kreditoren	5	CF (NUV) brutto	90	Darlehen	30
Banken	5	– Dividende[a]	–20		
Flüssige Mittel	10				
Nettozunahme NUV	30	CF (NUV) netto	70		
Bestand NUV per 1.1.19.9	40	Extern	10		
		Fz-Verkauf	10		
Bestand NUV per 31.12.19.9	70	Total Mittelherkunft	80	Total Mittelverwendung	50
				NUV-Zunahme	30
			80		80

a. Die Dividenden können auch – ohne Netto-CF-Ausweis – auf der Mittelverwendungsseite ausgewiesen werden. Beide Varianten sind vertretbar (Zinskostenkomponente – Dividenden-/Emissionspolitik).

die finanzpolitischen Belange informieren will. In einzelnen Fällen kann der zukünftige Ersatz- und Erweiterungsinvestitionsbedarf von entscheidender, zum Teil schicksalhafter Bedeutung sein.[14]

Weiter vermittelt die KFR kaum Hinweise auf die kurzfristig relevante *Liquiditätsentwicklung*, indem sie mehr über die strategisch wichtigen finanzwirtschaftlichen Aspekte orientiert. Aufschluss über die Verschiebungen im geldnahen Bereich gibt nur der gelegentlich zu wenig beachtete NN. Der in der KFR festgehaltene «Liquiditätsüberschuss» von 30 bewirkt überhaupt keine unmittelbare Verbesserung der Liquiditätspotenz; diese hat zufolge der geänderten Lagerpolitik vielmehr stark abgenommen.

Problematisch erscheint weiter, dass die hier als eigentliche Investition zu interpretierende Lagerzunahme «nur» als Strukturverschiebung des NUV auftritt und eine positive Liquiditätswirkung vortäuschen könnte. Zudem ist der abzuschreibende und echt auf die Verkaufspreise überwälzbare Anteil des Anlagevermögens auf kurze

---

14 Vgl. z.B. den «Leidensweg» der Consolidated Edison Co. of New York Inc. bzw. Hunt 1975, S. 106–115.

Sicht unter Umständen liquiditätsträchtiger (Verschiebung von Reinvestitionen) als Lagerbestände oder Kundenguthaben, die, z.B. aus absatzpolitischen oder rechtlichen Gründen, nicht abgebaut werden können. Auch ist nicht einzusehen, warum die bei Handelsbetrieben regelmässig im Umlaufvermögen auftretenden Expansionserscheinungen lediglich als NUV-Verschiebung und nicht als Investitionen (Mittelverwendung) darzustellen sind.[15]

8.4 Geldflussrechnung und Geldmittelnachweis

Erstellt man – basierend auf der *Geldfondsidee* – eine GFR mit dem zugehörigen GN, so ist bei direkter CF-Herleitung wiederum nicht ersichtlich, wie die jetzt auf den Geldfonds bezogene Innenfinanzierung «verwendet» werden kann (▶ Abb. 8/7). Geht man deshalb von der indirekten CF-Darstellung aus, so zeigt sich ein weiteres Problem. Die schon zuvor als Investitionsvorgang gedeutete *Lageraufstockung* erscheint jetzt direkt als den CF reduzierendes Element; das gleiche gilt sinngemäss für die *Debitoren-* und *Kreditorenänderung*.

Soll man aber z.B. die *Kreditorenzunahme* von 5 (▶ Abb. 8/7), allenfalls unersichtlich, in die CF-Grösse integrieren und gleichzeitig die – zum Teil ebenfalls umsatzbedingte – Kontokorrentzunahme als Finanzierungsmassnahme einstufen?

▲ Abb. 8/7   «Strenge» Cash-flow-Herleitung für die Geldflussrechnung

Direkte («strenge») Cash-flow-Ermittlung (19.9)		Indirekte («strenge») Cash-flow-Ermittlung (19.9)	
Debitorenzahlungen	600	Gewinn	40
– Kreditorenzahlungen	–335	+ Abschreibungen	40
		+ RS-Bildung	10
	265		90
– Gemeinaufwand bar	–220	+ Kreditorenzunahme	5
		– Debitorenzunahme	–10
		– Lageraufstockung	–40
CF (Geld) brutto	45	CF (Geld) brutto	45
– Dividenden	–20	– Dividenden	–20
CF (Geld) netto	25	CF (Geld) netto	25

---

15 Diese Argumentation entspricht auch der dynamischen Investitionsanalyse. Das NUV ist keine praktikable Finanzflussgrösse.

Obwohl die Kreditoren umsatzverbundene Fremdkapitalanteile[16] darstellen, besteht doch für das Finanzmanagement – zumindest teilweise – eine Substitutionsmöglichkeit zwischen Bankkredit- und Kreditorenbeanspruchung. Beide Fremdkapitalarten stellen Aktionsparameter des Finanzmanagements dar.

Ähnliches gilt für die Positionen *Debitoren* und Vorräte. Werden im Rahmen einer Diversifikationspolitik neue Märkte erschlossen, so sind Debitoren- und Lagerzunahmen genauso als Projektinvestitionen anzusehen wie der Kauf notwendiger Anlagegüter.

Aufgrund dieser Überlegungen erscheint die in ◄ Abb. 8/7 gezeigte CF-Darstellung – obwohl rechentechnisch plausibel[17] – für die zur Diskussion stehende MFR nicht unbedingt zweckmässig. ► Abb. 8/8 enthält deshalb die mit einer entsprechend *modifizierten CF-Grösse* versehene GFR. Dabei ist der dort ausgewiesene CF-Wert nicht als ein Zurückgehen auf den NUV-Fonds zu verstehen. Vielmehr werden hier die Lager-, Debitoren- und Kreditorenänderungen extrahiert und als eigenständige geldwirksame Vorgänge gewertet. Der «CF» von 90 stellt dann den Geldzufluss aus Betriebstätigkeit dar, der neben Investitions- und Definanzierungsmassnahmen im engeren Sinne auch in NUV-Mittelverwendungen geleitet worden ist (werden musste).

Das verwendete Beispiel zeigt, dass Rechentechnik und Gestaltung von MFR nicht einseitig an buchhaltungsschematischen Regeln, sondern vermehrt an den Informationsbedürfnissen der Adressaten, d.h. am *Postulat einer optimalen Informationsvermittlung,* orientiert werden sollten. In ► Abb. 8/8 wäre z.B. die direkte Subtraktion der Lagerzunahme vom CF dann sinnvoll, wenn sie die Auswirkung einer Absatzkrise darstellen würde. Die möglichen, ganz unterschiedlichen Realtatbestände sprechen jedenfalls dafür, solche Positionen *sichtbar,* d.h. explizit, auszuweisen. In welcher Form das geschieht, ist dann wohl eher Ansichtssache. Wesentlich ist die Erkenntnis,

- dass *ein* starres MFR-Schema *nicht allen* praktischen Anwendungsfällen gerecht werden kann,
- dass das Studium der hinter den Zahlen stehenden *Realvorgänge* von grosser Bedeutung ist und
- dass sich zumindest im Bereich der gezeigten CF-Herleitung *zusätzliche Detailinformationen aufdrängen.*

Der wohl auch nicht unproblematische Vorschlag, einen indirekt dargestellten, modifizierten «CF» in die GFR aufzunehmen, erfordert deshalb eine zusätzliche, direkte CF-Ermittlung und nach Möglichkeit verschiedene CF-Stufen. Auf diesen Punkt wird in Abschnitt 8.6 näher eingetreten.

---

16 Teilweise trifft das indirekt auch für die (der Umsatzfinanzierung dienenden) Kontokorrentkredite zu.
17 Die Behandlung der Lagerzunahme (Buchung: Warenlager/Warenaufwand) als nicht geldwirksamer Ertrag ist auch aus der Sicht der buchhalterischen Logik diskutabel. Sie wäre hier – nach vorgängig kleinerer Warenaufwandsverbuchung – sinnvoller unter der Buchung «Warenlager/Geld (Kreditoren)» zu sehen.

▲ Abb. 8/8   Modifizierte Geldflussrechnung und Geldmittelnachweis

Geldmittelnachweis (GN)[a] 19.9	Geldflussrechnung (GFR) 19.9			
	Mittelherkunft		**Mittelverwendung**	
Geldmittelabnahme 10	**Intern**		Investitionen	70
Flüssige Mittel 20 per 1.1.19.9	Gewinn	40	Debitoren	10
Flüssige Mittel 10 per 31.12.19.9	Abschreibungen	40	Warenlager	40
	RS-Bildung	10		
			Mobilien	5
	«CF» (Geld) brutto	90	Immobilien	15
	– Dividenden	–20		
			Definanzierung	30
	«CF» (Geld) netto	70	Darlehen	30
	Extern	20		
	Kreditoren	5		
	Banken	5		
	Fz-Verkauf	10		
	Total Mittelherkunft	90	**Total Mittelverwendung**	100
	Geldmittelabnahme	10		
		100		100

a. Bei grossen Liquiditätsbeständen und aktivem Cash-Management (Bargeld...Wertschriften) erhält auch der «zusammengeschrumpfte» GN grössere Bedeutung!

Zweckmässigste Fondswahl, direkte CF-Herleitung, strenge Erstellungstechnik und sinnvoller CF-Umfang sind im Sinne einer optimalen Informationsvermittlung kaum in einer einzigen Rechnung konsequent vereinbar. Ein guter Kompromiss scheint für externe MFR

- die Verwendung des Geldfonds,
- ein indirekter CF-Ausweis in der MFR,
- die explizite Berücksichtigung der Lager-, Debitoren- und Kreditorenveränderungen und damit
- der Verzicht auf eine rein rechentechnisch geldfondsorientierte Darstellung der Vorgänge.

Der letzterwähnte Punkt gilt insbesondere auch für die formal nur in den *Gegenbeständen* auftretenden Geschäftsfälle (z.B. Sacheinlage eines neuen Teilhabers), die, wie auch *Behr* treffend darlegt, nicht informationsschmälernd eliminiert werden sollten. Die Fondsrelevanz wird nicht nur durch die Technik einer solchen Transaktion, sondern vor allem durch deren finanzwirtschaftliche Interpretation und Bedeutung (Sacheinlage analog zur Kassaeinlage mit nachfolgendem Anlagenkauf) bestimmt.

8.5 Finanzierungsbegriffe und Finanzflussrechnung

Da MFR finanzwirtschaftliche Informations-, d.h. Analyse-, Prognose- und Kontrollinstrumente verkörpern, sollen die gewonnenen Resultate auf ihre Konsistenz mit einem praxisgerechten Finanzierungsbegriff überprüft werden.

Finanzierung darf weder rein bilanziell-kapitalmässig noch rein monetär, geldmittelbezogen verstanden werden. Sie umfasst vielmehr beides; unter dem *langfristigen* Aspekt die, losgelöst von der Art des zugeführten Aktivums gesehene, *Kapitalaufnung,* unter *kurzfristiger* Betrachtungsweise den Mittelzufluss im Sinne der *Geldbereitstellung,* egal, ob durch Kapitalzunahme oder Vermögensabnahme.[18] Zudem verschwimmen diese abstrakt gut trennbaren Vorgänge in der Praxis häufig. Eine zunächst längerfristig wichtige Sacheinlage hat wesentlichen Einfluss auf den kürzerfristigen Geldbedarf; die durch Anlagenverschleiss und Umsatztätigkeit bewirkte Geldmitteläufnung (Abschreibungsäquivalente) ist für die längerfristig orientierte Investitionsbetrachtung äusserst bedeutsam.

Operiert man mit einem solchen kombinierten Finanzierungsbegriff, der den strategisch wichtigen Kapitalbezug mit der operativ relevanten geldmässigen Optik verbindet, so ist auch der Brückenschlag zur hier vertretenen MFR gegeben. Weiter erscheint es unter diesem Finanzierungsbegriff durchaus vertretbar, mit einer grundsätzlich der hier präsentierten GFR entsprechenden MFR-Form zu arbeiten. Eine solche, richtig verstandene «fondslose» MFR interpretiert die darzustellenden Vorgänge nämlich (ceteris paribus) in gleicher Weise über den sinnvollsten Bezugspunkt der Geldmittel, analog zur gezeigten GFR. Sie sei deshalb in der Folge als *Finanzflussrechnung (FFR)* bezeichnet.

Im vorgegebenen Beispiel nimmt die FFR im wesentlichen das in ◄ Abb. 8/8 enthaltene Aussehen an. Die in ► Abb. 8/9 zusätzlich vorgenommenen Verfeinerungen (Finanzflussbereiche, verschiedene CF-Grössen) sollen die hier gemachten Überlegungen nochmals verdeutlichen. Auf die verschiedenen CF-Grössen ist im folgenden Abschnitt einzugehen.

Als «extern» zu verwendende Instrumente erscheinen die in ◄ Abb. 8/8 und ► Abb. 8/9 gezeigten MFR aufschlussreicher als andere mögliche Varianten (z.B. KFR in ◄ Abb. 8/6). Zu bedenken ist stets, dass zur Erzielung eines *maximalen Informationsnutzens* und einer möglichst *sinnvollen Informationsverwendung* das denkbare Daten-

---

[18] Diese Denkweise deckt sich mit der geläufigen Schweizer Lehre und Praxis, nur ist man sich dieses kombinierten Finanzierungsbegriffes gelegentlich zu wenig bewusst.

▲ Abb. 8/9   Mittelflussrechnung als Finanzflussrechnung

Finanzflussrechnung (FFR) 19.9

		Mittelherkunft		Mittelverwendung		Cash-flow	
Betriebs-Bereich		Innenfinanzierung	90	Gewinn-ausschüttung			
		Gewinn	40				
		Abschreibungen	40	Dividenden	20	Roh-CF$_{brutto}$	90
		RS-Bildung	10			Roh-CF$_{netto}$	70
Umsatz-bereich		Fremd-finanzierung		UV-Investitionen	50		
				Debitoren	10	CF$_{brutto}$	45
		Kreditoren	5	Warenlager	40	CF$_{netto}$	25
Finanz- und Investitionsbereich im engeren Sinne	**Kfr.**	Fremd-finanzierung					
		Banken	5				
	Lfr.	AV-Liquidation		AV-Investitionen	20		
		Fahrzeuge	10	Mobilien	5		
				Immobilien	15		
				FK-Abbau			
				Darlehen	30		
	Geld	Geldmittel-abnahme	10				
M			120		120		

angebot mit den Gegebenheiten und Bedürfnissen der Datenempfänger konfrontiert werden muss; nur so kann ein optimaler Informationsfluss erreicht werden.

Was die Abgabe solcher MFR an Kreditgeber, Investoren und Presse betrifft, setzt die hier gezeigte Lösung voraus[19], dass ein Unternehmen bzw. dessen Management überhaupt echt *informieren will*.[20] In diesem Sinne ist die auch hier ungelöste Problematik massiver stiller Willkürreserven ein Grundelement der typisch schweizerischen Berichterstattung, das sich wohl nur in grundsätzlicher Weise umgestalten liesse. Dabei kann man durchaus für eine massvolle Verwendung dieser Bewertungs- und Informationspolitik plädieren; leider wird aber das vernünftige Mass in der Praxis manchmal überschritten.[21]

---

19 Das gilt auch für die Vorschläge von Heath bzw. Behr.
20 Im Gegensatz zu den USA sind in der Schweiz zwingende Detailbestimmungen zur Rechnungslegung und Publizität nur schwer einführbar. Vgl. dazu auch: Behr 1984, S. 79–84, sowie Pratt 1984, S. 89/90.
21 So haben Bestrebungen der Theorie, optimale Informationsinstrumente zu entwickeln, dort keinen grossen Sinn mehr, wo z.B. wiederholte Verluste einzelner Geschäftsjahre von …zig Mio. Fr. in formelle Positivwerte verwandelt werden.

8.6 Zusatzinformationen und Feingestaltung von Mittelflussrechnungen

Von praktischem Bedarf, Aussagekraft und Nutzen externer Finanzinformationen ausgehend, wurde versucht, eine optimale Kompromisslösung aufzuzeigen. Entsprechend dem in Abschnitt 8.4 Gesagten macht diese aber *zusätzliche Detailinformationen* wünschbar. Das betrifft nun insbesondere die *direkte transparente Herleitung der CF-Grössen*. ▶ Abb. 8/10 verdeutlicht die hier nötigen Zusatzangaben, wobei zugleich verschiedene CF-«Stufen» dargestellt sind. Sie geben vertiefte Einblicksmöglichkeiten in die Geldmittelwirkung der Umsatztätigkeit und ermöglichen es, allenfalls verfügbare Liquiditätsbudgets, z.B. für die Kreditprüfung der Banken, besser auf ihren Realitätsgehalt hin zu beurteilen.

Die verschiedenen CF-Stufen dienen insbesondere dazu, CF-Grössen sinnvoller über die Zeit vergleichen und als *Liquiditäts(prognose)indikatoren* benützen zu können. Dazu wären CF_1 und CF_2 sehr geeignete Kennwerte, die vor allem bei «frisierter» Berichterstattung wertvolle Hinweise geben könnten.

▲ Abb. 8/10   Zusätzliches Cash-flow-Statement (direkte Berechnung, Cash-flow-Stufen)

Zusätzliches Cash-flow-Statement (19.9)					
		± *Abgrenzungen*			
Umsatz	610	± Δ Debitoren	−10	Umsatzeinnahmen	600
− Warenaufwand	−300	± Δ Kreditoren *(ergibt Zahlungen für Warenaufwand)*	−5		
		± Δ Warenlager *(ergibt Zahlungen für Wareneinkauf)*	+40	Warenausgaben	−335
Gemeinaufwand *(ohne Abschr.- u. RS-Aufwand)*	−220			GK-Ausgaben	−220
				CF_1	45
		CF_1 ± Δ Kreditoren	−5 =	CF_2	40
		CF_2 ± Δ Debitoren	+10 =	CF_3	50
CF_4	90	CF_3 ± Δ Warenlager	+40 =	CF_4	90
wobei: CF_1 = CF (Geld), «strenge» Berechnung CF_2 = CF (Geld), ohne Δ Kreditoren: CF für L_1 CF_3 = CF (Geld), ohne Δ Kreditoren, Δ Debitoren: CF für L_2 CF_4 = CF (Geld), ohne Δ Kreditoren, Δ Debitoren, Δ Warenlager: CF für L_3, d.h. NUV					

CF_2 eliminiert Bewertungsmanipulationen auf Lager- und Debitorenpositionen und vermeidet zudem die verschleiernde Auswirkung möglicher Kreditorenprolongationen. Welche CF-Grössen am signifikantesten sind, kann nur im praktischen Einzelfall entschieden werden. Je nach Branche, Absatzgebieten, Zulieferanten usw. ergeben sich unterschiedliche Anforderungen. Die in der FFR wegen der verfolgten Informationsziele bewusst in Kauf genommene Problematik von CF_4 lässt sich damit neutralisieren.

Besondere Aufmerksamkeit sollte auch der *Feingestaltung* der MFR geschenkt werden. Bei der Fülle der in der betrieblichen Praxis auftretenden Vorgänge ist es vor allem im Bereich der *AV- und FK-Konten*[22] wichtig, nicht zu global, aber auch nicht zu detailliert zu berichten. Im gezeigten Beispiel kommt dies nur andeutungsweise zum Ausdruck. In diesem Sinne ist *Heaths Idee* eines *modularen* Informationsaufbaues bestechend. Nur besteht bei der von ihm vorgeschlagenen, rudimentären GFR die Gefahr, dass die doch gerade zu illustrierenden finanzwirtschaftlichen *Zusammenhänge* verlorengehen. Daher wird hier zunächst die Realisierung einer MFR mit zusätzlichem CF-Statement in der gezeigten Art empfohlen. Weitere Informationsmodule (◄ Abb. 8/1) wären dabei nicht weniger wichtig und sehr zu begrüssen.

Wie externe MFR gestaltet bzw. nicht gestaltet werden sollten, demonstriert die vielfältige Schweizer Praxis in anschaulicher Weise. Allzu knappen Darstellungen auf der einen stehen Gegenbeispiele ausgebauter, fast schon unübersichtlicher MFR auf der anderen Seite gegenüber.

Völlig neu überdenken sollten diejenigen Unternehmen bzw. Konzernfirmen ihre Informationspolitik, die praktisch aussagelose, auf entstellten Bilanzwerten basierende Differenzaufstellungen präsentieren. Was nützt z.B. der Ausweis laufend der Erfolgsrechnung belasteter Investitionsausgaben als interne Mittelquelle auf der einen und (in gleicher Höhe) als Mittelverwendung auf der anderen Seite? Besser beraten waren hier wohl jene Konzerne, die mit der Veröffentlichung wenig aussagekräftiger MFR so lange zuwarteten, bis eine transparentere Bewertungspolitik eingeführt war.

8.7 Konsequenzen

Im Zusammenhang mit der materiellen und formellen Ausgestaltung externer MFR sind zahlreiche *Verbesserungen* möglich. Aus finanzwirtschaftlicher Sicht wäre es sinnvoll,

- die NUV-Fondsverwendung zu überdenken,
- vermehrt mit GFR zu arbeiten,
- die Bedeutung der indirekten CF-Darstellung im MFR nicht zu unterschätzen,
- die Aussagemöglichkeiten von CF-Grössen durch detailliertere CF-Statements differenzierter zu sehen,

---

22 Z.B. Anlagenverkäufe und Neuinvestitionen, Kreditablösungen usw.

- dem «dreifachen» Informationsziel externer MFR optimal gerecht zu werden und
- auf eine informationsfördernde formelle Ausgestaltung der MFR zu achten.

Völlig neben diesem Bestreben liegen jene in schweizerischen Geschäfts- und Presseberichten zu findenden MFR, die auf fragwürdigen Bilanzwerten basieren, praktisch ausschliesslich Bilanzdifferenzen präsentieren und zudem von keinen Zusatzinformationen wesentlicher Vermögens- und Kapitalpositionen begleitet sind. Nur einer Publizitätsrangliste zuliebe haben solche Aufstellungen jedenfalls keinen Sinn.

Der mehrfach erwähnte, prüfenswerte *Ansatz «Heath»* könnte – auch nach den sinnvollen Modifikationen von Behr – in folgenden Punkten mit den hier präsentierten Vorschlägen kombiniert werden:

- *umfangreichere*, die Zusammenhänge verdeutlichende *GFR* (im Ansatz «Heath» stärker gerafft)
- *indirekte CF-Darstellung* in der *GFR* (im Ansatz «Heath» nur als Gesamtbetrag)
- *expliziter Ausweis* von Lager-, Debitoren- und Kreditorenveränderungen (CF-Problematik).

Wichtig ist, dass die MFR, auch bei einer modularen Lösung, nicht zu stark konzentriert wird.

Die von *Heath* vorgeschlagenen *Detailrechnungen* zur längerfristigen Finanzierungs- und Investitionsseite (◀ Abb. 8/1) erscheinen in Anbetracht ihrer strategischen Bedeutung äusserst wertvoll. Dabei könnte man die besonders wichtige Informationsvermittlung zum *Investitionsbereich* (zukünftiger Anlagenbedarf!) allenfalls verbessern. Neben der indirekten CF-Darstellung in der MFR wären direkte Angaben zum zukünftigen Investitionsgeschehen von grösstem Wert (Abschnitt 8.3 und Fussnote 14, S. 207).

Vielen Unternehmen würde die mehr für die externe Anwendung diskutierte Gestaltung von MFR auch im *internen Bereich* nicht schaden. Allerdings müssen dazu die nötigen, betriebswirtschaftlich sinnvollen *Basisdaten* verfügbar sein.

Literatur

Behr, G.: Accounting and Reporting in Switzerland, in: Der Schweizer Treuhänder, 58. Jg., Nr. 3, März 1984, S. 79–84.

Behr, G.: Beurteilung der Zahlungsfähigkeit, in: Der Schweizer Treuhänder, Nr. 6/7, Juni/Juli 1980, S. 4–12.

Heath, L.: Financial Reporting and the Evaluation of Solvency, New York 1978.

Hunt, P.: Funds Position: Keystone in Financial Planning, in: Harvard Business Review, May/June 1975, S. 106–115.

Käfer, K.: Kapitalflussrechnungen; mit einer ergänzenden Einführung von Paul Weilenmann, Zürich 1984.

Pratt, J.: An American Viewpoint on Swiss Financial Reporting, in: Der Schweizer Treuhänder, 58. Jg., Nr. 3, März 1984, S. 89/90.

Weilenmann, P.: Kapitalflussrechnungen als internes Führungsinstrument, in: Der Schweizer Treuhänder, 53. Jg., Nr. 3, März 1979, S. 22–26.

Weilenmann, P./Oehler, K.: Kapitalflussrechnungen im Geschäftsbericht, in: Der Schweizer Treuhänder, 52. Jg., Nr. 12, Dezember 1978, S. 2–8.

9.
Finanzplanung im Klein- und Mittelbetrieb

9. Finanzplanung im Klein- und Mittelbetrieb

	Inhaltsübersicht

9.1	Wesen und Zweck der Finanzplanung	219
9.2	Probleme mangelnder Planung im Klein- und Mittelbetrieb	222
9.3	Rentabilität, Liquidität und Sicherheit als zentrale Zielgrössen	224
9.4	Die Jahresbudgetierung als Ausgangspunkt	225
9.5	Liquiditätsplanung als kurzfristiges Finanzbudget	229
9.6	Finanzplanung und Bilanzanalyse	232
9.7	Wesen und Bedeutung des Cash-flow	232
9.8	Langfristige Finanzplanung und strategische Finanzpolitik	234
9.9	Planungsgrundsätze	240
9.10	Praktische Massnahmen zur Liquiditätssicherung	241
	Literatur	242

9.1 Wesen und Zweck der Finanzplanung

Der Planung kommt im Rahmen der gesamten Unternehmensführung zentrale Bedeutung zu. Gerade in der heutigen, raschen und teils unerwarteten Veränderungen unterliegenden Umwelt ist ein Unternehmen mehr denn je auf eine *vorausschauende, weitsichtige Leitung* angewiesen. Die Finanzplanung bildet noch nicht sehr viele Jahrzehnte ein Standardinstrument von Unternehmensführung und Rechnungswesen. Erst vor etwa 40–50 Jahren begann man den Stellenwert einer derartigen Steuerungshilfe langsam zu erkennen. Wegweisend waren hier die neueren Ansätze in den USA, wie sie insbesondere nach dem zweiten Weltkrieg entwickelt wurden.[1]

Die Finanzplanung verkörpert eine der *Kernaufgaben* der finanziellen Führung. Die Geld- und Kapitalbeschaffung, der aus dem Betriebszweck hervorgehende Mitteleinsatz und die Sicherung der Liquidität sollen zukunftsgerecht und in wirtschaftlicher Weise vollzogen werden, und zwar in Übereinstimmung mit den obersten Zielen einer Unternehmung. Die *Finanzplanung* lässt sich somit umschreiben als *zielgerichteter Planungs- und Entscheidungsprozess zur Lösung der finanzwirtschaftlichen Probleme*.

An die Stelle einer kurzsichtigen, improvisierenden Finanzdisposition tritt mit Hilfe der Finanzplanung auch im Klein- und Mittelbetrieb eine

- systematisch erarbeitete,
- zukunftsgerichtete,
- zielbezogene und
- umfassend orientierte Finanzpolitik.

Idealerweise bettet man die Finanzplanung in einen *längerfristigen,* etwa auf 3–5 Jahre in die Zukunft gerichteten *Rahmen* ein. *Betriebsindividuelle Finanzierungsgrundsätze* bilden dann die Eckgrössen, innerhalb derer sich die *laufende langfristige*

---

1 Aus der Vielzahl der vor allem in den sechziger und siebziger Jahren entstandenen Literaturbeiträge seien stellvertretend vor allem die folgenden genannt: Bierich 1979, S. 534–547; Chmielewicz 1972; Deppe 1975; Fischer/Jansen/Meyer 1975; Francis /Rowell 1978, S. 29–44; Gahse 1971; Hill 1976; Hill/ Rohner 1969; Lücke 1965; Lutz 1976; Maier/Van der Weide 1978, S. 10–16; Neubert 1974; Pan/ Nichols/Joy 1977, S. 72–77; Scott/Moore/Saint-Denis/Archer/Taylor 1979, S. 46–52; Steiner 1984; Weilenmann/Nüsseler 1980; Witte/Klein 1974.

▲ Abb. 9/1   Teilbereiche der betrieblichen Finanzplanung

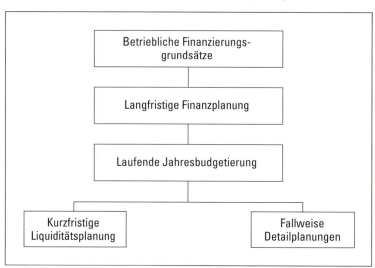

Finanzplanung zu bewegen hat. Diese wiederum ergibt den Ausgangspunkt für das *laufende Jahresbudget,* die *kurzfristige Liquiditätsplanung* und *fallweise Detailplanungen,* d.h. für die eigentliche Konkretisierung und Realisierung der finanziellen Marschrichtung. ◄ Abb. 9/1 fasst diese *Teilbereiche* der Finanzplanung im Überblick zusammen.

Innerhalb der laufenden Finanzplanung – langfristig wie kurzfristig – kann man grundsätzlich die folgenden *Planungsstufen* unterscheiden:

- Beschaffung bzw. Prognose der Finanzdaten
- Ermittlung des Finanzbedarfs
- Variantenplanung
- Finanzentscheidungen
- Finanzbudget, Realisierung, Überwachung.

Die als oberstes Element der Finanzpolitik zu formulierenden *Finanzierungsgrundsätze,* in grösseren Unternehmungen zweckmässigerweise schriftlich abgefasst, umreissen den groben Strukturrahmen für die in der Folge näher zu betrachtende, laufende Finanzplanung[2]. Selbstverständlich kann letztere immer wieder Rückwirkungen auf den finanziellen Grundsatzkatalog, z.B. im Sinne rollend notwendig werdender Anpassungen, haben.

Die Finanzplanung ist sehr eng mit der *gesamten Unternehmensplanung verknüpft,* wie dies aus der Übersicht nach *F. Steiner* hervorgeht (► Abb. 9/2).

---

2 Vgl. dazu Bd. I, 3. Zur Bestimmung der Verschuldungspolitik, Abschnitt 3.6.1 Finanzwirtschaftlicher Zielkatalog, S. 68ff.

Wesen und Zweck der Finanzplanung

▲ Abb. 9/2 Finanzplanung und gesamte Unternehmensplanung in Anlehnung an eine Systematisierung von Steiner[a]

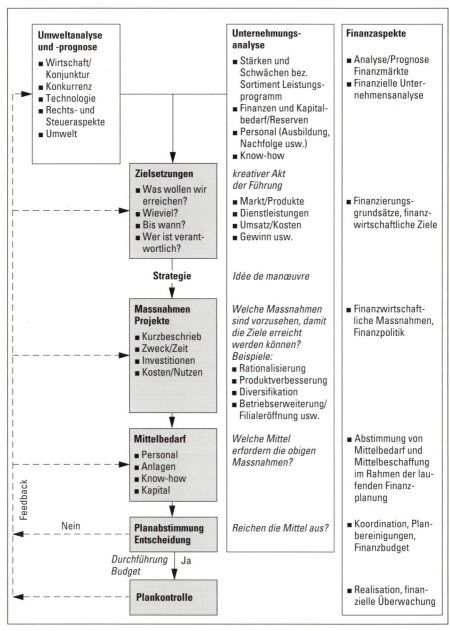

a. Vgl. Steiner 1984, S. 32.

9.2 Probleme mangelnder Planung im Klein- und Mittelbetrieb

Während die Finanz- und Unternehmensplanung in grossen Konzernen zum Standardinstrumentarium gehören, besitzen immer noch *viele Klein- und Mittelbetriebe* (KMU)[3] *keine systematisch betriebene Finanzvorschau*. In einer Intensivbefragung von 70 Schweizer KMU um 1982 zeigte sich, dass nur die Hälfte dieser Unternehmen eine Finanzplanung einsetzte, und zwar in der Mehrzahl der Fälle mit einem Planungshorizont von bloss 1/2 bis 1 Jahr.[4] Solange sich eine Unternehmung kontinuierlich in ruhigen Bahnen entwickelt, mögen aus dem fehlenden Finanzführungsinstrumentarium keine grösseren Probleme erwachsen. Wenn allerdings *stärkere Wachstumssprünge, grössere Investitionen, Verlustphasen, der Abgang von Teilhabern und andere Sonderaufgaben* zu bewältigen sind, rächt sich das Fehlen einer seriösen Finanzplanungsrechnung, und zwar in zweifacher Weise. Erstens geht beim nachträglichen Aufbau der Führungshilfen viel wertvolle *Zeit verloren*, und zweitens wird auch die *mangelnde Routine* spürbar. Die mit der Unsicherheit jeder unternehmerischen Zukunft konfrontierte Finanzplanung braucht viel Fingerspitzengefühl und Realitätssinn, damit sie überhaupt brauchbare Führungszahlen liefern kann. Als typische und immer wieder beobachtete *Führungsfehler* – vor allem verursacht durch fehlende Finanzplanung – kann man im *Klein- und Mittelbetrieb* die folgenden erkennen:

- schmale Eigenkapitalbasis, überhöhte Unternehmensverschuldung
- fehlende Abstimmung von Investitionen, Wachstum und Finanzierungsmöglichkeiten, improvisierende Finanzmittelbeschaffung
- unwirtschaftliches Working Capital Management (Debitoren-, Vorrats- und Kreditorenwesen), verzettelte Kassahaltung
- sinkende Margen und Cash-flow-Rückflüsse trotz forcierter Absatz-/Umsatztätigkeit
- mangelnde Verfügbarkeit und Verwendung von Führungszahlen, schlecht geführtes Rechnungswesen
- fehlende Nachfolgeplanung, verspätetes Einleiten grösserer Führungs- und Finanzaktivitäten (z.B. Going Public im grossen Mittelbetrieb)
- falsche Ausbalancierung der Anliegen «Diversifikation» und «Konzentration der Kräfte».

Typisch ist häufig auch das Fehlen aussagekräftiger Investitionsrechnungen. So setzten lediglich rund 11% der 70 befragten KMU dynamische Entscheidungshilfen ein.[5]

---

3 Kleine und mittlere Unternehmen seien hier – bezogen auf Fertigungsbetriebe – vereinfachend umschrieben als solche mit 1–50 bzw. 51–500 Beschäftigten.
4 Nydegger/Oberhänsli 1984, S. 854.
5 Nydegger/Oberhänsli 1984, S. 854. Vgl. dazu auch Bd. I, 10. Theorie und Politik der Unternehmungsfinanzierung: Eine Standortbestimmung aus schweizerischer Sicht, Abschnitt 10.4 Zur Investitionspolitik, S. 253ff. Vgl. zum Problem mangelnder Planung auch Elger/Asmus 1970, S. 189–217.

Die oben angesprochenen Gesichtspunkte seien anhand einer einfachen *Fallstudie* weiter erläutert. Die *Umsatz-AG*, ein stark wachsender Grosshandelsbetrieb für elektrische Haushaltgeräte mit rund 60 Beschäftigten (Stand Ende 19.1), will im Jahre 19.2 den Absatz der bisher geführten Produkte weiter ausdehnen und neue, serviceintensive Artikel ins Sortiment aufnehmen.

Der *Jahresabschluss per Ende 19.1* präsentiert sich wie in ▶ Abb. 9/3.

▲ Abb. 9/3   Jahresabschluss 19.1 der Umsatz-AG

Bilanz per 31.12.19.1 nach Gewinnverteilung (Werte in Fr. 1000.–)				Erfolgsrechnung pro 19.1 (Werte in Fr. 1000.–)	
Liquide Mittel	400	Kreditoren	1 200	Verkaufsumsatz	12 000
Debitoren	1 800	Kontokorrent	1 400	Warenaufwand	7 200
Warenlager	3 000	Diverses kfr. FK	400	Bruttogewinn	4 800
Mobilien und Fahrzeuge	800	Hypotheken	1 200	Löhne, Gehälter	3 200
Immobilien	2 000	Darlehen	1 000	Verwaltung und Vertrieb	1 300
		Aktienkapital	1 500		
		Reserven	1 300		
	8 000		8 000	Reingewinn	300

Die für 19.2 in Aussicht genommene, starke Expansion macht *Neuanschaffungen im Bereiche des Anlagevermögens* notwendig. Zur teilweisen Deckung des dadurch entstehenden Finanzbedarfs kann die Umsatz-AG anfangs 19.2 eine *Aufstockung der Hypotheken* um 300 bewerkstelligen.

Während des Jahres 19.2 wird die vorsorglich auf 1 800 erhöhte *Kreditlimite massiv und in steigendem Masse überschritten*. Auf die Intervention der Bank hin gelangt der Hauptaktionär und Leiter der Umsatz-AG im Herbst 19.2 an den Kreditspezialisten. Da sich die Unternehmung in *drohenden Zahlungsschwierigkeiten* befindet, ersucht er um eine kurzfristige *Überbrückungsfinanzierung*.

Was ist passiert?

Die Absatzausweitung bringt in der Regel nicht nur Neuanschaffungen im Anlagevermögen, sondern insbesondere auch kräftig *ansteigende Debitoren- und Lagerbestände* mit sich. Die Finanzierungswirkung der sich parallel ausweitenden *Lieferantenschulden* – und je nach Branche auch allfälliger Anzahlungen von Kunden – reicht in der Regel nicht aus zur Deckung des zusätzlichen Kapitalbedarfes. Sofern das *Cash-flow-Aufkommen* nicht stark gesteigert werden kann, resultiert eine spürbare *Mittellücke*, die weitere Finanzierungsmassnahmen notwendig macht. Im Falle der Umsatz-AG wurde keine Kapitalbedarfsrechnung aufgestellt und der Kapitalbedarf im *Umlaufvermögen* massiv *unterschätzt*. Dies ist eine in der KMU-Praxis besonders häufig zu beobachtende Folge der fehlenden Finanzplanung.

Zusätzlich verschärfend wirken sich für die Umsatz-AG die negativen Einflüsse der *Erfolgs- und Cash-flow-Ebene* aus. Erkauft man – wie im vorliegenden Fall – die

▲ Abb. 9/4   «Kumulativ» wirkende finanzwirtschaftliche Abwärtsdynamik

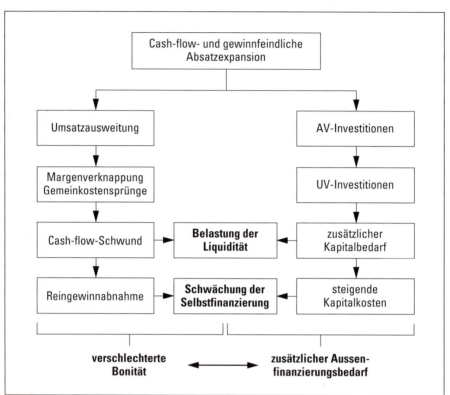

Absatzexpansion mit einer Margenverengung – oft bewirkt durch Preisnachlässe und Gemeinkostensprünge –, so kann *trotz Absatz- und Umsatzplus* eine *Reduktion von Cash-flow und Gewinn* resultieren. Kurzfristig notwendig werdende und *teure Finanzierungsmittel* (z. B. Skontoverzicht, Blankokredite) beeinträchtigen das Gewinnaufkommen zusätzlich.

Zu beachten ist auch die *«kumulativ» wirkende Abwärtsdynamik,* wie sie sich aus ◄ Abb. 9/4 ergibt.

9.3   Rentabilität, Liquidität und Sicherheit als zentrale Zielgrössen

Die Erhaltung der Zahlungsfähigkeit ist auch für den Klein- und Mittelbetrieb eine *Überlebensbedingung.* Wenn Löhne, offene Lieferantenrechnungen, Zins-, Tilgungs- und andere Verpflichtungen nicht mehr fristgerecht erfüllt werden können, gerät der Betrieb in ernsthafte Existenzgefährdung. Die meisten Konkurse sind geprägt durch *Zahlungsunfähigkeit* des Unternehmens. Obwohl die Ursachen viel tiefer liegen können – z.B. in der Herstellung veralteter Produkte, in unerwartet verschlechterten Marktverhältnissen –, bilden *Finanzierungsfehler* eine verbreitete Schwachstelle.

Im Klein- und Mittelbetrieb liegt das Augenmerk häufig auf Umsatz und Gewinn. Aus einer Umsatzausweitung erwartet man einen erhöhten Erfolg und letzten Endes auch eine Stärkung der Liquidität. Kürzerfristig betrachtet ist diese Erwartung nicht selten illusorisch. Zum längerfristigen Überleben brauchen auch die KMU zweifellos Gewinn, eine angemessene Rendite und daher vorgelagert eine gesunde Absatzentwicklung. *Liquiditätsmässig* ist ein Unternehmen aber nur dann gesichert, wenn die fälligen Zahlungen täglich ausgeführt werden können. Dies wird – wie das Beispiel der Umsatz-AG zeigt – bei einer Umsatzausweitung nicht unbedingt der Fall sein.

Gewinn und Rentabilität kann man als «*Nahrung*», Liquidität als «*Atmung*»[6] eines Betriebes bezeichnen. Längerfristig, auf Jahre hinaus gesehen, lebt das private Unternehmen vom Erfolg, von einer ausreichenden Rendite. Kürzerfristig, auf ein Jahr, auf Monate oder Wochen betrachtet, muss die Liquidität gewährleistet sein. Noch so gute – und vielleicht berechtigte – Zukunftsaussichten des Unternehmers nützen dem vorübergehend illiquiden Betrieb wenig, wenn die Geldgeber nicht an dessen Zukunft glauben.

Die *Liquiditätssicherung* muss daher als eigenständige und *wichtige Aufgabe der Unternehmensführung* gedeutet werden. Dies gilt auch für die KMU, die den Finanzierungsfragen heute oft noch zu wenig Aufmerksamkeit schenken. Dabei darf die Liquidität nicht isoliert betrachtet werden. Zwischen Umsatz- und Gewinnentwicklung einerseits und dem Verlauf der Liquidität andererseits bestehen mannigfaltige Zusammenhänge. Die Anliegen der angesprochenen Einflussbereiche sind teils gleichberechtigt, teils widersprüchlich (vgl. ◄ Abb. 9/2).

9.4 Die Jahresbudgetierung als Ausgangspunkt

In der Folge soll davon ausgegangen werden, dass die Leitung der Umsatz-AG für das *Jahr 19.2* eine *Finanzplanung erstellt* hätte. Dabei gelten die Planzahlen in ► Abb. 9/5.

Kritisch ist in der betrieblichen Praxis die *Bestimmung der einzelnen Plangrössen*, insbesondere die *Prognose des Umsatzes*. Letztere kann als eigentliches Nadelöhr der Finanzplanung bezeichnet werden, von dem alle weiteren Datenschätzungen unmittelbar abhängen. Obwohl theoretisch mit Trendextrapolationen und Kausalprognosen gearbeitet werden kann, wird vor allem in der KMU-Praxis die Vornahme *subjektiver Schätzungen* im Vordergrund stehen.[7]

In Grossunternehmen wird ein vergleichsweise grosser Aufwand betrieben, um zu aussagekräftigen *Umsatzprognosen zu* gelangen. Eine empirische Erhebung bei rund

---

6 Vgl. Boemle 1983, S. 45.
7 Vgl. z.B. Perridon/Steiner 1984, S. 361ff. Vgl. zur Prognoseproblematik weiter auch: Lewandowski, System der kurzfristigen Prognose, 1970; Lewandowski, System der langfristigen Prognose, 1970; Schütz 1975.

▲ Abb. 9/5   Jahresplanung 19.2 der Umsatz-AG: Planungsgrundlagen

- *Umsatzausweitung*: 50%
- Absinken der *Handelsmarge* (Bruttogewinn/Umsatz) von 40% auf 35% (Produkteinführung, Gewinnung von Marktanteilen)
- Erhöhung der *Lohnsumme* auf 3800
- Zunahme der *Verwaltungs- und Vertriebskosten* um 1000 (Mehrzinsen, Mehrabschreibungen, höhere Lagerkosten, Werbemassnahmen usw.)
- *Bilanzzahlen* per Ende Planjahr 19.2:
  □ Debitoren: zwei durchschnittliche Monatsumsätze
  □ Vorräte: grob geschätzter Endbestand: 5000
  □ Mobilien und Fahrzeuge: Neuzukäufe 700, Abschreibungen 200
  □ Immobilien: unverändert 2000
  □ Kreditoren: grob geschätzter Endbestand (unter zusätzlicher Inanspruchnahme von Skontofristen): 2500
  □ diverses kurzfristiges Fremdkapital: Endbestand von 500
  □ Hypotheken: erwähnte Aufstockung von 300
  □ Darlehen (echtes Fremdkapital): unverändert 1000
  □ Reserven: Die Umsatz-AG möchte 100 Dividenden ausschütten (sofort als Ausgabe berücksichtigen)
  □ Minimalbestand an liquiden Mitteln: 200

250 der grössten *US-Gesellschaften* (Rücklauf: 140 Antworten) kam dabei zu folgenden Eigenheiten[8]:

- Einsatz teils aufwendiger Schätzverfahren
- häufige Revision der Plandaten (rollende Umsatzplanung)
- angestrebte Planwertgenauigkeit: ±10%
- Erreichung der angezielten Budgettreffsicherheit: in 2/3 aller Fälle
- Planungshorizont: 1 … 5 Jahre, Feinplanungsstruktur am häufigsten bei 1 Monat
- Vornahme monatlicher Soll-Ist-Kontrollen üblich
- positive Korrelation zwischen Qualität der Prognoseverfahren und Plausibilität der Planzahlen
- Beurteilung der Umsatzprognose: ausserordentlich zentral (Schlüsselgrösse).

Insgesamt ergeben sich für die Jahres- und Mehrjahresplanung folgende *Ablaufschritte:*

1. zeitliche und summenmässige Fixierung der *Investitionsvorhaben*
2. *Umsatzprognose:* strukturierte Mengen- und Preisschätzungen
3. *Erfolgsplanung und Einnahmen-Ausgaben-Planung:* Ableitung der einzelnen Plangrössen vom Umsatz sowie von den Gegebenheiten der Leistungserstellung; *Planerfolgsrechnung*

---

8   Pan/Nichols/Joy 1977, S. 72–77.

Die Jahresbudgetierung als Ausgangspunkt

4. *Umlaufvermögen:* Planung der zumeist umsatzabhängigen Positionen des Umlaufvermögens
5. *Fremdkapital:* Prognose der geschäftsinduzierten Fremdmittelquellen (Kreditoren, Anzahlungen von Kunden, Rückstellungen)
6. *Planbilanzen und Planmittelflussrechnungen:* Herleitung der einzelnen Planwerte und Ermittlung von Über-/Unterdeckungen
7. allfällige *Variantenplanungen, Koordinationsmassnahmen, Zusatzmassnahmen;* Erstellung und Verabschiedung des definitiven *Budgets*.

Während für die Einzeldatenbestimmung im *Grossbetrieb* zumeist auf *vorgelagerte Teilpläne* zurückgegriffen werden kann, macht die *KMU-Finanzplanung* häufig eine eigentliche *Primärerhebung* erforderlich. Umgekehrt kann dies den Wert der Finanzplanung noch erhöhen, indem sie als ausgesprochener Auslöser für planerische Überlegungen wirkt.

Für die *Umsatz-AG* ergibt sich folgendes Bild (vgl. ▶ Abb. 9/6, ▶ Abb. 9/7 und ▶ Abb. 9/8).

▲ Abb. 9/6   Planerfolgsrechnung der Umsatz-AG für 19.2

Planerfolgsrechnung 19.2 (Werte in Fr. 1000.–)		
	19.1 Ist	19.2 Plan
Verkaufsumsatz	12 000	18 000
Warenaufwand	7 200	11 700
Bruttogewinn (für 19.2: 35% Umsatz)	4 800	6 300
Löhne, Gehälter	3 200	3 800
Verwaltung und Vertrieb	1 300	2 300
Reingewinn	300	200

▲ Abb. 9/7   Planbilanz der Umsatz-AG per Ende 19.2

Planbilanz per 31.12.19.2 nach Gewinnverteilung (Werte in Fr. 1000.–)					
	19.1 Ist	19.2 Plan		19.1 Ist	19.2 Plan
Liquide Mittel	400	200	Kreditoren	1 200	2 500
Debitoren	1 800	3 000	Kontokorrent	1 400	3 100[a]
Warenlager	3 000	5 000	Div. kfr. FK	400	500
Mobilien und Fahrzeuge	800	1 300	Hypotheken	1 200	1 500
Immobilien	2 000	2 000	Darlehen	1 000	1 000
			Aktienkapital	1 500	1 500
			Reserven	1 300	1 400[b]
	8 000	11 500		8 000	11 500

a. Die Planbilanz wird hier über das Kontokorrent ausgeglichen
b. Reserven EB = 1 300 AB + Reingewinn 200 – Dividende 100 = 1 400

▲ Abb. 9/8   Plan-Mittelflussrechnung der Umsatz-AG pro 19.2

Plan-Mittelflussrechnung 19.2 (Werte in Fr. 1000.–)

Mittelherkunft			Mittelverwendung		
Interne Quellen			**Investitionen im AV**		
Reingewinn	200		Mobilien und Fahrzeuge		700
Abschreibungen	200				
Cash-flow (brutto)		400	**Investitionen im UV**		
Dividende		–100	Debitoren	1 200	
Netto-Cash-flow		300	Warenlager	2 000	3 200
Externe Quellen			**Definanzierungen**		–
Kreditoren	1 300				
Kontokorrent	1 700				
Div. kfr. FK	100	3 100			
Hypotheken		300			
Desinvestitionen		–			
Abnahme liquide Mittel		200			
		3 900			3 900

Unter der Annahme, dass auf der Vermögensseite keine Einsparungen möglich sind (kürzere Debitorenfristen, tiefere Lagerhaltung usw.), ist die Finanzierung des angezielten *Wachstums* in Frage gestellt. Lässt sich kein weiteres Fremdkapital von aussen zuführen, so müssen *neue Fremdkapitalquellen* erschlossen werden. Als offensichtlichste Möglichkeiten kommen im Falle der Umsatz-AG ein Betriebskredit der Bank, Leasingfinanzierung von Mobilien und Fahrzeugen, allenfalls Privatdarlehen in Frage. Die Möglichkeit einer Dividendenkürzung oder -streichung wäre zu überlegen. Die *Informationen der Mittelflussrechnung* zeigen die beschriebene Finanzierungsproblematik transparent auf:

		(Fr. 1000.–)
	Cash-flow netto	300
+	Aufstockung Hypotheken	+300
=	zusätzliche langfristige Mittel	600
–	AV-Investitionen	–700
=	Unterdeckung langfristige Mittel	–100
–	UV-Investitionen	–3 200
=	Saldo Mittelbedarf	–3 300
+	Reduktion liquide Mittel	+200
=	zusätzliche kurzfristige Mittel	–3 100

9.5 Liquiditätsplanung als kurzfristiges Finanzbudget

Wie die Jahresplanung 19.2 der Umsatz-AG zeigt, müssen die Dimensionen «Umsatz», «Gewinn» und «Liquidität» unbedingt auseinandergehalten werden. Blindes Absatz- und Marktanteilsstreben sind durch *ausgewogene, zukunftsgerechte Expansionspläne zu* ersetzen. Als buchhalterische Saldogrösse von Ertrag und Aufwand sagt der Reingewinn nichts aus über die insgesamt – vor allem kurzfristig – entstehenden *Liquiditätswirkungen.* Nicht alle Erfolgsvorgänge verursachen Einnahmen und Ausgaben, und darüber hinaus wirken sich zahlreiche, nicht erfolgswirksame Vorgänge auf die Zahlungsbereitschaft aus.

Zur *täglichen Liquiditätssicherung* reicht nun eine grobe Finanzvorschau, wie sie in Abschnitt 9.4 gezeigt wurde, auch in der KMU-Praxis zumeist nicht aus. Vor allem dann, wenn grössere saisonale Schwankungen zu erwarten sind, sollten detailliertere *Quartals- oder Monatsbudgets* aufgestellt werden. Erst sie zeigen die allenfalls während des Planjahres zu erwartenden kürzerfristigen Liquiditätsengpässe auf und erlauben es dementsprechend, frühzeitig die notwendigen Finanzierungsmassnahmen einzuleiten.

Für das Planjahr 19.2 seien für die *Umsatz-AG* die folgenden *quartalsweisen Einnahmen und Ausgaben* geschätzt worden (vgl. ▶ Abb. 9/9 und ▶ Abb. 9/10).

▲ Abb. 9/9 Quartalsweise Einnahmen- und Ausgabenschätzungen, Betriebsbereich

(Werte in Fr. 1000.–)				
	1. Q.	2. Q.	3. Q.	4. Q.
(Quartalsumsätze)	3 500	4 500	6 000	4 000
Debitorenzahlungen	2 700	3 800	4 900	5 400
(Wareneinkauf)	2 900	4 100	3 600	3 100
Kreditorenzahlungen	2 000	3 300	4 100	3 000
Löhne und Gehälter	850	900	950	1 100
Ausgaben Verwaltung und Vertrieb	400	600	550	550

▲ Abb. 9/10 Quartalsweise Einnahmen- und Ausgabenschätzungen, Investitions-/Finanzbereich

(Werte in Fr. 1000.–)				
	1. Q.	2. Q.	3. Q.	4. Q.
Investitionen	400	300	–	–
Zunahme div. kfr. FK	–	100	–	–
Aufstockung Hypothek	300	–	–	–
Dividende (sofort berücksichtigt)	–	–	–	100
Kontokorrentverlauf	?	?	?	?
Minimalbestand liquide Mittel je Quartalsende	200	200	200	200

▲ Abb. 9/11 Liquiditätsbudget 19.2: Einnahmen und Ausgaben des Betriebs- sowie des Finanz- und Investitionsbereichs

Betrieblicher Einnahmen-/Ausgabenbereich (Werte in Fr. 1000.–)					
	1. Q.	2. Q.	3. Q.	4. Q.	Total
Zahlungseingänge von Debitoren	2700	3800	4900	5400	16800
Zahlungsausgänge an Kreditoren	−2000	−3300	−4100	−3000	−12400
Lohn- und Gehaltszahlungen	−850	−900	−950	−1100	−3800
Ausgaben Verwaltung/Vertrieb	−400	−600	−550	−550	−2100
Einnahmen-/Ausgabensaldo aus Geschäftstätigkeit (strenger Cash-flow)	−550	−1000	−700	+750	−1500
Geldüberdeckung/-unterdeckung kumuliert	−550	−1550	−2250	−1500	−1500

Einnahmen/Ausgaben im Finanz- und Investitionsbereich (Werte in Fr. 1000.–)					
	1. Q.	2. Q.	3. Q.	4. Q.	Total
Investitionen	−400	−300	−	−	−700
Zunahme div. kfr. FK	−	+100	−	−	+100
Aufstockung Hypothek	+300	−	−	−	+300
Dividendenzahlungen	−	−	−	−100	−100
Über-/Unterdeckung	−100	−200	−	−100	−400
Über-/Unterdeckung kumuliert	−100	−300	−	−400	−400

Mit der *Qualität des Dateninputs* steht und fällt auch im kurzfristigen Bereich der Aussagegehalt der Finanzplanung. Besonders sorgfältig muss hier die *Abgrenzung von Erfolgs- und Zahlungsvorgängen* vorgenommen werden. Die quartals- oder monatsweise Prognose der Debitoren- und Kreditorenzahlungen beispielsweise erfordert neben einer detaillierten Umsatzvorschau genauere Informationen zum kundenseitigen bzw. eigenen Zahlungsverhalten. Dabei kommt es nicht auf absolute Genauigkeit an, sondern auf eine möglichst *realistische Einschätzung* der *wesentlichen Grössen*.

Die ◀ Abb. 9/11 und ▶ Abb. 9/12 zeigen die aufgrund dieser Planwerte resultierende *Liquiditätsbudgetierung* für die Umsatz-AG pro 19.2. Die Gruppierung der Einnahmen-/Ausgabengrössen kann von Fall zu Fall unterschiedlich vorgenommen werden. In der Regel empfiehlt sich die Aufteilung in einen *betrieblichen* Einnahmen-/ Ausgabenbereich und in einen die *finanzierungs- und investitionsseitigen* Zahlungsströme erfassenden Bereich. Der erste zeigt dann die umsatzbedingten Liquiditätskomponenten, der zweite jene «autonomer» Finanz- und Investitionsentscheidungen.

Liquiditätsplanung als kurzfristiges Finanzbudget 231

▲ Abb. 9/12   Liquiditätsbudget 19.2: Einnahmen-Ausgaben-Zusammenfassung und Entwicklung des Kontokorrentkredites

Betrieblicher Einnahmen-/Ausgabenbereich (Werte in Fr. 1000.–)					
	1. Q.	2. Q.	3. Q.	4. Q.	Total
Anfangsbestand liq. Mittel	400	200	200	200	400
Einnahmen-/Ausgabensaldo aus Geschäftstätigkeit	–550	–1000	–700	+750	–1500
Über-/Unterdeckung Finanz-/Investitionsbereich	–100	–200	–	–100	–400
Erhöhung/Senkung der Kontokorrentbeanspruchung	**+450**	**+1200**	**–700**	**–650**	**+1700**
Endbestand liq. Mittel (Soll)	200	200	200	200	200

Entwicklung des Kontokorrentes (Fr. 1000.–)					
	1. Q.	2. Q.	3. Q.	4. Q.	Total
Anfangsbestand	1400	1850	3050	3750	1400
Quartalsveränderung	+450	+1200	+700	–650	+1700
Endbestand	1850	3050	3750	3100	3100

Die im Falle der Umsatz-AG besonders kritische *Kontokorrentposition* ist nach der *zusammenfassenden Einnahmen-Ausgaben-Übersicht* separiert dargestellt.

Das Liquiditätsbudget veranschaulicht den hohen, durch die *Expansion* ausgelösten Kapitalbedarf. Im *3. Quartal* erreicht die *Mittellücke ihr Maximum*, um auf Jahresende – allerdings auf immer noch hohem Niveau – etwas abzusinken.

Die Liquiditätsproblematik der Umsatz-AG ist offensichtlich zweifacher Natur. In *strategischer Hinsicht* geht es darum, Kapitalbedarf und Kapitalvolumen sowie Kapitalstruktur besser aufeinander abzustimmen. Je nach Finanzierungsmöglichkeiten muss die angezielte Wachstumspolitik überdacht werden.

Operativ, d.h. kürzerfristig betrachtet, werden *saisonale Schwankungen* in der Liquiditätsentwicklung erkennbar, die durch bessere Abstimmung der Einnahmen- und Ausgabenströme möglicherweise gemildert werden könnten. Dabei wäre vor allem auf die Debitoren- und Kreditorenkonditionen, auf den Lagerverlauf und auf das Ausgabentiming im Investitionsbereich zu achten.

Neben der Budgetierung im engeren Sinne kommt in der betrieblichen Praxis der *laufenden Überwachung der Einnahmen- und Ausgabenströme* grosse Bedeutung zu. Neben einer kontinuierlichen *Liquiditätskontrolle (Soll-Ist-Vergleich)* bildet diese auch die *Basis für nachfolgende Planungsrunden*, eine *rollende Aktualisierung der Budgets* und für *qualitative Verbesserungen* der Planungsarbeit.

9.6 Finanzplanung und Bilanzanalyse

Die für die Umsatz-AG nachgezeichnete Entwicklung macht deutlich, dass vor allem in Wachstumsphasen nicht auf eine fundierte Finanzplanung verzichtet werden kann. So gibt auch eine kennzahlenmässige Analyse des Jahresabschlusses 19.1 keinen Einblick in den zu erwartenden Verlauf der finanzwirtschaftlichen Eckgrössen. ▶ Abb. 9/13 zeigt die *wichtigsten Kennzahlen* per Ende 19.1 im Vergleich mit den beigefügten Vorjahreswerten (Klammerwerte: 19.2).

Das durch eine ausserordentliche Umsatzexpansion und die Einführung neuer Produkte gekennzeichnete Jahr 19.2 liess sich im Falle der Umsatz-AG nicht anhand der vergangenheitsorientierten Kennzahlen für 19.0 und 19.1 abschätzen. Die Kennzahlen vermitteln trotzdem wertvolle Informationen, die im Zusammenspiel mit planerischen Überlegungen rasch in Richtung der eingetretenen Probleme verwiesen hätten.

▲ Abb. 9/13 Kennzahlen der Umsatz-AG für 19.0 und 19.1 sowie das Planjahr 19.2[a]

	19.0	19.1	19.2
■ Liquidität			
□ Liquiditätsgrad II (Quick Ratio)	69%	73%	52%
□ Liquiditätsgrad III (Current Ratio)	159%	173%	134%
■ Kapitalstruktur			
□ Eigenfinanzierungsgrad	35%	35%	25%
□ Anlagedeckungsgrad II	159%	179%	164%
□ Verschuldungsfaktor	7.3	6.7	13.5
■ Aktivitätskennziffern			
□ Lagerumschlag	2.4	2.4	2.3
□ Debitorenfrist	58 T.	54 T.	60 T.
□ Kapitalumschlag	1.4	1.5	1.6
■ Rentabilität			
□ Umsatzrentabilität (vor Zinsen)	4.3%	4.2%	3.1%
□ Gesamtkapitalrendite (brutto)	6.0%	6.3%	4.8%
□ Eigenkapitalrendite (brutto)	9.6%	10.7%	6.9%

a. Zusatzdaten: Abschreibungen 19.1: 150; 19.2: 200; Fremdkapitalzinsen 19.1: 200; 19.2: 350.

9.7 Wesen und Bedeutung des Cash-flow

Der Cash-flow stellt die *wichtigste Liquiditätsquelle* eines Unternehmens dar. Als *Saldo von liquiditätswirksamen Erträgen und liquiditätswirksamen Aufwendungen* – häufig auch «indirekt», durch Addition von Reingewinn und Abschreibungen sowie allenfalls langfristiger Rückstellungsäufnungen, berechnet – zeigt der Cash-flow den aus der *Umsatztätigkeit* erzielten Liquiditätsbeitrag. Er bildet – nach Berücksich-

Wesen und Bedeutung des Cash-flow

tigung der Ausschüttungen – die *Basis zur Vornahme von Ersatz- und Erweiterungsinvestitionen.*

Ein gesundes Cash-flow-Aufkommen ist aber auch eine *Voraussetzung zur externen Kapitalaufbringung,* sei es in Form von Krediten oder zusätzlichen Eigenmitteln. Damit zeigt sich nochmals die für viele Betriebe problematische «*Auf- und Abwärtsdynamik» der Finanzierungsseite,* indem in Zeiten hohen Cash-flow-Aufkommens und starker Selbstfinanzierung auch mit der Bereitschaft externer Kapitalgeber gerechnet werden darf. Wenn indessen schlechte Geschäftsabschlüsse auf die Innenfinanzierung drücken, muss auch im Aussenfinanzierungsbereich mit grösseren Schwierigkeiten gerechnet werden. Wie die Finanzierungspraxis immer wieder bestätigt, empfiehlt sich zur Erreichung eines gewissen Ausgleichs in den meisten Fällen eine *offene Informationspolitik* gegenüber den wichtigsten Fremdkapitalgebern, d.h. insbesondere den *Banken.*

Eine exakte Cash-flow-Ermittlung erscheint insofern nicht ganz einfach, als die dem Cash-flow zugrundeliegende *Liquiditätsdefinition* ganz unterschiedlich umschrieben werden kann. Vergleicht man etwa den in ◄ Abb. 9/8 nachgewiesenen *Cash-flow (brutto) von 400* mit der in ◄Abb. 9/11 (Betrieblicher Bereich) berechneten *Liquiditätsunterdeckung von 1500* für das Jahr 19.2, so ergibt sich eine grosse Diskrepanz. Diese erklärt sich dadurch, dass bei der herkömmlichen Cash-flow-Herleitung keine ganz genaue Liquiditätsabgrenzung vorgenommen wird. Dies betrifft insbesondere die Veränderung der Positionen Debitoren, Vorräte und Kreditoren. Innerhalb der quartalsweisen Einnahmen-Ausgaben-Budgetierung entfallen diese Abgrenzungsprobleme, indem dort streng von den Zahlungsströmen ausgegangen wird (Debitorenzahlungen anstelle des Umsatzes und Kreditorenzahlungen anstelle des Warenaufwandes).

► Abb. 9/14 zeigt den Brückenschlag zwischen den beiden Cash-flow-Dimensionen.

Abb. 9/14 Zusammenhang zwischen üblichem Cash-flow-Begriff gemäss Jahresbetrachtung und Cash-flow gemäss Liquiditätsbudgetierung

Reingewinn 19.2	200
Abschreibungen 19.2	200
Cash-flow [Veränderung des *Nettoumlaufvermögens* aus Umsatztätigkeit (d.h. ohne liquiditätsmässige Abgrenzung von Debitoren, Vorräten, Kreditoren)]	400
Debitorenzunahme	−1200
Lageraufstockung	−2000
Kreditorenzunahme	+1300
«Cash-flow» als streng ermittelter Einnahmen-/Ausgabensaldo [Veränderung der *liquiden Mittel* aus Umsatztätigkeit (genaue Erfassung der Liquiditätswirkung von Debitoren, Vorräten, Kreditoren)]	−1500

Neben dem *üblichen Cash-flow-Aufkommen* (hier: 400) sollte stets auf die – geschäftsabhängigen – *Veränderungen im Umlaufvermögen* geachtet werden. Dies erscheint besonders wichtig bei stärker zu- oder abnehmendem Umsatzvolumen. Zusammen resultieren wertvolle Informationen zur Beurteilung der Liquiditätsentwicklung im engeren Sinne.[9]

9.8 Langfristige Finanzplanung und strategische Finanzpolitik

Wie am Beispiel der Umsatz-AG gezeigt werden konnte, ist neben der Umsatz- und Gewinnentwicklung dem *Liquiditätsbereich* grösste Aufmerksamkeit zu schenken. Zur Sicherung einer *jederzeitigen Zahlungsbereitschaft* reicht aber eine bloss grobe Liquiditätsvorschau selten aus. Auch im kleineren und mittleren Betrieb wird man unter der Forderung nach einer *zeitgemässen Finanzführung* immer weniger darum herumkommen, fundierte *Liquiditätsbudgets* zu erstellen.

Die Entwicklung der Umsatz-AG verdeutlicht aber auch, dass neben der kurzfristigen Betrachtung eine *Ausdehnung auf lange Sicht* notwendig ist. Die für das Planjahr 19.2 erkannten Grundsatzprobleme dürften sich nur vor dem Hintergrund einer *längerfristigeren Ausrichtung* sinnvoll lösen lassen. Bei *anhaltendem Wachstum* beispielsweise wäre es hier wohl unvermeidlich, eine *Eigenkapitalaufstockung* – allenfalls mit Beteiligung neuer Dritter – ins Auge zu fassen. Repräsentiert das Jahr 19.2 dagegen einen *Wachstumsschub,* dem umsatzstabilere Jahre folgen, so könnte ein *vorübergehender* Verschuldungsanstieg viel eher in Kauf genommen werden.

In gut geführten Mittel- und Grossbetrieben erstellt man heute regelmässig *längerfristige Rahmenpläne.* Sie umfassen mit Planbilanzen, Plan-Erfolgsrechnungen und Planmittelflussübersichten häufig einen Vorschauhorizont von *3–5 Jahren.*[10] Die Liquiditätsgestaltung verschmilzt hier mit den Anliegen einer *weitsichtigen Kapitalstruktur- und Finanzierungspolitik.* Dabei werden auch die Leitlinien für die kurzfristige Finanzdisposition gesetzt. Chronische Mittelknappheit gilt es ebenso zu vermeiden wie stete, renditeschmälernde Überliquidität.

---

9 Vgl. dazu insbesondere die Ausführungen in Bd. I, 8. Zur optimalen Ausgestaltung von Mittelflussrechnungen, S. 199ff. Die in Abschnitt 8.6 gezeigten Zusammenhänge gehen noch differenzierter auf die Cash-flow-Problematik ein.

10 In der bundesdeutschen Grossbetriebspraxis scheint ein Planungshorizont von fünf Jahren am meisten verbreitet zu sein. Vgl. die Erhebungsresultate in: Fischer/Jansen/Meyer 1975, S. 27. Die Ansichten in der Klein- und Mittelbetriebspraxis gehen – wie nicht anders zu erwarten – ausserordentlich stark auseinander. Unternehmern, die selbst einen Planungshorizont von drei Jahren als gefährlich kurz bezeichnen, stehen KMU-Leitungen gegenüber, die schon einen Jahresplan als praktisch nicht sinnvoll realisierbares Unterfangen betrachten. Insgesamt scheinen vor allem strategische Überlegungen zu kurz zu kommen, so etwa im Zusammenhang mit einer zweckmässigen Produktportfolio-Gestaltung. Die zuweilen geäusserte Forderung, der Klein- und Mittelbetriebsunternehmer sollte seine Zeit weniger für die kurzfristige Steuerminimierung und mehr für marktstrategisches Nachdenken verwenden, müsste da und dort ernsthaft überprüft werden.

Langfristige Finanzplanung und strategische Finanzpolitik

▶ Abb. 9/15 zeigt die wichtigsten Ansatzpunkte einer langfristig ausgerichteten, *strategischen Finanzpolitik* schematisch auf. Im Sinne einer strukturellen Liquiditätsplanung bildet sie die Grundlage einer erfolgreichen laufenden Liquiditätssicherung.

Für die Gestaltung der Finanzpolitik der *Umsatz-AG* ist davon auszugehen, dass gegen Ende des Jahres 19.1 neben den Planzahlen für 19.2 die folgenden *längerfristigen Grobdaten* für die Jahre 19.3 und 19.4 geschätzt worden wären. Die Zahlen basieren auf der Annahme einer *Umsatzkonsolidierung* auf dem erhöhten Niveau und ersten wirksamen *Rationalisierungsbemühungen*.

Für 19.3 und 19.4 werden *Umsätze* von 19 000 bzw. 20 000, *Handelsmargen* (Bruttogewinn/Umsatz) von 37% bzw. 38%, *Löhne und Gehälter* von 4 000 bzw. 4 200 sowie *Aufwendungen für Verwaltung und Vertrieb* von 2 300 bzw. 2 400 prognostiziert. Der Minimalbestand an *flüssigen Mitteln* wird auf 300 festgesetzt. Der Endbestand an *Mobilien und Maschinen* dürfte sich für 19.3 bzw. 19.4 mit 1 200 bzw. 1 300 ergeben. Die *Kreditoren* sollen von 19.3 auf 19.4 von 2 500 auf 2 000 gesenkt werden. 19.3 wird eine *Dividende* von 130, 19.4 eine solche von 200 ins Auge gefasst (zur Vereinfachung je sofort liquiditätswirksam berücksichtigt). Es ist im Sinne einer groben Rahmenplanung davon auszugehen, dass die *übrigen Bilanzpositionen* konstant gehalten werden können. Hinsichtlich der Reserven sind die obenstehenden Informationen zu verwenden.

Aufgrund der oben zusammengestellten Zahlen ergeben sich für die *Umsatz-AG* die in den ▶ Abb. 9/16 bis ▶ Abb. 9/19 gezeigten langfristigen Finanzpläne. Auf die ursprünglich für 19.2 vorgesehene Dividendenausschüttung von 100 wird angesichts der in Abschnitt 9.4 nachgewiesenen Mittellücke verzichtet. Die *längerfristige Liquiditäts- und Finanzvorschau* der Umsatz-AG verdeutlicht, dass die Finanzstrukturgestaltung und die Liquiditätssicherung als *dynamischer, vorausschauender Prozess* verstanden werden müssen. Vor dem Hintergrund der längerfristigen Zukunft des betrachteten Unternehmens erscheint das Anspannungsjahr 19.2 vertretbar. Entscheidend ist dabei die Qualität der ermittelten Planwerte. Ob die sehr optimistische Geschäfts- und Gewinnentwicklung bis zum Jahr 19.4 wirklich erwartet werden darf, wäre eine sehr sorgfältig zu überprüfende Frage. Sinn der Planungsarbeit ist es u. a. ja gerade, eine *kritische Auseinandersetzung mit der Zukunft und den verwendeten Planungsprämissen* herbeizuführen.

▲ Abb. 9/15　Ansatzpunkte der strategischen Finanzpolitik unter dem Anliegen einer strukturellen Liquiditätsplanung

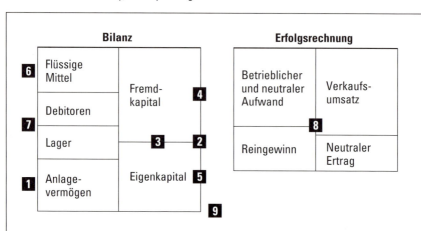

1 Sinnvolle Gestaltung der *Investitionspolitik*, auch hinsichtlich der betrieblichen Sicherungsziele (Investitionen mit relativ sicherem Ertrag und vertretbarem Vermögensrisiko)

2 Bereitstellung und Erhaltung einer *ausreichenden Kapitaldecke*

3 Einhaltung eines vernünftigen Finanzierungsverhältnisses (Fremdkapital/Eigenkapital); Beachtung sogenannter *Kapitalstrukturregeln und Branchennormen*

4 Kosten- und flexibilitätsgünstige Fremdfinanzierung; Beschränkung der kurzfristigen Verschuldung; Beachtung der *«goldenen Bilanz- bzw. Finanzierungsregel»* (langfristige Finanzierung stehender Vermögensteile)

5 Liquiditätsfreundliche *Eigenmittelpolitik*, z.B. massvolle Dividendenausschüttungen und Privatentnahmen, Vermeidung von Eigenmittelabzügen, Nachfolgeplanung

6 Sicherheitsbestand an *flüssigen Mitteln*, allenfalls über die Sicherung *offener Kreditlimiten*; Einhaltung bestimmter *Liquiditätskennziffern*

7 Liquiditätsförderliche und kostenminimierende *Debitoren- und Lagerhaltungspolitik*

8 Laufende *Umsatz-, Gewinn- und Cash-flow-Sicherung,* Tiefhaltung der Verwaltungs- und Finanzierungskosten

9 Schaffung *potentieller Mittelquellen,* Erhaltung und Pflege der Bonität («borrowing power»), vor allem auch guter Bankverbindungen

(Die Nummerierung entspricht *nicht* einer Rangfolge nach Wichtigkeit; Liquiditätsbasis ist stets die laufende Geschäftstätigkeit (Cash-flow-Sicherung))

Langfristige Finanzplanung und strategische Finanzpolitik

▲ Abb. 9/16 Langfristige Finanzplanung der Umsatz-AG:
Planerfolgsrechnungen

Planerfolgsrechnungen 19.2 bis 19.4 (Fr. 1000.–)				
	Ist 19.1	Plan 19.2	Plan 19.3	Plan 19.4
Verkaufsumsatz	12000	18000	19000	20000
Warenaufwand	7200	11700	11970	12400
Bruttogewinn	4800	6300	7030	7600
Löhne, Gehälter	3200	3800	4000	4200
Verwaltung/Vertrieb	1300	2300	2300	2400
Reingewinn	300	200	730	1000

▲ Abb. 9/17 Langfristige Finanzplanung der Umsatz-AG:
Planbilanzen

Planerfolgsrechnungen 19.2 bis 19.4 (Fr. 1000.–)				
	Ist 19.1	Plan 19.2	Plan 19.3	Plan 19.4
Liquide Mittel	400	200	300	300
Debitoren	1800	3000	3000	3000
Warenlager	3000	5000	5000	5000
Mobilien und Fahrzeuge	800	1300	1200	1300
Immobilien	2000	2000	2000	2000
Total Aktiven	8000	11500	11500	11600
Kreditoren	1200	2500	2500	2000
Kontokorrent	**1400**	**3000**	**2400**	**2200**
Diverses kfr. FK	400	500	500	500
Hypotheken	1200	1500	1500	1500
Darlehen	1000	1000	1000	1000
Aktienkapital	1500	1500	1500	1500
Reserven	1300	1500	2100	2900
Reingewinn	8000	11500	11500	11600

▲ Abb. 9/18　Langfristige Finanzplanung der Umsatz-AG:
　　　　　　　Plan-Mittelflussrechnungen

Plan-Mittelflussrechnungen 19.2 bis 19.4 (Fr. 1000.–)				
	Ist 19.1	Plan 19.2	Plan 19.3	Plan 19.4
Mittelherkunft				
■ Interne Quellen				
□　Reingewinn	300	200	730	1 000
□　+ Abschreibungen	+150	+200	+200	+200
□　= Cash-flow (brutto)	=450	=400	=930	=1 200
□　– Dividende	–100	–[a]	130	200
□　= Netto-Cash-flow	=350	=400	=800	=1 000
■ Externe Quellen				
□　Kreditoren	100	1 300	–	–
□　Kontokorrent	–	1 600	–	–
□　Diverses kfr. FK	100	100	–	–
□　Hypotheken	–	300	–	–
□　Darlehen	200	–	–	–
■ Desinvestitionen	–	–	–	–
■ Abnahme Liquider Mittel	–	200	–	–
Total Mittelherkunft	750	3 900	800	1 000
Mittelverwendung				
■ Investitionen im AV				
□　Mobilien und Fahrzeuge	50	700	100	300
■ Investitionen im UV				
□　Debitoren	100	1 200	–	–
□　Warenlager	400	2 000	–	–
■ Definanzierungen				
□　Kreditoren	–	–	–	500
□　Kontokorrent	100	–	600	200
■ Zunahme liquide Mittel	100	–	100	–
Total Mittelverwendung	750	3 900	800	1 000

a. Gegenüber dem Jahresbudget gemäss ◄ Abb. 9/6 bis ◄ Abb. 9/8 wurde auf die Dividendenausschüttung von 100 verzichtet, was einen entsprechend tieferen Kontokorrentsaldo erlaubt.

▲ Abb. 9/19 Langfristige Finanzplanung der Umsatz-AG:
Kennzahlen

Bilanz- und Erfolgskennzahlen 19.1 bis 19.4				
	Ist 19.1	Plan 19.2[a]	Plan 19.3	Plan 19.4
■ Liquidität				
□ Liquiditätsgrad II	73%	53%	61%	70%
□ Liquiditätsgrad III	173%	137%	154%	177%
■ Kapitalstruktur				
□ Eigenfinanzierungsgrad	35%	26%	31%	38%
□ Anlagedeckungsgrad II	179%	167%	191%	209%
□ Verschuldungsfaktor	6.7	13.3	4.9	3.3
■ Aktivitätskennziffern				
□ Lagerumschlag	2.4	2.3	2.4	2.5
□ Debitorenfrist	54T.	60T.	57T.	54T.
□ Kapitalumschlag	1.5	1.6	1.7	1.7
■ Rentabilität				
□ Umsatzrentabilität (vor Zinsen)	4.2%	3.1%	5.5%	6.6%
□ Gesamtkapitalrendite (brutto)	6.3%	4.8%	9.1%	11.3%
□ Eigenkapitalrendite (brutto)	10.7%	6.7%	20.3%	22.7%
■ Bankfinanzierung				
□ Kontokorrent in% EK	50%	100%	67%	50%
□ (Kontokorrent + Hyp.) / Bil.-sum.	33%	39%	34%	32%

a. Die teilweisen Abweichungen zu den Werten in ◄ Abb. 9/13 sind durch die Dividendenstreichung bedingt. Zusätzliche Zahlen: Abschreibungen 19.3: 200; 19.4: 200; Fremdkapitalzinsen 19.3: 320; 19.4: 310

9.9 Planungsgrundsätze

In Theorie und Praxis sind verschiedene *Grundsätze* entwickelt worden, die Gewähr für einen erfolgreichen Einsatz der Finanzplanung bieten sollen. Nach *Perridon/Steiner* lassen sich die folgenden *allgemeinen Anforderungen* formulieren[11]:

- *Vollständigkeit:* Erfassung aller finanzrelevanten Faktoren
- *Budgeteinheit:* Stellenwert des zusammenfassenden Gesamtbudgets (vgl. die langfristige Finanzplanung in Abschnitt 9.8)
- *Zentralisation:* Finanzplanung als zentralisierte Führungsaufgabe
- *Plastizität:* Forderung nach Transparenz und Verständlichkeit
- *Genauigkeit:* realistische Grundlagen als Voraussetzung für die Aussagekraft der Planzahlen
- *Systematik:* logischer Aufbau zur ursachengerechten Budgetdarstellung
- *Periodizität:* sinnvolle Wahl von Planungshorizont und Planungsfeinheit
- *Wirtschaftlichkeit:* gutes Kosten/Nutzen-Verhältnis der Finanzplanung.

Eine interessante Übersicht ergibt sich nach den praxisorientierten, allgemeinen «*Planungsrezepten*» *von Rohner*[12]:

- *Ermittlung von Vergangenheitsdaten:* Soll-Ist-Vergleich als Planungsbasis
- *Berücksichtigung von Überwachungsmöglichkeiten:* auswertungsfreundlicher und ursachenorientierter Budgetaufbau
- *Progressive und retrograde Planung:* Kombination von progressiver (von unten nach oben) (Budgetherleitung) und retrograder Planung (von oben nach unten) (Planrevisionen, Koordination)
- *Grob- kontra Feinplanung:* sinnvoller, nicht zu detaillierter Feinheitsgrad
- *Zusammenhang zwischen langfristiger und kurzfristiger Planung:* Langfristplanung vor Kurzfristplanung[13]
- *Ausgleichsgesetz der Planung:* realistische Berücksichtigung von Engpassfaktoren in den Planungsgrundlagen; Vermeiden von Planungsleerlauf
- *Risikoberücksichtigung:* klare Prämissenformulierung, Einbau von Sicherheitsreserven, Variantenplanungen, Sensitivitätsanalysen[14]

---

11 Vgl. Perridon/Steiner 1984, S. 355f.
12 Nach einem Referat von Dr. H. Rohner, Mikron AG in Biel, gehalten am 20. November 1975 an einem Seminar der HSG-Weiterbildungsstufe in St. Gallen zum Thema «Die Liquidität der Unternehmung. Methoden und Praxis der kurz- und mittelfristigen Planung, Gestaltung und Überwachung der Liquidität».
13 Im Zusammenhang mit der rasch notwendigen Einführung einer Finanzplanung kann zunächst durchaus eine kurz- bis mittelfristige Vorschau realisiert werden. Dies liegt im Interesse der sofortigen Eingrenzung von Liquiditätsgefahren, oft aber auch im Sinne einer motivierenden, rasch Resultate liefernden Einführung von Entscheidungshilfen. Der Aufbau des Beispiels «Umsatz-AG» ging von dieser Überlegung aus.
14 Das Beispiel der «Umsatz-AG» wurde zur Vereinfachung als «einwertige» Planung gezeigt. Variantenrechnungen, häufig als optimistische, mittlere und pessimistische Planvorstellung, erweisen sich in der Praxis als fruchtbar.

- *Planergebnisbeurteilung:* laufender Soll-Ist-Vergleich und rollende Anpassung nicht mehr realistisch erscheinender Budgetzahlen
- *Darstellung:* sinnvoller Verdichtungsgrad; anwendergerechte Entscheidungshilfen
- *Wirtschaftlichkeit:* gutes Kosten/Nutzen-Verhältnis; betriebsindividueller, massvoller Einsatz von Führungsinstrumenten.

9.10 Praktische Massnahmen zur Liquiditätssicherung

Die *Liquiditätssicherung* vollzieht sich im Prinzip auf vier Ebenen, die sich wie folgt umschreiben lassen:

1. *Vermeiden* von Liquiditätsproblemen durch Realisierung einer weitsichtigen, d.h. investitions-, wachstums- und sicherheitsgerechten Finanzierungspolitik
2. *Früherkennung* von Liquiditätsgefahren mit Hilfe einer systematischen Liquiditätsbudgetierung und Einnahmen-Ausgaben-Überwachung (Soll-Ist-Vergleich)
3. *Vorsorge* durch Schaffung ausreichender Sicherheitsreserven und potentieller Mittelquellen, Pflege der Bank- und Finanzmarktbeziehungen
4. *rechtzeitiges* Ergreifen allenfalls notwendig werdender Sicherungsmassnahmen, z.B. in Form von Überbrückungskrediten.

Viele Klein- und Mittelbetriebe schenken dem Finanzbereich noch nicht die ihm zustehende Beachtung. Die Analyse gescheiterter Unternehmungen zeigt immer wieder, dass finanzielle Führungsfehler einen hohen Stellenwert einnehmen.[15] Auch die KMU werden nicht um eine Verbesserung ihrer Finanzführung herumkommen. Folgende Punkte dürften dabei vielerorts im Vordergrund stehen:

- *Zweckmässige Kapitalbeschaffung:* Ausreichende Eigenmittelbasis und Selbstfinanzierung; ausgewogene Privatbezüge; sinnvolle und kostenbewusste Kreditwahl; Beachtung von Finanzierungsgrundsätzen; interne Effizienzsteigerung vor Beanspruchung zusätzlicher Aussenfinanzierungsquellen
- *Weitsichtiges Finanz- und Investitionsmanagement:* Pflege der Beziehungen und offener Informationsaustausch mit der Bank; fundierte Investitionsentscheide; Erstellung von Budgets; Überwachung der Liquiditätsentwicklung; bewusste Gestaltung der Finanzpolitik
- *Dispositionen im Umlaufvermögen:* Straffung der Lagerhaltung; wirksames Debitoren- und Kreditorenwesen; Vermeidung brachliegender Mittel; Unterscheiden von Umsatz-, Gewinn- und Liquiditätsebene; sicherheitsgerechtes Währungs- und Cash-Management
- *Existenzsichernde Unternehmens- und Finanzführung:* Aussagekräftige Finanz- und Betriebsbuchhaltung (Führungsinstrument) unter Einschaltung der modernen

---

15 Vgl. dazu auch Abschnitt 9.2. Vgl. zu diesem Problemkreis auch: Räss 1983, insbesondere S. 67 ff.

Informatik; Erwägung kompetenter Finanzberatung; Nachfolgeplanung; Vermeiden einer Verzettelung der Kräfte; Weiterbildung; Erhaltung eines modernen Produktions- und Verwaltungsapparates; Offenheit gegenüber Umweltveränderungen und Neuerungen.

Da sich viele Klein- und Mittelbetriebe keinen Finanzspezialisten leisten können, stellt sich die Frage, wer den häufig fachtechnisch orientierten Unternehmer in *finanziellen und kaufmännischen Fragen* beraten soll. Neben den steigenden Anforderungen an Treuhänder, Branchenverbände und allenfalls beanspruchte Unternehmensberater steht wohl die Verbindung zur *Bank* im Vordergrund. Die in den vergangenen Jahren intensivierte Betreuung durch Kreditsachbearbeiter und Spezialabteilungen der Kreditinstitute entspricht einem echten Bedürfnis und sollte weiter ausgebaut werden. Computergestützte, standardisierte Führungshilfen sind ein wichtiges Element der zurzeit unternommenen Anstrengungen. In erster Linie sollte sich aber der *Unternehmer* selber den neuen Herausforderungen stellen und durch einen *offenen Informationsaustausch* mit den wichtigsten Finanzpartnern ein aufgeschlossenes Finanzmanagement fördern.

Literatur

Bierich, M.: Anforderungen an das Finanzwesen eines internationalen Konzerns, in: Die Bank, Nr. 11, November 1979, S. 534–547.
Boemle, M.: Unternehmungsfinanzierung, 6. Auflage, Zürich 1983.
Chmielewicz, K.: Integrierte Finanz- und Erfolgsplanung, Stuttgart 1972.
Deppe, H.-D.: Grundriss einer analytischen Finanzplanung, Göttingen 1975.
Elger, E./Asmus, M.H.: Fehler bei der langfristigen Finanzplanung, in: Janberg, H. (Hrsg.): Finanzierungs-Handbuch, 2. Auflage, Wiesbaden 1970, S. 189–217.
Fischer, O./Jansen, H./Meyer, W.: Langfristige Finanzplanung deutscher Unternehmen, Hamburg 1975.
Francis, J.C./Rowell, D.R.: A Simultaneous Equation Model of the Firm for Financial Analysis and Planning, in: Financial Management, Vol. 7, Nr. 1, Spring 1978, S. 29–44.
Gahse, S.: Neue Techniken der Finanzplanung mit elektronischer Datenverarbeitung, München 1971.
Hill, W.: Unternehmens-Planung; Die Orientierung, Nr. 61.I.1976 der Schweizerischen Volksbank, Bern 1976.
Hill, W./Rohner, H.Ch.: Finanzplanung in der Unternehmung, Bern 1969.
Lewandowski, R.: System der kurzfristigen Prognose, Dortmund 1970.
Lewandowski, R.: System der langfristigen Prognose, Dortmund 1970.
Lücke, W.: Finanzplanung und Finanzkontrolle in der Industrie, Wiesbaden 1965.

Lutz, B.: Die finanzielle Führung der Unternehmung; Die Orientierung, Nr. 62.II.1976 der Schweizerischen Volksbank, Bern 1976.

Maier, S.F./Van der Weide, J.H.: A Practical Approach to Short-Run Financial Planning, in: Financial Management, Vol. 7, Nr. 4, Winter 1978, S. 10–16.

Neubert, H.: Totales Cash-flow-System und Finanzflussverfahren; Rechengestützte Aktionsmodelle für die Praxis, Wiesbaden 1974.

Nydegger, A./Oberhänsli, H.: Finanzierungsengpässe bei Investitionen, in: Zeitschrift für das gesamte Kreditwesen, Heft 18/1984, S. 852–854.

Pan, J./Nichols, D.R./Joy, O.M.: Sales Forecast Practices of Large U.S. Industrial Firms, in: Financial Management, Vol. 6, Nr. 3, Fall 1977, S. 72–77.

Perridon, L./Steiner, M.: Finanzwirtschaft der Unternehmung, 3. Auflage, München 1984.

Räss, H.E.: Die Restrukturierung von Unternehmen aus der Sicht der kreditgebenden Bank, Bankwirtschaftliche Forschungen, Band 83, Bern/Stuttgart 1983.

Schütz, W.: Methode der mittel- und langfristigen Prognose, München 1975.

Scott, D.F.Jr./Moore, L.J./Saint-Denis, A./Archer, E./Taylor, B.W.: Implementation of a Cash Budget Simulator at Air Canada, in: Financial Management, Vol. 8, Nr. 2, Summer 1979, S. 46–52.

Steiner, F.: Finanzielle Führung in der Praxis des Klein- und Mittelbetriebes, Bern 1984.

Weilenmann, P./Nüsseler, A.: Planungsrechnung in der Unternehmung, 4. Auflage, Zürich 1980.

Witte, E./Klein, H.: Finanzplanung der Unternehmung, Reineck bei Hamburg 1974.

10.
Theorie und Politik der Unternehmungsfinanzierung: Eine Standortbestimmung aus schweizerischer Sicht

Inhaltsübersicht

10.1	Zielsetzung	247
10.2	Entwicklungen in Theorie und Lehre	247
10.3	Entscheidungsbereiche der strategischen Finanzpolitik	250
10.4	Zur Investitionspolitik	253
10.5	Zur Kapitalstrukturpolitik	264
10.6	Zur Liquiditätspolitik	270
10.7	Schlussfolgerungen	277
	Literatur	279

Quelle

Stark erweiterte Fassung eines Beitrages in «Die Unternehmung», Nr. 4, Dezember 1985.

10.1 Zielsetzung

Ziel der nachfolgenden Ausführungen ist es, Lehre, Theorie und Praxis der Unternehmungsfinanzierung einer *kritischen Analyse* zu unterziehen. Dabei sollen die wichtigsten Entwicklungslinien der Finanzierungstheorie den Hauptanliegen der Finanzmanagementpraxis gegenübergestellt werden. Ausgehend von den *strategischen Entscheidungsbereichen* der langfristigen Finanzpolitik im Unternehmen wird versucht, Stellenwert, Stärken und Schwächen der aktuellen *Theoriekonzepte* hinsichtlich ihrer *praktischen Verwertbarkeit* aufzuzeigen.

Bezugspunkt bilden die spezifischen Verhältnisse in der *Schweiz*. Sie können jedoch in vielen Belangen mit denjenigen in anderen europäischen Ländern verglichen werden, etwa mit den Gegebenheiten in *Österreich* oder in der *Bundesrepublik*. Darüber hinaus zeigen neuere *nordamerikanische* Untersuchungen, dass die hier zu ziehenden Schlussfolgerungen grossenteils auch auf die dortige Landschaft zutreffen.

10.2 Entwicklungen in Theorie und Lehre

Theorie und Lehre der Unternehmungsfinanzierung waren im Verlaufe dieses Jahrhunderts einer ausserordentlich interessanten Entwicklung unterworfen. Bis etwa zu Beginn der fünfziger Jahre dominierte eine *traditionelle, rein beschreibende Betrachtungsweise*. Sie konzentrierte sich auf die Darstellung der verschiedenen Möglichkeiten der Kapitalbeschaffung[1], in den Anfängen vor allem der externen, längerfristigen Mittelaufbringung.

Mehr und mehr wurde dieser Ansatz ergänzt durch eine managementorientierte Optik, welche den Elementen der finanziellen Führung – dabei vor allem der *Finanzpla-*

---

1 Die deskriptive Betrachtung hat selbstverständlich ihren Stellenwert behalten, indem diese – neben den moderneren Ausrichtungen – stets Element einer umfassenden Finanzierungslehre bilden muss. In diesem Sinne ist Boemle 1983 nicht rein deskriptiv ausgerichtet. Es enthält aber vor allem eine beeindruckende Fülle praktischer Fallbeschreibungen und legt hier einen eindeutigen Schwerpunkt.

▲ Abb. 10/1   Entwicklungsstufen der Finanzierungslehre I[a]

	Traditionelle Anschauung	Managementorientierter Ansatz
Vorgehensweise	■ deskriptiv ■ externe Optik ■ juristische Sicht ■ keine Theoriebildung	■ systematisierend ■ interne Optik ■ managementorientiert ■ Strukturierung des Führungsgeschehens
wesentliche Teilgebiete	■ Kapitalbeschaffung ■ Gründung, Umwandlung, Liquidation usw. ■ Finanzmarktinstitutionen	■ Finanzplanung und Finanzkontrolle ■ Liquiditätssicherung ■ Publizitätspflege
Art der Betriebswirtschaftslehre	■ branchenorientiert	■ funktional
typische Umweltaspekte	■ freies Unternehmertum ■ wenig entwickelte Kapitalmärkte ■ kleinere und mittlere Eigentümerbetriebe	■ Wachstum, zunehmender Staatseinfluss ■ Finanzmarktausbau ■ wachsende Bedeutung der Managerbetriebe
besonders typische Literatur	■ Boemle 1983 ■ Hahn 1975 ■ Dewings 1920	■ Lutz 1976 ■ Sandig/Köhler 1979 ■ Flink/Grunewald 1969
umfassend orientierende Literatur	■ Süchting 1980 ■ Perridon/Steiner 1984 ■ Weston/Brigham 1981 ■ Higgins 1977 ■ Hill 1971	

a. Boemle 1983, Hahn 1975, Dewings 1920, Lutz 1976, Sandig/Köhler 1979, Flink/Grunewald 1969, Süchting 1980, Perridon/Steiner 1984, Weston/Brigham 1981, Higgins 1977, Hill 1971.

nung und Finanzkontrolle – immer grössere Beachtung schenkte.[2] Neben diesen sehr praxisgerichteten Strömungen wurde mit Beginn der sechziger Jahre der Aufbau eigentlicher *theoretischer Konzeptionen* in zunehmendem Masse vorangetrieben. Im Vordergrund stehen dabei die *Frage der optimalen Finanzentscheidung* und die Zugrundelegung kapitalmarkt-, portfolio- und risikotheoretischer Gesetzmässigkeiten. In diesem Zusammenhang kommt der Erklärung der Kapitalkosten sowie der

---

2 Beiträge mit ausschliesslicher Betrachtung der Finanzplanungs- und Finanzkontrollaspekte sind bis heute vergleichsweise selten geblieben. Viele Ansätze sind auch innerhalb der generellen Managementliteratur zu finden. In neuerer Zeit hat man sich vermehrt der finanziellen Führungsfragen im Klein- und Mittelbetrieb angenommen; vgl. etwa Steiner 1984. Vgl. auch Bd. I, 9. Finanzplanung im Klein- und Mittelbetrieb, S. 217ff.

▲ Abb. 10/2   Entwicklungsstufen der Finanzierungslehre II[a]

	Entscheidungsorientierter Ansatz	Inter-/multinationale Ausrichtung
Vorgehensweise	■ analytisch-mathematisch ■ interne Optik ■ entscheidungsorientiert ■ ausgeprägte Theorie-/Modellbildung	■ umfassend, integrierend ■ intern und extern ■ führungs-/entscheidungsorientiert ■ Ausweitung der Theoriekonzepte
wesentliche Teilgebiete	■ optimale Finanzentscheidung ■ Finanzierungstheorie (Erklärungs-/Entscheidungsmodelle) ■ Risikoanalyse	■ multinationales Konzernfinanzmanagement ■ internationale Aspekte (Währungen, Inflation, Zinsen, Politik usw.) ■ interdisziplinäre Gebietsbehandlung
Art der Betriebswirtschaftslehre	■ entscheidungsorientiert	■ internationalisiert, zum Teil verhaltenswissenschaftlich
typische Umweltaspekte	■ soziale Marktwirtschaft ■ vollkommene/effiziente Finanzmärkte ■ Trennung von Management und Eigentum	■ multinationale Konzerne, Konzentration ■ Ausbau der internationalen Finanzmärkte ■ Finanzinnovationen
besonders typische Literatur	■ Schneider 1980 ■ Süchting 1980 ■ Haley/Schall 1979	■ Eiteman/Stonehill 1979 ■ Shapiro 1982 ■ Rodriguez/Carter 1979 ■ Lessard 1979
umfassend orientierende Literatur	■ Süchting 1980 ■ Perridon/Steiner 1984 ■ Weston/Brigham 1981 ■ Higgins 1977 ■ Hill 1971	

a. Schneider 1980, Süchting 1980, Haley/Schall 1979, Perridon/Steiner 1984, Weston/Brigham 1981, Higgins 1977, Hill 1971, Eiteman/Stonehill 1979, Shapiro 1982, Rodriguez/Carter 1979, Lessard 1979.

Berücksichtigung und konkreten Umschreibung des Risikos eine eigentliche Schlüsselfunktion zu. Ebenso bedeutsam ist die Ausweitung einer bisher isolierten, auf die Kapitalbeschaffung eingeengten Betrachtungsweise auf ein gesamtheitliches, die Investitions- und Finanzierungsseite umfassendes Konzept.[3] Als vierte und jüngste

---

3   Die entscheidungsorientierte Entwicklungsrichtung kommt zum einen in rein theoretisch ausgerichteten Beiträgen zum Ausdruck (vgl. das Werk von Haley/Schall 1979) und zum andern im systematischen Einbau der Theoriekonzepte in umfassende Lehrwerke (vgl. das Werk von Weston/Brigham 1981).

Erweiterung schliesslich erfolgte die *Ausrichtung auf internationale Gesichtspunkte*, vor allem auf die *multinationale Konzernfinanzführung*. Sie entwickelte sich zu einem eigentlichen Spezialgebiet. ◄ Abb. 10/1 und ◄ Abb. 10/2 geben einen Überblick über die beschriebenen Entwicklungsstufen.

10.3 Entscheidungsbereiche der strategischen Finanzpolitik

Aus strategischer und entscheidungsorientierter Sicht kann man das Finanzmanagement auffassen als *Abstimmungsprozess* zwischen *Kapitalaufnahme und Kapitaleinsatz*. Investitionen im Unternehmen sind ökonomisch nur dann gerechtfertigt, wenn sie eine ausreichende Verzinsung und Tilgung der eingesetzten Finanzmittel versprechen, wie dies ► Abb. 10/3 zum Ausdruck bringt. Umgekehrt ist durch zweckmässige Kapitalbeschaffung dafür zu sorgen, dass die Finanzierungskosten möglichst tief gehalten werden. Das Gesagte gilt neben den mit der bilanziellen Betrachtungsweise vor allem angesprochenen Fertigungs- und Handelsunternehmen auch für andere Betriebe, so etwa die Dienstleistungsbranche. Die bilanzbezogenen Über-

▲ Abb. 10/3   Finanz- und Investitionspolitik aus strategischer Sicht

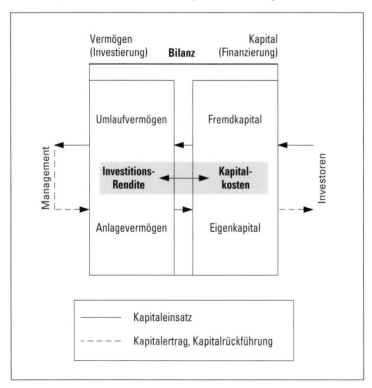

▲ Abb. 10/4   Abstimmungsprozess zwischen Finanz- und Investitionspolitik

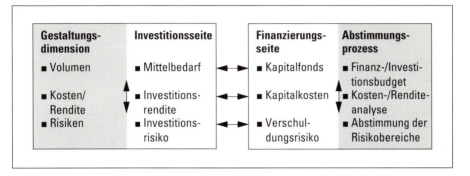

legungen sind in diesem Sinne auch auf die dabei nicht erfassten Elemente – insbesondere auf die personellen «Investitionen» – auszudehnen.

Investitions- und Kapitalseite sind nun praktisch nicht nur auf der *Mengen- und Kostenebene* aufeinander abzustimmen, sondern ebenso bezüglich der *Risikogestaltung*. Damit erhält man einen «*dreidimensionalen*» *Abstimmungsprozess*, wie er in ◄ Abb. 10/4 dargestellt ist. Neben der Ausbalancierung von

- Mittelbedarf und Kapitalfonds,
- Investitionsrendite und Kapitalkosten sowie
- Investitionsrisiko und Verschuldungsrisiko

gilt es häufig auch, die drei *Gestaltungsdimensionen*

- Volumen,
- Kosten/Rentabilität und
- Risiko

zu harmonisieren. Unterstellt man nämlich nicht vollkommene Finanzmärkte und unlimitiert zuführbares Unternehmenskapital, so unterliegen Finanzmittelvolumen, Kapitalkosten und Verschuldungsrisiko einem intensiven Wechselspiel. So können kapitalknappe Betriebe zusätzliche Finanzierungen oft nur unter Inanspruchnahme von weiterem Fremdkapital und damit unter Inkaufnahme wachsender Verschuldungsrisiken und allenfalls steigender Kapitalkosten bewerkstelligen.

Zur Gewinnung praktikabler Handlungsrichtlinien muss der beschriebene Abstimmungsprozess in sinnvoll abgegrenzte *Entscheidungsbereiche* aufgefächert werden. Anhand der Bilanz lassen sich die wichtigsten Entscheidungsfelder der *strategischen*, die zentralen Grundsatzfragen umfassenden *Finanzpolitik* wie folgt darstellen (► Abb. 10/5).

Ausgangspunkt bildet hier die *Investitions- und Beteiligungspolitik*. Sie bestimmt – zumindest im Fertigungsbetrieb – auch die Markt-, Produkt- und Tätigkeitsbereiche einer Unternehmung. Als zweiter Ansatzpunkt stellt sich die Frage der *Kapitalstrukturpolitik*, d.h. der Art der Aufbringung der notwendigen Finanzmittel. Als dritter, in

▲ Abb. 10/5   Entscheidungsbereiche der strategischen Finanzpolitik

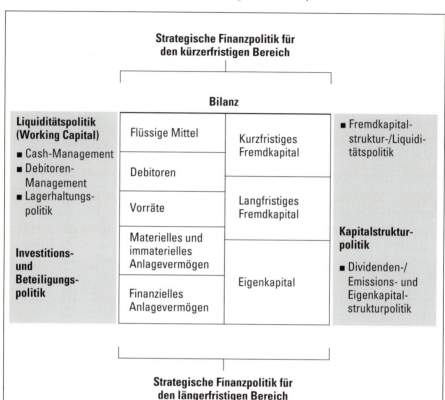

die beiden vorgenannten Elemente überfliessender Aufgabenkreis resultiert schliesslich die *Liquiditätspolitik*, oft zusammengefasst unter dem Stichwort des Working Capital-Managements.

Die in ◄ Abb. 10/5 gezeigten *Entscheidungsbereiche* widerspiegeln sich auch in Theorie und Lehre der Unternehmungsfinanzierung. So haben sich diese vor allem mit den *Problemfeldern*

- *Capital Budgeting (Investitionsrechnung)*,
- *Kapitalstrukturgestaltung (Finanzierungsverhältnis)*,
- *Dividendenpolitik*,
- *Leasing-Entscheidung und*
- *Liquiditätsgestaltung*

auseinandergesetzt.

Die Bereiche der Investitions-, Kapitalstruktur- und Liquiditätspolitik seien nachfolgend etwas näher betrachtet.

10.4 Zur Investitionspolitik

10.4.1 Investitionsrechnungen als Entscheidungshilfen

Die Entwicklung von Entscheidungshilfen für den Investitionsbereich begann schon vergleichsweise früh. Wegweisend war dabei der Aufbau finanzmathematischer Analysekonzeptionen, wie sie heute unter dem Begriff der dynamischen Wirtschaftlichkeitsrechnungen allgemein bekannt sind. Sie finden in der Wirtschaftspraxis intensive und fruchtbare Anwendung. In *amerikanischen Grossunternehmen* gehört der Einsatz *finanzmathematischer Evaluationsverfahren (Kapitalwertmethode NPV, Interner Ertragssatz IRR)* nachgerade zum Standardinstrumentarium. Gemäss den Ausführungen weiter vorne[4] nahmen um 1980 86% der damals befragten Grossgesellschaften *dynamische Analysen* irgendwelcher Art vor. Dabei rangierte das Verfahren des internen Ertragssatzes (65% der Unternehmen) vor der Kapitalwertmethode (57% der Unternehmen). Häufig beobachtet wurde auch die Verwendung von Mehrfachkriterien, die mit zunehmendem Einsatz der modernen Mikroelektronik immer mehr zur Selbstverständlichkeit erwachsen.[5] Zu ähnlichen Resultaten kommt eine Erhebung von *Oblak/Helm*, die ebenfalls um 1980 rund 230 *multinationale US-Gesellschaften* befragten, wobei sich aufgrund der 58 auswertbaren Antworten folgendes Bild ergab[6]:

- Fast 76% der Unternehmen gaben an, dass für sie *dynamische Analysen im Vordergrund* stehen.
- 94% der Unternehmen *benützen* mindestens eines der *dynamischen Investitionsrechnungsverfahren*.
- Der *Interne Ertragssatz* verkörpert die *meistverwendete* Analysemethode (▶ Abb. 10/6).

▲ Abb. 10/6   Investitionsrechenverfahren in multinationalen US-Grossgesellschaften[a]

Investitionsrechnungsverfahren	Primärkriterium	Sekundärkriterium
■ Buchhalterische Projektrendite (ARR)	14%	33%
■ Interner Ertragssatz (IRR)	60%	21%
■ Kapitalwert (NPV)	14%	36%
■ Payback-Dauer (PBK)	10%	62%
■ Relativer Kapitalwert (PV/I)	2%	12%

a. Oblak/Helm 1980, S. 37–41.

---

4   Vgl. Bd. I, 2. Zeitgemässe Investitionsanalyse aus der Sicht amerikanischer Grossbetriebe, S. 41ff, insbesondere Abschnitt 2.3 Einsatz von Investitionsrechnungsverfahren, S. 44ff).
5   Vgl. auch Bd. I, 1. Dynamische Investitionsrechnungen in Theorie und Praxis, insbesondere Abschnitt 1.1 Theorie und Praxis heute, S. 19ff, bzw. Schall/Sundem/Geijsbeek 1978, S. 271–287.
6   Oblak/Helm 1980, S. 37–41.

Während *schweizerische Klein- und Mittelbetriebe*, d.h. Firmen mit bis zu grob 50 bzw. 500 Beschäftigten (Fertigungsbetriebe), – wenn überhaupt – noch vorwiegend mit statischen Verfahren arbeiten, sind die *grossen Gesellschaften* auch hier immer mehr auf dynamische Rechenansätze übergegangen. Wie eine kleine Untersuchung am Institut für schweizerisches Bankwesen der Universität Zürich bestätigte[7], besitzen verschiedene Grossunternehmen umfangreiche und massgeschneiderte, *computergestützte Investitionsrechenmodelle*. Dabei sehen die verwendeten Modellkonzeptionen sehr unterschiedlich aus. Dies betrifft insbesondere die *Unterstützung* in den verschiedenen *Phasen* der Entscheidungsfindung, die sich etwa wie folgt unterscheiden lassen:

- «Problemformulierung
- Informationsbeschaffung
- Untersuchung von möglichen Alternativen
- Interpretation
- Berichterstellung
- Erstellung von Präsentationsunterlagen.»[8]

Sehr weit geht in dieser Hinsicht etwa das bei *Hoffmann-La Roche* eingesetzte «Capital Investment Decision Analysis System» (CIDAS), das über alle der beschriebenen Phasen hinweg in flexibler Weise verwendet werden kann.[9] Weniger bedeutend scheint der Einsatz komplexer OR-Modelle geblieben zu sein, wie sie die Rahmenbedingungen eher unvollkommener Finanzmärkte theoretisch fordern würden.

Für die Verhältnisse in der Bundesrepublik ergibt sich nach der Auswertung von *Steiner*[10] folgendes Bild (▶ Abb. 10/7).

Die grossen Diskrepanzen der Erhebungen von Schütt bzw. Wittmann dürften auf das unterschiedliche Erhebungsmuster zurückzuführen sein. Die Klein- und Mittelbetriebspraxis sieht auch in der Bundesrepublik nicht sehr fortschrittlich aus[11]:

- Viele Unternehmen, insbesondere Klein- und Mittelbetriebe, setzen keine Investitionsrechnungen ein.
- Unternehmen bis 200 Beschäftigte nehmen gemäss einer neueren Erhebung nur zu etwa einem Fünftel Investitionsrechnungen vor; bei grösseren Betrieben war es nahezu die Hälfte.
- Die Qualität der Investitionsplanung scheint mit der Wachstums- und Renditehöhe der Unternehmen zu korrelieren.

---

7 Vgl. Eberle 1985.
8 Vgl. Eberle 1985, S. 7. Zitiert aus: Huchzermeier/Reichhardt/Probst 1984, S. 43.
9 Das in das CIDAS überführte «CIPS» (Capital Investment Program System) wurde beschrieben von Egger 1982, S. 397–399. Vgl. zum CIDAS: Eberle 1985, S. 19–27.
10 Vgl. Steiner 1985, S. 308–324. Steiner basiert auf folgenden Quellen: Töpfer 1976, S. 295; Schütt 1979, S. 173; Haegert/Wittmann 1984, S. 243ff.
11 Vgl. Steiner 1985, S. 319/320, sowie die dort zitierten Quellen gemäss Fussnote 10 und Pohl/Rehkugler/Steinkamp 1985, S. 27.

Zur Investitionspolitik 255

▲ Abb. 10/7   Investitionsrechenverfahren in bundesdeutschen Unternehmungen[a]

Investitionsrechnungsverfahren	Erhebung Töpfer (1976)	Erhebung Schütt (1979)	Erhebung Wittmann (1980)
Statische Verfahren	42%		
■ Payback-Verfahren (PBK)		38%	65%
■ Kostenvergleichsrechnung		49%	42%
■ Buchhalterische Projektrendite (ARR)		42%	33%
■ Buchhalterischer Projektgewinn		23%	7%
Dynamische Verfahren	47%		
■ Kapitalwertmethode (NPV)		35%	10%
■ Interner Ertragssatz (IRR)		41%	10%
■ Annuitätenmethode (A)		13%	1%
Operations Research Methoden	7%	10%	1%
Sonstige betriebseigene Ansätze		5%	4%

a. Vgl. Steiner 1985, S. 308–324.

■ Im Klein- und Mittelbetrieb dominieren statische Investitionsrechnungsverfahren; erst bei grösseren Unternehmen erfolgt der Übergang auf dynamische Rechenansätze.

10.4.2   Rahmenbedingungen

Was die in den Rechenverfahren unterstellten *Rahmenbedingungen* betrifft, wird die nordamerikanische «Lehrbuchannahme» vollkommener und effizienter Finanzmärkte der *schweizerischen Realität* kaum ganz gerecht.[12] Insbesondere kann hierzulande vielerorts nicht davon ausgegangen werden, dass Fremd- und Eigenkapital zu bestimmten Konditionen in beliebiger Menge aufzubringen sind. Weniger als 1% aller Schweizer Betriebe beschäftigt mehr als 500 Arbeitnehmer, und die *Finanzierungsseite* – insbesondere die Beschaffung von *Risikokapital* – bildet nicht selten einen entscheidenden *Engpassfaktor*. Dies gilt in abgeschwächter Form auch für grössere Unternehmungen; häufiger, als dies die rechnerischen Modellkonzepte unterstellen. So gaben rund zwei Drittel von 177 befragten US-Grossgesellschaften an, gewissen Finanzierungsrestriktionen gegenüberzustehen.[13] Grund dafür war häufig die im Rahmen der strategischen Finanzpolitik formulierte Verschuldungsgrenze. «While in a strict theoretical sense capital rationing would never exist, most firms operate under a

---

12 Vgl. zu den dabei üblichen Annahmen etwa Higgins 1977, S. 95ff.
13 Vgl. Gitman/Mercurio 1982, S. 21–29.

budget constraint as a result of an administered limit of financing.»[14] Investition und Finanzierung dürfen dabei nicht mehr als isolierbare Entscheidungsbereiche angesehen werden. *Renditeüberlegungen* (IRR) besitzen daher gegenüber dem angelsächsischen Kapitalwertdenken (NPV) *erhöhte Bedeutung*.

10.4.3 Weiterentwicklung der Investitionsrechnung

Der *Stellenwert der finanzmathematischen Investitionsrechnungen* (NPV, IRR) dürfte in Zukunft im Vergleich zu den statischen Methoden (z.b. buchhalterische Projektrendite) weiterhin zunehmen. Die *Handhabung* der dynamischen Rechnungen ist wesentlich *weniger problematisch*, und zudem bietet sie einen hervorragenden *Ausgangspunkt* für zahlreiche *analytische Erweiterungen*

Einige der wichtigsten Gesichtspunkte bilden dabei die folgenden[15]:

- *Gesamtbetrachtung*
  Die ganze Projektlaufzeit wird einer sorgfältigen Analyse unterzogen, was bei Anwendung der statischen Ansätze ausgeprägt nicht der Fall ist. Für strategische Entscheidungen kommt diesem Punkt höchste Bedeutung zu.
- *Verzicht auf Durchschnittsperiodisierung*
  Die innerhalb von grösseren Projekten häufig unzulässige Jahresdurchschnittsbildung wird vermieden.
- *Kapitalkostenberücksichtigung*
  Die Kapitalkosten gehen zeitgerecht und mit dem ihnen zukommenden Gewicht in die dynamischen Rechenkalküle ein.
- *Ertragssteuern*
  Eine differenzierte Ertragssteuerberücksichtigung wird erst durch die auf die Projektlaufzeit ausgedehnte Betrachtungsweise möglich. Sie besitzt häufig grosse Bedeutung, z.B. auch innerhalb von Leasing-Analysen.
- *Risikoaspekte*
  Die dynamischen Verfahren bieten sich für eine differenzierte Risikoberücksichtigung geradezu an. Die Konzeption der risikogerechten Kapitalkostenverrechnung kommt erst innerhalb des dynamischen Ansatzes voll zum Tragen.
- *Projekt- und Produktzyklen*
  Die Beachtung verschiedener Projektphasen ist nur in einer umfassenden Gesamtschau möglich. Sie bietet zudem den Anschlusspunkt zu den produktportfolioanalytischen Überlegungen.
- *Variantenplanung*
  Da die relevanten Einzelgrössen transparent berücksichtigt werden, eröffnen sich auch zahlreiche Möglichkeiten sinnvoller Variantenplanungen.

---

14 Vgl. Fussnote 13, S. 255.
15 Gewisse Gesichtspunkte – z.B. einfache Risikoüberlegungen – lassen sich auch innerhalb der statischen Investitionsrechnungen berücksichtigen, allerdings bloss in sehr rudimentärer Form.

- *Sensitivitätsanalyse*
  Die dynamische Analysekonzeption erleichtert die Vornahme der für eine vertiefte Projektplanung äusserst wichtigen Sensitivitätsanalysen, insbesondere bei Verwendung computergestützter Rechenmodelle.
- *Inflation*
  Die generelle und spezifische Teuerung lässt sich mit statischen Berechnungen nur pauschal und undifferenziert berücksichtigen. Die dynamischen Investitionsrechnungen bieten hier wiederum einen ausgezeichneten Ausgangspunkt.
- *Währungsentwicklungen*
  Analog zu dem zur Inflation Gesagten tragen die dynamischen Konzeptionen auch dem Währungsfaktor bestens Rechnung. Die angesichts der mit Devisenkursprognosen auftretenden Probleme besonders wichtigen Sensitivitätsanalysen lassen sich für verschiedene Währungsszenarios problemlos und differenziert durchführen.
- *Zinsentwicklungen*
  Da eine Zinsprognose mit grössten Unsicherheiten behaftet ist, setzt man auch innerhalb der dynamischen Investitionsrechnungen zumeist feste Durchschnittszinssätze ein. Einer verfeinerten Betrachtungsweise und dem Einbau unterschiedlicher Zinsentwicklungsszenarios stehen aber wiederum keine Schranken entgegen.
- *Kriterienvielfalt*
  Investitionsprojekte sollten nicht eindimensional, sondern unter möglichst vielseitigen Evaluationskriterien beurteilt werden. Die dynamischen Ansätze eröffnen hier erst eine breite Auswertung.

Die Einsatzmöglichkeiten von Führungsinstrumenten sind auch im Investitionsbereich entscheidend durch die laufend *wachsende Rechenkapazität von Personalcomputern und modernen Taschenrechnern* geprägt. So lassen sich bereits mit einem leistungsfähigen Finanzrechner ohne grossen Zeitaufwand vertiefte dynamische Analysen durchführen (z.B. Finanzrechner HP12C). Die hier gebotene Speicherung ganzer Cash-flow-Diagramme ermöglicht die rasche und problemlose Durchrechnung eigentlicher Kapitalwertprofile, beispielsweise unter Zugrundelegung verschiedener Kapitalkostensätze. Die in ▶ Abb. 10/9 und ▶ Abb. 10/10 gezeigte Auswertung des in ▶ Abb. 10/8 enthaltenen kleinen *Zahlenbeispiels* verdeutlicht die sich hier bietenden analytischen Erweiterungen in einfacher Weise.

Voraussetzung ist allerdings die *sichere Beherrschung* der entsprechenden Rechenverfahren und eine *fachmännische Interpretation* der damit gewonnenen Analyseresultate. Mit den fast unbegrenzt erscheinenden Möglichkeiten des modernen Informatikeinsatzes hat die Forderung nach einem fundierten Fachwissen noch an Bedeutung gewonnen. Das in Zukunft gegebene Analyse- und Informationsangebot kann nur dann sinnvoll genutzt werden, wenn dessen Handhabung von erstklassiger Fachkompetenz geleitet ist. Der *Auswahl und Interpretation der Daten* muss grösste Aufmerksamkeit geschenkt werden, ebenso dem *Kosten-/Nutzenverhältnis* der Führungsinformationen.

▲ Abb. 10/8   Einfaches Beispiel zur dynamischen Investitionsanalyse

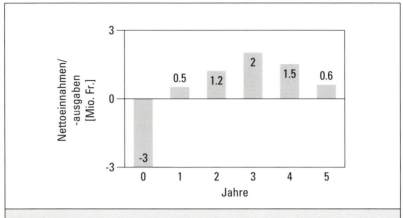

Annahmen

- Investitionsausgabe zu Beginn des 1. Jahres: Fr. 3.0 Mio.
- geschätzte jährliche Nettoeinnahmen (Investitionsrückflüsse) entsprechend den angegebenen Werten in Mio. Fr. je für die Jahre 1–5
- Nutzungsdauer: 5 Jahre
- weitere Aspekte vernachlässigt

▲ Abb. 10/9   Kapitalwertprofil in Abhängigkeit der Kapitalverzinsung

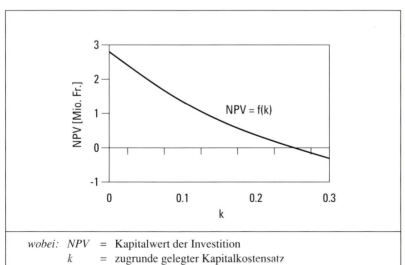

wobei: NPV = Kapitalwert der Investition
         k = zugrunde gelegter Kapitalkostensatz

▲ Abb. 10/10 Kapitalwertprofil in Abhängigkeit der Laufzeit (dynamisierter Payback-Ansatz)

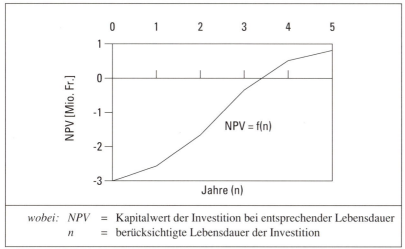

wobei: NPV = Kapitalwert der Investition bei entsprechender Lebensdauer
       n   = berücksichtigte Lebensdauer der Investition

10.4.4 Bedeutung des Capital Asset Pricing Model

Entscheidend ausgeweitet wurde die *theoretische Untermauerung* der investitionspolitischen Konzeptionen durch den Einbau neuerer Erkenntnisse

- der Kapitalmarkttheorie,
- der Portfoliotheorie und
- der Risikotheorie.

Der für die Finanzierungslehre bis heute wohl bedeutendste Denkansatz ist das sogenannte *CAPM,* das *Capital Asset Pricing Model.* Es ermöglicht, Wertpapiere und Kapitalanlagen nicht nur «eindimensional», anhand eines Erfolgskriteriums, sondern «zweidimensional», aufgrund der *Rendite-Risiko-Konstellation,* zu beurteilen. Für die Investitionsanalyse besonders wertvoll ist die mit dem CAPM gebotene Möglichkeit, die an eine Investition (Finanz- bzw. Realanlage) zu stellende Renditeanforderung in Abhängigkeit ihres systematischen, d.h. nicht diversifizierbaren Risikos zu messen.[16] Durch Verbindung der innerhalb eines gut durchmischten *Portefeuilles* zu erwartenden *Rendite* mit dem für *sichere Anlagen* (Staatsobligationen) erzielbaren *Ertrag* erhält man – etwas vereinfacht ausgedrückt – die sogenannte «Marktlinie». Sie zeigt die zu fordernde Rendite als lineare Funktion des systematischen Risikos (Beta) auf (▶ Abb. 10/11).[17]

---

[16] Vgl. Weston/Brigham 1981, S. 467–475. Das CAPM geht auf Sharpe und Lintner zurück: Sharpe 1970, S. 86–91. Lintner 1965, S. 13–37.

[17] Vgl. auch Bd. I, 5. Gedanken zur Gestaltung der Kapitalstruktur, Abschnitt 5.4 Zur Theorie einer optimalen Kapitalstrukturpolitik, S. 128ff, sowie die anschauliche Beschreibung in Steiner 1985, S. 313–317.

▲ Abb. 10/11   Risiko-Rendite-Zusammenhang im Capital Asset Pricing Model (CAPM)

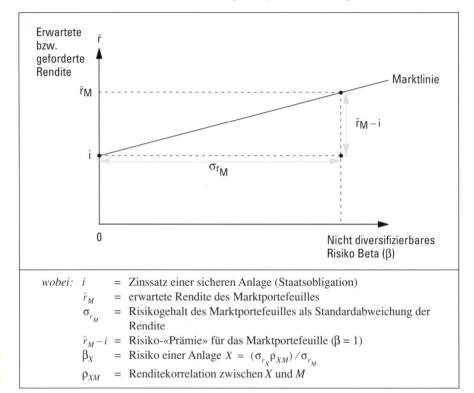

wobei: i = Zinssatz einer sicheren Anlage (Staatsobligation)
$\bar{r}_M$ = erwartete Rendite des Marktportefeuilles
σ_{r_M} = Risikogehalt des Marktportefeuilles als Standardabweichung der Rendite
$\bar{r}_M - i$ = Risiko-«Prämie» für das Marktportefeuille ($\beta = 1$)
β_X = Risiko einer Anlage $X = (\sigma_{r_X} \rho_{XM})/\sigma_{r_M}$
ρ_{XM} = Renditekorrelation zwischen X und M

Gemäss ◄ Abb. 10/11 ergibt sich folgende Gesetzmässigkeit:

$$\bar{r}_X = i + \frac{(\bar{r}_M - i)}{\sigma_{r_M}} \sigma_{r_X} \rho_{XM} = i + (\bar{r}_M - i)\beta_X$$

Zumindest theoretisch ist damit eine «*Objektivierung*» *des Investitionsentscheides* erreicht, indem einer mit einem bestimmten Risiko behafteten Mittelanlagemöglichkeit stets die im Minimum zu fordernde Rendite zugeordnet werden kann. Amerikanische Grossgesellschaften verwenden das CAPM vereinzelt zur besonders heiklen Bestimmung der Eigenkapitalkosten.[18] In die *schweizerische Unternehmenspraxis* hat das CAPM bis heute kaum Eingang gefunden, was angesichts der hier gegebenen Rahmenbedingungen auch nicht besonders erstaunt. Zudem erscheint die Anwendung der zunächst für Finanzanlagen (Aktien und andere Kapitalmarktpapiere) entwickelten Modellkonzeption auf den Bereich der *betrieblichen Sachanlagen* (Maschinen, Im-

---

[18] Vgl. dazu Bd. I, 2. Zeitgemässe Investitionsanalyse aus der Sicht amerikanischer Grossbetriebe, insbesondere Abschnitt 2.6 Cash-flow- und Kapitalkostenbestimmung, S. 52ff).

mobilien usw.) nicht unproblematisch. Die gelegentlich noch zu wenig beachteten, durch das CAPM eröffneten *Hauptfortschritte* liegen wohl in folgenden Punkten:

- systematische und logische Herleitung der Kapitalkosten[19]
- Querverbindung zur Finanzierungsseite
- kapital- und vermögensseitige Risiko-/Renditeabstimmung
- theoretisch saubere, einfache Quantifizierung des Risikos[20]
- zweidimensionales Denken in Risiko-Rendite-Zusammenhängen[21]
- risikogerechte Investitionsrechnungen.[22]

Innerhalb der Investitionsrechnung ergibt sich als Quintessenz die Forderung nach Berücksichtigung *risikogerechter Kapitalkosten*. Für die *Kapitalwertmethode* bedeutet dies die Verwendung eines entsprechend erhöhten Kapitalisierungssatzes, für das Verfahren des *internen Ertragssatzes* die Fixierung einer entsprechenden Renditeanforderung.

Weitere Fortschritte dürften wohl in Zukunft weniger durch den Aufbau komplexerer Theoriekonzeptionen erzielt werden als vielmehr durch vermehrten und zweckmässigeren Einsatz von *Simulations- und Planungsmodellen.*[23] Der deutlicheren Verbindung der *Investitionsanalyse* (Projektrechnung) mit der langfristigen *Finanzplanung* (Unternehmungs-Zeitraumrechnung) kommt dabei grosse Bedeutung zu.[24]

10.4.5 Grenzen der investitionsseitigen Theoriekonzepte

Die *Grenzen* der investitionstheoretischen Erkenntnisse ergeben sich vor allem aus einer noch häufig zu *engen Betrachtungsweise*. So konzentrieren sich viele Lehrwerke auf die Phase der *rechnerischen Analyse,* während praktisch nur schon die *Projektabgrenzung* und die richtige *Zurechnung* der Erfolgs- bzw. Zahlungsströme grösseres Kopfzerbrechen bereiten. «The main failure of academicians is due to focusing too much of their attention on the selection phase to the exclusion of the identification, development, and control phases ... Likewise, academicians have tended to ignore the information requirements and the generation of cash flows – all too often they are assumed to be given.»[25] Wie die schweizerische Praxis immer wieder bestätigt, lassen

---

19 Amerikanische Grossgesellschaften verwenden eine vergleichsweise fundierte und theoriegerechte Kapitalkostenbestimmung. Vgl. z.B. Gitman/Mercurio 1982.
20 Systematischen Risikoanalysen kommt in der Praxis immer grösseres Gewicht zu. Vgl. für die amerikanischen Grossunternehmen Gitman/Mercurio 1982, S. 27.
21 Das «risk-return»-Prinzip bildet die eigentliche Basis der nordamerikanischen Finanzierungstheorie.
22 Auch die analytisch saubere Berücksichtigung des Risikos innerhalb der Investitionsrechnung hat vermehrt in die Praxis Eingang gefunden. Vgl. dazu Gitman/Mercurio 1982, S. 26, und Oblak/Helm 1980, S. 40.
23 Simulations- und Sensitivitätsanalysen stehen im praktischen Einsatz zur Risikodurchleuchtung schon heute an vorderster Stelle.
24 Vgl. dazu die vorangegangenen Ausführungen zum Einsatz von grösseren Rechenmodellen, insbesondere das den entsprechenden Brückenschlag vollziehende CIDAS (vgl. auch Fussnote 9, S. 254).
25 Pinches 1982, S. 6–19 (vgl. S. 16 bzw. S. 10). Vgl. auch Statman/Tyebjee 1985, S. 27–33.

▲ Abb. 10/12   Produktportfolio-Idee der «Boston Consulting Group»[a]

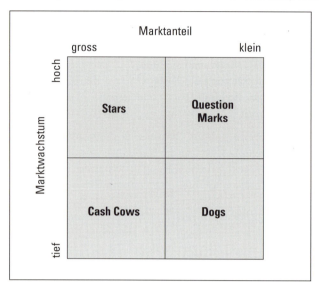

a. Vgl. z.B. Pinches 1982, S. 9.

sich auch die verhaltensorientierten Probleme nur schwer in den Griff bekommen. Antragstellende Instanzen tendieren häufig zu einer *überoptimistischen* Datenbestimmungs- und Präsentationsweise, welche schon die Informationsbasis der Investitionsrechnung fragwürdig macht. «... the development/definition/cash flow generation phase is often viewed as the most difficult portion of the capital budgeting process.»[26]

Darüber hinaus bildet die Verbindung der investitionsrechnerischen Optik mit der *strategischen Ausrichtung* einen kritischen Punkt. Dies betrifft insbesondere den Brückenschlag zu den auf dem Gebiet der strategischen Unternehmensführung gewonnenen *produktportfoliobezogenen Erkenntnissen* (◀Abb. 10/12).[27]

«However, capital budgeting is not without its critics who argue the emphasis is overly narrow, misplaced, and doesn't focus on the important strategic decision at hand – that is, the enhancement of our ability to make decisions in line with the long run maximization of the value of the firm ... Enormous amounts of time and energy ... have been devoted to providing sophisticated analytical techniques for problems that are very specific and/or well-structured in nature. By focusing on these narrowly defined problems, both academicians and practitioners have consequently devoted little attention to the overall strategic question of how effectively capital budgeting

---

26 Vgl. Fussnote 25, S. 261.
27 Vgl. dazu z.B. Hinterhuber 1977. Neue Ansätze eröffnen hier – ausgehend vom Unternehmenswert- und Shareholder Value-Denken – echte Fortschritte. Vgl. dazu Bd. II, 13. Unternehmenswert und Kapitalstruktur, S. 17ff sowie Bd. II, 16. Erfolgsanalyse – Probleme der Profitabilitätsbeurteilung aus strategischer Sicht, S. 77ff bzw. Rappaport 1986.

Zur Investitionspolitik

▲ Abb. 10/13 Verbindung der strategischen Portfolio-Denkweise mit der Investitionsrechnungskonzeption

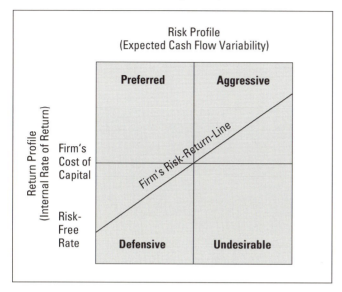

interfaces with the actual resource allocation process employed in practice.»[28] In verschiedenen Ansätzen wurde versucht, strategische Produkt- und Marktüberlegungen mit der investitionsrechnerischen Seite zu verbinden. ◄ Abb. 10/13 veranschaulicht, in welcher Weise dies etwa vollzogen werden könnte.[29]

«Unless capital budgeting provides some direct relationship with and guidance for the development of strategic objectives, the implicit assumption is that capital budgeting is only relevant *given* the strategic objectives of the firm have already been determined employing other criteria as (hopefully) surrogates for long-run maximization of the value of the firm.»[30]

Diese Überlegungen führen wieder zu der bereits in Abschnitt 10.4.4 geforderten, intensiveren *Verschmelzung* der Investitionsrechnung mit der *langfristigen Finanzplanung*. Können Finanzierungs- und Investitionsseite – wie dies bei Schweizer Unternehmen überwiegend der Fall sein dürfte – nicht mehr isoliert betrachtet werden, kommt diesem Postulat besonders grosse Bedeutung zu. Wesentlich erscheint in diesem Zusammenhang auch, dass die Zielorientierung nicht zu eng erfolgt. So sind neben den *Erfolgszielkriterien* (IRR, NPV usw.) zumindest solche *liquiditätsbezogener Natur* (Entwicklung der flüssigen Mittel, Cash-flow usw.) mitzuberücksichtigen. Ausgehend von ◄ Abb. 10/12 und ◄ Abb. 10/13 ergibt sich daraus die Forderung nach einer Cash-flow-freundlichen Durchmischung der Produktbereiche.

---

28 Vgl. Pinches 1982, S. 6.
29 Vgl. Pinches 1982, S. 10.
30 Vgl. Pinches 1982, S. 10.

10.5 Zur Kapitalstrukturpolitik

10.5.1 Relevanz kontra Irrelevanz der Kapitalstruktur

Die Frage des optimalen Finanzierungsverhältnisses bildet seit den späten fünfziger Jahren ein Zentralthema der Finanzierungstheorie. Die für die Finanzierungspraxis wichtigsten *Hauptgesichtspunkte*[31]

- Rentabilität
- Liquidität
- Sicherheit
- Substanzerhaltung
- Wachstum
- Steuerminimierung
- Flexibilität
- Unabhängigkeit
- Finanzimage

reduzierten die *theoretische* Betrachtung im wesentlichen auf den *Risiko- und Renditeaspekt*.[32] Dem daraus abgeleiteten *Standpunkt der Irrelevanz der Kapitalstruktur*[33] einer Unternehmung steht heute nach wie vor die Ansicht gegenüber, dass stets ein *Bereich einer besonders zweckmässigen Kapitalstruktur* existiere.[34] Die moderne Kapitalmarkttheorie und insbesondere das *Capital Asset Pricing Model* stützen wiederum den schon früh entwickelten Irrelevanzstandpunkt. ▶ Abb. 10/14 fasst die wichtigsten Ansätze zusammen.[35]

---

31 Vgl. dazu etwa Boemle 1983, S. 63ff.
32 Vgl. dazu auch Bd. I, 5. Gedanken zur Gestaltung der Kapitalstruktur, insbesondere Abschnitt 5.2 Bedeutung des betrieblichen Fremdkapitaleinsatzes, S. 117ff.
33 Vgl. dazu den klassischen Beitrag von Modigliani/Miller 1958, S. 261–297.
34 In der Praxis spielt die Kapitalstrukturfrage eine wesentliche Rolle. Zahlreiche Beiträge seitens der Finanzierungstheorie sprechen sich gegen eine strenge Irrelevanzthese aus, so z.B. auch Shapiro 1976, S. 211–224.
35 Vgl. dazu Bd. I, 4. Kapitalkostenansätze, insbesondere Abschnitt 4.2.4 Kapitalkostenverläufe, S. 88ff, bzw. Bd. I, 5. Gedanken zur Gestaltung der Kapitalstruktur, insbesondere Abschnitt 5.4 Zur Theorie einer optimalen Kapitalstrukturpolitik, S. 128ff.

▲ Abb. 10/14   Kapitalkostenverläufe nach verschiedenen Ansätzen[a]

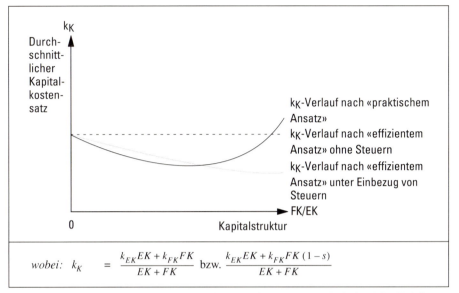

wobei: $k_K = \dfrac{k_{EK} EK + k_{FK} FK}{EK + FK}$ bzw. $\dfrac{k_{EK} EK + k_{FK} FK (1-s)}{EK + FK}$

a. Vgl. dazu näheres in Bd. I, 4. Kapitalkostenansätze, Abschnitt 4.2.4 Kapitalkostenverläufe, S. 88ff. Der Kapitalkostenverlauf nach dem «effizienten Ansatz» unter Einbezug von Steuern entspricht auch dem Kapitalkostenverlauf nach dem völlig realitätsfremden «indifferenten Ansatz» (vgl. Abschnitt 4.2.4 Kapitalkostenverläufe, S. 88ff).

10.5.2   Zunehmende Unternehmensverschuldung

Die Praxis ist demgegenüber in den letzten 20 Jahren durch weltweit stark *rückläufige Eigenkapitalquoten* gekennzeichnet.[36] Besonders ausgeprägt trifft dies für die *Bundesrepublik* und für *Österreich* zu[37]. Aber auch in der *Schweiz* ist – im Durchschnitt betrachtet – ein deutlicher Eigenkapitalschwund festzustellen. Viele Betriebe weisen heute ein *Finanzierungsverhältnis* (Fremdkapital/Eigenkapital) von 2:1 auf, was einem deutlichen Abrücken von der dereinstigen, konservativen 1:1-Richtschnur entspricht. ▶ Abb. 10/15 zeigt die für 1983 gemessenen *Eigenkapitalanteile mittelständischer Schweizer Gesellschaften* nach verschiedenen Branchen.[38] Allerdings sind die *Unterschiede* von Betrieb zu Betrieb gerade in der Schweiz *enorm*. Hochverschuldeten Unternehmen stehen auch heute noch zahlreiche Familiengesellschaften gegenüber, deren Finanzphilosophie den *Verzicht* auf Fremdkapitalaufnahme oder zumindest deren weitgehende *Limitierung* fordert.

---

36 Vgl. Bd. I, 5. Gedanken zur Gestaltung der Kapitalstruktur, insbesondere Abschnitt 5.3 Kapitalstrukturentwicklungen in der Praxis, S. 122ff.
37 Vgl. z.B. Beyer 1984, S. 612–618.
38 Bundesamt für Statistik (Hrsg.) 1985. Innerhalb dieser Zahlen muss allerdings mit mehr oder weniger starken Verzerrungen durch stille Reserven gerechnet werden, die von Betrieb zu Betrieb sehr unterschiedlich sein dürften.

▲ Abb. 10/15 Eigenkapitalquoten mittelständischer Schweizer Gesellschaften nach Branchen[a]

Wirtschaftsgruppe	Eigenfinanzierungsgrad
■ Nahrungsmittelindustrie	28.4%
■ Getränkeindustrie	33.0%
■ Tabakindustrie	45.3%
■ Textilindustrie	33.9%
■ Bekleidung, Schuhe, Wäschekonfektionen	34.1%
■ Holz-, Möbelindustrie	31.7%
■ Papierindustrie	39.0%
■ Graphisches Gewerbe	30.5%
■ Kunststoff, Leder, Kautschuk	36.9%
■ Chemische und Mineralölindustrie	42.0%
■ Industrie der Steine und Erden	46.7%
■ Metallindustrie, -gewerbe, Bauinstallationen	37.6%
■ Maschinen-, Apparate-, Fahrzeugbau	28.7%
■ Uhrenindustrie, Bijouterie	40.9%
■ Sonstiges verarbeitendes Gewerbe	32.4%
■ Baugewerbe	22.9%
■ Elektrizität, Gas, Wasser (privat)	22.1%
■ Grosshandel	28.6%
■ Detail-, Einzelhandel	41.4%

a. Bundesamt für Statistik (Hrsg.): Buchhaltungsergebnisse schweizerischer Unternehmungen 1983/1984, Bern 1985. Innerhalb dieser Zahlen muss allerdings mit mehr oder weniger starken Verzerrungen durch stille Reserven gerechnet werden, die von Betrieb zu Betrieb sehr unterschiedlich sein dürften.

10.5.3 Kapitalstruktur und Unternehmensrisiko

Innerhalb der *schweizerischen Rahmenbedingungen* einer zahlenmässigen *Dominanz der Klein- und Mittelbetriebe (KMU)* sowie eher unvollkommener Finanzmärkte erscheint der Versuch einer theoretischen Optimumsbestimmung für die Kapitalstruktur unergiebig. Fortschritt und Nutzen der modernen Theoriekonzepte liegen hier vielmehr in einer besseren *Erklärung* der Hauptzusammenhänge. Die unter dem Stichwort «Leverage-Effekt» bekannte *Renditewirkung (r)* des *Fremdkapitals (FK)*

$$r_{EK} = r_K + \frac{FK}{EK}(r_K - k_{FK})$$

wobei: r = Rentabilität
k = Zinskostensatz
EK = Eigenkapital
FK = Fremdkapital
K = Gesamtkapital

wird im betrieblichen Finanzmanagement immer mehr von Risikoüberlegungen dominiert. Daher konnte mit der konkret gefassten Erklärung der *Risikowirkung (R)* des *Fremdkapitals (FK)*[39]

$$R_{EK} = R_K\left(1 + \frac{FK}{EK}\right)$$

wobei: R = Risiko, gemessen als Erfolgs- bzw. Renditeschwankung

eine entscheidende Ausweitung der theoretischen Aussagen erreicht werden.

Der oben nachgewiesene Risikozusammenhang belegt, dass in einem mit 50% Fremdkapital finanzierten Unternehmen mit einer – im Vergleich zu einer unverschuldeten Unternehmung gesehen – *Verdoppelung des für die Eigenkapitalgeber resultierenden Gesamtrisikos* gerechnet werden muss. Das reine Branchenrisiko (business risk) R_K wird auf einen Wert inkl. Verschuldungsrisiko von $2 \times R_K$ erhöht. Bei einem zu 75% fremdfinanzierten Betrieb (Finanzierungsverhältnis *FK/EK* = 3:1) ergibt sich ein Gesamtrisiko von $4 \times R_K$, was im Vergleich zum nur zu 50% verschuldeten Unternehmen *nochmals einer Risikoverzweifachung* gleichkommt.[40]

Perlitz und Küpper haben die *Konkurswahrscheinlichkeit* eines Unternehmens – basierend auf den oben beschriebenen Zusammenhängen – anhand eines einfachen *Simulationsmodells* untersucht. Ausgehend von einer Gesamtkapitalrendite (brutto) von 8% und einer Fremdkapitalzinsbelastung von 6% wurden für unterschiedliche Eigenkapitalquoten und Branchenrisikograde folgende Werte ermittelt (▶ Abb. 10/16).

Die oben gezeigten Zahlen belegen die Bedeutung einer sinnvollen *Risikoabstimmung* der verschiedenen Einflussbereiche, insbesondere der Investitions- und der Finanzierungspolitik. Berücksichtigt man nur schon die nicht in den üblichen Kapitalstrukturmodellen enthaltenen Konkurskosten, so muss die Irrelevanzthese für die Praxis eindeutig verworfen werden.

Geht man weiter davon aus, dass eine Unternehmung – zumindest zu einem wesentlichen Teil – mit *variabel verzinslichem* Fremdkapital finanziert ist, so hängt das aus der Verschuldung resultierende Risiko zusätzlich von der *Zinsentwicklung* am Kapitalmarkt sowie dem Zusammenhang zwischen *Zinssatzverlauf und betrieblichen Rentabilitätsschwankungen* ab. Besteht zwischen diesen beiden Grössen keine Interdependenz (Korrelationskoeffizient zwischen r_K und $k_{FK} = 0$), so gilt im wesentlichen die oben gezeigte, einfache Risikoformel. Nimmt man dagegen an, dass eine *positive (bzw. negative) Korrelation* auftritt, d.h., dass das Auf und Ab der Schuldzinsschwankungen *teils parallel (bzw. antizyklisch)* zu den internen Rentabilitätsveränderungen verläuft, so erhält man folgenden Zusammenhang:

---

39 Vgl. dazu Bd. I, 5. Gedanken zur Gestaltung der Kapitalstruktur, insbesondere Abschnitt 5.5 Einsatz von Eigen- und Fremdkapital als Abstimmungsproblem, S. 133ff.
40 Vgl. zu den Risikozusammenhängen auch Bd. I, 3. Zur Bestimmung der Verschuldungspolitik, insbesondere Abschnitt 3.6.3 Risikopolitik, S. 71ff.

▲ Abb. 10/16 Konkurswahrscheinlichkeiten innerhalb von 10 Jahren bei unterschiedlichem Branchenrisiko[a] und unterschiedlicher Eigenkapitalausstattung (Überschuldung als Konkursgrund)[b]

Eigenfinanzierungsgrad	Konkurswahrscheinlichkeit innerhalb der nächsten 10 Jahre		
	bei einem Branchenrisiko von 6%	bei einem Branchenrisiko von 10%	bei einem Branchenrisiko von 14%
30%	0.0%	0.0%	0.9%
25%	0.0%	0.1%	2.3%
20%	0.0%	0.9%	7.2%
15%	0.0%	5.0%	18.8%
10%	1.2%	17.1%	35.2%
5%	13.8%	44.6%	60.3%

a. R_K = Standardabweichung der Gesamtkapitalrendite
b. Perlitz/Küpper 1985, S. 505–512. Die Simulation unterstellt weiter 60% Steuerbelastung (vom Gewinn), 50% Ausschüttungen bei steigendem Eigenmittelanteil, Verzicht auf Ausschüttungen bei fallendem Eigenmittelanteil sowie als Konkursgrund Überschuldung.

$$R_{EK} = R_K + \frac{FK}{EK}(R_K - R_{FK}) \quad \left(\text{Korrelation } \frac{r_K}{k_{FK}} = +1\right) \quad \text{bzw.}$$

$$R_{EK} = R_K + \frac{FK}{EK}(R_K + R_{FK}) \quad \left(\text{Korrelation } \frac{r_K}{k_{FK}} = -1\right)$$

wobei: R_{FK} = Zinssatzausschläge des Fremdkapitals

Je nach Zusammenhang zwischen Rentabilitätsverlauf und Zinssatzentwicklung am Kapitalmarkt ergibt sich – variable Schuldzinssätze vorausgesetzt – eine Risikoverminderung bzw. -erhöhung. Entsprechend resultiert auch eine *unterschiedliche Präferenz für festverzinsliches Fremdkapital*, wie dieses im Bereiche der schweizerischen Anleihensfinanzierung, aber auch innerhalb von Finanzierungs-Leasing-Kontrakten noch heute den überwiegenden Normalfall darstellt.

Die oben gezeigten Zusammenhänge belegen nochmals eindrücklich, dass das *finanzielle*, durch die Fremdfinanzierung verursachte *Risiko nie unabhängig* vom Branchen-, d.h. vom investitionsseitigen Risiko gesehen werden darf. Das *Verschuldungsrisiko* wird erst im Zusammenwirken mit dem aus der Absatz- und Produktionskonstellation erwachsenden *Branchenrisiko* spürbar und sollte dementsprechend harmonisch auf jenes abgestimmt werden. Dies deckt sich wiederum mit der traditionellen Forderung nach einer risikoangepassten Kapitalausstattung.[41]

---

41 Vgl. dazu auch Helbling 1975.

Bei zu hohem Verschuldungsgrad eines Unternehmens besteht die Gefahr, dass sich der oben geforderte, «normale» *Risikoabstimmungsprozess umkehrt.* Die Eskalation der finanzierungsseitigen Risiken, die kurz- bis mittelfristig häufig nicht abgebaut werden können, führt dann nämlich zu einer *risikomässigen Anpassung der Investitionspolitik.* Teilweiser oder gänzlicher Verzicht auf zukunftsgerichtete, innovativere Investitionen aus Sicherheitsgründen beraubt einen Betrieb aber erst recht seiner langfristigen Existenzgrundlage. Diese für die Bundesrepublik nicht untypische Situation kommentierte *Beyer* wie folgt: «Das wachsende Gläubiger- und Schuldner-Risiko führt ... zur Investitionsbeschränkung oder zum teilweisen Investitionsverzicht ... Es hat den Anschein, dass viele deutsche Betriebe ihre Verschuldungs-, Abhängigkeits- und Wachstumsschwelle heute bereits erreicht haben.»[42]

10.5.4 Grenzen der Kapitalstrukturtheorie

Auch mit diesen verfeinerten risikoseitigen Zusammenhängen hält die Finanzierungstheorie allerdings einen *Abstraktionsgrad* aufrecht, der angesichts der immer farbigeren Fremd- und Eigenkapitalbeschaffung (z.B. Partizipationsscheine, stimmrechtslose Aktien (USA, BRD), Wandel- und Optionsanleihen, ewige Schuldverschreibungen, Nachrangigkeitsklauseln, Prioritätsaktien usw.) problematisch erscheint. In etlichen Fällen dürfen die heute in der Praxis teils realisierten Finanzierungskonzeptionen nicht mehr undifferenziert unter dem beschriebenen theoretischen Grundmuster gesehen werden. Innerhalb der heute vermehrt angebotenen Risikofinanzierungen durch das Bankensystem kann sich beispielsweise die Situation ergeben, dass die durch die Bank in Form von Beteiligungskapital zur Verfügung gestellten Mittel faktisch geringeren Risiken ausgesetzt sind als zugleich in Form von Darlehen vermitteltes Kapital. Der *private Risikobereich* und die zwischen Kapitalgeber und Unternehmerperson abgemachten *Vertragsbestimmungen* spielen dabei eine entscheidende Rolle. Ob neuere theoretische Entwicklungen, wie etwa die *Agency- oder die Option Pricing Theory,* auf die Dauer praktikablere Resultate erbringen werden, bleibt abzuwarten.

Die unterstellten *Rahmenbedingungen* sind auch innerhalb der kapitalseitigen Theoriekonzepte entscheidend. Die früher[43] eingehend diskutierte Problematik führt zur Forderung nach einer *umfassenden,* nicht mehr isoliert vollziehbaren *Abstimmung* zwischen Investitions- und Finanzierungsentscheidungen. Über die an anderer Stelle gemachten Vorschläge hinaus[44] ist «no general analytical solution to the full-blown financing and investment problem of the firm ... currently available. The only recommendation that can be made at present is that management must evaluate all

---

42 Vgl. Beyer 1984, S. 616 bzw. 618.
43 Vgl. Bd. I, 4. Kapitalkostenansätze, S. 79ff.
44 Vgl. insbesondere Bd. I, 1. Dynamische Investitionsrechnungen in Theorie und Praxis, Abschnitt 1.3 Kapitalwert kontra interner Ertragssatz, S. 28ff sowie Bd. I, 4. Kapitalkostenansätze, Abschnitt 4.3 Kritische Würdigung des Kapitalkostenkonzeptes und Alternativvorschlag, S. 91ff.

options and do the best it can. Financial theory is only partial help in coping with the general problem.»[45]

10.5.5 Dividendenpolitik und Leasing-Entscheid als kapitalseitige Sonderprobleme

In den Fragenbereichen der *Dividendenpolitik* und des *Leasing-Entscheides* sind ähnliche Entwicklungen festzustellen. Die zunächst formulierten Theoriekonzepte wiesen einen hohen Abstraktionsgrad auf, und sie liessen sich erst durch weitere Verfeinerungen sinnvoll für die Finanzierungspraxis nutzen. So hat etwa der innerhalb der *Dividendenproblematik* formulierte *Irrelevanzstandpunkt* wertvolle praktische Einsichten gebracht, indem verschiedene, die theoretische Irrelevanz der Dividendenpolitik widerlegende Einflussfaktoren transparenter isoliert werden konnten. In einem Bereich, der sehr vielen und komplexen Wirkungsparametern unterliegt, erscheint dies besonders verdienstvoll. So stellte etwa ein anerkannter amerikanischer Fachmann zu Recht fest: «The harder we look at the dividend picture, the more it seems like a puzzle, with pieces that just don't fit together.»[46] Hinsichtlich des *Leasing-Entscheides* lassen sich die in den USA entwickelten Konzepte zur analytischen Erfassung des *Financial Leasing* nicht unbesehen auf die schweizerische Finanzierungspraxis übertragen. Auch hier waren es zunächst stark vereinfachende Modellüberlegungen, die schliesslich zu weiterführenden und realitätsgerechteren Denkansätzen geführt haben.[47] Diese erfordern allerdings noch intensive Weiterentwicklung.

10.6 Zur Liquiditätspolitik

10.6.1 Bedeutung und Bereiche

Die unter dem Stichwort «*Kassahaltungsmodelle*» entwickelten Theoriekonzepte[48] zur Liquiditätsoptimierung haben nur geringe praktische Bedeutung erlangt. Darüber hinaus sind der didaktische Nutzen und Erklärungswert dieser Ansätze eher gering. Wichtigere Impulse sind hier von der managementorientierten Finanzierungslehre und vor allem von der Führungspraxis selbst ausgegangen, welche mit den Instrumenten der *Finanzplanung, Cash-flow-Steuerung und Liquiditätsüberwachung* einen wesentlichen Beitrag zu einer erfolgreichen Finanzführung erbracht haben.

In der jüngsten Zeit sind auch in schweizerischen Unternehmungen vermehrte Anstrengungen zum Aufbau eines umfassenden *Working Capital-Managements zu* beobachten. Im Zentrum stehen dabei die Einflussbereiche

---

45 Haley/Schall 1979, S. 368.
46 Black 1976, S. 5–8.
47 Das Problem liegt hier darin, dass faktisch jeder Leasing-Vertrag einen individuellen Fall mit besonderen Eigenheiten darstellt, der sich nur schwer in ein standardisiertes Modellkonzept bringen lässt. Auch spielen qualitative Faktoren für den Leasing-Entscheid eine häufig erstrangige Rolle. Vgl. dazu auch Bd. I, 6. Finanzierungs-Leasing, S. 141ff.
48 Vgl. Süchting 1980, S. 399ff.

Zur Liquiditätspolitik

▲ Abb. 10/17 Der «Cash Cycle» als Ausgangspunkt für die Liquiditätspolitik (Working Capital-Management)

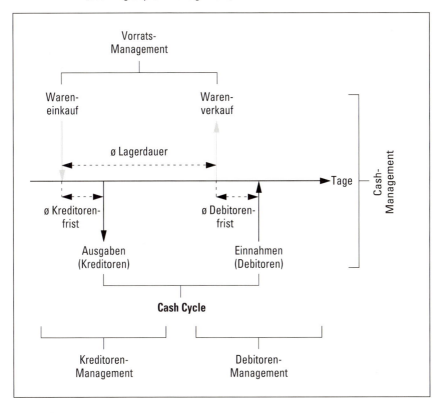

- Debitorenmanagement,
- Vorratsmanagement,
- Kreditorenwesen und
- optimale Bewirtschaftung der flüssigen Mittel (Cash-Management),

wie sie sich auch aus der Darstellung des sogenannten «*Cash Cycle*» ergeben (◀ Abb. 10/17).

Während die Investitionspolitik grosser Industriebetriebe über längere Zeiträume festgelegt wird, eröffnet sich in den oben angesprochenen Bereichen ein weites Feld *laufend* möglicher Führungsmassnahmen und Effizienzsteigerungen. So lassen sich nach neuesten Erfahrungen bereits mit groben Verbesserungen rasch wesentliche Umsatzmargenprozente einbringen.[49]

---

[49] Vgl. zum nachfolgend nicht weiter betrachteten Debitorenmanagement z.B.: Higgins 1977, S. 362–379; Gentry/De La Garza 1985, S. 28–38; Kellenberger 1985.

10.6.2 Stellenwert des Vorratsmanagements

Mit einer systematisch durchgeführten *Vorratsvermögensanalyse (VVA)* beispielsweise ist es möglich, durch teils erstaunlich hohe Lagerbestandessenkungen grössere Mittelsummen freizusetzen. Neben Gemeinkosten- und Zinseinsparungen ergibt sich zugleich eine in der heutigen Zeit besonders erwünschte Liquiditätsverbesserung. «Eine Aufwandssenkung um 1 bis 2% vom Umsatz ist als Beitrag zur Handlungsfähigkeit eines Unternehmens nicht zu unterschätzen. Unnötige Reserven dieser Grössenordnung aber halten viele Unternehmen in ihrem Vorratsvermögen: bis zu ein Drittel davon erweist sich in der Regel als kurzfristig abbaubar. Damit setzt das Unternehmen Mittel frei, die in ihrer Höhe an 10 bis 30% des Eigenkapitals oder 50 bis 100% der jährlichen Investitionen in Sachanlagen heranreichen.»[50]

10.6.3 Beispiele zum Cash-Management

Die *Fortschritte der modernen Informatik* haben sich auf Cash-Management, Debitoren-, Kreditoren- und Lagermanagement besonders stark ausgewirkt. Effiziente Überwachungs- und Informationssysteme bieten hier erst die Voraussetzung für eine erfolgreiche Führung dieser Bereiche. Besonders deutlich zeigt sich dies innerhalb der *Cash-Management-Modelle,* wie sie heute von verschiedenen Unternehmen aufgebaut werden. Das vom *Schweizerischen Bankverein* angebotene *SwissCash-System* beispielsweise eröffnet insbesondere international tätigen Unternehmen interessante Cash-Management-Dienstleistungen, die folgende Informationen und Transaktionsmöglichkeiten umfassen:[51]

- Saldoübersichten über verschiedene Konti
- Detailinformationen zu den Kontentransaktionen
- rationelle, elektronische Abwicklung des Zahlungsverkehrs
- sogenannter «Corporate Treasury Service (CTS)» mit Bankeninformationen weltweit
- Anschlussmöglichkeiten für Personalcomputer sowie individuelle Auswertbarkeit der Daten.

Ein eindrückliches Beispiel einer innerbetrieblichen Lösung stellt der bereits in den siebziger Jahren entwickelte *«Cash Budget Simulator»* der kanadischen Fluggesellschaft *Air Canada* dar, der eine schlagartige Verbesserung der *Liquiditätsplanung* ermöglichte. Dieses Unternehmen kämpfte seit Jahren mit nur schwer prognostizierbaren und stark fluktuierenden Zahlungsströmen. Der gewaltige Rechen- und Zeitaufwand der bestehenden Liquiditätsplanung, die mangelnden Soll-Ist-Kontrollen und

---

50 Perraudin 1985, S. 101–105. Vgl. zum Vorratsmanagement auch: Ludwig 1985.
51 Vgl. z.B. Schuler 1986, S. 19/20. Ähnliche Möglichkeiten bietet das in Zusammenarbeit mit der Fides Treuhandgesellschaft von der Schweizerischen Bankgesellschaft, der Schweizerischen Kreditanstalt und weiteren Schweizer Banken angebotene ARS (Account Report System). Vgl. weiter Spahni-Klass 1988.

▲ Abb. 10/18 Effizienz der Liquiditätsplanung mit dem Cash Budget Simulator[a]

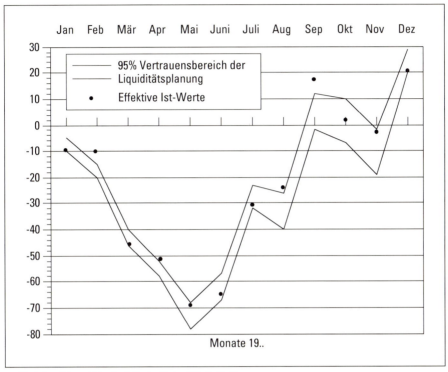

a. Nach Scott/Moore/Saint-Denis/Archer/Taylor 1979, S. 46–52.

die erschwerenden branchentypischen Rahmenfaktoren führten bei stark anwachsendem Transaktionsvolumen dazu, dass das Führungsinstrumentarium in keiner Weise befriedigen konnte. Als weitere Konsequenz ergaben sich vergleichsweise *hohe Liquiditätshaltungskosten.* Die Leitung der Air Canada beschloss deshalb, ein massgeschneidertes *Liquiditätssimulationsmodell* zu entwickeln, das insbesondere folgenden *Zielen* dienen sollte:

- Erfassung der Unsicherheit der Zukunft
- stochastische Simulation der zu erwartenden Zahlungsströme
- Verbesserung des Dateninputs
- Rationalisierung der Rechenarbeit und Erhöhung der Rechengenauigkeit.

Wie die Werteübersicht in Abbildung ◀ Abb. 10/18 verdeutlicht, erlaubte der auf der beschriebenen Basis realisierte «Cash Budget Simulator» tatsächlich eine *drastische Verbesserung:*

- erstaunlich genaue Einnahmen-Ausgaben-Budgetierung
- treffsichere Trendprognosen
- vergleichsweise exakte Monatsschätzungen
- fundiertere Planung, auch aus der Sicht der Anwendermotivation
- in Anbetracht der Umweltunsicherheiten ausgezeichnete Resultate
- rasche Amortisation der Modellkosten von rund $ 25 000.– (entsprechend 15 Mannmonaten) durch Zinseinsparungen.[52]

10.6.4 Weitere Einsatzmöglichkeiten

Dank der laufend erweiterten, vor allem auch durch den Mikrocomputereinsatz eröffneten Möglichkeiten der *modernen Informatik* stehen solche Führungsinstrumente in Zukunft auch vermehrt für das *Finanzmanagement kleinerer und mittlerer Betriebe* zur Verfügung. In Übereinstimmung mit dem zur Investitionsrechnung Gesagten kommt dabei der Vornahme von *Variantenplanungen, «Was-wenn»- und Sensitivitätsanalysen* grosse Bedeutung zu. Das in ▶ Abb. 10/19, ▶ Abb. 10/20 und ▶ Abb. 10/21 gezeigte einfache *Beispiel* zeigt die für einen Warenhandelsbetrieb vollzogene Beurteilung einer möglichen *Lagerrationalisierung* anhand der erweiterten *ROI-Kriterien* transparent auf. Das unter Verwendung von «Multiplan» aufgebaute kleine Rechenmodell erlaubt es, zahlreiche Finanzführungsmassnahmen rasch und in beliebigen Varianten durchzurechnen, wie dies im kleineren Unternehmen bis vor wenigen Jahren noch kaum möglich war. Die Lagersenkungsmassnahme ist folgendermassen charakterisiert:

- Senkung der durchschnittlichen Lagerdauer auf 240 Tage,
- Verwendung der freigesetzten Mittel zur Stärkung der Liquidität um 200 und zum Abbau des Kontokorrentkredites,
- Gemeinkosteneinsparung 30 und
- Zinseinsparung 7% (vgl. ▶ Abb. 10/19, ▶ Abb. 10/20 und ▶ Abb. 10/21).

Ein weiteres, fruchtbares Einsatzfeld stellt die *Cash-flow-Analyse* dar. Die in Abschnitt 10.5 im Zusammenhang mit der Kapitalstrukturgestaltung aus strategischer Sicht angesprochene *Risikoproblematik* sollte vermehrt von der Liquiditätsseite her angegangen werden. Die theoretisch zumeist auf Erfolgskriterien bezogenen Risikozusammenhänge kommen für das betriebliche Schicksal nämlich in erster Linie auf der *Liquiditätsebene* zum Tragen. ▶ Abb. 10/22 zeigt die – ausgehend von den Umsatz- und Reingewinnschwankungen vorgenommene – *Analyse der Cash-flow-Entwicklung* eines Warenhandelsbetriebes, und zwar für die Mittelgesamtheiten «Nettoumlaufvermögen» (Cash-flow 1) und «Liquide Mittel» (Cash-flow 2).

---

[52] Nach Scott/Moore/Saint-Denis/Archer/Taylor 1979, S. 46–52.

Zur Liquiditätspolitik

▲ Abb. 10/19 Bilanz des Warenhandelbetriebes vor und nach Lagersenkungsmassnahme (Werte in Fr. 1000.–)

	Bilanz vor Lager-senkungsmassnahme	Bilanz nach Lager-senkungsmassnahme
■ UV		
□ Liquide Mittel	50	250
□ Debitoren	1250	1250
□ Produkte in Arbeit	2100	1600
■ AV	1600	1600
■ Total	5000	4700
■ kfr. FK		
□ Kreditoren	800	800
□ Bankkontokorrent	1050	750
□ Übriges kfr. FK	250	250
■ lfr. FK	900	900
■ EK	2000	2000
■ Total	5000	4700

▲ Abb. 10/20 Erfolgsrechnung des Warenhandelbetriebes vor und nach Lagersenkungsmassnahme (Werte in Fr. 1000.–)

	ER vor Lagersenkungs-massnahme	ER nach Lagersenkungs-massnahme
■ Umsatz	4500	4500
■ Aufwand		
□ FK-Zins	120	99
□ Übriger Aufwand	4350	4320
■ Reingewinn	30	81

▲ Abb. 10/21 Erweiterte ROI-Analyse des Warenhandelbetriebes vor und nach Lagersenkungsmassnahme

	Analyse vor Lagersenkungs-massnahme	Analyse nach Lagersenkungs-massnahme
■ k_{FK} (durchschnittlicher Fremdkapitalzinssatz)	4.0%	3.7%
■ FK/EK (Finanzierungsverhältnis)	1.5	1.4
■ Kapitalumschlag	0.90	0.96
■ r_{EK} (Bruttorendite des Eigenkapitals)	1.5%	4.1%
■ r_K (Bruttorendite des Gesamtkapitals)	3.0%	3.8%
■ r_U (Umsatzmarge netto vor Zinsen)	3.3%	4.0%

▲ Abb. 10/22 Analyse des Verlaufs von Umsatz, Reingewinn, Cash-flow 1 (NUV) und Cash-flow 2 (Liquide Mittel)

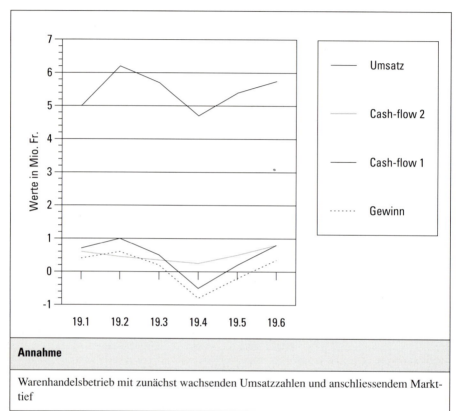

Annahme

Warenhandelsbetrieb mit zunächst wachsenden Umsatzzahlen und anschliessendem Markttief

10.6.5 Liquiditätspolitik und theoretische Forschung

Angesichts der oben angesprochenen Bedeutung des Liquiditätszieles für die betriebliche Existenzsicherung sollte sich die theoretische Forschung verstärkt mit diesem Problemkreis befassen. In Analogie zum Problem der optimalen Eigenkapitalausstattung stellt sich dabei insbesondere die Frage nach dem Umfang einer *optimalen Liquiditätshaltung*. Die bisher mehr auf Liquiditätsstrukturüberlegungen ausgerichteten Ansätze müssten sich vermehrt der Frage der *optimalen Gesamtliquidität* zuwenden. Mit der im Lehrbuchbereich üblichen Darstellung gemäss ▶ Abb. 10/23, welche die komplexe Problemstellung in eine einfache Kostenminimierung überführt, ist für die praktische Anwendung allerdings noch nicht viel gewonnen.

Da sich die Transaktions- und Insolvenzkosten kaum quantifizieren lassen, ist die praktische Durchführung einer Liquiditätskostenminimierung ausserordentlich schwierig. Im Rahmen der Finanzführung behilft man sich häufig mit einer *groben*

Schlussfolgerungen 277

▲ Abb. 10/23   Optimale Liquiditätshaltung als Kostenminimierungsproblem

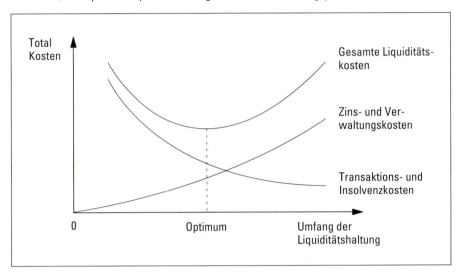

Eckgrössen-Zielformulierung, z.B. in Form einfacher Kennzahlen (Liquiditätsgrade, Prozentanteil der flüssigen Mittel an der Bilanzsumme bzw. am Umsatz). Empirische Erhebungen bestätigen die «existence of an optimal level of investment in liquid assets which varies over time. As the relative amount of liquid assets is increased, returns initially increase because of signifcant reductions in shortage costs. Beyond some optimal level, retums begin to decline as mounting holding costs exceed the reduction in shortage costs. Thus the arguments for optimal liquid asset levels contained in financial management texts appear to have some empirical validity.»[53] Risikoanalytische Betrachtungen sollten gerade im Liquiditätsbereich explizit in die Modellkonzepte Eingang finden.

10.7 Schlussfolgerungen

Die moderne Finanzierungstheorie ist durch eine starke Zuwendung zur *Kapitalmarkt-, Portfolio- und Risikotheorie* gekennzeichnet. Die Umsetzbarkeit der gewonnenen Erkenntnisse zur Bewältigung der Finanzführungsaufgaben in schweizerischen Klein- und Mittelbetrieben ist zum Teil etwas problematisch. Mit Ausnahme der Ausrichtung der Investitionsrechnung konzentrieren sich die theoretischen Bestrebungen vor allem auf *längerfristig, strategisch* orientierte Grundsatzfragen, wie sie vorwiegend im Grossbetrieb Beachtung finden.

---

53 Gilmer 1985, S. 39–43. Vgl. auch Gitman/Moses /White 1979, S. 32–41.

▲ Abb. 10/24 Zusammengefasste Resultate einer Lehrbuchanalyse
(Undergraduate and graduate finance textbooks)[a]

Topic	% of total pages	Assets vs Liabilities & Equity		Short-Term vs Long-Term	
		Assets	L & E	S-T	L-T
▪ Financial Management Overview	3%				
▪ Financial Analysis and Control	11%			11%	
▪ Financial Planning and Budgeting	5%			5%	
▪ Working Capital Management Overview	4%			4%	
▪ Current Asset Management	12%	12%		12%	
▪ Short-Term Financing	5%		5%	5%	
▪ Capital Budgeting	18%	18%			18%
▪ Cost of Capital	7%		7%		7%
▪ Capital Structure	8%		8%		8%
▪ Long-Term Financing/Markets	21%		21%		21%
▪ Dividend Policy	6%		6%		6%
▪ Total	100%	30%	47%	37%	60%
▪ % based upon 100%[b]		39%	61%	38%	62%

a. Vgl. Fussnote 54.
b. These percentages were calculated by dividing the total percentage for each pair by the individual percentages.

Zu ähnlichen Folgerungen gelangt eine *empirische Untersuchung*, welche die angelsächsischen Lehrbuchkonzepte mit den Finanzmanagementanliegen *grosser US-Gesellschaften* konfrontierte. Selbst unter der Optik der Grossbetriebspraxis ergab sich folgendes *Fazit:*

- Die Finanzierungstheorie befasst sich schwergewichtig mit kapitalseitigen und langfristig ausgerichteten Problemstellungen (▶ Abb. 10/24).
- Für die Praxis stehen anwendungsorientierte Fragen der laufenden Finanzplanung und Finanzbudgetierung an oberster Stelle. «This ... may require teaching faculty to become more familiar with the latest microcomputer technology and financial planning and budgeting software.»[54]
- Die befragten US-Gesellschaften waren in überwiegendem Masse mit aktivseitigen Finanzproblemen beschäftigt (z.B. Cash-Management). «This conflict (im Vergleich zur Lehrbuchstruktur) may be explained by greater textual emphasis on financial concepts, which find their roots in long-term financing topics rather than in the practical and applied aspects of managerial finance.»[55]

---

54 Gitman/Maxell 1985, S. 57–65.
55 Vgl. Fussnote 54.

- Im Gegensatz zur Lehrbuchgewichtung ist der amerikanische Finanzmanager stärker mit kurzfristigen als mit langfristigen Problemstellungen konfrontiert. «This relative ‹underemphasis› of working capital management may be explained by the primary textual emphasis given to concepts rather than day-to-day financial activities.»[56]

Auch wenn man die häufig beklagte, mangelnde strategische Denkweise vieler nordamerikanischer Manager in die Beurteilung miteinbezieht, zeigen die oben beschriebenen Resultate doch wesentliche *Grundsatzprobleme* auf.

Umgekehrt sind stark vereinfachende, konzeptionelle Theoriegebäude notwendig, um überhaupt zu allgemeingültigen Aussagen gelangen zu können. *Aufgabe des Theoretikers wird es daher in Zukunft noch vermehrt sein, für eine praktische Nutzbarmachung der neuen Erkenntnisse zu sorgen.* Vor allem gilt dies auch für die Übernahme nordamerikanischer Modellkonzeptionen auf europäische und insbesondere schweizerische Verhältnisse. Dass der *permanenten Aus- und Weiterbildung* der mit Lehre und Management Betrauten in diesem Zusammenhang allergrösstes Gewicht zukommt, versteht sich von selbst. «An ongoing dialogue between finance practitioners and finance academicians can enhance the efforts of both, and prove mutually beneficial in providing well-trained and employable finance professionals.»[57]

Ausgesprochen fruchtbar erscheint der *Risikobezug* der modernen Finanzierungstheorie. Kann die noch zu sehr auf Erfolgskriterien bezogene Risikoerfassung vermehrt auf das Liquiditätspostulat ausgedehnt werden, so ist mit weiteren wertvollen Erkenntnissen zu rechnen. In diesem Sinne laufen die wissenschaftlichen Entwicklungen parallel zu den *Anliegen der Unternehmenspraxis*, die sich einer immer komplexeren *Risikoproblematik* gegenübersieht.

Literatur

Beyer, H.-T.: Der wachsende Einfluss der Fremdkapitalgeber, in: Zeitschrift für das gesamte Kreditwesen, Nr. 13, 1984, S. 612–618.

Black, F.: The Dividend Puzzle, in: The Journal of Portfolio Management, Vol. 2, Nr. 2, Winter 1976, S. 5–8.

Boemle, M.: Unternehmungsfinanzierung, 6. Auflage, Zürich 1983.

Bundesamt für Statistik (Hrsg.): Buchhaltungsergebnisse schweizerischer Unternehmungen 1983/84, Bern 1985.

Dewings, A.S.: The Financial Policy of Corporations, New York 1920.

---

56 Vgl. Fussnote 54, S. 278.
57 Vgl. Fussnote 54, S. 278.

Eberle, P.: Investition und Computer. Computergestützte Entscheidungshilfen im Investitionsbereich bei Ciba-Geigy, Hoffmann-La Roche, PTT und Swissair. Unveröffentlichte Semesterarbeit, Universität Zürich, Zürich 1985.

Egger, R.F.: CIPS – Capital Investment Program System, in: Büro + Verkauf, Nr. 12, Dezember 1982, S. 397–399.

Eiteman, D.K./Stonehill, A.I.: Multinational Business Finance, 2nd Edition, Reading/Mass. 1979.

Flink, S.J./Grunewald, D.: Managerial Finance, New York 1969.

Gentry, J./De La Garza, J.M.: A generalized Model for Monitoring Accounts Receivable, in: Financial Management, Vol. 14, Nr. 4, Winter 1985, S. 28–38.

Gilmer, R.H.Jr.: The Optimal Level of Liquid Assets: An Empirical Test, in: Financial Management, Vol. 14, Nr. 4, Winter 1985, S. 39–43.

Gitman, L.J./Maxell, Ch.E.: Financial Activities of Major U.S. Firms: Survey an Analysis of Fortune's 1000, in: Financial Management, Vol. 14, Nr. 4, Winter 1985, S. 57–65.

Gitman, L.J./Mercurio, V.A.: Cost of Capital Techniques Used by Major U.S. Firms: Survey and Analysis of Fortune's 1000, in: Financial Management, Vol. 11, Nr. 4, Winter 1982, S. 21–29.

Gitman, L.J./Moses, E.A./White, I.T.: An Assessment of Corporate Cash Management Practices, in: Financial Management, Vol. 8, Nr. 1, Spring 1979, S. 32–41.

Haegert, L./Wittmann, F.: Zur Bedeutung von Abschreibungsvergünstigungen und Investitionszulagen für Investitionsentscheidungen, in: Betriebswirtschaftliche Forschung und Praxis, Nr. 3, 1984, S. 243ff.

Hahn, O.: Finanzwirtschaft, München 1975.

Haley, Ch.W./Schall, L.D.: The Theory of Financial Decisions, 2nd, revised Edition, New York 1979.

Helbling, C.: Die Kapitalstruktur der Unternehmung, Zürich 1975.

Higgins, R.C.: Financial Management, Chicago 1977.

Hill, W.: Brevier der Unternehmungsfinanzierung, 2., erweiterte Auflage, Bern 1971.

Hinterhuber, H.H.: Strategische Unternehmensführung, Berlin 1977.

Huchzermeier, R./Reichhardt, M./Probst, A.: Computergestützte Entscheidungshilfe, in: IBM Nachrichten 34, Heft 271, 1984, S. 43.

Kellenberger, H.P.: Bewirtschaftung des Debitorenbestandes; Referatsunterlagen des 61. Kurses für kaufmännische Organisation und Rechnungsführung des SKV zur «Bilanz- und Erfolgsanalyse als Führungsinstrument» vom 26. September, Zürich 1985.

Lessard, D.R.: International Financial Management, Boston 1979.

Lintner, J.J.: The Valuation of Risk Assets and the Selection of Risky Investments in Stock Portfolios and Capital Budgets, in: Review of Economics and Statistics, Vol. 47, February 1965, S. 13–37.

Ludwig, B.D.: Vorratssenkung durch Vorratsanalyse; Referatsunterlagen des 61. Kurses für kaufmännische Organisation und Rechnungsführung des SKV zur «Bilanz- und Erfolgsanalyse als Führungsinstrument» vom 26. September, Zürich 1985.

Lutz, B.: Die finanzielle Führung der Unternehmung; Die Orientierung, Nr. 62.II.1976 der Schweizerischen Volksbank, Bern 1976.

Modigliani, F./Miller, M.H.: The Cost of Capital, Corporation Finance and the Theory of Investment, in: American Economic Review, Vol. 48, 1958, S. 261–297.

Oblak, D.J./Helm, R.J.Jr.: Survey and Analysis of Capital Budgeting Methods Used by Multinationals, in: Financial Management, Vol. 9, Nr. 4, Winter 1980, S. 37–41.

Perlitz, M./Küpper, H.: Die Eigenkapitalausstattung von Unternehmen, in: WiSt Wirtschaftsstudium, Heft 10, Oktober 1985, S. 505–512.

Perraudin, M.: Vorratsvermögens-Analyse, in: Der Schweizer Treuhänder, 59. Jg., Nr. 3, März 1985, S. 101–105.

Perridon, L./Steiner, M.: Finanzwirtschaft der Unternehmung, 3. Auflage, München 1984.

Pinches, G.E.: Myopia, Capital Budgeting and Decision Making, in: Financial Management, Vol. 11, Nr. 3, Autumn 1982, S. 6–19.

Pohl, H.-J./Rehkugler, H./Steinkamp, M.: Erfolg mittelständischer Unternehmen; Ergebnisse einer empirischen Untersuchung zum Einfluss von Management-Instrumenten auf die Unternehmenserfolge, Bremer Diskussionsbeiträge zur Mittelstandsforschung, Nr. 3, Bremen 1985.

Rappaport, A.: Creating Shareholder Value, The New Standard for Business Performance, New York 1986.

Rodriguez, R.M./Carter, E.E.: International Financial Management, Englewood Cliffs 1979.

Sandig, D./Köhler, R.: Finanzen und Finanzierung der Unternehmung, 3. Auflage, Stuttgart 1979.

Schall, L.D./Sundem, G.L./Geijsbeek, W.R.Jr.: Survey and Analysis of Capital Budgeting Methods, in: The Journal of Finance, Vol. 33, Nr. 1, March 1978, S. 281–287.

Schneider, D.: Investition und Finanzierung, 5. Auflage, Wiesbaden 1980.

Schuler, R.: SwissCash weltweit, in: Der Monat (Hrsg.: Schweizerischer Bankverein), Nr. 3, März 1986, S. 19/20.

Schütt, H.: Finanzierung und Finanzplanung deutscher Industrieunternehmen – Eine empirische Untersuchung, Darmstadt 1979.

Scott, D.F.Jr./Moore, L.J./Saint-Denis, A./Archer, E./Taylor, B.W.: Implementation of a Cash Budget Simulator at Air Canada, in: Financial Management, Vol. 8, Nr. 2, Summer 1979, S. 46–52.

Shapiro, A.C.: Financial Structure and Cost of Capital in the Multinational Corporations, in: Journal of Financial and Quantitative Analysis, Vol. 13, Nr. 2, June 1978, S. 211–224.

Shapiro, A.C.: Multinational Financial Management, Boston 1982.

Sharpe, W.F.: Portfolio Theory and Capital Markets, New York 1970.

Spahni-Klass, A.: Cash Management im multinationalen Industriekonzern, Bern/Stuttgart 1988.

Statman, M./Tyebjee, T.T.: Optimistic Capital Budgeting Forecasts: An Experiment, in: Financial Management, Vol. 14, Nr. 3, Autumn 1985, S. 27–33.

Steiner, F.: Finanzielle Führung in der Praxis des Klein- und Mittelbetriebes, Bern 1984.

Steiner, M.: Moderne Finanzierungstheorie versus Finanzpraxis – Rationalprinzip gegen Prinzip Hoffnung?, in: Die Unternehmung, 39. Jg., Nr. 4, Dezember 1985, S. 308–324.

Süchting, J.: Finanzmanagement, 3. Auflage, Wiesbaden 1980.

Töpfer, A.: Planungs- und Kontrollsysteme in industriellen Unternehmungen, Berlin 1976.

Weston, J.F./Brigham, E.F.: Managerial Finance, 7th Edition, Hinsdale 1981.

11.
Rechnungswesen und Controlling zwischen mechanistischer und intuitiver Unternehmensführung

Inhaltsübersicht

11.1	Neue Anforderungen an die Führung aller Managementstufen	285
11.2	Zielorientierte Unternehmensführung mit Controlling	286
11.3	Bereiche und Instrumente von Controlling und Rechnungswesen	287
11.4	Schwachstellen in der schweizerischen Führungspraxis	288
11.5	Zur finanzwirtschaftlichen Steuerung im besonderen	290
11.6	Implementierung im Mittel- und Kleinbetrieb	293
11.7	Schlussfolgerungen	293
	Literatur	295

Quelle

Erweiterte Fassung eines Beitrags in Schweizer Maschinenmarkt, Nr. 23/1988.

11.1 Neue Anforderungen an die Führung aller Managementstufen

Die Anforderungen an den Unternehmer und die Führungsverantwortlichen im Betrieb sind deutlich gestiegen. Dies gilt ausgeprägt auch für die mittleren und kleineren Unternehmen in der Schweiz. Grund dafür sind insbesondere die in verschiedener Hinsicht härteren *Umweltbedingungen*. Einige Stichworte mögen diesen Sachverhalt beleuchten:

- Ablösung der Wachstumsphase der sechziger und frühen siebziger Jahre
- zunehmend labilere Rahmenbedingungen seit 1973 (Erdöl- und Japanschock; Inflations-, Währungs- und Zinsschwankungen)
- wachsende Gesetzes- und Verordnungsfülle
- während langer Jahre zunehmende Steuerlasten
- technologische Entwicklungen mit stark strukturverändernden Auswirkungen (Informatik, Mikroprozessor, Digitalisierung usw.)
- verschärfte Konkurrenzlage, härterer Wettbewerb, Margenverengung, Innovationszwang.

Unternehmerische Fehlentscheidungen dürften sich heute zumeist *folgenschwerer* und unmittelbarer auswirken, als dies früher der Fall war.

Zusammen mit der auf vielen Gebieten anschwellenden *Wissensfülle* sehen sich die Führungskräfte aller Stufen mit einer immer grösseren Aufgabenkomplexität konfrontiert.[1] Für Mittel- und Kleinbetriebe ist diese Feststellung besonders wichtig, da neben ihren typischen Stärken (so etwa Flexibilität, rasche Entscheidungsfindung, gutes Innovationsklima usw.) auch spezifische Gefahren zu beachten sind (z.B. Rezessionsanfälligkeit, Diversifikation als Verzettelungsrisiko, Tragweite von Führungsfehlern, Nachfolgeproblematik usw.). Dazu kommen die bei Fertigungsbetrieben ohnehin grössere Fixkostenlast und Konjunkturabhängigkeit.

Umgekehrt gehörte die Auseinandersetzung mit Umweltveränderungen verschiedenster Art schon immer zu den Kernaufgaben der Unternehmensführung.[2] In diesem

---
1 Vgl. dazu etwa Rühli 1988, S. 39.
2 Vgl. z.B. Giger 1989 S. 159.

Sinne sind Misserfolg – und Erfolg – nicht primär irgendwelchen Umwelteinflüssen anzulasten, sondern stets als Resultante der *eigenen Managementleistung* zu sehen. So haben *Borner/Simma*[3] in einer Schrift zur Unternehmensführung folgerichtig festgehalten, dass vielerorts immer noch die Bereitschaft fehle,

- Misserfolgsursachen im eigenen Betrieb zu suchen,
- Unternehmen und Umwelt in ihrer Entwicklung mit diagnostischem Blick zu verfolgen,
- die internen und externen Bestimmungsgründe wirtschaftlichen Handelns zu analysieren und
- die Stärken des eigenen Unternehmens gegenüber der Umwelt möglichst gezielt und wirksam in Erscheinung treten zu lassen.

11.2 Zielorientierte Unternehmensführung mit Controlling

Aus dem oben Gesagten ergibt sich gerade für den mittleren und kleineren Betrieb folgendes Fazit:

- Der Unternehmer begründet Erfolg und Misserfolg: Trendbrüche sind keine «Ausrede».
- Eine systematische Unternehmens- und Umweltüberwachung ist auch für den Mittel- und Kleinbetrieb von zentraler Bedeutung.
- Es gilt vielmehr, die tieferen Bestimmungsgründe erfolgreichen Geschäftens – gerade in einer sich rasch wandelnden Umwelt – zu erkennen.
- Das Stärken/Schwächen-Profil des Unternehmens muss in gezieltes Auftreten am Markt umgesetzt werden.

Solche Postulate sind nicht grundlegend neu. Sie nehmen aber in der heutigen Umweltsituation einen erhöhten Stellenwert ein. Eine systematischere und zukunftsorientiertere Geschäftsführung ist auch in vielen Schweizer Mittel- und Kleinbetrieben vonnöten. Gerade im kaufmännisch-finanzwirtschaftlich häufig weniger fachmännisch geführten mittelständischen Unternehmen kann der massvolle Einsatz moderner Techniken und Instrumente der Führung als gewichtiger Erfolgsfaktor betrachtet werden. Die ursprünglich dem US-Bereich entstammende *Controlling-Idee*[4] bietet sich in diesem Zusammenhang als fruchtbare Orientierungshilfe an. Sie geht von der Überlegung aus, dass das moderne Rechnungswesen zu einer *zielgerichteteren* und *informationsbasierteren* Führung beitragen sollte:

---

3 Borner/Simma 1987.
4 Vgl. dazu den basislegenden Beitrag von Baumgartner 1980.

- *Controlling als Managementaufgabe:* Unternehmenssteuerung im Rahmen vorzugebender Zielsetzungen
- *Controlling als Tätigkeit des Controllers:* Gewinnung und Verfügbarmachung von Führungsinformationen.

Die Controlling-Idee beinhaltet somit zwei für Mittel- und Kleinbetriebe besonders aktuelle Schlüsselgedanken. Zum einen muss die Geschäftspolitik vermehrt auf längerfristig orientierte *Ziele* (z. B. Wachstums-, Erfolgs-, Verkaufs-, Finanzziele) ausgerichtet werden, und zum andern sind Gewinnung und Verwendung von *Informationen* – d. h. insbesondere auch das Rechnungswesen – entscheidend zu verbessern.

11.3 Bereiche und Instrumente von Controlling und Rechnungswesen

Ausgehend von der *laufenden Geschäftsführung* umfasst ein wirksames Controlling zumeist folgende Instrumente:

- laufende Rechnungsführung (Finanz- und Betriebsbuchhaltung)
- Planungs- und Budgetierungssystem
- Überwachungs- und Informationswesen.

Daneben treten bei Einbezug der langfristigen Ausrichtung Instrumente der *strategischen Führung* wie

- Stärken/Schwächen-Raster
- Chancen/Risiken- und Wertvorstellungsprofil
- Produkt-Portfolio-Ansätze.

Praktisch hat das Controlling in allen *Funktionsbereichen* zu spielen, was zusammen mit den verschiedenen *Führungsebenen* zu folgender Übersicht führt (▶ Abb. 11/1).[5]

▲ Abb. 11/1   Controllingelemente nach Führungsebenen und Funktionsbereichen

	Führungsebenen	Funktionsbereiche
Strategisches Controlling	Strategische Unternehmensführung (Leitbild, Strategien, strategisches Erfolgsmanagement, langfristige Ziele und Pläne)	■ Marketing ■ Beschaffung ■ Produktion ■ Verwaltung ■ F+E, Innovation ■ Personal ■ Investition ■ Finanzen ■ usw.
Ergebnis-Controlling	Operative Unternehmensführung (Umsetzung der Geschäftspolitik, kurzfristige Ziele, Budgets)	

---

5 Mit Controlling und Führung im Klein- und Mittelbetrieb befassen sich insbesondere Horvath 1979, Horvath o.J., Lanz 1989 und Haake 1987.

Je nach Betrieb, Branche und Lebensphase einer Unternehmung wird auch die *Gewichtung* der einzelnen Controlling-Instrumente aussehen müssen. Während in einem stabilen, wenig Veränderungen unterliegenden Betrieb die Margen-, Deckungsbeitrags- und Auftragsüberwachung im Vordergrund stehen mag, erhält in stark wachsenden Unternehmen die finanzwirtschaftliche Steuerung (Finanz- und Cash-flow-Planung usw.) zentrale Bedeutung.

Konkret ergeben sich im Sinne einer modernen Führung folgende *Forderungen:*

- *Strategisches Controlling:* Periodisch vorzunehmende, längerfristig orientierte Standortbestimmungen. Gewinnung einer «Strategie, Philosophie, Vision», die in Leitbild, langfristigen Zielsetzungen und Unternehmenskultur konkretisiert werden sollte. Die zahlenmässige Umsetzung hat in langfristigen Unternehmensplänen (prospektive Erfolgs- und Mittelflussrechnungen, Planbilanzen) zu erfolgen.
- *Ergebnis-Controlling:* Ausgangsbasis bildet ein aussagekräftiges Rechnungswesen in den Bereichen der Finanz- und der Betriebsbuchhaltung. Eine wirksame Überwachung erfordert die Erstellung möglichst geschlossener Budgets (Budgets für Umsatz, Kosten, Erfolgsrechnung, Bilanz, Mittelflussrechnung, Liquidität).

Damit ergibt sich auch eine Verschmelzung «mechanistischer, harter» Führungstechniken mit «intuitiven, weichen» Führungsgesichtspunkten. So wichtig eine langfristig orientierte, «visionäre» Geschäftsidee ist, so entscheidend ist ja auch deren Umsetzung im rauhen Alltag des Wirtschaftslebens.

11.4 Schwachstellen in der schweizerischen Führungspraxis

Neuere Untersuchungen zur Führung im Mittel- und Kleinbetrieb zeigen, dass in manchen Firmen ein grosses Verbesserungspotential besteht. Als *Grundtendenzen* lassen sich aus einer an der Universität Zürich entstandenen Erhebung[6] (▶ Abb. 11/2) – zusammen mit weiteren Beobachtungen – folgende erkennen:

- Die Führungsqualität schwankt von Betrieb zu Betrieb stark.
- Mit zunehmender Unternehmensgrösse nimmt der Einsatz von Führungsinstrumenten zu.
- Ein tendenziell positives Bild ergibt sich in folgenden Bereichen: Buchhaltung, Ist-Kostenrechnung, Existenz langfristig ausgerichteter, qualitativer Planungsüberlegungen, Umsatzbudgets, Kosten-Einzelbudgets, Zwischenabschlüsse, Kennzahlen.
- Ein eher negatives Bild zeigt sich in folgenden Bereichen: Kostenanalyse, Plan-Kostenrechnung, Investitionsrechnung, Mittelflussrechnung, geschlossene, längerfristig orientierte Unternehmensplanung unter Einschluss einer systematischen Finanzprojektion, systematische Finanz- und Liquiditätsbudgetierung.

---

6 Lanz 1989.

▲ Abb. 11/2   Stärken und Schwächen des Finanz-Controlling im Klein- und Mittelbetrieb[a]

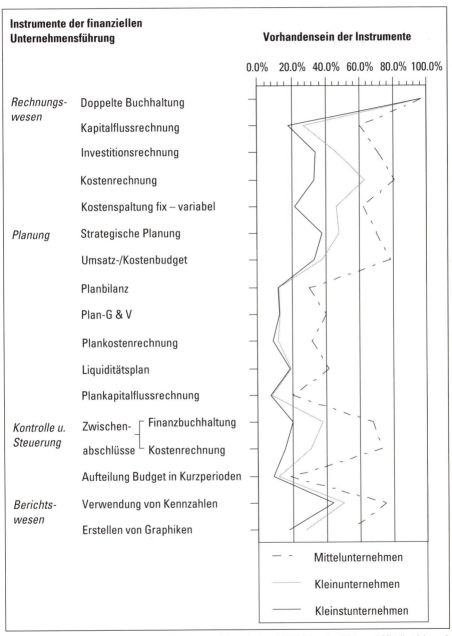

a. Quelle: Lanz 1989, S. 80, Abbildung 3/26 (Fragebogenerhebung bei rund 3000 Schweizer Klein- und Mittelbetrieben mit 420 auswertbaren Antworten; Kleinstunternehmen 1–9, Kleinunternehmen 10–49 und Mittelunternehmen 50–499 [Handel bis 199] Beschäftigte).

Zusammengefasst resultieren u.a. folgende *Verbesserungspostulate:*

- Einsatz aussagekräftigerer Finanzbuchhaltungen
- Erstellung bzw. Verbesserung konsolidierter Konzernabschlüsse
- Aufbau steuerungsgerechterer Kostenrechnungssysteme
- bessere Fundierung langfristiger Entscheidungen (Investitionsrechnung, Unternehmensplanung)
- Einsatz geschlossener Planungsrechnungs-Systeme
- stufengerechtes Berichtwesen, gezielterer Kennzahleneinsatz.

11.5 Zur finanzwirtschaftlichen Steuerung im besonderen

In manchen fachtechnisch hervorragend geleiteten Mittel- und Kleinbetrieben wird die *finanzwirtschaftliche Seite vernachlässigt.* Dies mag in vielen Fällen und Lebensphasen einer Unternehmung unproblematisch sein. Immer dann aber, wenn *grössere Veränderungen* zu bewältigen sind (Technologiesprünge, Wachstum, Nachfolgeprobleme, Öffnung grösserer Mittelbetriebe usw.), kann sich das Fehlen einer wirksamen Finanzsteuerung rächen. Neben der technisch-operativen Leitung (Instrument: Betriebsbuchhaltung) sollte vermehrt auch der finanziellen Führung (Instrument: Finanzplanung und finanzielle Überwachung) Aufmerksamkeit geschenkt werden.[7]

Zur Erfassung der *Gesamtsituation* eines Unternehmens ist es notwendig, ein *Finanzplanungssystem* einzusetzen, das idealerweise die in ▶ Abb. 11/3 gezeigten Elemente umfasst. Dabei besitzt die Ermittlung prospektiver Schlüssel-Kennzahlen wesentliches Gewicht. ▶ Abb. 11/4 verdeutlicht, wie die Verdichtung der Gewinn- und Rentabilitätsanalyse kennzahlenmässig etwa erfolgen könnte.

Dank der Entwicklungen der modernen Informatik lässt sich ein solches Führungsinstrumentarium heute auch in kleineren Betrieben problemlos realisieren. Dem Eigenaufbau massgeschneiderter Systeme – in einfacheren Anwendungsfällen allenfalls auf Tabellenkalkulationsbasis – steht die Möglichkeit gegenüber, vom wachsenden Standard-Software-Angebot Gebrauch zu machen. Dieses umfasst heute auch grosse, PC-orientierte Gesamtlösungen von Management-Informationssystemen, wie sie etwa unter dem Stichwort des CAMan (Computer Aided Management) offeriert werden.[8]

Besondere Bedeutung kommt der langfristigen Finanzplanung zu. Sie sollte insbesondere die Beachtung der finanzwirtschaftlichen Dimension der strategischen Produktentscheidungen sicherstellen, wie dies durch ▶ Abb. 11/4 zum Ausdruck kommt.

---

7 Vgl. dazu Bd. I, 9. Finanzplanung im Klein- und Mittelbetrieb, insbesondere Abschnitt 9.2 Probleme mangelnder Planung im Klein- und Mittelbetrieb, S. 222ff.
8 Als gutes Beispiel sei hier «TZ-Info» erwähnt.

▲ Abb. 11/3   Elemente eines umfassenden Finanzplanungssystems

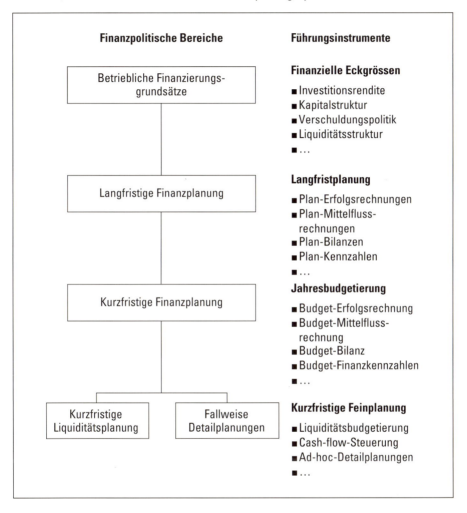

▲ Abb. 11/4 Rentabilitätskennzahlen: Renditeentstehung und -zusammensetzung

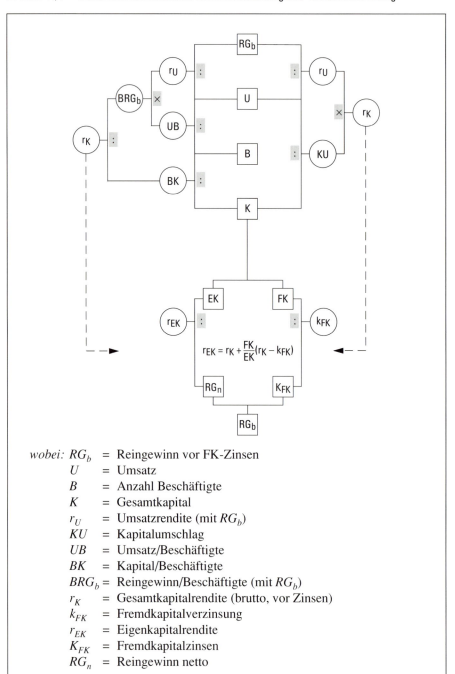

wobei: RG_b = Reingewinn vor FK-Zinsen
U = Umsatz
B = Anzahl Beschäftigte
K = Gesamtkapital
r_U = Umsatzrendite (mit RG_b)
KU = Kapitalumschlag
UB = Umsatz/Beschäftigte
BK = Kapital/Beschäftigte
BRG_b = Reingewinn/Beschäftigte (mit RG_b)
r_K = Gesamtkapitalrendite (brutto, vor Zinsen)
k_{FK} = Fremdkapitalverzinsung
r_{EK} = Eigenkapitalrendite
K_{FK} = Fremdkapitalzinsen
RG_n = Reingewinn netto

Schlussfolgerungen

11.6 Implementierung im Mittel- und Kleinbetrieb

Der Auf- und Ausbau von Controlling und Rechnungswesen wirft gerade im Mittel- und Kleinbetrieb verschiedene Fragen des «Wann?», «Was?», «Wer?» und «Wie?» auf.

- Zum «Wann?»
  - Möglichst in ruhigen, unproblematischen Geschäftsphasen und nicht – wie oftmals der Fall – durch akute Probleme erzwungen.
- Zum «Was?»
  - Die Instrumente sind auf das Wesentliche, wirklich Nützliche zu beschränken.
  - Der Ausbaugrad ist massgeschneidert und je nach Betrieb unterschiedlich zu wählen.
  - Das Unternehmen sollte mit relativ wenigen Schlüsselkennzahlen erfolgreich strategisch geführt werden können.
  - Die Reihenfolge der Einführung einzelner Instrumente hängt von der Geschäftsphase ab (Normal-/Problemlage).
- Zum «Wer?»
  - In kleineren Betrieben dürfte in vielen Fällen die Inanspruchnahme eines externen Beraters naheliegend sein. Er kann das notwendige Know-how mitbringen und auch Betriebsblindheit vermeiden helfen.
  - Im grösseren Mittelbetrieb wird der Einsatz des Buchhaltungschefs als Hauptverantwortlicher zu prüfen sein. Dabei ist auf eine controllinggerechte Denkeinstellung der zuständigen Person zu achten.
- Zum «Wie?»
  - Die Ausgestaltung der Führungsinstrumente muss den Menschen im Betrieb, die letzten Endes den entscheidenden Erfolgsfaktor bilden, Rechnung tragen.
  - Schulung, Motivation und Zielidentifikation sind Forderungen, die erst zu einem wirksamen Controlling führen können.

11.7 Schlussfolgerungen

Die Unternehmensführung stellt heute ausserordentlich hohe Anforderungen. Dies gilt insbesondere auch für den Mittel- und Kleinunternehmer und die Führungsverantwortlichen in diesen Betrieben. Neben der langfristig-«visionären» Ausrichtung der Firma und der Existenz einer fruchtbaren Unternehmenskultur ist auch der technischen Seite der Führung, insbesondere dem Rechnungswesen, erhöhte Beachtung zu schenken. *Rational-analytische* Unternehmensführung ist mit *intuitiv-gesamtheitlichem* Denken zu verbinden. In vielen Klein- und Mittelbetrieben mit guter operativer Führung und langfristig aussichtsreicher Geschäftsausrichtung scheint im mittel- bis längerfristigen Bereich ein Führungsdefizit vorzuherrschen. Eine zahlen-

▲ Abb. 11/5   Integrierte Unternehmens-, Investitions- und Finanzplanung

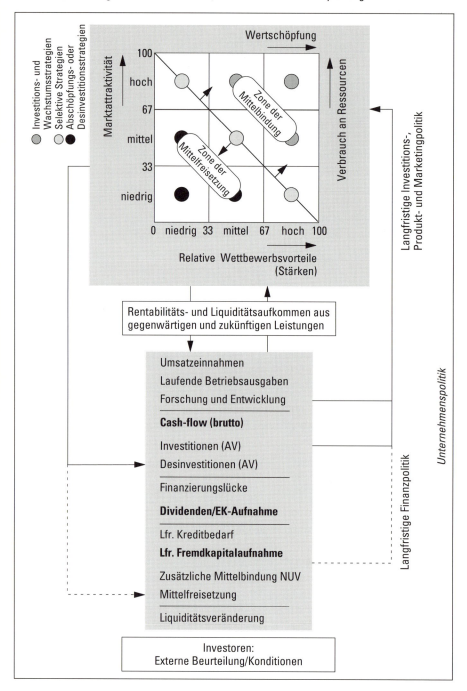

mässig abgestützte und konkretisierte langfristige Unternehmens- und Finanzplanung sollte die Verbindung herstellen zwischen den «täglichen», «harten» Führungsfakten und den strategisch-«visionären», «weichen» Führungsgesichtspunkten (vgl. ◀ Abb. 11/5).

Controlling im Sinne einer *zielorientierten* und durch zweckmässige *Führungsinformationen fundierten Steuerung* eines Unternehmens ist daher eine zentrale Aufgabe des modern denkenden Unternehmers. Die technische Seite der Führung, insbesondere die *Führungsinstrumente,* sollten vielerorts verbessert werden. Dies hat jedoch *massvoll* und *gezielt* zu geschehen. Wichtig ist es, die entscheidenden *Schlüsselfaktoren* eines Betriebes zu erkennen und sie in entsprechende Führungsinformationen und Kennzahlen umzusetzen. Der *menschlichen Seite* ist dabei grosse Beachtung zu schenken. Controlling-Instrumente sollten *rechtzeitig,* in guten Geschäftsphasen, aufgebaut werden. Nur so kann das in schwierigen Zeiten so wichtige *Führungs-Know-how* erworben werden.

Literatur

Baumgartner, B.: Die Controller-Konzeption, Bern/Stuttgart 1980.
Borner, S./Simma, B.: Unternehmungsführung im Strukturwandel; Die Orientierung, Nr. 82 (Hrsg.: Schweizerische Volksbank), Bern 1987.
Giger, H.: Finanzinstitute in veränderter Umwelt, in: Finanzierung/Leasing/Factoring, Nr. 5, September 1989, S. 159–164.
Haake, K.: Strategisches Verhalten in europäischen Klein- und Mittelbetrieben, Berlin/München/St. Gallen 1987.
Horvath, P.: Controlling, München 1979.
Horvath, P.: Controlling im Klein- und Mittelbetrieb, 3. Auflage, o.J.
Lanz, R.: Controlling in kleinen und mittleren Unternehmen, Bern/Stuttgart 1989.
Rühli, E.: Anforderungen an das Management von morgen, in: Neue Zürcher Zeitung, Nr. 8, 12. Januar 1988, S. 39.

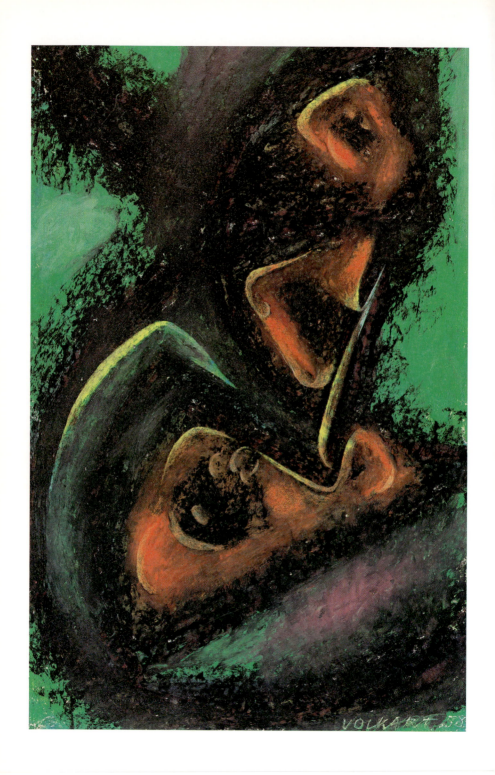

12. Investitionsentscheidung und Investitionsrechnung in schweizerischen Grossunternehmen

12. Investitionsentscheidung und Investitionsrechnung

	Inhaltsübersicht	
12.1	Einleitung	299
12.2	Rahmen der empirischen Erhebung	300
12.3	Organisatorische Fragen im Investitionsbereich	300
12.4	Erfolgszielkriterien	302
12.5	Eingesetzte Verfahren der Investitionsrechnung	303
12.6	Berücksichtigung des Investitionsrisikos	314
12.7	Zur Bestimmung der Kapitalkosten	318
12.8	Qualitative Gesichtspunkte, Analyseprobleme	319
12.9	Zusammenfassung und Folgerungen	322
	Literatur	324

	Quelle

Unveränderte Fassung eines Beitrages im Schweizer Treuhänder, Nr. 4/6, April/Juni 1987.

12.1 Einleitung

In der finanzwirtschaftlichen Theorie hat man sich eingehend mit Investitionsentscheidung und insbesondere Investitionsrechnung befasst. Zur Praxis der grösseren Schweizer Gesellschaften und Konzerne waren indessen bislang kaum systematisch zusammengestellte Informationen verfügbar. Der vorliegende Beitrag präsentiert die Resultate einer kürzlich durchgeführten Fragebogenerhebung[1] bei namhaften Schweizer Unternehmen. Soweit möglich, wird ein Vergleich zur Führungspraxis nordamerikanischer Grossgesellschaften vorgenommen.

Investitionsentscheidungen müssen nicht nur aus praktischer Sicht als ausgesprochen zentrale Weichenstellungen betrachtet werden, sondern bilden auch einen der Hauptansatzpunkte der modernen Finanzmanagementtheorie. Ein Vergleich der Theorienkonzepte mit der *Führungspraxis* erscheint daher in diesem Bereich besonders interessant. Während im nordamerikanischen Raum zahlreiche empirische Erhebungen durchgeführt worden sind, waren entsprechende Angaben zur schweizerischen Managementpraxis bis anhin nur spärlich vorhanden. Ziel einer vom Verfasser am Institut für schweizerisches Bankwesen der Universität Zürich betreuten *Primärerhebung* war deshalb, Informationen zur Handhabung der Investitionsentscheidung und insbesondere der Investitionsrechnung in schweizerischen Grossunternehmen (zumeist Konzernen) zu gewinnen. Die Erhebung gelangte im Rahmen einer studentischen Semesterarbeit zur Durchführung.[2] Der Fragenaufbau wurde zum Teil an die in Beitrag 2 gewählte Auswertungsstruktur[3] angelehnt, um eine möglichst gute Vergleichbarkeit zu den dort analysierten US-Erhebungen zu erreichen.

---

1 Die Ausführungen basieren auf einer empirischen Erhebung, die im Rahmen einer vom Autor betreuten Semesterarbeit durch die Ökonomiestudenten Urs Bartholet und Alexandre Mäder durchgeführt wurde. Ihr Einsatz sei hier herzlich verdankt.
2 Bartholet/Mäder 1986.
3 Vgl. Bd. I, 2. Zeitgemässe Investitionsanalyse aus der Sicht amerikanischer Grossbetriebe, S. 41ff.

12.2 Rahmen der empirischen Erhebung

Folgende *Problemkreise* wurden in einem neunseitigen Fragebogen mehr oder weniger detailliert angesprochen:

- Organisation der Investitionsplanung
- Verwendung von Erfolgszielgrössen
- besondere Aspekte von Auslandsinvestitionen
- Schwierigkeiten innerhalb der Investitionsplanung
- Einsatz von Investitionsrechnungsverfahren
- Verwendung von Entscheidungsmodellen
- Bedeutung qualitativer Kriterien
- Aspekte der Risikoberücksichtigung
- Bestimmung der Kapitalkosten
- besondere Planungs- und Entscheidungsinstrumente
- Benützung von EDV-Applikationen.

Angeschrieben wurden *110 bedeutende Gesellschaften in der Schweiz,* wobei die Liste der grössten Industrie- und Handelsunternehmen der Schweizerischen Handelszeitung als Basis diente. Die *Rücklaufquote* betrug mit 45 (vollumfänglich nur 44) auswertbaren Fragebogen rund *40%,* was im Rahmen der behandelten Problemstellung als gut bezeichnet werden kann.[4] Die mit den Umfrageresultaten repräsentierten Unternehmen entsprechen insgesamt einem Beschäftigtentotal (konzernweit) von rund 800000 Mitarbeitern, einem Jahresumsatz (1985) von etwa Fr. 170 Mrd. und einer Investitionssumme (1985) von rund Fr. 9 Mrd.

12.3 Organisatorische Fragen im Investitionsbereich

In Grossfirmen, insbesondere in horizontal und vertikal stark strukturierten Konzernen, bildet die Investitions- und Finanzpolitik einen zentralen Bezugspunkt der Gesamtführung. Dabei verkörpert die *Investitionsplanung* in der Regel sowohl einen «Top-down»- als auch einen «Bottom-up»-Prozess, wie dies die Resultate in ▶ Abb. 12/1 zum Ausdruck bringen.

▶ Abb. 12/2 gibt einen Einblick in die *betragsmässigen Zuständigkeiten* der Tochtergesellschaften. Dabei vermitteln diese Zahlen insofern nur ein grobes Bild der Realität, als der Entscheidungsprozess in der Regel mehrstufig und je nach Konzern und Gliedgesellschaft sehr unterschiedlich erfolgt, z.B. hinsichtlich folgender Punkte:

---

4 Erschwerend wirkte sich u.a. die Tatsache aus, dass der investitionsseitige Planungs- und Entscheidungsprozess konzernmässig mehr oder weniger stark zentralisiert bzw. dezentralisiert sein kann. Aus diesem Grunde wurden neben den Konzernspitzengesellschaften vereinzelt auch grössere Tochterfirmen angeschrieben. Zudem liessen sich verschiedene Fragenkreise nur beschränkt fragebogenmässig erfassen. Rechnet man die eingegangenen zehn nicht auswertbaren Antworten zu den 45 verarbeitbaren Fragebogen, so ergibt sich eine Antwortquote von 50%.

- Genehmigung eines jährlich zu erarbeitenden Investitionsgesamtbudgets; Einzelgenehmigungen nur für nichtbudgetierte Vorhaben
- differenzierte Behandlung der einzelnen Konzerngesellschaften
- unterschiedliche Regelung verschiedener Investitionsbereiche
- Einschaltung von Zwischenebenen (Konzernbereiche, Konzerngruppen usw.).

▲ Abb. 12/1   Organisation der Investitionsplanung

Fragestellung	Unternehmen
■ Für die Investitionsplanung primär zuständige Führungsebene □ obere Führungsebene – (ausschliesslich) □ mittlere Führungsebene – (ausschliesslich) □ untere Führungsebene – (ausschliesslich)	 89% (32%) 66% (11%) 27% (0%)
■ Spezielle Abteilung oder Ressort □ ja □ teilweise ja □ nein	 41% 9% 50%
■ Art der Abteilung bzw. des Ressorts □ Stabstelle □ permanente Stelle □ zeitlich beschränkte Stelle (z.B. Investitonsausschuss)	 30% 27% 14%
■ Koordination der Tochterunternehmen durch die Muttergesellschaft □ ja □ nein	 91% 9%

▲ Abb. 12/2   Betragsmässige Zuständigkeiten

Selbstständiger Entscheid der Tochtergesellschaften bis zu einer Investitionssumme von ...	Unternehmen[a]
■ bis Fr. 50 000.–	31%
■ bis Fr. 100 000.–	40%
■ bis Fr. 200 000.–	11%
■ bis Fr. 500 000.–	4%
■ bis Fr. 1 000 000.–	9%
■ mehr als Fr. 1 Mio.	9%

a. Hier wurden zum Teil Mehrfachantworten gegeben!

12.4 Erfolgszielkriterien

In der Finanzmanagementpraxis ist eine *Vielfalt von Erfolgszielkriterien* anzutreffen. Dabei ist hier insbesondere die Frage interessant, inwiefern Unternehmen absolute (Reingewinn, Cash-flow, Unternehmungswert usw.) oder relative Erfolgszielgrössen (Gesamt- bzw. Eigenkapitalrendite, Gewinnwachstum je Aktie usw.) bevorzugen, da diese auch innerhalb der Investitionsrechnung entsprechend verwendet werden (Kapitalwert bzw. interner Ertragssatz innerhalb der dynamischen Verfahren). ▶ Abb. 12/3 zeigt die für schweizerische Grossunternehmen wichtigsten Erfolgszielkriterien im Vergleich zu einer früheren US-Erhebung.[5]

Bei den diversen *Gesamterfolgskriterien* wurden u.a. genannt Cash-flow (absolut bzw. als Cash-flow-Umsatzmarge), Umsatzrendite, Gewinnmarge, Betriebserfolg konzernspezifisch definierte Kapitalrenditen sowie eine eigentliche Ergebnisstufenhierarchie.

Die theoretisch im Zentrum stehende *Unternehmenswertmaximierung* wird in der Schweiz nicht explizit praktiziert. *Renditegrössen* als relativen Erfolgsmassen kommt die grösste Bedeutung zu. Ähnliche Resultate ergab eine auf Aussagen von Finanzmanagern von 87 Unternehmungen in Frankreich, den Niederlanden, Norwegen, Japan und den USA basierende Untersuchung: «… the normative goal of maximizing stockholder wealth may need to be modified outside the United States.»[6] Und *Eiteman/Stonehill* folgern weiter: «In conclusion, there is considerable doubt that the current state of the arts in finance theory has been accepted by the financial practitioner in a variety of national settings. Whether financial managers should accept the gospel of maximizing shareholder wealth is a value of judgment, not a law of nature or incontrovertible rational choice.»[7]

▲ Abb. 12/3   Bedeutung verschiedener Erfolgszielkriterien

Erfolgszielkriterien	%-Nennungen Schweizer Unternehmen[a]	%-Nennungen US-Gesellschaften[b]
■ Gesamtkapitalrendite	31%	33%
■ Eigenkapitalrendite, Gewinn pro Aktie	28%	33%
■ Absoluter Gewinn	28%	17%
■ Aktienwertmaximierung	0%	17%
■ Diverse	13%	–
	100%	100%

a. %-Nennungen in % aller Nennungen (zum Teil Mehrfachkriterien)
b. Ca.-Werte

---

5 Vgl. Scott/Petty/Bird, 1975, S. 159–172.
6 Stonehill/Beekhuisen/Wright/Remmers/Toy/Pares/Shapiro/Egan/Bates 1975, S. 27–41.
7 Eiteman/Stonehill 1979, S. 167/168.

Nach der internationalen Befragung von *Stonehill u.a.* ergab sich folgende Erfolgszielrangfolge[8]:

1. Gewinnwachstum (nach Steuern) je Aktie
2. Eigenkapitalrendite
3. Umsatzgewinnrate
4. Betriebsgewinn vor Zinsen
5. Aktienwertzunahme plus Dividenden
6. Cash-flow je Aktie
7. Price/Earnings-Ratio
8. Aktienmarktwert
9. Verschiedene.

Aufgrund der in ◄Abb. 12/3 gezeigten Zahlen ist zu erwarten, dass die Schweizer Unternehmen renditebezogene Investitionsrechnungsverfahren häufiger verwenden als solche mit absoluter Erfolgsmessung.

12.5 Eingesetzte Verfahren der Investitionsrechnung

12.5.1 Statische Investitionsrechnungen

Folgende Analyseverfahren wurden unter den statischen Investitionsrechnungen erfasst[9]:

- *Kostenvergleichsrechnung (KVR):* Vergleich der jährlichen Projektdurchschnittskosten
- *Einfache Gewinnrechnung (EGR):* Ermittlung bzw. Vergleich des durchschnittlichen Projektjahresgewinnes
- *Einfache Renditerechnung (Accounting Rate of Return, ARR):* Ermittlung bzw. Vergleich der buchhalterischen Projektrendite
- *Einfache Payback-Methode (PBK):* Rückflussdauer des Investitionskapitals
- *MAPI-Verfahren (MAPI)*[10]*:* Statische und nach schematisierten Formularen vorgenommene teildynamisierte Ermittlung der Projektrendite
- *Nutzwertanalyse (NWA):* Systematische Analyse qualitativer Entscheidungskriterien

---

8 Stonehill/Beekhuisen/Wright/Remmers/Toy/Pares/Shapiro/Egan/Bates 1975, S. 27–41 (konzentrierte Auswertung der dort präsentierten Detailresultate).
9 Vgl. zur vertieften Charakterisierung der verschiedenen Verfahren Bd. I, 1. Dynamische Investitionsrechnungen in Theorie und Praxis, S. 17ff.
10 Vgl. zur Beschreibung der MAPI-Methode etwa Müller-Hedrich 1981, S. 167–173.

▲ Abb. 12/4 Einsatz statistischer Investitionsrechnungen
in schweizerischen Grossunternehmen

Verfahren	Unternehmen
■ Kostenvergleichsrechnung (KVR)	52%
■ Einfache Gewinnrechnung (EGR)	30%
■ Einfache Renditerechnung (ARR)	50%
■ Einfache Payback-Methode (PBK)	68%
■ MAPI-Verfahren (MAPI)	2%
■ Nutzwertanalyse (NWA)	20%

Die Anwendungspraxis in der Schweiz ist ◄ Abb. 12/4 zu entnehmen. Die theoretisch häufig massiv kritisierten *statischen Investitionsrechnungsverfahren* finden auch in den schweizerischen Grossbetrieben vielerorts Anwendung. Wie weiter hinten noch darzulegen ist, führt die Verwendung der *Payback-Dauer* als routinemässiges Ergänzungskriterium oder als Zielgrösse für Kleininvestitionen zum ausgewiesenen hohen Stellenwert dieses Verfahrens. Die *Kostenvergleichsrechnung* erscheint vor allem zur Analyse von Ersatzinvestitionen sinnvoll, bei denen die Erlösseite vernachlässigt werden kann. Allerdings wird auch hier in der Praxis nicht selten eine Art Renditegrösse ermittelt, so etwa als «relative Rentabilität» zusätzlich eingesetzten Kapitals.

Die bei Einbezug des Verkaufsumsatzes aktuell werdende *einfache Gewinnrechnung* dürfte deshalb einen geringeren Stellenwert einnehmen, weil hier oft dem Renditekriterium der Vorzug gegeben wird, was auch die dynamische Investitionsrechnungspraxis bestätigen wird. Die angesichts der modernen, PC-gestützten Rechenmöglichkeiten weniger attraktiv erscheinende MAPI-Methode wurde nur mehr von einem Unternehmen als praktiziertes Analyseverfahren angegeben.

Die kommentierten statischen Investitionsanalysen berücksichtigen naturgemäss nur quantifizierbare, wirtschaftliche Tatbestände. Vor allem im Zusammenhang mit grösseren Investitionsprojekten drängen sich daher häufig ergänzende qualitative Untersuchungen auf. Die dazu besonders geeignete, in bestimmten Branchen routinemässig eingesetzte *Nutzwertanalyse* wurde immerhin von jedem fünften Unternehmen erwähnt.

12.5.2 Dynamische Investitionsrechnungen

Untersucht wurde der Einsatz der folgenden Analyseverfahren[11]:

- *Kapitalwertmethode (Net Present Value = NPV):* Barwert der durch ein Investitionsprojekt bewirkten Zahlungsströme
- *Annuitätenmethode (A):* Auf eine über die Projektlaufzeit anfallende Jahresrente umgerechneter Kapitalwert (NPV)
- *Interner Ertragssatz (Internal Rate of Return = IRR):* Kritischer Kapitalkostensatz für einen Kapitalwert (NPV) von Null bzw. finanzmathematisch ermittelte Bruttorendite eines Projektes
- *Dynamisierte Payback-Methode (DPB):* Kritische Projektlaufzeit für einen Kapitalwert (NPV) von Null bzw. finanzmathematisch exakte, unter Einbezug der Kapitalzinsen ermittelte Payback-Dauer.

▶ Abb. 12/5 zeigt die für die erfassten Schweizer Grossunternehmen festgestellte Analysepraxis. Die dynamischen Rechenverfahren haben sich somit auch in schweizerischen Grossbetrieben und Konzernen durchgesetzt. Die theoretisch als exakterer Analyseansatz gepriesene *Kapitalwertmethode* besitzt hierzulande ebenfalls einen im Vergleich zum *internen Ertragssatz* eindeutig geringeren Stellenwert. Erstaunlich viele Unternehmen bedienen sich *der Annuitätenmethode,* die als modifizierter NPV-Ansatz eigentlich keine besonderen Vorteile besitzt. Die als ergänzendes Analysekriterium aufzufassende *dynamisierte Payback-Methode* (kritische Projektlaufzeit) wurde demgegenüber noch nicht allzu häufig eingesetzt. Dies mag angesichts der Verfügbarkeit der heutigen Rechenmöglichkeiten erstaunen, entspricht aber der weiter hinten angesprochenen, noch vielerorts unzureichenden Ausschöpfung der EDV-mässigen Möglichkeiten.

In Übereinstimmung mit den in Abschnitt 12.4 gezogenen Folgerungen und den zu den statischen Verfahren gemachten Beobachtungen dominiert wiederum das relative, als *Projektrendite (IRR)* ausgedrückte Erfolgsmass! Dieses besitzt immer dann erhöhte Bedeutung, wenn Investitionsprojekte nicht in beliebigen Budgetbeträgen

▲ Abb. 12/5   Einsatz dynamischer Investitionsrechnungen in schweizerischen Grossunternehmen

Verfahren	Unternehmen
■ Kapitalwertmethode (NPV)	39%
■ Annuitätenmethode (A)	23%
■ Interner Ertragssatz (IRR)	77%
■ Dynamisierte Payback-Methode (DPB)	16%

---

11 Vgl. Näheres in Bd. I, 1. Dynamische Investitionsrechnungen in Theorie und Praxis, Abschnitt 1.2 Rahmen der empirischen Erhebung, S. 300ff.

durchführbar sind bzw. wenn die Kapitalaufnahme limitiert ist. Letzterer Punkt liess sich allerdings innerhalb der hier ausgewerteten Erhebung nicht ausgeprägt nachweisen, wie dies in früheren US-Untersuchungen deutlich der Fall war.[12] Zumindest bezeichneten bloss 22% der befragten Schweizer Unternehmen die «Knappheit der eigenen Mittel» als innerhalb der Investitionsplanung auftretende «Schwierigkeit».

12.5.3 Bedeutung der statischen und dynamischen Verfahren und Einsatz von Methodensets

Wahl und Einsatz der *Analyseverfahren* hängen u.a. mit der *Art der zu untersuchenden Investitionen* zusammen. ▶ Abb. 12/6 zeigt das Ergebnis, wie es sich für die untersuchten Schweizer Firmen ergibt.

Den Haupteinsatzbereich der statischen Verfahren bildet – wie auch aus theoretischer Sicht zu erwarten ist – die Analyse von *Ersatzinvestitionen*. In ◀ Abb. 12/4 geht dies aus der vergleichsweise grossen Bedeutung der Kostenvergleichsrechnung hervor.

Was den Einsatz mehrerer Investitionsrechnungsverfahren, d.h. die Verwendung ganzer *Methodensets,* anbelangt, so trifft das für grosse US-Gesellschaften gewonnene Bild[13] auch für die Schweiz zu; auch hier bedient man sich in der Regel verschiedener Beurteilungskriterien.

▲ Abb. 12/6 Investitionsarten und Investitionsrechnungsverfahren

Art der Investition	Einsatz statischer-Analyseverfahren	Einsatz dynamischer Analyseverfahren
■ Ersatzinvestitionen	77%	48%
■ Rationalisierungsinvestitionen	68%	70%
■ Erweiterungsinvestitionen	55%	84%
■ Diversifikationsinvestitionen	34%	55%
■ Innovationsinvestitionen	30%	41%
■ Sicherungsinvestitionen	23%	25%

---

12 Die gängigen finanztheoretischen Konzeptionen unterstellen – ausgehend von vollkommenen, effizienten Kapitalmärkten – freie, unlimitierte Kapitalzufuhrbarkeit. Erst daraus leitet sich die Möglichkeit einer isolierten Betrachtung finanzierungs- und investitionsseitiger Entscheidungen ab. Wie u.a. auch besondere empirische Untersuchungen bestätigt haben, muss indessen bei den meisten Unternehmen mit starken Abhängigkeiten zwischen Finanzierungs- und Investitionsseite gerechnet werden. Danach lassen sich entsprechende Mittelbeschränkungen vermuten. «What these results add up to is strong evidence of interdependence of the spending (investment and dividend) decisions and the fundraising decisions (new debt) ... Investment does not appear to be determined independently of financial variables.» Vgl. McCabe, 1979, S. 119–134.

13 Vgl. dazu Schall/Sundem/Geijsbeek 1978, S. 281–287.

Innerhalb der rein statischen Verfahren dominiert die *Ergänzung der erfolgsorientierten Rechenmethoden (KVR, EGR, ARR)* durch die einfache *Payback-Dauer (PBK)* als Liquiditäts- und Risikokriterium.

Interessant erscheint das sich für die dynamischen Verfahren ergebende Bild (▶ Abb. 12/7). Bemerkenswert ist die Tatsache, dass eine Vielzahl von Unternehmen auf die theoretisch wünschbare Ermittlung[14] dynamischer Mehrfachkriterien – sinnvollerweise von NPV, IRR und DPB – verzichtet. 40% der Anwender arbeiten bloss mit dem IRR! Dies mag in einer Zeit, in welcher der PC-Einsatz – insbesondere dank der modernen Tabellenkalkulationsprogramme – vielfältigste Rechenmöglichkeiten eröffnet, erstaunen, korrespondiert indessen mit der gemäss der Erhebung noch ungenügenden Ausnützung von EDV-Applikationen.

▲ Abb. 12/7 Methodensets innerhalb der dynamischen Verfahren

Methode/Methodenset	%-Anzahl der dynamischen Analyseanwender
■ Dynamische Einfachkriterien	
▫ NPV	7%
▫ A	7%
▫ IRR	40%
▫ DPB	0%
▫ Total dynamische Einfachkriterien	54%
■ Dynamische Zweifachkriterien	
▫ NPV, A	5%
▫ NPV, IRR	12%
▫ A, IRR	2%
▫ IRR, DPB	10%
▫ Total dynamische Zweifachkriterien	29%
■ Dynamische Dreifachkriterien	
▫ NPV, A, IRR	10%
▫ NPV, IRR, DPB	7%
▫ Total dynamische Dreifachkriterien	17%
■ Total	100%

---

14 Vgl. dazu Abschnitt Bd. I, 1. Dynamische Investitionsrechnungen in Theorie und Praxis, insbesondere Abschnitt 1.2 Rahmen der empirischen Erhebung, S. 300ff.

Sehr vielfältig präsentiert sich das über alle Rechenverfahren – statische wie dynamische – resultierende Bild. Ausgehend von insgesamt zehn unterschiedlichen Analysemethoden erfolgt der Einsatz von Mehrfachkriterien entsprechend dem in ▶ Abb. 12/8 wiedergegebenen Sachverhalt. Rund die Hälfte aller Anwender setzt mindestens vier verschiedene Beurteilungskriterien bzw. Analysemethoden ein; mehr als drei Viertel mindestens deren drei.

▲ Abb. 12/8 Einsatz von Mehrfachkriterien, ausgehend von insgesamt zehn Analysemethoden

Kriterienvielfalt	Unternehmen	kumuliert
■ Siebenfachkriterium	7 %	7 %
■ Sechsfachkriterium	7 %	14 %
■ Fünffachkriterium	18 %	32 %
■ Vierfachkriterium	20 %	52 %
■ Dreifachkriterium	30 %	82 %
■ Zweifachkriterium	9 %	91 %
■ Einfachkriterium	9 %	100 %

Zur besseren Vergleichbarkeit mit früheren US-Erhebungen wird die in ▶ Abb. 12/9 dargestellte Zusammenfassung vorgenommen:

▲ Abb. 12/9 Zusammenfassung der Analyseverfahren

Verfahren	Zusammenfassung
■ Kostenvergleichsrechnung (KVR) ■ Einfache Gewinnrechnung (EGR) ■ Einfache Renditerechnung (ARR)	Statische Erfolgsanalyse (SEA) (insbesondere ARR)
■ Einfache Payback-Methode (PBK)	Payback-Methode (PBK)
■ MAPI-Verfahren (MAPI) ■ Nutzwertanalyse (NWA)	
■ Kapitalwertmethode (NPV) ■ Annuitätenmethode (A) ■ Dynamisierte Payback-Methode (DPB)	Kapitalwertmethode (NPV)
■ Interner Ertragssatz (IRR)	Interner Ertragssatz

Prozentual resultieren für die erfassten grossen Schweizer Gesellschaften – verglichen mit der nordamerikanischen Managementpraxis[15] – die in ▶ Abb. 12/10 angegebenen Methodensets.

▲ Abb. 12/10 Anwendungshäufigkeit verschiedener Analyseverfahren bzw. Methodensets (die SEA betreffen für die USA lediglich die ARR)

Investitonsrechnungsverfahren	Unternehmen Schweiz	Unternehmen USA[a]
■ SEA (ARR), PBK, NPV, IRR	21%	17%
■ SEA (ARR), PBK, IRR	21%	14%
■ SEA (ARR), PBK, NPV	7%	9%
■ SEA (ARR), NPV, IRR	7%	2%
■ BBK, NPV, IRR	9%	9%
■ SEA (ARR), PBK	2%	8%
■ SEA (ARR), NPV	7%	4%
■ SEA (ARR), IRR	9%	2%
■ PBK, NPV	2%	7%
■ PBK, IRR	5%	8%
■ NPV, IRR	2%	7%
■ SEA (ARR)	0%	4%
■ PBK	2%	2%
■ NPV	2%	2%
■ IRR	5%	6%
	100%[b]	100%[c]

a. Nach Schall/Sundem/Geijsbeek 1978, S.282.
b. nur ca.
c. nur ca.

Die 1986 erhobene *schweizerische Grossbetriebspraxis* erscheint gegenüber den um 1980 konstatierten US-Gegebenheiten tendenziell *fortschrittlicher*. Rund zwei Drittel der Schweizer Gesellschaften arbeiten mit einem schon recht vielseitigen Methodenset und um vier Fünftel mit zumindest ausreichend erscheinenden Mehrfachkriterien. Die hier nicht mehr miteinbezogene Nutzwertanalyse praktizieren interessanterweise vor allem Unternehmungen mit einem breiten Methodenset.

---

15 Nach Schall/Sundem/Geijsbeek 1978, S. 282.

12.5.4 Stellenwert der Verfahren und Mehrfachkriterien

Im Überblick und verglichen mit grossen US-Unternehmen[16] lässt sich die Schweizer Grossbetriebspraxis aus ▶ Abb. 12/11 und ▶ Abb. 12/12 entnehmen. Als absolut häufigste Einzelnennungen traten bei differenzierter Verfahrensunterscheidung (zehn erhobene Analysemethoden) die folgenden auf (vgl. ▶ Abb. 12/11):

▲ Abb. 12/11 Häufigste Analysemethoden[a]

Analysemethode	Häufigkeit
▪ Interner Ertragssatz (IRR)	77%
▪ Einfache Payback-Methode (PBK)	68%
▪ Kostenvergleichsrechnung (KVR)	52%
▪ Einfache Renditerechnung (ARR)	50%
▪ Kapitalwertmethode (NPV)	39%
▫ inklusive Annuitätenmethode (A)	(48%)
▫ inklusive Annuitätenmethode (A) und dynamisierter Payback-Methode (DPB)	(57%)

a. Vgl. die ausführlichere ▶ Abb. 12/12.

Die wichtigsten Schlussfolgerungen sehen wie folgt aus:

- Die *dynamischen, finanzmathematischen Analyseverfahren* (IRR, NPV sowie A und DPB) haben sich durchgesetzt und werden von fast allen Schweizer Grossunternehmen (96%) verwendet.
- Die meisten Anwender nehmen *ergänzend zu den dynamischen Berechnungen* bzw. als Kriterien für kleinere Investitionen auch *statische Berechnungen* vor. Im Sinne eines Brückenschlages zum finanziellen, periodenbezogenen Rechnungswesen erscheint dies auch theoretisch sinnvoll.
- *Mehrfachkriterien, zum Teil ausgebaute Methodensets,* sind heute häufig anzutreffen. Nur noch 9% der untersuchten Schweizer Gesellschaften gaben an, sich lediglich auf ein Kriterium abzustützen.
- Der *ausschliessliche* Einsatz rein *statischer Verfahren* (4% aller Unternehmen) scheint nur noch selten zu erfolgen.
- Der *interne Ertragssatz (IRR)* wird viel häufiger als der *Kapitalwert (NPV)* als entscheidende Grösse bezeichnet. Im Sinne eines ausschliesslich verwendeten dynamischen Verfahrens nannten 39% der Unternehmen den IRR im Vergleich zu nur 7% ausschliesslichen NPV-Benützern (NPV inklusive A und DPB: 18%).
- Die Renditebestimmung mittels der *MAPI-Methode* fand nur noch bei einem Unternehmen Erwähnung.

---

16 US-Werte entnommen aus ◀ Abb. 2/2 auf Seite 45 bzw. ermittelt aus ◀ Abb. 2/3 auf Seite 45.

Eingesetzte Verfahren der Investitionsrechnung 311

▲ Abb. 12/12   Stellenwert der Investitionsrechnungsverfahren und der Methoden-(Kriterien-)Anzahl

Methode (Kriterium)	Häufigkeit		Häufigkeit allein		in Kombination mit	
	Schweiz	USA	Schweiz	USA	Schweiz	USA
					… diversen	
■ Payback-Methode PBK ☐ (inkl.dynamische Ermittlung: DPB)	68% (73%)	74%	2% (2%)	2%	66% (71%)	72%
					… NPV/IRR	
■ Statische, erfolgsbezogene Verfahren SEA (USA: ARR) ☐ (bloss ARR)	73% (50%)	60%	0% (0%)	4%	71% (48%)	48%
					… ARR/IRR	
■ Kapitalwertmethode NPV ☐ (ohne dyn. Payb. DPB)	57% (48%)	57%	2% (2%)	2%	48% (39%)	48%
					… diversen	
■ Interner Ertragssatz IRR ☐ (NPV und IRR)	77% (39%)	65% (35%)	4% (2%)	6% (7%)	73% (37%)	59% (28%)
■ Vierfachkriterium ■ Dreifachkriterium ■ Zweifachkriterium ■ Einfachkriterium	21% 43% 27% 9%	17% 34% 36% 14%				
■ Einsatz statische Verfahren. ■ bloss stat. Verfahren.	91% 4%	86% 14%				
■ Einsatz dynamische Verfahren ■ bloss dynamische Verfahren ■ bloss dynamische Verfahren, evtl. ergänzt um PBK	96% 9% 25%	86% 14% 39%				
■ Verwendung Renditekrit. ■ nur Rendite, o/EGR, NPV (USA ohne NPV)	89% 34%	90% 42%				

- Die *Annuitätenmethode* wurde erstaunlich oft angeführt, allerdings selten als alleiniges dynamisches Kriterium (7% aller Unternehmen).
- Die *einfache Payback-Methode* ist ausgesprochen populär, allerdings fast ausschliesslich als Ergänzungskriterium oder zur Beurteilung von Kleininvestitionen.
- Die *dynamisierte Payback-Ermittlung (DPB)* als kritische Laufzeit eines Projektes für einen NPV von Null (Erfolgsschwelle) wurde seltener angetroffen (16% aller Unternehmen). Dabei trat das DPB-Mass stets neben dem IRR-Kriterium auf, was auch theoretisch vernünftig erscheint (IRR als kritischer Kapitalkostensatz, DPB als kritische Projektlebensdauer). Zumeist wurde neben der dynamisierten Payback-Ermittlung auch der Einsatz des einfachen Payback (PBK) angegeben.
- *Renditebezogene Erfolgskriterien* besitzen zentrale Bedeutung; 89% aller Unternehmen verwenden ein dynamisches oder statisches Rentabilitätskriterium (IRR bzw. ARR). Auf rein absoluten Erfolgsgrössen (EGR, NPV, A) basieren 9%, auf rein renditemässigen (IRR, ARR) 34% der antwortenden Gesellschaften.

Ein zusätzlicher Vergleich mit einer neueren Erhebung bei 58 multinationalen Gesellschaften (Anzahl auswertbare Antworten)[17] ergibt – soweit Aussagen zu identisch gefassten Gesichtspunkten vorliegen – das gleiche Bild. Dies wird besonders deutlich, wenn die in ◄ Abb. 12/12 gezeigten Zahlen mit den entsprechenden Werten der multinationalen Gesellschaften verglichen werden, was in ► Abb. 12/13 dargestellt wird.

▲ Abb. 12/13 Investitionsrechnungsverfahren im Vergleich zwischen schweizerischen Grossunternehmen und multinationalen Gesellschaften[a]

Verfahren	%-Nennungen der Unternehmungen bzw. Kommentar			
	Schweizer Unternehmen	Multinationale Gesellschaften		
		insgesamt	als Primärkriterium	als Sekundärkriterium
▪ IRR	77%[b]	81%	60%	21%
▪ PBK	68%[c]	72%	10%	62%
▪ ARR	50%[d]	47%	14%	33%
▪ NPV	48%[e]	50%	14%	36%

a. Vgl. Oblak/Helm 1980, S. 37–41.
b. häufig Hauptkriterium
c. häufig Ergänzungskriterium
d. häufig Ergänzungskriterium
e. teils Ergänzungskriterium

17 Oblak/Helm 1980, S. 37–41.

12.5.5 Projektgrenzsummen, Rechenmodelle, OR-Ansätze und andere Analyseinstrumente

Nicht für alle Investitionsvorhaben lohnt sich in der Regel ein grösserer Rechenaufwand. Hinsichtlich des *Zusammenhangs* zwischen der Wahl des *Analyseverfahrens* und der *Höhe der Investitionssumme* ergab sich für die untersuchten Schweizer Firmen: 60% der Unternehmen bejahten die Abhängigkeit des Rechenansatzes von der Investitionshöhe und 40% verneinten eine solche. Die bejahenden Gesellschaften gaben die in ▶ Abb. 12/14 aufgezeigten Projektgrenzsummen an. Im Vergleich zu diesen Resultaten zeigte eine nordamerikanische Untersuchung aus dem Jahre 1977 einen vergleichsweise intensiveren Instrumenteneinsatz auch bei kleineren Investitionsprojekten.[18]

Rund jedes zweite antwortende Schweizer Unternehmen gab an, dass für den entsprechenden Konzern speziell *massgeschneiderte Rechenmodelle* entwickelt worden seien. Deren Inhalt (besprochener Methodenset, besondere mathematische Verfahren usw.) wurde nicht näher spezifiziert. 22% der Unternehmen arbeiten mit Ansätzen des Operations Research (OR), dabei 7% mit produktionsorientierten, 11% mit budgetorientierten und 4% mit anderen OR-Modellen.

Bezüglich des Einsatzes «höherentwickelter» mathematischer Entscheidungsinstrumente, wie sie in einer älteren US-Erhebung[19] festgestellt wurden, ergaben sich – nach gleichem Raster erhoben – die von 58% Anwenderunternehmen (teils überlappend) genannten Instrumente, wie sie ▶ Abb. 12/15 wiedergibt.

Erwartungsgemäss nimmt die *Computersimulation* einen erstrangigen Stellenwert ein, der sich in den kommenden Jahren noch verstärken dürfte. Demgegenüber wurden stochastische (mit Wahrscheinlichkeiten arbeitende) Ansätze kaum als bedeutsam erwähnt. Die hier im Vergleich deutlich abweichende US-Praxis (um 1970!) könnte u.a. daher rühren, dass der Informationsgehalt stochastischer Analyseinstrumente heute nüchterner beurteilt wird.

▲ Abb. 12/14 Projektgrenzsummen, ab denen vertiefte Rechenanalysen (dynamische Verfahren, Modellansätze) vorgenommen werden

Projektsummen	Unternehmen	kumuliert
▪ Fr. 10 000.–	4%	4%
▪ Fr. 50 000.–	23%	27%
▪ Fr. 100 000.–	15%	42%
▪ Fr. 500 000.–	46%	88%
▪ Fr. 1 000 000.–	12%	100%

---

18 Gitman/Forrester 1977, S. 66–71.
19 Klammer 1972, S. 387–397.

▲ Abb. 12/15 Einsatz besonderer mathematischer Entscheidungsinstrumente

Technik	Nennungen Schweiz 1986	Nennungen USA um 1970
■ Spieltheorie	0%	3%
■ Lineare Programmierung	4%	17%
■ Nicht lineare Programmierung	2%	4%
■ Computersimulation	38%	28%
■ Wahrscheinlichkeitstheorie	2%	32%
■ Entscheidungstheorie	7%	9%
■ PERT/Cricital Path	13%	28%
■ Nutzentheorie	11%	4%

12.6 Berücksichtigung des Investitionsrisikos

Risikoaspekten kommt nicht nur in der Finanzmanagementtheorie, sondern auch in der betrieblichen Praxis grosse Bedeutung zu. Nicht selten sind Risikoüberlegungen wichtiger als die Erzielung einer möglichst hohen Rendite. Theoretisch wird der Risikogehalt überwiegend als Streubreite der betrachteten Zielgrösse, etwa in Form der Renditestandardabweichung, aufgefasst, als «symmetrisch» gemessene Dispersion. Diese etwa im «Capital Asset Pricing Model» (CAPM) vorherrschende Denkweise entspricht auch der Praxis in der Schweiz nur wenig. ▶ Abb. 12/16 zeigt die von Schweizer Firmen geäusserten Ansichten im Vergleich zu Erhebungsresultaten in den USA, die um 1975 gewonnen wurden.[20]

Die Zahlen in ▶ Abb. 12/16 legen den Schluss nahe, dass die in den USA schon seit manchen Jahren in Theorie und Lehre verwurzelten risikotheoretischen Konzeptionen verstärkt in die Praxis Eingang gefunden haben. Demgegenüber folgt die überwiegende Schweizer Praxis einem pragmatischeren Risikodenken, was aber angesichts der limitierten Umsetzbarkeit der theoretischen Ansätze nicht unberechtigt erscheint.

Was nun die konkrete *Risikoberücksichtigung* in den *Investitionsrechnungsverfahren* betrifft, verneinten 20% der antwortenden Schweizer Grossunternehmen eine solche. Für die 80% mit explizitem Risikoeinbau arbeitenden Firmen ergibt sich im Vergleich mit entsprechenden US-Erhebungsresultaten[21] das in ▶ Abb. 12/17 wiedergegebene Bild.

---

[20] Scott/Petty/Bird, 1975, S. 159–172.
[21] Schall/Sundem/Geijsbeek 1978, S. 281–287. Die in dieser Erhebung wahrscheinlich nach unten verfälschte Bedeutung der Sensitivitätsanalyse wird auch durch eine weitere, neuere US-Erhebung (177 antwortende US-Grossgesellschaften) bestätigt. Danach bezeichneten sich 80% der Unternehmen mit der Technik der Sensitivitätsanalyse vertraut (Simulation: 79%); 69% gaben an, Sensitivitätsanalysen konkret einzusetzen (Simulation: 49%), innerhalb der Investitionsanalyse allerdings lediglich 38% (Simulation: 21%). Vgl. dazu: Gitman/Mercurio 1982, S. 21–29.

▲ Abb. 12/16   Risikoauffassungen in der Managementpraxis

Risikoumschreibung	Schweizer Unternehmen[a]	Gesellschaften USA[b]
▪ negative Abweichung («Downside»-Risiko)	47%	40%
▪ Varianz, Standardabweichung u.a.	4%	30%
▪ Payback-Dauer	42%	10%
▪ Diverse	7%	20%

a. Summe aller, teils mehrfachen Nennungen =100%
b. Scott/Petty/Bird 1975

▲ Abb. 12/17   Risikoberücksichtigung in der Investitionsrechnung

Gesichtspunkt	Schweizer Unternehmen	Gesellschaften USA[a]
▪ subjektive Risikoeinschätzung	29%	60%
▪ quantitativer, systematischer Risikoeinbezug und zwar durch:	60%	36%
▫ Bildung betrieblicher Risikoklassen	7%	23%
▫ Wahrscheinlichkeitsverteilungen	7%	25%
▫ Sensitivitätsanalysen	62%	10%
▫ Korrelation Projekt-/Gesamtrendite der Unternehmung	9%	4%

a. Brigham 1975, S. 17–26.

Risikoaspekte scheinen gemäss den gewonnenen Zahlen in Schweizer Unternehmen vergleichsweise sorgfältig berücksichtigt zu werden. Dabei kommt den im Zusammenhang mit Simulationsrechnungen besonders aufschlussreichen *Sensitivitätsanalysen* grösste Bedeutung zu. Die US-Resultate sind in diesem Punkt vermutlich negativ verfälscht (vgl. den Hinweis in Fussnote 21, S. 314). *Diversifikationseffekte* dürften einer quantitativen Erfassung nach wie vor nur schwer zugänglich sein.

Vor allem nordamerikanische Fachleute empfehlen eine möglichst systematische Berücksichtigung des Investitionsrisikos über *risikoangepasste Kapitalkostensätze* («risk adjusted discount rates» bzw. «hurdle rates», «capital cost»). Auf die Frage nach einer differenzierten Anwendung des Kapitalkostensatzes gaben die untersuchten Schweizer Firmen – wiederum im Vergleich zu einer allerdings kleineren US-Erhebung[22] – eine Praxis an, wie sie ▶ Abb. 12/18 zu entnehmen ist.

Zwei Aspekte stechen innerhalb der in ▶ Abb. 12/18 gezeigten Daten hervor. Zum einen besitzt die *Inland/Ausland-Differenzierung* für Schweizer Konzerne naturge-

---

22 Brigham 1975, S. 17–26.

▲ Abb. 12/18   Verwendung differenzierter Kapitalkostensätze

Gesichtspunkte	Schweizer Unternehmen	Gesellschaften USA[a]
■ nur ein Kapitalkostensatz für alle Projekte	51%	48%
■ verschiedene Sätze für einzelne Organisationseinheiten □ Tochterunternehmen □ Divisionen □ Produktlinien □ Inland/Ausland	 18% 4% 2% 29%	 16% 10% 10% 16%
■ verschiedene Sätze für einzelne Investitionsarten (Ersatz-, Erweiterungsinvestitionen usw.)	9%	35%
■ Risikoanalyse jedes Projektes und individuelle Kapitalkostenanpassung	7%	23%

a. Brigham 1975, S. 17–26.

mäss einen erhöhten Stellenwert, und zum andern scheint der Einsatz *risikogerechter Kapitalkostensätze* in US-Gesellschaften verbreiteter zu sein. Dies widerspiegelt vermutlich wiederum die Anstrengungen von Theorie und Lehre, die in den USA ganz in diese Richtung tendieren[23], während im deutschen Sprachraum oft für eine andersartige Risikoberücksichtigung plädiert wird.[24]

---

23 «... the required return, or cost of capital, for a particular investment project depends on the characteristics of *that* project, not the corporation as a whole. The cost of capital varies with the project characteristics just as the required returns on securities vary with their characteristics.» Vgl. Taggart 1977, S. 59–64. Es fehlt allerdings auch im US-Bereich nicht an kritischen Stimmen. Everett/Schwab begründen dies damit, dass die Korrelation zwischen verschiedenen Erfolgsbereichen vernachlässigt werde, Rendite und Risiko subjektiv kein lineares Verhältnis aufwiesen, die Anpassungen zu unvorsichtig gemacht würden und für zukünftige Ausgabenkomponenten fälschlicherweise auch die erhöhten Diskontierungssätze Anwendung finden. Vgl. Everett/Schwab 1979, S. 61–65. Vgl. auch bereits bei Robicheck/Myers 1966, S. 727–730.

24 So führt etwa Müller-Hedrich aus: «In der Tat stellt sich die Frage, ob neben dem Marktzins überhaupt noch weitere Determinanten in die Wahl des Zinssatzes eingehen und ob die sonstigen Überlegungen nicht an anderer Stelle des Investitionsentscheidungsprozesses zum Zuge kommen sollten. Die Gefahr, dass der Kalkulationszinssatz, welcher letztlich nur die zu unterschiedlichen zeiten anfallenden Zahlungen vergleichbar machen sollte, ansonsten überfordert wird, liegt auf der Hand. Ausserdem ist es ohnehin sehr schwierig bzw. unmöglich, bestimmte Sachverhalte, wie beispielsweise das Risiko, monetär zu bewerten, so dass einer möglichen Anwendung letztlich sehr enge Grenzen gesetzt sind. Abschliessend sei vermerkt, dass es nicht Aufgabe des Zinssatzes sein kann, mögliche Risiken abzudecken; Ziel der Wirtschaftlichkeitsrechnung muss vielmehr sein, diese Risiken klar und deutlich aufzuzeigen.» Vgl. Müller-Hedrich 1981, S. 132. Dieser Meinung wird hier in Übereinstimmung mit der überwiegenden US-Strömung nicht gefolgt. Darüber hinaus verunmöglicht die Forderung nach Transparentmachung der Risiken keineswegs die Anwendung risikoadjustierter Kapitalkostensätze.

Berücksichtigung des Investitionsrisikos 317

Die für eine wirksame Risikodurchleuchtung besonders aktuellen mathematischen Entscheidungsinstrumente gelangten bereits in Abschnitt 12.5.5 (vgl. dazu nochmals ◄Abb. 12/15) zur Darstellung.
Im Zusammenhang mit Auslandsinvestitionen wurden erwartungsgemäss folgende besondere Risikofaktoren als relevant bezeichnet (vgl. ►Abb. 12/19):

▲ Abb. 12/19 Risikofaktoren bei Auslandinvestitionen

Risikofaktoren	
■ Währungsrisiken	64%
■ Transferrisiken	57%
■ Politische Risiken	40%
■ Inflation	33%
■ Zinsrisiken	27%
■ Steuern	24%

Einige weitere aufschlussreiche Informationen zum Problemkreis Auslandsprojekte finden sich in der bereits erwähnten Befragung multinationaler Gesellschaften.[25] So gaben diese um 1980 an, dass die Kapitalkostensätze für Auslandsprojekte vor allem durch *subjektive Variation* (40%) bzw. durch *Verwendung lokaler Durchschnittssätze* [«Use local (foreign) weighted average cost of capital»] (44%) angepasst würden.
Berücksichtigung und Handhabung *der Projektrisiken* führen nach jener Erhebung zu folgenden Massnahmen[25] (vgl. ►Abb. 12/20):

▲ Abb. 12/20 Berücksichtigung der Projektrisiken

Massnahmen zur Berücksichtigung der Projektrisiken	
■ formale Massnahmen (Investitionsanalyse)	
□ Cash-flow-Abschläge	7%
□ Anpassung des Kapitalkostensatzes	14%
□ Anpassung der Payback-Dauer	13%
□ besondere Fixierung der geforderten, einfachen Projektrendite	19%
■ materielle Massnahmen (Finanzpolitik)	
□ lokale Verschuldung	22%
□ nach Möglichkeit Versicherung von Einzelrisiken	9%
■ keine Massnahmen/Anpassungen	11%
■ Verschiedenes	5%

---

25 Oblak/Helm 1980, S. 37–41.

12.7 Zur Bestimmung der Kapitalkosten

Insbesondere im Zusammenhang mit dem Einsatz dynamischer Rechenverfahren stellen die *Kapitalkosten* eine wesentliche Grösse dar, und zwar treten diese wie folgt auf:

- *Kapitalwertmethode (NPV), Annuitätenmethode (A) und dynamisierte Payback-Methode (DPB):* Fixierung des für die Barwertermittlung (Kapitalisierung) notwendigen Diskontierungssatzes (durchschnittliche Kapitalkosten)
- *Interner Ertragssatz (IRR):* Fixierung des minimal zu fordernden internen Ertragssatzes (Soll-IRR) («hurdle» bzw. «target rate»).

Falls die Risikoberücksichtigung ausschliesslich durch Korrekturabschläge an den Cash-flow-Rückflüssen bzw. an der Nutzungsdauer erfolgt, könnte der Kapitalkostensatz theoretisch als reines Zeitentgelt, als «risikolose Zinsrate» aufgefasst werden. Häufig geht man indessen von einer mittleren Erwartung bezüglich der Projektwerte aus, was eine entsprechend erhöhte Kapitalkosten- bzw. Sollrenditefestlegung notwendig macht. Damit wird die Kapitalisierungsrate zu einem ganz entscheidenden Parameter der Investitionsrechnung, der zudem bestimmte Annahmen des Risikoeinbaues beinhaltet.[26]

Die betrachteten Schweizer Grossunternehmen gaben – im Vergleich zur Befragung amerikanischer[27] bzw. multinationaler[28] Gesellschaften – die *Vorgehensweisen zur Kapitalkostenbestimmung* an, wie sie in ▶ Abb. 12/21 zusammengestellt sind.

Erwartungsgemäss besitzen das CAPM und die über das Dividendenwachstumsmodell mögliche Bestimmung der Kapitalkosten in der Schweiz noch keine wesentliche Bedeutung. Dies kann angesichts des weniger intensiven Börsenbezugs und des

▲ Abb. 12/21 Vorgehensweise bei der Kapitalkostenbestimmung (mit Mehrfachnennungen)

Technik	Schweizer Unternehmen	Gesellschaften USA	multinationale Gesellschaften
▪ Fremdkapitalkostensatz	39%	17%	15%
▪ Eigenkapitalkostensatz	18%	9%	–
▪ Durchschnittliche Kapitalkosten	41%	46%	63%
▪ Erfahrungswert[a]	9%	20%	6%
▪ Dividendenwachstumsmodell[b]	0%	17%	19%
▪ Capital Asset Pricing Modell	2%	8%	11%
▪ Diverse	2%	16%	3%

a. z.B. Kapitalrendite
b. «expectations with respect to growth and dividend payout»

---

26 So bewirkt das risikoadjustierte Abzinsen automatisch einen mit Zeitferne wachsenden Risikoabschlag.
27 Schall/Sundem/Geijsbeek 1978, S. 281–287.
28 Oblak/Helm 1980, S. 37–41.

▲ Abb. 12/22   Aktualisierung der Kapitalkostensätze

Art der Aktualisierung	Schweizer Unternehmen	Gesellschaften USA
■ jährlich	30%	13%
■ mehr als einmal pro Jahr	7%	16%
■ weniger als einmal pro Jahr	12%	39%
■ je nach Umweltentwicklung	51%	32%

Fehlens mehr oder weniger zuverlässiger Risikodaten (z.B. Beta- und andere auf Kapitalmarktdaten basierende Grössen) auch nicht erstaunen. Erfreulich ist die häufige Verwendung der durchschnittlichen Kapitalkosten, was eine systematische Handhabung der Investitionsrechnung unterstützt und zu einer sauberen Verbindung zur Finanzierungsseite führt.

Hinsichtlich der laufenden Aktualisierung der Kapitalkostensätze zeigt sich – wiederum im Vergleich zu grossen US-Gesellschaften[29] – für die Schweizer Unternehmen ebenfalls ein positives Bild (◄ Abb. 12/22). Die Kapitalkostendifferenzierung nach Projektarten und -risiken wurde bereits in Abschnitt 12.5 bzw. ◄ Abb. 12/18 dargestellt.

12.8 Qualitative Gesichtspunkte, Analyseprobleme

Die hier betrachteten, quantitativ ausgerichteten Analyseverfahren betrachten nur eine «Dimension» von Investitionen, nämlich die rein wirtschaftliche, in Geldeinheiten messbare Seite. Häufig sind aber *nicht* oder *nur bedingt zahlenmässig erfassbare Kriterien* mindestens so entscheidend, wenn nicht wichtiger.

Grundsätzlich ist davon abzuraten, alle entscheidungsrelevanten Faktoren um jeden Preis in ein Zahlenkleid zu zwängen. Zweckmässiger erscheint es, nur das sinnvoll Quantifizierbare in den Analyserechnungen zu berücksichtigen und die übrigen Tatbestände im Rahmen der *Gesamtevaluation* zu würdigen. Eine Kapitalwertgrösse z.B. soll ja schliesslich nicht die endgültige Entscheidung «vorwegnehmen», sondern die wirtschaftlichen Konsequenzen einer Projektdurchführung möglichst objektiv widerspiegeln.

Die bereits in Abschnitt 12.5.1 vermerkte, immerhin von 20% der befragten Unternehmen angegebene Verwendung der Nutzwertanalyse erscheint so gesehen äusserst erfreulich. Für die im Rahmen einer älteren US-Erhebung genannten wichtigsten *qualitativen Entscheidungskriterien*[30] gaben die betrachteten Schweizer Unternehmen folgende Bedeutung an (► Abb. 12/23).

---

29 Brigham 1975, S. 17–26.
30 Fremgen 1973, S. 19–25.

▲ Abb. 12/23 Qualitative Gesichtspunkte bei der Investitionsentscheidung

Bedeutung der qualitativen Entscheidungskriterien	
1. Ziele des Managements	89%
2. Gesetzesbestimmungen und -erfordernisse	78%
3. Sicherheit (Angestellte und Arbeiter, Umwelt), Luftverschmutzung, Umweltschutz	71%
4. Sozial- und Umweltverantwortung	53%
5. Allgemeine Forschung und Entwicklung; Image	31%
6. Komfort der Arbeitnehmer	27%
7. Diverse	7%

Trotz der grossen Bedeutung qualitativer Handlungsgesichtspunkte gaben lediglich 13% der Schweizer Firmen an, dass realisierte Projektalternativen relativ häufig nicht der rechnerisch-quantitativ optimalen entsprechen würden. Die im Rahmen der Befragung vorgelegten möglichen Gründe wurden von den antwortenden Unternehmen wie folgt erwähnt (▶ Abb. 12/24).

▲ Abb. 12/24 Gründe für Projektwahl nach qualitativen Gesichtspunkten

	Anzahl der Nennungen
▪ mangelndes Vertrauen in die Rechenverfahren	keine
▪ Probleme bei der Datenermittlung	keine
▪ zu hohe Kosten bei einer tiefergehenden Analyse	keine
▪ grosses Vertrauen in das «Fingerspitzengefühl» (Erfahrung der Entscheidungsträger)	4
▪ zu kleiner Informationsgehalt der Rechenergebnisse	2
▪ Diverse (z.B. Unternehmungsphilosophie, Dominanz technischer Aspekte, Sicherheitskriterien)	4

Im Zusammenhang mit Auslandsinvestitionen wurde den nachstehend aufgeführten Investitionsmotiven die folgende Bedeutung beigemessen (▶ Abb. 12/25).

Betrachtet man die Schwierigkeiten, denen die antwortenden Schweizer Unternehmen bei der *Investitionsplanung* grundsätzlich gegenüberstehen, so ergibt sich das in ▶ Abb. 12/26 gezeigte Bild. Dabei wurden die möglichen Problempunkte wiederum vorgegeben.

Die in ▶ Abb. 12/26 gezeigten Zahlen bestätigen die zumeist mit der Unsicherheit der Zukunft verbundenen Probleme. Als eigentliche Schlüsselgrössen der Finanz- und Investitionsplanung müssen dabei die Preis- und Absatz- und Umsatzprognose bezeichnet werden. Mit ihrer Plausibilität steht und fällt in der Regel der Aussage-

Qualitative Gesichtspunkte, Analyseprobleme

▲ Abb. 12/25   Motive für Auslandsinvestitionen

Bedeutung der Investitonsmotiven	in %
■ Lokale Konkurrenzfähigkeit	28 %
■ Erschliessung neuer und Ausbau bestehender Märkte	28 %
■ Diversifikation	16 %
■ Importschranken fremder Staaten, Zölle	14 %
■ Produktionskosten, Fertigungstechnik	9 %
■ Rohmaterialsicherung	7 %
■ Diverse	9 %
◻ bessere Berücksichtigung der ausländischen Gegebenheiten	
◻ Produktzyklen	
◻ Ausnützen alter, bestehender Anlagen	
◻ lokale Herstellung im Lande des Konsums	
◻ international verschiedene Kapitalkostensätze	

▲ Abb. 12/26   Im Zusammenhang mit der Investitionsplanung auftretende Schwierigkeiten (Nennung der Bedeutung)

Teilproblem	Nennungen
■ Knappheit der eigenen Mittel	22 %
■ Probleme bei der Mittelbeschaffung auf dem Kapitalmarkt	4 %
■ Zeitpunkt der Investitonstätigkeit	29 %
■ Projektabgrenzung	13 %
■ Erfassung der Interdependenzen zwischen einem Investitionsvorhaben und anderen betrieblichen Funktionsbereichen	20 %
■ Gewinnung umfassender Primärdaten	33 %
■ Quantifizierung aller Planungsparameter	42 %
■ Nutzungsdauer des Projektes	22 %
■ Bestimmung des relevanten Kapitalkostensatzes	2 %
■ Berücksichtigung unsicherer Erwartungen	60 %
■ Prognoseprobleme, und zwar bezüglich:	66 %
◻ Konjunktur	27 %
◻ Absatz	53 %
◻ Cash-flow	20 %
◻ Inflation	18 %
◻ Diverse (z.B. Vorschlagswesen, Verkaufspreis, Währungsentwicklung)	20 %

gehalt der ermittelten Daten[31]. Erstaunlich problemlos erscheint die Bestimmung des relevanten Kapitalkostensatzes. Die sich hier theoretisch stellenden Schwierigkeiten kommen in den Umfrageresultaten wohl mehr in den generellen Quantifizierungs- und Prognoseproblemen zum Ausdruck. Die Knappheit der eigenen Mittel dürfte zumindest von nicht unwesentlicher Bedeutung sein.[32] Sie hängt u.a. auch von der allgemeinen Konjunktur- und Kapitalmarktverfassung ab, die im Zeitpunkt der hier ausgewerteten Erhebung sehr positiv war.

Fortschritte liessen sich noch beim Einsatz von Informatikmitteln erzielen. Auf die Frage, ob die möglichen EDV-Applikationen optimal ausgenützt werden, antworteten rund zwei Drittel der Unternehmen im negativen Sinne!

12.9 Zusammenfassung und Folgerungen

Die grosse Tragweite investitionsseitiger Entscheidungen legt es nahe, die für diesen Führungsbereich entwickelten Theorienkonzepte periodisch mit der *Investitionsmanagementpraxis* zu vergleichen. Eine bei 110 grossen Schweizer Gesellschaften (Konzernen) durchgeführte Fragebogenerhebung zeigte bei einer Rücklaufquote von rund 40 % (45 auswertbare Antworten) die vergleichsweise fortschrittliche Praxis dieser Unternehmen.

Innerhalb der hier besonders interessierenden Verwendung von Investitionsrechnungsverfahren sticht die heute von den meisten Firmen praktizierte *dynamische Analysetechnik* hervor. Dabei besitzt der interne Ertragssatz (IRR) die grösste Bedeutung, während bei Kapitalwertermittlung (NPV) (teils in der Variante der Annuitätenmethode A) weniger häufig auftritt. Der hohe Stellenwert der relativen, auf Kapitalgrössen bezogenen *Erfolgszielmessung* (Renditewerte) bestätigte sich auch bei der Erhebung der Erfolgszielkategorien.

Die Verwendung der *statischen Analyseverfahren* hat indessen nur wenig an Boden verloren. Diese werden nach wie vor häufig eingesetzt, wobei die Verfügbarmachung von Ergänzungskriterien bzw. vereinfachter Rechenmethoden für kleinere Investitionen ein Hauptmotiv darstellen dürfte. Die einfache Payback-Dauer (PBK) bildete mit 68 % Anwenderunternehmen das nach dem internen Ertragssatz (IRR) (77 % Anwenderunternehmen) am zweithäufigsten genannte Kriterium. Die Payback-Berechnung erfolgt dabei ausgeprägt im Sinne eines Ergänzungskriteriums bzw. als Instrument zur Beurteilung von Kleininvestitionen. Während die statischen Verfahren vor allem zur Beurteilung von Ersatzinvestitionen benutzt werden, stehen die dynamischen Verfahren insbesondere zur Analyse von Erweiterungs- und Diversifikationsinvestitionen im Vordergrund.

---

31 Die Erstellung überoptimistischer Prognosen bildet einen in der Praxis vergleichsweise häufig zu beobachtenden Fehler. Vgl. dazu auch: Statman/Tyebjee 1985, S. 27–33.

32 Die bei grossen US-Gesellschaften recht wesentlichen «capital rationing»-Einflüsse haben u.a. untersucht: Gitman/Mercurio 1982, S. 21–29.

Zusammenfassung und Folgerungen 323

Der Einsatz ganzer *Methodensets* (Mehrfachkriterien) ist heute häufig zu beobachten. Bei detaillierter Auswertung der (insgesamt zehn) erhobenen Analyseverfahren ergeben sich über 80% Anwenderunternehmen von dreifachen oder noch vielfältigeren Kriterien. Bei konzentrierter Auswertung (statische Erfolgsanalyse [SEA], einfache Payback-Methode [PBK], Kapitalwertmethode [NPV] und interner Ertragssatz [IRR]) ergibt sich ein Anwenderfeld von Drei- oder Vierfachkriterien von rund zwei Dritteln aller Unternehmen.

Die theoretisch sehr wünschbare Verwendung des *dynamischen Dreiersets* «Kapitalwert, interner Ertragssatz und dynamisierte Payback-Ermittlung» (NPV, IRR, DPB) wurde vergleichsweise selten angetroffen. Mit der Verfügbarkeit der modernen, PC-gestützten Rechenmöglichkeiten sollte einer solchen Praxis eigentlich nichts mehr im Wege stehen. Dies gilt auch für die Erstellung von Graphikauswertungen. Allerdings bezeichneten rund zwei Drittel der antwortenden Unternehmen eine optimale Ausnützung der möglichen EDV-Applikationen als noch nicht gegeben.

Im grossen und ganzen ist die nachgezeichnete Schweizer Praxis mit derjenigen nordamerikanischer Grossgesellschaften vergleichbar. Ähnliches gilt für die hier nicht weiter betrachtete Praxis bedeutender Fabrikations- und Grosshandelsunternehmen in Grossbritannien.[33]

Vertiefte Analyserechnungen scheinen oft erst ab einer bestimmten *Investitionssumme* (am häufigsten genannt: Fr. 500 000.–) eingesetzt zu werden. 22% der Unternehmen gaben die Verwendung bestimmter OR-Methoden an. Für «höherentwickelte» mathematische Planungsinstrumente resultierten 58% Anwenderfirmen, wobei der Einsatz der Computersimulation erwartungsgemäss dominiert.

Entsprechend weit verbreitet ist auch die Vornahme von Sensitivitätsanalysen, die im Zusammenhang mit der Risikoberücksichtigung eine wichtige Rolle spielen. Letztere wird von 80% der Unternehmen explizit praktiziert, wobei 29% der Firmen mit einer subjektiven Risikoeinschätzung operieren. Dabei wird das Risiko überwiegend als Negativabweichung oder im Sinne der Payback-Dauer aufgefasst.

Was die Handhabung der Kapitalkosten anbelangt, dominiert der Einsatz eines durchschnittlichen, aus der Fremd- und Eigenkapitalkostenbelastung resultierenden *Kapitalkostensatzes*. Die Datenbestimmung erfolgt dabei weniger systematisch als bei den zum Vergleich herangezogenen US-Gesellschaften. Die Verwendung kategoriendifferenzierter Kapitalkostensätze liesse sich wahrscheinlich vielerorts intensivieren.[34] Bezüglich der Aktualisierung der Kapitalkostensätze wird eine sehr fortschrittliche Praxis erkennbar.

Qualitativen Gesichtspunkten scheint ein wesentliches Gewicht zuzukommen. Jedes fünfte Unternehmen setzt dabei die Nutzwertanalyse ein. Auch hier können wahrscheinlich in Zukunft noch Fortschritte erzielt werden. Die rechnerische Evaluation widerspricht nur vergleichsweise selten der effektiv vorgenommenen, und als

---

33 Vgl. dazu Pike 1983, S. 201–208.
34 Vgl. dazu etwa Gup/Norwood 1982, S. 20–24.

eigentliche Hauptschwierigkeit der Investitionsplanung bestätigen die antwortenden Schweizer Firmen das Problem der Quantifizierung der Planungsparameter, generell die Berücksichtigung unsicherer Erwartungen und die Bewältigung des Prognoseproblems, insbesondere auf der Absatzseite.

Die Verwendung *quantitativer Analyseinstrumente* wird damit weiterhin nur ein Element im Entscheidungsprozess bleiben.[35] Das breite Einsatzfeld unternehmerischer Intuition dürfte auch in Zukunft seine breite Bedeutung behalten und einer Mechanisierbarkeit entzogen bleiben. Um so wichtiger erscheinen aber gerade unter den heutigen Umweltbedingungen möglichst massgeschneiderte, analytische Informationen, welche die Konsequenzen des unternehmerischen Handelns transparent aufzeigen.

Literatur

Bartholet, U./Mäder, A.: Investitionsrechnungen in schweizerischen Grossunternehmen – Eine empirische Erhebung, unveröffentlichte Semesterarbeit, Universität Zürich, Zürich 1986.

Brigham, E.F.: Hurdle Rates for Screening Capital Expenditure Proposals, in: Financial Management, Vol. 4, Nr. 3, Autumn 1975, S. 17–26.

Eiteman, D.K./Stonehill, A.I.: Multinational Business Finance, 2nd Edition, Reading/ Mass. 1979.

Everett, J.E./Schwab, B.: On the Proper Adjustment for Risk through Discount Rates in a Mean-Variance Framework, in: Financial Management, Vol. 8, Nr. 2, Summer 1979, S. 61–65.

Fremgen, J.M.: Capital Budgeting Practices: A Survey, in: Management Accounting, May 1973, S. 19–25.

Gitman, L.J./Forrester, J.R.Jr.: A Survey of Capital Budgeting Techniques Used by Major US Firms, in: Financial Management, Vol. 6, Nr. 3, Fall 1977, S. 66–71.

Gitman, L.J./Mercurio, V.A.: Cost of Capital Techniques Used by Major U.S. Firms: Survey and Analysis of Fortune's 1000, in: Financial Management, Vol. 11, Nr. 4, Winter 1982, S. 21–29.

Gup, B.E./Norwood, S.W.: Divisional Cost of Capital: A Practical Approach, in: Financial Management, Vol. 11, Nr. 1, Spring 1982, S. 20–24.

---

[35] Zudem wird den theoretischen Rechenansätzen heute vermehrt eine zu enge Betrachtungsweise vorgeworfen. Vgl. dazu Pinches 1982, S. 6–19, bzw. die Ausführungen in Bd. I, 10. Theorie und Politik der Unternehmungsfinanzierung: Eine Standortbestimmung aus schweizerischer Sicht, insbesondere Abschnitt 10.4.5 Grenzen der investitionsseitigen Theoriekonzepte, S. 261ff. Pike (vgl. Quelle in Fussnote 33, S. 323) zitiert dazu zu Recht eine prägnante Aussage von Myers: «Capital Budgeting is the art of finding assets that are worth more than they cost. Nothing is easier in concept or harder in practical application.» Vgl. Myers 1976, S. 372.

Klammer, T.P.: Empirical Evidence of the Adoption of Sophisticated Capital Budgeting Techniques, in: Journal of Business, July 1972, S. 387–397.

McCabe, G.M.: The Empirical Relationship between Investment and Financing: A New Look, in: Journal of Financial and Quantitative Analysis, Vol. 14, Nr. 1, March 1979, S. 119–134.

Müller-Hedrich, B.: Betriebliche Investitionswirtschaft, 2., überarbeitete Auflage, Stuttgart 1981.

Myers, S.: Modern Developments in Financial Management, Hinsdale/Ill. 1976.

Oblak, D.J./Helm, R.J.Jr.: Survey and Analysis of Capital Budgeting Methods Used by Multinationals, in: Financial Management, Vol. 9, Nr. 4, Winter 1980, S. 37–41.

Pike, R.H.: A Review of Recent Trends in Formal Budgeting Processes, in: Accounting and Business Research, Nr. 2, Summer 1983, S. 201–208.

Pinches, G.E.: Myopia, Capital Budgeting and Decision Making, in: Financial Management, Vol. 11, Nr. 3, Autumn 1982, S. 6–19.

Robicheck, A.A./Myers, S.C.: Conceptual Problems in the Use of Risk-Adjusted Discount Rates, in: The Journal of Finance, Vol. 21, Nr. 5, December 1966, S. 727–730.

Schall, L.D./Sundem, G.L./Geijsbeek, W.R.Jr.: Survey and Analysis of Capital Budgeting Methods, in: The Journal of Finance, Vol. 33, Nr. 1, March 1978, S. 281–287.

Scott, D.F.Jr./Petty, J.W./Bird, M.: Capital Budgeting Practices of Large Corporations, in: The Engineering Economist, Vol. 20, Nr. 3, Spring 1975, S. 159–172.

Statman, M./Tyebjee, T.T.: Optimistic Capital Budgeting Forecasts: An Experiment, in: Financial Management, Vol. 14, Nr. 3, Autumn 1985, S. 27–33.

Stonehill, A./Beekhuisen, T./Wright, R./Remmers, L./Toy, N./Pares, A./Shapiro, A./Egan, D./Bates, T.: Financial Goals and Debt Ratio Determinants: A Survey of Practice in Five Countries, in: Financial Management, Vol. 4, Nr. 3, Autumn 1975, S. 27–41.

Taggart, R.A.Jr.: Capital Budgeting and the Financing Decision: An Exposition, in: Financial Management, Vol. 6, Nr. 2, Summer 1977, S. 59–64.

Literaturverzeichnis
Band I

Aiginger, K./Bayer, K.: Investitionsförderung und Kapitalstruktur, Wien 1981.

Anderson, P.F./Martin, J.D.: Lease vs. Purchase Decisions: A Survey of Current Practice, in: Financial Management, Vol. 6, Nr. 1, Spring 1977, S. 41–47.

Bartholet, U./Mäder, A.: Investitionsrechnungen in schweizerischen Grossunternehmen – Eine empirische Erhebung, unveröffentlichte Semesterarbeit, Universität Zürich, Zürich 1986.

Baumgartner, B.: Die Controller-Konzeption, Bern/Stuttgart 1980.

Behr, G.: Beurteilung der Zahlungsfähigkeit, in: Der Schweizer Treuhänder, Nr. 6/7, Juni/Juli 1980, S. 4 bis 12.

Behr, G.: Accounting and Reporting in Switzerland, in: Der Schweizer Treuhänder, 58. Jg., Nr. 3, März 1984, S. 79–84.

Bellinger, B.: Neue Grundlagen und Verfahren der Kreditwürdigkeitsprüfung, in: Passardi, A. (Hrsg.): Führung von Banken, Bankwirtschaftliche Forschungen, Band 17, Bern 1973, S. 9–36.

Bericht des Bundesrates über die Klein- und Mittelbetriebe, Bern, Oktober 1983.

Beyer, H.-T.: Der wachsende Einfluss der Fremdkapitalgeber, in: Zeitschrift für das gesamte Kreditwesen, Nr. 13, 1984, S. 612–618.

Bierich, M.: Anforderungen an das Finanzwesen eines internationalen Konzerns, in: Die Bank, Nr. 11, November 1979, S. 534–547.

Bierman, H.Jr./Smidt, S.: The Capital Budgeting Decisions, 2nd Edition, New York 1966.

Black, F.: The Dividend Puzzle, in: The Journal of Portfolio Management, Vol. 2, Nr. 2, Winter 1976, S. 5 bis 8.

Böckli, P.: Neuere Methoden der Eigenkapitalbeschaffung durch Mittelbetriebe, in: Schweizerische Aktiengesellschaft, 53. Jg., Nr. 1, 1981, S. 21–26.

Boemle, M.: Nobless oblease oder lease please, in: Der Schweizer Treuhänder, 53. Jg., Nr. 10, Oktober 1979, S. 8.

Boemle, M.: Unternehmungsfinanzierung, 5. Auflage, Zürich 1979.

Boemle, M.: Unternehmungsfinanzierung, 6. Auflage, Zürich 1983.

Bögli, T.: Leasing; Untersuchung spezieller Aspekte einer neuen Finanzierungsform, Bankwirtschaftliche Forschungen, Band 87, Bern/Stuttgart 1984.

Borner, S./Simma, B.: Unternehmungsführung im Strukturwandel; Die Orientierung, Nr. 82 (Hrsg.: Schweizerische Volksbank), Bern 1987.

Boss, W.: Venture Capital und steuerliche Massnahmen zur Förderung von Innovationen, in: Der Schweizer Treuhänder, 60. Jg., Nr. 2, Februar 1986, S. 51–59.

Bower, R.S./Herringer, F.C./Williamson, J.P.: Lease Evaluation, in: Accounting Review, Vol. 41, Nr. 2, April 1966, S. 257–265.

Bower, R.S.: Issues in Lease Financing, in: Financial Management, Vol. 2, Nr. 4, Winter 1973, S. 25–34.

Brigham, E.F.: Hurdle Rates for Screening Capital Expenditure Proposals, in: Financial Management, Vol. 4, Nr. 3, Autumn 1975, S. 17–26.

Bundesamt für Statistik (Hrsg.): Buchhaltungsergebnisse schweizerischer Unternehmungen 1983/84, Bern 1985.

Büschgen, H.E.: Kritische Auseinandersetzung mit Finanz-Leasing, in: Die Bank, Nr. 5, Mai 1981, S. 211 bis 223.

Chmielewicz, K.: Integrierte Finanz- und Erfolgsplanung, Stuttgart 1972.

Deppe, H.-D.: Grundriss einer analytischen Finanzplanung, Göttingen 1975.

Dewings, A.S.: The Financial Policy of Corporations, New York 1920.

Eberle, P.: Investition und Computer. Computergestützte Entscheidungshilfen im Investitionsbereich bei Ciba-Geigy, Hoffmann-La Roche, PTT und Swissair. Unveröffentlichte Semesterarbeit, Universität Zürich, Zürich 1985.

Egger, R.F.: CIPS – Capital Investment Program System, in: Büro + Verkauf, Nr. 12, Dezember 1982, S. 397–399.

Eiteman, D.K./Stonehill, A.I.: Multinational Business Finance, 2nd Edition, Reading/Mass. 1979.

Elger, E./Asmus, M.H.: Fehler bei der langfristigen Finanzplanung, in: Janberg, H. (Hrsg.): Finanzierungs-Handbuch, 2. Auflage, Wiesbaden 1970, S. 189–217.

Everett, J.E./Schwab, B.: On the Proper Adjustment for Risk through Discount Rates in a Mean-Variance Framework, in: Financial Management, Vol. 8, Nr. 2, Summer 1979, S. 61–65.

Findlay, M.Ch.: Financial Lease Evaluation, Survey and Synthesis, unpublished mimeograph.

Findlay, M.Ch./Whitmore, G.A.: Beyond Shareholder Wealth Maximization, in: Financial Management, Vol. 3, Nr. 4, Winter 1974, S. 25–35.

Fischer, O./Jansen, H./Meyer, W.: Langfristige Finanzplanung deutscher Unternehmen, Hamburg 1975.

Fitzgerald, R.D./Stickler, A.D./Watts, T.R.: International Survey of Accounting Principles and Reporting Practices, Scarborough/Ontario 1979.

Flink, S.J./Grunewald, D.: Managerial Finance, New York 1969.

Francis, J.C./Rowell, D.R.: A Simultaneous Equation Model of the Firm for Financial Analysis and Planning, in: Financial Management, Vol. 7, Nr. 1, Spring 1978, S. 29–44.

Fremgen, J.M.: Capital Budgeting Practices: A Survey, in: Management Accounting, May 1973, S. 19–25.

Gahlon, J.M./Stover, R.D.: Debt Capacity and the Capital Budgeting Decision: A Caveat, in: Financial Management, Vol. 8, Nr. 4, Winter 1979, S. 55–59.

Gahse, S.: Neue Techniken der Finanzplanung mit elektronischer Datenverarbeitung, München 1971.

Gentry, J./De La Garza, J.M.: A generalized Model for Monitoring Accounts Receivable, in: Financial Management, Vol. 14, Nr. 4, Winter 1985, S. 28–38.

Giger, H.: Der Leasingvertrag, Bern 1977.

Giger, H.: Finanzinstitute in veränderter Umwelt, in: Finanzierung/Leasing/Factoring, Nr. 5, September 1989, S. 159–164.

Gilmer, R.H.Jr.: The Optimal Level of Liquid Assets: An Empirical Test, in: Financial Management, Vol. 14, Nr. 4, Winter 1985, S. 39–43.

Gitman, L.J./Forrester, J.R.Jr.: A Survey of Capital Budgeting Techniques Used by Major US Firms, in: Financial Management, Vol. 6, Nr. 3, Fall 1977, S. 66–71.

Gitman, L.J./Maxell, Ch.E.: Financial Activities of Major U.S. Firms: Survey an Analysis of Fortune's 1000, in: Financial Management, Vol. 14, Nr. 4, Winter 1985, S. 57–65.

Gitman, L.J./Mercurio, v.a.: Cost of Capital Techniques Used by Major U.S. Firms: Survey and Analysis of Fortune's 1000, in: Financial Management, Vol. 11, Nr. 4, Winter 1982, S. 21–29.

Gitman, L.J./Moses, E.A./White, I.T.: An Assessment of Corporate Cash Management Practices, in: Financial Management, Vol. 8, Nr. 1, Spring 1979, S. 32–41.

Gordon, M.J.: A General Solution to the Buy or Lease Decision, in: The Journal of Finance, Vol. 29, Nr. 1, March 1974, S. 245–250.

Gritta, R.D.: The Effect of Financial Leverage on Air Carrier Earnings: A Break-Even Analysis, in: Financial Management, Vol. 8, Nr. 2, Summer 1979, S. 53–60.

Gruhler, W.: Untersuchungen zur industriellen Eigenkapitalausstattung im In- und Ausland, in: Berichte des Deutschen Industrieinstituts zur Wirschaftspolitik, 5. Jg., Nr. 7, 1971.

Gup, B.E./Norwood, S.W.: Divisional Cost of Capital: A Practical Approach, in: Financial Management, Vol. 11, Nr. 1, Spring 1982, S. 20–24.

Haake, K.: Strategisches Verhalten in europäischen Klein- und Mittelbetrieben, Berlin/München/St. Gallen 1987.

Haegert, L./Wittmann, F.: Zur Bedeutung von Abschreibungsvergünstigungen und Investitionszulagen für Investitionsentscheidungen, in: Betriebswirtschaftliche Forschung und Praxis, Nr. 3, 1984, S. 243 ff.

Hahn, O.: Finanzwirtschaft, München 1975.

Haley, Ch.W./Schall, L.D.: Problems with the Concept of the Cost of Capital, in: Journal of Financial and Quantitative Analysis, December 1978, S. 847–870.

Haley, Ch.W./Schall, L.D.: The Theory of Financial Decisions, 2nd, revised Edition, New York 1979.

Hax, H./Laux, H. (Hrsg.): Die Finanzierung der Unternehmung, Köln 1975.

Heath, L.: Financial Reporting and the Evaluation of Solvency, New York 1978.

Helbling, C.: Die Kapitalstruktur der Unternehmung, Zürich 1975.

Higgins, R.C.: Financial Management, Chicago 1977.

Hill, W.: Brevier der Unternehmungsfinanzierung, 2., erweiterte Auflage, Bern 1971.

Hill, W.: Unternehmens-Planung; Die Orientierung, Nr. 61.I.1976 der Schweizerischen Volksbank, Bern 1976.

Hill, W./Rohner, H.Ch.: Finanzplanung in der Unternehmung, Bern 1969.

Hinterhuber, H.H.: Strategische Unternehmensführung, Berlin 1977.

Horvath, P.: Controlling im Klein- und Mittelbetrieb, 3. Auflage, o.J.

Horvath, P.: Controlling, München 1979.

Huchzermeier, R./Reichhardt, M./Probst, A.: Computergestützte Entscheidungshilfe, in: IBM Nachrichten 34, Heft 271, 1984, S. 43.

Hunt, P.: Funds Position: Keystone in Financial Planning, in: Harvard Business Review, May/June 1975, S. 106–115.

Jensen, M./Meckling, W.: Theory of the Firm: Managerial Behavior, Agency Cost and the Ownership Structure, in: Journal of Financial Economics, October 1976, S. 305–360.

Johnson, R.W./Lewellen, W.G.: Analysis of the Lease-or-Buy Decision, in: The Journal of Finance, Vol. 27, Nr. 4, September 1972, S. 815–823.

Käfer, K.: Investitionsrechnungen, 4. Auflage, Zürich 1974.

Käfer, K.: Kapitalflussrechnungen; mit einer ergänzenden Einführung von Paul Weilenmann, Zürich 1984.

Kellenberger, H.P.: Bewirtschaftung des Debitorenbestandes; Referatsunterlagen des 61. Kurses für kaufmännische Organisation und Rechnungsführung des SKV zur «Bilanz- und Erfolgsanalyse als Führungsinstrument» vom 26. September, Zürich 1985.

Kim, E.H.: A Mean-Variance Theory of Optimal Capital Structure and Corporate Debt Capacity, in: The Journal of Finance, Vol. 33, Nr. 1, March 1978, S. 45–63.

Klammer, T.P.: Empirical Evidence of the Adoption of Sophisticated Capital Budgeting Techniques, in: Journal of Business, July 1972, S. 387–397.

Klug, M.: Zur Ableitung der Kapitalkosten aus dem diskreten Optionspreismodell, Berlin 1985.

Konrad, H.: Leasing als Finanzierungs-Alternative, in: Management-Zeitschrift io, 48. Jg., Nr. 10, Oktober 1979, S. 417–419.

Krahnen, J.: Leasing oder Kredit aus der Sicht der Kundenberatung, in: Zeitschrift für das gesamte Kreditwesen, 35. Jg., Nr. 6, 15. März 1982, S. 211/212.

Lanz, R.: Controlling in kleinen und mittleren Unternehmen, Bern/Stuttgart 1989.

Leland, H./Pyle, D.: Information Asymmetries, Financial Structure and Financial Intermediation, in: Journal of Finance, May 1977, S. 371–387.

Lessard, D.R.: International Financial Management, Boston 1979.

Lewandowski, R.: System der kurzfristigen Prognose, Dortmund 1970.

Lewandowski, R.: System der langfristigen Prognose, Dortmund 1970.

Lewellen, W.G./Lanser, P./McConnell, J.J.: Payback Substitutes for Discounted Cash-Flow, in: Financial Management, Vol. 2, Nr. 2, Summer 1973, S. 17–23.

Lienhard, E.: Finanzierungs-Leasing als Bankgeschäft, Bankwirtschaftliche Forschungen, Band 34, Bern 1976.

Lintner, J.J.: Security Prices, Risk, and Maximal Gains from Diversification, in: The Journal of Finance, Vol. 20, Nr. 4, September 1965, S. 587–615.

Lintner, J.J.: The Valuation of Risk Assets and the Selection of Risky Investments in Stock Portfolios and Capital Budgets, in: Review of Economics and Statistics, Vol. 47, February 1965, S. 13–37.

Lücke, W.: Finanzplanung und Finanzkontrolle in der Industrie, Wiesbaden 1965.

Lüder, K.: Zur Investitionsplanung und Investitionsrechnung in der betrieblichen Praxis, in: Wirtschaftsstudium, Heft 11, November 1976, S. 509–514.

Ludwig, B.D.: Vorratssenkung durch Vorratsanalyse; Referatsunterlagen des 61. Kurses für kaufmännische Organisation und Rechnungsführung des SKV zur «Bilanz- und Erfolgsanalyse als Führungsinstrument» vom 26. September, Zürich 1985.

Lüem, W.: Leasing, in: Management-Zeitschrift io, 48. Jg., Nr. 12, Dezember 1979, S. 532–536.

Lüem, W.: Leasing, in: Management-Zeitschrift io, 49. Jg., Nr. 1, Januar 1980, S. 55–58.

Lutz, B.: Die finanzielle Führung der Unternehmung; Die Orientierung, Nr. 62.II.1976 der Schweizerischen Volksbank, Bern 1976.

Maier, S.F./Van der Weide, J.H.: A Practical Approach to Short-Run Financial Planning, in: Financial Management, Vol. 7, Nr. 4, Winter 1978, S. 10–16.

Mao, J.C.T.: Survey of Capital Budgeting: Theory and Practice, in: The Journal of Finance, Vol. 25, Nr. 2, May 1970, S. 349–360.

Martin, J.D./Scott, D.F.Jr.: Industry Influence on Financial Structure, in: Financial Management, Vol. 4, Nr. 1, Spring 1975, S. 67–73.

McCabe, G.M.: The Empirical Relationship between Investment and Financing: A New Look, in: Journal of Financial and Quantitative Analysis, Vol. 14, Nr. 1, March 1979, S. 119–134.

McGugan, V.J./Caves, R.E.: Integration and Competition in the Equipment Leasing Industry, in: The Journal of Business, Vol. 47, Nr. 3, July 1974, S. 382–396.

Mehta, D.R./Whitford, D.T.: Lease Financing and the M & M Proposition, in: The Financial Review, Vol. 14, Nr. 1, Winter 1979, S. 47–58.

Melzer, F.: Investitionsrechnung in deutschen Industriebetrieben, 4. Auflage, Ruhr Universität, Bochum 1980.

Meyerhöfer, W.: Die Ertrags- und Finanzierungslage im Facheinzelhandel, in: Die Bank, Nr. 2, Februar 1982, S. 80–85.

Miller, M.: Debt and Taxes, in: The Journal of Finance, May 1977, S. 261–275.

Modigliani, F./Miller, M.H.: The Cost of Capital, Corporation Finance and the Theory of Investment, in: American Economic Review, Vol. 48, 1958, S. 261–297.

Modigliani, F./Miller, M.H.: Corporate Income Taxes and the Cost of Capital, A Correction, in: American Economic Review, June 1963, S. 433–443.

Müller-Hedrich, B.: Betriebliche Investitionswirtschaft, 2., überarbeitete Auflage, Stuttgart 1981.

Myers, S.: Modern Developments in Financial Management, Hinsdale/Ill. 1976.

Myers, S.C./Dill, D.A./Bautista, A.J.: Valuation of Financial Lease Contracts, in: The Journal of Finance, Vol. 31, Nr. 3, June 1976, S. 799–819.

Naujoks, W.: Unternehmensbezogene Strukturpolitik und gewerblicher Mittelstand, Schriften zur Mittelstandsforschung, Nr. 68, Göttingen 1975.

Neubert, H.: Totales Cash-flow-System und Finanzflussverfahren; Rechengestützte Aktionsmodelle für die Praxis, Wiesbaden 1974.

Nydegger, A./Oberhänsli, H.: Finanzierungsengpässe bei Investitionen, in: Zeitschrift für das gesamte Kreditwesen, Heft 18/1984, S. 852–854.

O'Brien, T.J./Nunnally, B.H.Jr.: A 1982 Survey of Corporate Leasing Analysis, in: Financial Management, Vol. 12, Nr. 2, Summer 1983, S. 30–36.

Oblak, D.J./Helm, R.J.Jr.: Survey and Analysis of Capital Budgeting Methods Used by Multinationals, in: Financial Management, Vol. 9, Nr. 4, Winter 1980, S. 37–41.

Pan, J./Nichols, D.R./Joy, O.M.: Sales Forecast Practices of Large U.S. Industrial Firms, in: Financial Management, Vol. 6, Nr. 3, Fall 1977, S. 72–77.

Perlitz, M./Küpper, H.: Die Eigenkapitalausstattung von Unternehmen, in: WiSt Wirtschaftsstudium, Heft 10, Oktober 1985, S. 505–512.

Perraudin, M.: Vorratsvermögens-Analyse, in: Der Schweizer Treuhänder, 59. Jg., Nr. 3, März 1985, S. 101–105.

Perridon, L./Steiner, M.: Finanzwirtschaft der Unternehmung, 3. Auflage, München 1984.

Petty, J.W./Bowlin, O.D.: The Financial Manager and Quantitive Decision Models, in: Financial Management, Vol. 5, Nr. 4, Winter 1976, S. 32–41.

Pike, R.H.: A Review of Recent Trends in Formal Budgeting Processes, in: Accounting and Business Research, Nr. 2, Summer 1983, S. 201–208.

Pinches, G.E.: Myopia, Capital Budgeting and Decision Making, in: Financial Management, Vol. 11, Nr. 3, Autumn 1982, S. 6–19.

Pohl, H.-J./Rehkugler, H./Steinkamp, M.: Erfolg mittelständischer Unternehmen; Ergebnisse einer empirischen Untersuchung zum Einfluss von Management-Instrumenten auf die Unternehmenserfolge, Bremer Diskussionsbeiträge zur Mittelstandsforschung, Nr. 3, Bremen 1985.

Pratt, J.: An American Viewpoint on Swiss Financial Reporting, in: Der Schweizer Treuhänder, 58. Jg., Nr. 3, März 1984, S. 89/90.

Pütz, H.C.: Insolvenzwelle international, in: Die Bank, Nr. 12, Dezember 1982, S. 570–572.

Rappaport, A.: Creating Shareholder Value, The New Standard for Business Performance, New York 1986.

Räss, H.E.: Die Restrukturierung von Unternehmen aus der Sicht der kreditgebenden Bank, Bankwirtschaftliche Forschungen, Band 83, Bern/Stuttgart 1983.

Remmers, L./Stonehill, A./Wright, R./Beekhuisen, T.:Industry and Size as Debt Ratio Determinants in Manufacturing Internationally, in: Financial Management, Vol. 3, Nr. 2, Summer 1974, S. 24–32.

Robicheck, A.A./Myers, S.C.: Conceptual Problems in the Use of Risk-Adjusted Discount Rates, in: The Journal of Finance, Vol. 21, Nr. 5, December 1966, S. 727–730.

Rodriguez, R.M./Carter, E.E.: International Financial Management, Englewood Cliffs 1979.

Roenfeldt, R.L./Osteryoung, J.S.: Analysis of Financial Leases, in: Financial Management, Vol. 2, Nr. 1, Spring 1973, S. 74–87.

Rommelfanger, H./Unterharnscheidt, D.: Entwicklung einer Hierarchie gewichteter Bonitätskriterien für mittelständische Unternehmungen, in: Österreichisches Bank-Archiv, 33. Jg., Nr. 12, Dezember 1985, S. 419–437.

Rühli, E.: Unternehmungsführung und Unternehmungspolitik 1, Bern 1973.

Rühli, E.: Anforderungen an das Management von morgen, in: Neue Zürcher Zeitung, Nr. 8, 12. Januar 1988, S. 39.

Rychel, D.F.: Capital Budgeting with Mixed Integer Linear Programming: An Application, in: Financial Management, Vol. 6, Nr. 4, Winter 1977, S. 11–19.

Sandig, D./Köhler, R.: Finanzen und Finanzierung der Unternehmung, 3. Auflage, Stuttgart 1979.

Schall, L.D.: The Equity Cash Flow Approach to Capital Budgeting Analysis, Seattle/Wa. o.J., unpublished paper.
Schall, L.D./Haley, Ch.W.: Introduction to Financial Management, New York 1977.
Schall, L.D./Haley, Ch.W.: Introduction to Financial Management, 3rd Edition, New York 1983.
Schall, L.D./Sundem, G.L./Geijsbeek, W.R.Jr.: Survey and Analysis of Capital Budgeting Methods, in: The Journal of Finance, Vol. 33, Nr. 1, March 1978, S. 281–287.
Schall, L.D./Sundem, G.L.: Capital Budgeting Methods and Risk: A Further Analysis, in: Financial Management, Vol. 9, Nr. 1, Spring 1980, S. 7–11.
Schneider, D.: Investition und Finanzierung, 3. Auflage, Opladen 1974.
Schneider, D.: Investition und Finanzierung, 5. Auflage, Wiesbaden 1980.
Schuler, R.: SwissCash weltweit, in: Der Monat (Hrsg.: Schweizerischer Bankverein), Nr. 3, März 1986, S. 19/20.
Schütt, H.: Finanzierung und Finanzplanung deutscher Industrieunternehmen – Eine empirische Untersuchung, Darmstadt 1979.
Schütz, W.: Methode der mittel- und langfristigen Prognose, München 1975.
Schweizerische Bankiervereinigung (Hrsg.): Bereitstellung von Risikokapital für die schweizerische Wirtschaft, Basel 1980.
Schweizerische Treuhand- und Revisionskammer (Hrsg.): Revisionshandbuch der Schweiz.
Scott, D.F.Jr.: Evidence on the Importance of Financial Structure, in: Financial Management, Vol. 1, Nr. 2, Summer 1972, S. 45–50.
Scott, D.F.Jr./Moore, L.J./Saint-Denis, A./Archer, E./Taylor, B.W.: Implementation of a Cash Budget Simulator at Air Canada, in: Financial Management, Vol. 8, Nr. 2, Summer 1979, S. 46–52.
Scott, D.F.Jr./Petty, J.W./Bird, M.: Capital Budgeting Practices of Large Corporations, in: The Engineering Economist, Vol. 20, Nr. 3, Spring 1975, S. 159–172.
Shapiro, A.C.: Financial Structure and Cost of Capital in the Multinational Corporation, in: Journal of Financial and Quantitative Analysis, Vol. 13, Nr. 2, June 1978, S. 211–224.
Shapiro, A.C.: Multinational Financial Management, Boston 1982.
Sharpe, W.F.: Capital Asset Prices: A Theory of Market Equilibrium under Conditions of Risk, in: The Journal of Finance, Vol. 19, Nr. 3, June 1964, S. 425–442.
Sharpe, W.F.: Portfolio Theory and Capital Markets, New York 1970.
Solomon, E.: The Theory of Financial Management, New York 1967.
Sorensen, L.S./Johnson, R.E.: Equipment Financial Leasing Practices and Costs: An Empirical Study, in: Financial Management, Vol. 6, Nr. 1, Spring 1977, S. 33–40.
Spahni-Klass, A.: Cash Management im multinationalen Industriekonzern, Bern/Stuttgart 1988.
Statman, M./Tyebjee, T.T.: Optimistic Capital Budgeting Forecasts: An Experiment, in: Financial Management, Vol. 14, Nr. 3, Autumn 1985, S. 27–33.
Steiner, F.: Finanzielle Führung in der Praxis des Klein- und Mittelbetriebes, Bern 1984.
Steiner, M.: Moderne Finanzierungstheorie versus Finanzpraxis – Rationalprinzip gegen Prinzip Hoffnung?, in: Die Unternehmung, 39. Jg., Nr. 4, Dezember 1985, S. 308–324.
Stonehill, A./Beekhuisen, T./Wright, R./Remmers, L./Toy, N./Pares, A./Shapiro, A./Egan, D./Bates, T.: Financial Goals and Debt Ratio Determinants: A Survey of Practice in Five Countries, in: Financial Management, Vol. 4, Nr. 3, Autumn 1975, S. 27–41.
Süchting, J.: Finanzmanagement, 3. Auflage, Wiesbaden 1980.
Süchting, J.: Finanzmanagement, 4. Auflage, Wiesbaden 1984.
Sundem, G.L.: Evaluating Capital Budgeting Models in Simulated Environments, in: The Journal of Finance, Vol. 30, Nr. 4, September 1975, S. 977–992.
Sundem, G.L./Cram, D.T.: The Effect of Imperfect Parameter Predictions in Capital Budgeting Analysis, Seattle/Wa. 1978, unpublished paper.
Swoboda, P.: Investition und Finanzierung, 2. Auflage, Stuttgart 1977.
Taggart, R.A.Jr.: Capital Budgeting and the Financing Decision: An Exposition, in: Financial Management, Vol. 6, Nr. 2, Summer 1977, S. 59–64.

Töpfer, A.: Planungs- und Kontrollsysteme in industriellen Unternehmungen, Berlin 1976.
Turnbull, S.M.: Debt Capacity, in: The Journal of Finance, Vol. 34, Nr. 4, September 1979, S. 931–940.
Van Horne, J.C.: Financial Management and Policy, 3rd Edition, Englewood Cliffs/N.J. 1974.
Van Horne, J.C.: Financial Management and Policy, 7th Edition, Englewood Cliffs/N.J. 1986.
Vancil, R.F.: Lease or Borrow – New Method of Analysis, in: Harvard Business Review, Vol. 39, Nr. 5, September/October 1961, S. 122–136.
Volkart, R.: Echte Finanzierungsalternative für Mittelbetriebe; Kritische Betrachtungen zum Leasingentscheid, in: Management-Zeitschrift io, Nr. 7/8, Juli/August 1981, S. 362–368.
Volkart, R.: Finanzielle Führung in der Rezession. Überlegungen zum strategischen Finanzmanagement, Bankwirtschaftliche Forschungen, Band 85, Bern/Stuttgart 1983.
Walker, E.W./Petty, J.W.II.: Financial Differences Between Large and Small Firms, in: Financial Management, Vol. 7, Nr. 4, Winter 1978, S. 61–68.
Weilenmann, P.: Der Cash Flow, Die Orientierung, Nr. 60.IV.1975 der Schweizerischen Volksbank, Bern 1975.
Weilenmann, P.: Kapitalflussrechnungen als internes Führungsinstrument, in: Der Schweizer Treuhänder, 53. Jg., Nr. 3, März 1979, S. 22–26.
Weilenmann, P./Nüsseler, A.: Planungsrechnung in der Unternehmung, 4. Auflage, Zürich 1980.
Weilenmann, P./Oehler, K.: Kapitalflussrechnungen im Geschäftsbericht, in: Der Schweizer Treuhänder, 52. Jg., Nr. 12, Dezember 1978, S. 2–8.
Welsch, G.A./Zlatkovich, Ch.T./Harrison, W.T. Jr.: Intermediate Accounting, 5th Edition, Homewood/Ill. 1979.
Welsch, G.A./Zlatkovich, Ch.T./Harrison, W.T. Jr.: Intermediate Accounting, 7th Edition, Homewood/Ill. 1986.
Weston, J.F./Brigham, E.F.: Managerial Finance, 4th Edition, London 1972.
Weston, J.F./Brigham, E.F.: Managerial Finance, 7th Edition, Hinsdale 1981.
Wippern, R.F.: Financial Structure and the Value of the Firm, in: The Journal of Finance, Vol. 21, Nr. 5, Dec. 1966, S. 515–534.
Witte, E./Klein, H.: Finanzplanung der Unternehmung, Reineck bei Hamburg 1974.
Zehnder, H.-P.: Die Umgestaltung einer privaten Aktiengesellschaft in eine Publikumsgesellschaft, Zürich 1981.

Stichwortverzeichnis
Band I und II

Normal gesetzte Seitenzahlen beziehen sich auf Band I, *kursive* Seitenzahlen auf Band II.

A
Accounting Rate of Return
  (siehe ARR)
Agency Theory (siehe AT)
Agent 93
Aktienkurspflege 39
Aktionärsinformationen *174*
Aktionärsnutzen 19, 29, *228ff*
Aktionärspräferenzen 29
Anlagedeckung 205
Annuität . . . . 255 ff
Annuitätenmethode 24, 305
Anspruchsgruppen 230
APM (Arbitrage Pricing Model) 92ff, *99ff*
  APM und Kreditpolitik *98ff*
Arbeitnehmer 230, *231ff*
Arbeitszufriedenheit *231ff*
Arbitrage Pricing Model (siehe APM)
ARR (Accounting Rate of Return) 44
Asset Deal *128*
AT (Agency Theory) . 132, 269ff, *25, 92ff, 202*
  AT und Kreditwürdigkeitsprüfung *93ff*
Ausschüttung (siehe Dividende)
Aussenfinanzierung *122*

B
Barwert 81
Behavioural Financial Theory 91
Berichterstattung, externe *171ff*
Beta 259ff, *98*
  Aktien-Beta *173*
Beteiligungspolitik 251ff
Bewertungsmethoden *105ff*
Bewertungsoptik *107ff*
Bezugsrecht 39
Bilanz 207
  Planbilanz 227
Bilanzanalyse 232ff
Black & Scholes-Modell 94
Blankodarlehen 97
Bonitätsanalyse *92ff*
  Bonitätsbeurteilung *101*
  Bonitätsprüfung 89, *90ff*
  Bonitäts-Rating *163*
  Bonitätsrisiko *249*
  Gegenparteirisiko *249*

C
Capital Asset Pricing Model
  (siehe CAPM)
Capital Budgeting 252ff
CAPM (Capital Asset Pricing Model)
  49, 88, 131, 133, 259ff, *92ff, 266*
  CAPM und Kreditpolitik . . . *98ff*
Cash Cycle 271ff

Cash or Title Option (siehe COTO)
Cash-flow 270ff, *22*, *81ff*, *106ff*, *146*, *240ff*
  Begriff *177ff*
  Cash-flow aus Geschäfts-
    tätigkeit. 240
  Cash-flow provided by
    operating activities 240
  Cash-flow-Kennzahlen. . . . *187ff*
  Cash-flow-Marge 211
  Cash-flow-Prognose. . . . 262, 267
  Cash-flow-Sicherheits-
    äquivalente 265
  direkte Herleitung 53
  Discounted Cash-flow 22
  Free Cash-flow *22*, *239ff*
    brutto 241
    netto 242
  indirekte Herleitung 53, 215
  inflationierter Cash-flow 256
  Informationsgehalt *177ff*
  realwertiger Cash-flow 257
  Wesen und Bedeutung 232ff
Cash-Management 271ff, 272ff, 272, *151ff*
Controlling. 283ff, *230*
  Bedeutung 286
  Bereiche 287
  Ergebnis-Controlling . . . 287, 288
  Idee des Controlling 286
  Implementierung im Klein-
    und Mittelbetrieb . 289, 293ff
  strategisches Controlling 287, 288
COTO (Cash or Title Option) . . *37ff*
  Charakter einer COT-Option *42ff*

D
Darlehen, Blanko- 97
DCF (Discounted Cash-flow) *22*, *38*, *103ff*, *189ff*
DCF-Methode . *106ff*, *110*, *113*, *115*, *133*, *168*, *199*, *211*, *254*
Debitoren 207
Debitorenmanagement 271ff
Debt
  Junior Debt *122*
  Senior Debt *122*
Discounted Cash-flow (siehe DCF)
Diskontierungssatz 257
Diversifikation 285
Diversifikationseffekt 27, 29
Dividende *37ff*
Dividendenpolitik . 252ff, 270ff, *29*, *37ff*
  Praxis *39ff*
  Schütt aus – hol zurück ... *30*, *40*

Dividendentheorie *38ff*
  Gegentheorie *38*
  Irrelevanztheorie *38*
  Residualtheorie *38*
Dividendenwachstumsmodell 54, *267*
Duration *163*, *258*

E
Earnings Per Share (siehe EPS)
Eigenkapital 155
  Beschaffung 115ff
  Eigenkapitalpolitik *29ff*
  Maximierung des Nettokapital-
    wertes 93
  Nettorendite des Eigenkapitals 94
  Risikoposition der
    Eigenkapitalgeber. . . . 134, *95*
  Eigenkapitalkosten 260ff
  Ermittlung 53ff
  Eigenkapitalquote 265ff
  Eigenkapitalrendite 72, 83, 134, *153*, *239*
  Emissionspolitik *29*, *39ff*
  Entwicklungstendenzen *143*
  EPS (Earnings Per Share) *80*
  Erfolgsanalyse *77ff*
  Erfolgsbeurteilung *79ff*
  Erfolgsrechnung
    Planerfolgsrechnung 227
  Erfolgsziel 64
  Kriterien 43, 302ff
  Ertragswert *113ff*, *210*
  Methode *106ff*
Expertensysteme *94*, *202*
Exposure Management *151ff*

F
Festzinskontrakt 249
Financial Leasing (FL) . 143ff, 169ff
  Charakteristika 171ff
  Rahmenbedingungen 145ff
  Stellenwert 176ff
Finanz- und Kreditmanagement 66ff
Finanzbuchhaltung *171ff*
Finanzbudget, mittelfristiges 70
finanzielle Unternehmens-
  führung 247ff, *109ff*, *162ff*
  Daten *230ff*
  magisches Dreieck *162*
  Zielviereck *162*
Finanzierung
  Fremd- 145, 178, *28*
  Innen- 206, *122*
  Investitions- *164*
  «Mezzanine» Finanzierung . . *122*
Finanzierungskriterien 68

Finanzierungslehre 81, 247ff
   entscheidungsorientierter
      Ansatz............. 249ff
   Entwicklungsstufen der
      Finanzierungslehre.... 248ff
   inter-/multinationale
      Ausrichtung 249ff
   managementorientierter
      Ansatz............. 248ff
   traditionelle Anschauung.. 248ff
Finanzierungspraxis 64ff, 122ff, 136, 264ff
Finanzierungsverhältnis... 83, 264ff, 265ff, *23*
Finanzinformationen.......... *171*
Finanzkontrakte, Bewertung... *20ff*
Finanzmanagement......... *144ff*
Finanzplanung.. 217ff, 247ff, 261ff, 270ff, *109*, *112ff*, *148ff*
   Finanzplanung einer
      MBO-Transaktion.... *133ff*
   Finanzplanung im Klein-
      und Mittelbetrieb..... 217ff
   Finanzplanung und
      Investitionsprojekte... *164ff*
   Finanzplanungs-Raster...... *164*
   Finanzplanungssystem.... 290ff
   kurzfristige............. 229ff
   langfristige............ 234ff
   Teilbereiche............ 220ff
Finanzpolitik......... 251ff, 145ff
   strategische............. 234ff
Finanzsteuerung........... 144ff
Finanzstruktur.............. *17ff*
finanzwirtschaftliche Oberziele.. *153*
Finanzziele........ 68ff, *144*, *152ff*
Firmenwert..... *17ff*, *21ff*, *22*, *242*
Fisher-Rate................... 30
Fonds
   Fonds des Nettoumlauf-
      vermögens (NUV)...... 205
   Geldfonds................ 205
Forwardrate.................. *252*
Free Cash-flow... *22*, *119*, *131*, *152*, *228*, *239ff*, *254*
   brutto.................. *241*
   netto................... *242*
Fremdfinanzierung..... 145, 178, *28*
Fremdkapitalgestaltung......... *24*
Fristentransformation......... 250

G

Gegenparteirisiko............. *249*
Geldflussrechnung...... 206, 208ff
Gesamtkapital................ 93
   Maximierung der Nettorendite. 93
Gesamtkapitalrendite........ *80*, *153*

Geschäftsrisiko............. 134
Gewinn.................. 255ff
Gewinnerzielung............. *239*
Gewinnrechnung.......... 21, 303
Goodwill... *107*, *113*, *146*, *153*, *217*
Gratisaktien.................. *40*

H

hurdle rate....... 84, *169*, *200*, *264*

I

Image, finanzwirtschaftliches.... *27*
Inflation....... 36ff, *92*, *255*, *260ff*
Inflationserwartungen..... *261*, *263*
Inflationsprämie.............. *263*
Informationsasymmetrie. *26*, *93*, *202*
Informationspolitik.......... *29ff*
Innenfinanzierung........ 206, *122*
Internal Rate of Return (siehe IRR)
Investitionsanalyse
   Entwicklungstendenzen... *199ff*
   Interdependenzen.......... *201*
Investitionsarten............ 306ff
   Diversifikationsinvestition... *158*
   Realinvestition.......... *257ff*
Investitionsbeurteilung...... *168ff*
Investitionscontrolling....... *148ff*
Investitionsfinanzierung........ *164*
Investitionsplanung........... 300
   Gesamtbetrachtung.. *164ff*, *201*
   Grenzanalyse....... *164ff*, *201*
   Planungsannahmen.... *170*, *260*
   Planungsszenario...... *257*, *260*
   Prognose von Projekt-
      Cash-flows.......... *263ff*
   Residualwertabschätzung.... *168*
Investitionspolitik. 19, 251ff, 252ff, 253ff, *28*
Investitionsrechenverfahren... 253ff, 255ff, 256ff
   Annuität............... 255ff
   Annuitätenmethode..... 24, 305
   ARR............ 44ff, 44, 303
   Differenzbetrachtung... 29ff, 48
   Gewinnrechnung 21, 303
   IRR... 24, 28ff, 44, 253ff, 255ff, 305, *157*, *199*, *251*, *254*
   Kostenvergleichsrechnung 21, 303
   MAPI-Verfahren 22, 46, 303
   Mehrfachkriterien 310ff
   NPV....... 23, 28ff, 44, 253ff, 305, *157*, *199*, *254*
   Nutzwertanalyse 22, 303, 319, *158*
   Payback-Methode... 22, 44, *157*
   dynamisierte........ 25, 305
   Praxiseinsatz... 44ff, 299, 303ff

rechentechnische
   Probleme .... 28 ff, 48
Renditerechnung 22
Verbindung von statischer und
   dynamischer Investitions-
   rechnung.............. *161*
Investitionsrechnung 17 ff, 96 ff, 253 ff
   Checkliste................ 57
   Dynamisierung der statischen
      Investitionsrechnung .. *161 ff*
   hurdle rate 264
   marktzinsorientierte.. 201, *247 ff*
   qualitative Investitions-
      kriterien .... 47 ff, 319 ff, *171*
   Renditeanforderung 264
   target rate................ 264
Investitionsrisiko ... 32 ff, 49 ff, 134,
   314 ff
   Auslandinvestitionen 317
Investitionssimulation . 56, 313, 315,
   200
Investor Relations *174*
IRR (Internal Rate of Return) ... 24,
   28 ff, 44, 253 ff, 255 ff, 305, *157,
   199, 251, 254*
Irrelevanzthese.......... 88, 270 ff

K Kapitalaufnahmemöglichkeiten. 47 ff
   limitierte Kapitalaufnahme .. 30,
      48 ff, 306
   unbegrenzte
      Kapitalaufnahme .. 30, 44, 47
Kapitalbeschaffung .... 247 ff
Kapitalisierung *113*
Kapitalisierungssatz... 131, 177, *257*
   laufzeitendifferenzierter..... *257*
   risikogerechter ...... *170*, 265 ff
   uniformer................ *257*
Kapitalkosten......... 256 ff, 261 ff
   hurdle rate 315
   interne 86, 96
Kapitalkostenermittlung.... 32 ff,
   52 ff, 85 ff
Kapitalkosten-
   minimierung....... 84, 93 ff
Kapitalkostenverläufe ..... 88 ff
   Verwendung in der Praxis 51
Kapitalkostensatz.... 79 ff, *150, 212*
   Aktualisierung .... 55, 319 ff
   risikogerechter *81, 200*
Kapitalmarktmodelle.......... *91 ff*
Kapitalstruktur... 61 ff, 264 ff, 266 ff,
   269 ff, *17 ff*
Kapitalstrukturgestaltung... 83 ff,
   113 ff, 117, 252 ff
Kapitalstrukturmanagement 145 ff

Kapitalstrukturpolitik 67 ff, 128 ff,
   251 ff, 252 ff, 264 ff
   optimale 63 ff, 88 ff, 100 ff, 128 ff,
      184
Kapitalverwässerung *42*
Kapitalwert (siehe NPV)
Kapitalwertverfahren (siehe NPV)
Kassahaltungsmodelle....... 270 ff
Kennzahlen .... 232 ff
   Anlagedeckung 2
      (Fixed Assets Coverage 2) 205
   Finanzkennzahlen 90
   Liquidität 1 (Cash Ratio) 205
   Liquidität 2 (Quick Ratio) ... 205
   Liquidität 3 (Current Ratio).. 205
   Liquiditätskennzahlen .... 204 ff
   Times burden covered-ratio... 65
   Times interest earned-ratio.... 65
   Verschuldungsfaktor 64
   Verschuldungsgrad.......... 95
Klein- und Mittelbetriebe
   (KMU) .... 285 ff
Klumpenrisiken 98
Konzernfinanzmanagement..... *146*
Konzernführung........... 250 ff
Konzernstruktur............... *24*
Korrelationskoeffizient ...... 267 ff
Kostenvergleich............ 255 ff
Kostenvergleichsrechnung... 21, 303
Kreditentscheid 89
Kreditfähigkeit................ 90
Kreditfinanzierung......... 122, 144
Kreditpolitik.................. *101*
Kreditportfolio................ 91
Kreditüberwachung 94
Kreditwürdigkeit 90
   Prüfung der Kredit-
      würdigkeit........ 93 ff, 100

L LBO (Leveraged Buyout) ... 26, *122*
Leasing............. 143 ff, 169 ff
   Bilanzierung.............. *174*
   Operating Leasing 169
   rechtliche Situation des
      Leasing............. 169 ff
Leasing-Entscheid.... 169 ff, 252 ff,
   270 ff
Leasing-Evaluation .... 148 ff, 177 ff
Lessee 171
Lessor..................... 171
Leverage
   Financial Leverage......... *125*
   Leverage-Effekt . 133, 151, 266 ff,
      145
   Leverage-Modell 83
   Leverage-Renditeeffekt 135

M

Leverage-Renditeformel 134
Leverage-Risikoeffekt 135
Leverage-Risikoformel 134
Operating Leverage *125*
Liquidität 155, 173, 224ff
Liquiditätskennzahlen 204ff
Liquiditätsplanung . . 206, 229ff, 272
Liquiditätspolitik 252ff, 270ff, 276ff
Liquiditätssicherung 241ff

Management *225ff*
Management-Buyout (siehe MBO)
Management-Informationssystem *157*
MAPI-Verfahren 22, 46, 303
Marktrisiko *249*
Marktunvollkommenheiten . 176, *25, 29*
Marktzinsmethode *247ff*
Marktzinsszenario *261*
MBO (Management-Buyout) . *119ff*
   Asset Deal *128*
   Ebenen des
      MBO-Geschehens *119ff*
   Käuferpartei *128*
   MBO-Betriebsgesellschaft . . . *130*
   MBO-Holding *129*
   optimale MBO-
      Finanzierung *124ff*
   Share Deal *128*
   Verkäuferpartei *128*
«Mezzanine» Finanzierung *122*
Mittelflussrechnung 70, 199ff
   externe 204ff
   interne 204ff
   Mittelherkunft 207
   Mittelverwendung 207
   Planmittelflussrechnung 228
   Rechenbeispiel zur
      Mittelflussrechnung ... 202ff
Modigliani und Miller 63, 83, 86, 88, 92, 128, 132
moral hazard *26, 93*

N

Net Present Value (siehe NPV)
Nettoumlaufvermögen 205
NPV (Net Present Value) 23, 28ff, 44, 253ff, 255ff, 305, *228, 254*
Nullwachstum *106*
Nutzwertanalyse . . 22, 303, 319, *158*

O

Operations Research . . 254ff, 255ff, 313ff
OPM (Option Pricing Model) . 269ff, *92ff*
   OPM und Kreditgeschäft . . . *94ff*

P

Option *41, 92*
   Call-Option *41, 94*
   in the money *42, 95*
   innerer Wert *43*
   Put-Option *95*
   Realoptionen *200ff, 201*
   Unternehmensoption *95*
   Zeitwert *43*
Optionsdarlehen *122*
Optionswerttheorie 133, *94, 201*
PAT (Profit after Tax) *79*
Payback 255ff
Payback-Methode 22, 44, *157*
   dynamisierte 25, 305
PC-Einsatz *201*
Planrechnung 227ff
Planungsgrundsätze 240ff
Planungsrechnung *79ff*
Planungsszenario *257*
Present Value (siehe PV)
Price-Earnings-Ratio (P/E) . . 54, *174*
Principal *93*
Produktportfolio 287, *108*
Prognoseproblematik *153*
Projektanalyse *164ff*
Projektanforderung *169*
Projektevaluation 29ff, *171ff*
   Beurteilungskriterien *158*
   Projektgrenzsummen . . 47, 313ff
   Projektzielgrössen *157*
   Wertsteigerungsbeitrag eines
      Investitionsprojektes *168*
Publizität *84*
Put-Call-Parität *95*
PV (Present Value) *81*

R

Reingewinn 79, *240ff*
Reingewinn je Aktie *80*
Rendite auf Verfall
   (yield to maturity) *251*
Renditeanforderung *264*
Renditebaum 292
Renditemessung *153*
Renditerechnung 22
Renditerisiko 134, *228ff*
Rentabilität 224ff, 264ff
   Rentabilität des Eigenkapitals
      (ROE) ... 290, *80, 153, 228ff*
   Rentabilität des Gesamtkapitals
      (ROI) 290, *80, 153, 230*
   Rentabilität des Umsatzes
      (ROS) 290, *79*
Reserven, stille *210*
Return on Equity (siehe ROE)
Return on Investment (siehe ROI)
Return on Sales (siehe ROS)

Revision 201
Risiko . . . . 256 ff, *228 ff*
 absatzseitiges Risiko 121
 Beta-Faktor (siehe Beta)
 betriebliches Gesamtrisiko 71
 business risk 134
 Downside-Risk 51
 Fairnessrisiko 93
 financial leverage Risiko 122
 finanzielles Risiko . . 121, *96*, *172*
 finanzwirtschaftliches Risiko . 124
 Geschäftsrisiko . . 120, *95*, *96*, *146*
 investitionsseitiges Risiko . . 120, 134
 Liquiditätsrisiko 98
 nicht diversifizierbares
  Risiko . . . . 259 ff, *92*, *98*, *150*
 operating leverage Risiko . . . 122
 produktionsseitiges Risiko . . . 121
 Qualitätsrisiko 93
 Sorgfaltsrisiko 93
 Unternehmensrisiko *172*
Risikoanalysen . . . . *110 ff*
Risikoberücksichtigung 50
Risikobeurteilung . . . . 251 ff, *92*
Risikofaktoren
 externe 27, 28
 interne 27, 28
Risikokapitalsurrogate 23
Risikokonstellation *145*
Risikopolitik . . . . 71 ff
Risiko-Rendite-Prinzip . . . 34, 259 ff
Risikosteuerung . . . . *151 ff*
Risikowirkung . . . . 267 ff
ROE (Return on Equity) 290, *80*, *153*, *228 ff*
ROI (Return on Investment) 290, *80*, *153*, *230*
ROS (Return on Sales) 290, *79*

S
Selbstfinanzierung 125, 206
Sensitivitätsanalyse . . . . . . 27, 257 ff
Sensitivitätsrechnungen . . . . . . *110 ff*
Share Deal *128*
Shareholder Value *19*, *29*, *39*, *82 ff*, *85*, *145*, *162*, *201*, *225 ff*, *230 ff*, *242*
Shareholder Value Network *109*
Sicherheit . . . . 224 ff, 264 ff
Signaling Theory 132
Simulationsmodelle . . . . 261 ff, 110 ff
Spannungsfelder . . . . *233 ff*
Stakeholder *230*
Stärken/Schwächen-Raster 286, 287, *92*

Steuern . . . . 173, *39*, *44 ff*, *112 ff*
 Einkommenssteuern . . . . 24, *44 ff*
 Ertragssteuern . . . . 36 ff
 Stempelsteuern *40*
 Verrechnungssteuern . . . . . . *44 ff*
stille Reserven *210*
Strategieevaluation . . . . *103 ff*
Strukturwandel . . . . *141 ff*
Substanzwert . . . . *113 ff*, *210*

T
Tabellenkalkulation 307
target rate *264*
Terminzinssatz *252*
Transaktionsrisiko *151*
Translationsrisiko *151*

U
Übergewinnverfahren *210*
Umsatzmarge *79*
Umsatzprognose . . . . 225 ff
Umweltanalyse 286
Umweltbedingungen 285
Unternehmensbewertung . *103*, *113 ff*, *205 ff*
 DCF-Verfahren der Unter-
  nehmensbewertung . . . . *190 ff*, *211 ff*
 Methoden der Unternehmens-
  bewertung . . . . *210 ff*
Unternehmensfinanzierung . . . 245 ff, 247 ff, 252 ff
Unternehmensführung 82
 finanzielle . . . . 247 ff, *109 ff*, *162 ff*
Unternehmensrisiko . . . . 266 ff
Unternehmenssteuern 23
Unternehmensverschuldung . . . 122, 265 ff
Unternehmenswert . *17 ff*, *21*, *22*, *145*, *227*, *242*
 Unternehmenswert und
  Investitionsprojekte . . . *168 ff*
Unternehmenswertmaximierung . 44, 93 ff, 302, *19*, *115*
Unternehmungsanalyse 286
Unternehmungskultur . . . . *231 ff*

V
Value Based Management 201
Value Drivers *109*
Variantenplanung . . 256 ff, 274, *110 ff*
Verschuldungsfaktor 64
Verschuldungsgrad . . . 122, 269 ff, *95*
Verschuldungspolitik 61 ff, 117 ff, 131
Volatilität 42
Vorratsmanagement . . . . 271 ff

W

Währungsentwicklung....... 257ff
Währungsmanagement 28
Wandeldarlehen.............. 122
   nachrangiges 122
Wertadditivität.............. 21, 29
Wertermittlungstechniken 105ff
Wertfindung................ 108ff
Wertgeneratoren.............. 109
Wertmaximierung 109
Wertorientierung 225ff
Wertpotential 150
Wertsteigerung............... 242
Wertsteigerungsbeitrag eines
   Investitionsprojektes 168
Wertsteigerungs-Netzwerk 222
Working Capital-Management 270ff

Z

Zielkriterien,
   finanzwirtschaftliche 119
Zielviereck................ 162ff
Zinsänderungsrisiko........... 136
Zinsmanagement 28
Zinsrisikomanagement......... 249
Zinssatz 252
   Forwardzinssatz/Forwardrate....
     252, 261ff
   laufzeitdifferenzierte Zinssätze . .
     251
   laufzeitengerechter Einheits-
     zinssatz................ 259
   nominelles Zinsniveau...... 261
   Realzinssatz 255
   Spotzinssatz/Spotrate..... 250ff
   Terminzinssatz............ 252
   uniformer Zinssatz......... 255
Zinsstrukturkurve
   inverse 249, 253
   Marktzinsszenario 261
   normale 253

Der Autor

Rudolf Volkart, 1946 als jüngerer Sohn des Zürcher Kaufmanns und Kunstmalers Max Volkart geboren, habilitierte sich an der Universität Zürich mit einer Arbeit zum Themenkreis «Finanzmanagement». Er wurde 1983 zum Extraordinarius und 1989 zum Ordinarius für Betriebswirtschaftslehre gewählt und ist seither Mitglied der Leitung des Instituts für schweizerisches Bankwesen der Universität Zürich. Er beschäftigt sich mit den Gebieten der Finanzierungs-, Investitions- und Steuerlehre («Corporate Finance») sowie mit ausgewählten Fragen des Bankmanagements. Problemstellungen der inner- und ausserbetrieblichen Aus- und Weiterbildung stellen dabei einen besonderen Interessenschwerpunkt dar.

1979/80 verbrachte er als Visiting Scholar an der Business School der University of Washington in Seattle/USA. Er wirkt seit vielen Jahren als Dozent in zahlreichen Bildungsinstitutionen mit, dabei unter anderem an der Hochschule St. Gallen, an der Swiss Banking School und innerhalb der Management Weiterbildung der Universität Zürich. Darüber hinaus pflegt er eine vielseitige Beratungs- und Schulungstätigkeit für Banken, Dienstleistungs- und Industrieunternehmen. Die Treuhand-Kammer hat ihn 1989 zum Ständigen Gast ernannt.

Dem Autor ist eine Theorie und Anwendungspraxis stets verbindende Denkweise ein besonderes Anliegen. Was den finanzwirtschaftlichen Lehrbereich betrifft, möchte er neben Fachwissen vor allem der Selbstmotivation von Studierenden, Managern und Fachspezialisten förderliche Impulse vermitteln. Über fachtechnische Gesichtspunkte hinaus sollte heute mehr denn je auf eine kreative Persönlichkeitsentfaltung hingewirkt werden. Mehr noch als Spezialistentum und theoretisches Wissen und

Können werden in Zukunft Charakter und Persönlichkeit gefordert werden. Die Erringung einer lebenslangen Lernfähigkeit erscheint als einer der wichtigsten persönlichen Erfolgsfaktoren.

Der Künstler

Max Volkart, 1910 geboren, wuchs in Zürich auf und war beruflich als Kaufmann und daneben später als Kunstmaler tätig. Nach dem Aufbau eines kleinen Grosshandelsbetriebes pflegte er besonders fruchtbare Kontakte zu einem dänischen Farbenhersteller. Diese Zusammenarbeit führte ihn schliesslich – zunächst in der Freizeit – verstärkt zur Malerei, die ihn in den letzten Jahren seines Lebens, vor seinem frühen Tod im Jahre 1962, intensiv beschäftigte und beglückte. Er verwendete vorwiegend Pastellkreide unterschiedlicher Art, die er in zahlreichen Techniken und Anwendungsvarianten künstlerisch umsetzte.

Er nahm mit seinen der abstrakten Malerei verpflichteten Werken an verschiedenen Ausstellungen der «Zürcher Künstler im Helmhaus» teil, und im Jahre 1958 präsentierte er seine Bilder erstmals öffentlich. Die Neue Zürcher Zeitung berichtete am 27. September 1958 wie folgt:

«Zum erstenmal erscheint in der Galerie Benno der 1910 geborene Max Volkart (Zürich), der sich eingehend mit Maltechniken und Farbkompositionen beschäftigt hat und erst seit dem vergangenen Jahre mit kleinen Ausstellungen hervorgetreten ist. Wenn er sagt: ‹Innere Stimmungen und äussere Eindrücke verschiedenster Art sind die Impulse zu meinen Arbeiten›, so können wir beifügen, dass von seinen auf kleinere und kleinste Formate sich beschränkenden Kompositionen oft ein so intensiver Augenreiz ausgeht, dass man nach motivischer Deutung gar nicht verlangt ... Max Volkart pflegt mit Geschmack das Intime, Diskrete, und er liebt die säuberliche, subtile Durcharbeitung der wohlgerundeten, in sich selbst ruhenden Form- und Farbengebilde. Seine Einfälle wiederholen sich nicht; sie haben oft etwas Anmutiges, Ziervolles, angenehm Spielendes und Bewegliches. Verfeinerter Formsinn durchdringt sich bei ihm mit gepflegtem Farbempfinden und mit Gewandtheit in der unaufdringlichen Handhabung der Maltechniken.»

Dem Autor dieses Buches ist es eine grosse Freude, seinem künstlerisch begabten, viel zu früh verstorbenen Vater mit der Gestaltung dieses Buches ein Andenken zu widmen.